엑셀로 하는 회귀분석

엑셀로 하는 회귀분석

풍부한 예제를 활용한 회귀분석의 이해

콘래드 칼버그 지음 김찬주 옮김

에이콘

지은이 소개

콘래드 칼버그 Conrad Carlberg

마이크로소프트 엑셀, SAS, 오라클과 같은 정량 분석, 데이터 분석, 관리 응용프로그램에 대해 국가적으로 인정받은 전문가다. 콜로라도 대학에서 통계학 박사 학위를 받았으며 마이크로소프트 엑셀 MVP로 여러 번 수상한 바 있다.

남부 캘리포니아 출신으로 대학을 졸업한 후 콜로라도로 이주, 그곳에서 여러 스타트업에서 일했으며 대학원에 다녔다. 중동에서 2년을 보내면서 컴퓨터 과학을 가르치고 낙타를 피해 다녔다. 대학원을 졸업한 후, US west의 제품 관리 분야와 모토로라에서 일했다.

1995년 정량 분석-오늘날에는 "분석"이라는 용어로 합쳐 부르는 접근 방법들-을 통해 비즈니스 의사 결정의 도움을 받기를 원하는 회사들에게 실험 디자인과 분석 서비스를 제공하는 작은 컨설팅 사업을 시작했다. 이러한 기술에 대해서 글 쓰는 것을 즐기며 특히, 세계에서 가장 인기 있는 숫자 분석 응용프로그램인 엑셀을 사용해 이 기술을 전달하기를 즐긴다.

홈페이지: www.conradcarlberg.com

감사의 글

초고에서 한 권의 책으로 엮이기까지 조안 머레이Joan Murray가 보여준 기술과 재치에 감사드립니다. 빌 페이트Bill Pate는 단순한 작업뿐만 아니라 때때로 엑셀이 이상하게 동작할 때도 세심한 기술적인 편집을 보여줬습니다. 폴라 로웰Paula Lowell은 제 은유법을 망치지 않으면서도 주어와 동사가 일치하도록 했으며, 실수로 그림의 캡션을 중복해서 적은 것도 부드럽게 알려줬습니다. 이 책이 잘 출간될 수 있게 도와준 세스 커니Seth Kerney, 맨디 프랭크Mandie Frank, 마크 랜프로Mark Renfrow에게 감사를 전합니다. 이 책에 오류가 남아 있다면 모두 제 책임입니다.

옮긴이 소개

김찬주(chanju0796@gmail.com)

숭실대학교 컴퓨터학부를 졸업하고, 동 대학원에서 머신 러닝을 전공했다. 다음커뮤니케이션, 쿠팡, 네이버에서 검색 데이터 분석, 광고 타깃팅, 상품 추천, 음악 추천 등 데이터 분석과 머신 러닝을 통해 데이터에 가치를 부여하는 일을 해왔다. 현재는 라인(LINE)에서 데이터 사이언티스트로 일하고 있다.

옮긴이의 말

이 책은 엑셀이라는 쉽고 강력한 도구로 회귀분석을 실무에 적용할 수 있게 도와준다. 컴퓨터로 업무를 처리해봤던 사람이라면 대부분 마이크로소프트 엑셀을 접해본 경험이 있을 것이다. 엑셀은 일상 생활부터 학교, 연구소, 회사 등에서 가장 많이 사용되는 통계, 데이터 분석 도구 중 하나다. 엑셀은 SAS, R과 같은 고급 통계분석도구와 비교해 절대 뒤지지 않는다. 회귀분석은 고급 통계 개념 중의 하나로 평균 비교와 같은 가설 검정을 쉽게 할 수 있도록 돕는다. 그뿐만 아니라 하반기 매출 예측, 부동산 가격 예측과 같은 데이터에 기반한 예측 작업 또한 회귀분석을 통해 수행할 수 있다.

이 책의 가장 큰 장점은 저자가 엑셀과 회귀분석을 설명하는 방법에 있다. 우선 실제 있을 법한 풍부한 예제를 통해 회귀분석 과정을 설명한다. 독자가 갖고 있는 데이터로 저자가 설명하는 순서를 따라서 회귀분석을 적용해볼 수 있다. 회귀분석에 필요한 여러 통계량과 개념을 설명할 땐 복잡한 계산은 엑셀에 맡기고 원리와 의미에 집중한다. 저자는 회귀분석에 기초가 되고 나아가 고급 분석에 도움이 되는 중요한 통계 개념에 대해 독자들이 이해할 수 있도록 자세히 설명한다. 예를 들어 모집단 표준편차를 계산할 때는 왜 N으로 나누고, 샘플 데이터로 모집단의 표준편차를 추정할 때는 왜 N-1로 나누는지와 같이 기본적이지만 아무도 가르쳐주지 않는 부분에 대해서 독자가 이해할 수 있게 꼼꼼히 설명한다.

마이크로소프트 엑셀 MVP로 여러 번 지정된 저자 콘래드 칼버그는 실무 경력이 25년이 넘고 관련 서적을 12권이나 저술한 인물이다. 그는 책의 서두에서 학창 시절 처음 통계학을 배울 때의 경험을 회상한다. 왜 그렇게 해야 하는지 이해하지 못한 채, 단순히 공식을 외워 ANOVA 분석을 적용하던 경험을 떠올린다. 그는 학창 시절 우연히 만났던 회귀분석 도서를 통해서 고급 통계 개념을 이해한 경험을 되살려 이 책을 썼다. 회귀분석의 접근법은 쉽고 명확하게 분산분석과 같은 고급 통계 기법을 이해할 수 있게 한다. 저자의 많은 경험에 어울리게 이 책은 풍부한 예제를 활용한다. 또한 엑셀로 데이터 분석을 하면서 꼭 마주치게 되는 사소하지만 중요한 문제들과 그 해결책에 대해서도 알려준다. 실수를 피하는 방법과 다른 사람들이 수행한 분석을 바르게 평가하는 방법에 관해서도 설명한다.

이 책은 통계를 공부하거나 통계적 가설 검정이 필요한 모든 사람에게 유용할 것이다. 하지만 특히 다음과 같은 독자들에게 추천하고 싶다. 기본적인 통계 기술을 알고 있고 고급 통계 기술을 배우려는 독자, 엑셀의 고급 통계 기능을 배워 실무에 적용하고자 하는 독자, 평균비교와 같은 통계적 가설 검정이 필요한 독자, 회귀분석을 실무에 적용하면서 실수하지 않고 분석을 마무리하려는 독자, 마지막으로 로지스틱회귀나 주요인분석(PCA)등 머신러닝을 공부하고 있거나 공부하려는 사람들에게도 도움이 될 것이다.

나는 이 책을 번역하면서 분산, 표준편차, 상관관계, 회귀분석의 개념과 데이터가 갖고 있는 통계적 의미에 대해서도 이전보다 더 잘 이해할 수 있게 됐다. 독자들 역시 통계와 회귀분석에 대해 더 잘 이해하고, 그것들을 실무에 바로 활용할 수 있게 되기를 바란다.

차례

4장 LINEST() 함수 141

5장 다중회귀분석 199

8장 공분산분석 375

들어가며

많은 사람들처럼 나는 첫 학부의 추리 통계학 수업을 힘겹게 마쳤다. 평균, 중간값, 범위와 같이 기초적이고 일상적인 통계를 말하는 것은 아니다. 교실 밖에서는 일반적으로 만나기 어려운 무작위 블록 디자인이나 분산분석 같은 것을 말하는 것이다.

나는 추리 통계학을 싫어했다. 수업을 이해하지 못했다. 조교수와 교과서는 변형된 공식을 우리에게 알려주었다. 그 공식들은 거의 의미가 없었다. 우리는 데이터를 공식들에 대입했지만, 그 결과는 '그룹내평균제곱mean square within'과 같은 미스터리한 이름이었다. 너무나 자주, 수식들은 수량화될 개념과 아무런 관련이 없는 것처럼 보였다. 얼마 후 나는 그 공식들이 직관적으로 유용한 정의를 내리는 공식이 아니라, 빨리 적용할 수 있고 오류가 적게 발생하는 '계산 공식'이라는 것을 알게 됐다.

결국 나는 분산분석, 즉 ANOVA가 왜 (그 이름과는 직관적이지 않게) 평균 간의 차이를 측정하는지 이해하게 됐다. 그러나 그룹간제곱의 합과 그룹내제곱의 합 그리고 자유도는 정확하게 이해되지 않았다. 나는 그것들을 계산하기 위해서는 어떤 조건을 만족해야 하는지, 어떻게 계산해야 하는지도 알았다. 하지만 왜 그렇게 해야 하는지는 이해할 수 없었다.

그러다 회귀분석에 관한 책을 발견했다. 한 동료 학생이 나에게 책을 한 권 추천했다. 그 책은 그가 혼란스러워 했던, 나에게는 여전히 혼란스러운, 많은 문제들을 명확히 설명했다. 이제 절판된 그 책은 분산분석과 공분산을 회귀분석의 관점에서 설명했다. 그 책은 뜻이 통하는 수식을 컴퓨터 분석을 사용해 계산하고 상관관계와 공유분산의 비율에 대해 강조했다. 또한 제곱의 합과 평균제곱에 대해서도 설명했지만, 주로 기존의 피셔식Fisherian 분석과 회귀적 접근법 사이의 관계를 보여주는 데 도움이 되도록 설명했다.

개념들이 명확히 이해되기 시작했다. 이는 항상 제자리에 있었지만 불가사의한 ANOVA 계산식 뒤에 숨어 있었다. 이러한 계산식을 사용하고 가르친 이유는 20세기 초반 개발됐기 때문이다. 이 시절에는 21세기 같은 컴퓨팅 파워를 찾을 수 없었다. 그런 것들은 실제 존재하지도 않았다. 다중상관이나 제곱부분상관 같은 회귀분석의 산물을 계산하는 것보다 (특정 계산 공식을 사용해) 제곱의 합을 계산하는 것이 훨씬 쉬웠다. 일반적인 ANOVA에서는 회귀분석에서 한때 필수였던 역행렬을 찾을 필요가 없었다(3×3보다 큰 행렬의 역행렬을 손으로 계산하는 건 사람을 미치게 하는 경험이다).

오늘날 이러한 모든 기능은 엑셀 워크시트에 존재하며, 분산분석의 개념을 훨씬 더 직관적으로 만든다. 게다가 엑셀 워크시트 응용프로그램을 사용하면 내가 읽은 책보다 훨씬 쉽게 작업할 수 있다. 그 책은 엑셀이 처음 등장하기 훨씬 전에 만들어졌다. 결과를 얻기 위해 역행렬에서 개별 조각을 고르고 그것들과 꾸물거리고 있을 때는 절로 고개가 저어졌다. 오늘날에는 엑셀 워크시트에서 단지 고정 위치와 상대 위치를 적절하게 결합하는 것만으로 동일한 결과를 얻을 수 있다.

우리는 의료와 제약 연구, 재무 분석과 경제학, 농업 실험에서 운영 연구 분야에 이르기까지 다양한 분야에서 여전히 분산과 공분산분석에 크게 의존하고 있다. 개념을 이해하는 것은 이러한 분야에서 중요하다. 그리고 이러한 문제들을 기존 ANOVA가 아닌 회귀의 프리즘을 통해 바라보면 훨씬 쉽게 이해할 수 있다.

더 중요한 것은 회귀분석에서 일상적으로 사용하는 개념을 이해하면 로지스틱회귀분석 및 요인분석과 같은 고급 방법을 훨씬 쉽게 이해할 수 있다는 것이다.

이러한 기법은 한 번에 한 가지 변수를 분석하는 방법 너머로 지평을 확장시켜준다. 또한 잠재적이고 관찰되지 않은 요인과 다항종속변수를 포함하는 영역으로 분석을 확장하는 데 도움을 준다. 만약 공유분산shared variance의 개념을 모르고 있다면, 주요인분석principal components analysis을 배우려고 할 때 학습에 필요한 시간은 더욱 늘어난다.

이런 것들이 내가 이 책을 쓴 이유이다. 나는 추론 통계에 충분히 많은 경험이 있다. 처음에는 스스로, 그리고 그 다음에는 실전 컨설팅을 통해서 추론 통계를 올바르게 사용하면 얼마나 강력한 도구가 될 수 있는지 알았다. 나는 20년 이상 엑셀을 그 목적으로 사용해왔다. 어떤 사람들은 엑셀을 수치 분석 응용프로그램으로 부족하다고 조롱한다. 그건 잘못된 생각이다. 하지만 마이크로소프트(Microsoft, 이하 MS)의 엑셀 제공자로서의 이력에는 논란이 많다. 얼마 전 한 동료가 그가 받은 메일 한 통을 내게 전달했다. 엑셀의 통계적 기능을 사용하는 것이 '안전'한지 여부를 약간은 하소연하듯 의문을 가진 메일이었다. 당시 나는 이 책을 끝내고 있었고, 이 책의 대부분은 엑셀의 LINEST() 워크시트 함수 사용과 관련이 있다. 다음은 내가 썼던 답변이다.

통계 분석에서 엑셀을 사용하는 것이 '안전'한지 여부는 복잡한 물음입니다. MS는 어느 정도 잘못을 저지르고 있으며, 엑셀을 통계 분석에 사용하는 것이 위험하다고 말하는 사람들은 그 잘못을 주위에 공유합니다.

1995년 이후, MS는 이전 버전의 V4 매크로 언어를 VBA로 변환하는 것 외에 '분석 도구 추가 기능(일명 분석 Toolpak)'을 개선하는 데 아무런 일도 하지 않았습니다.

'추가 기능'에는 쉽게 수정할 수 있는 많은 문제가 있었기 때문에 이는 부끄러운 일입니다. 그러나 오래된 'Business Planner 추가 기능'이 더 이상 엑셀이 아니듯 '추가 기능'도 엑셀이 아닙니다. 그럼에도 개인 및 학술지에 제출된 '추가 기능'의 통계 도구에 불만을 표시하고 엑셀을 비난하는 많은 문서와 논문을 봤습니다.

엑셀 2003이나 2007에서도? 어느 것인지 정확히 기억이 나지는 않지만 LINEST()에는 두 가지 주요한 문제가 있었습니다. 하나는 LINEST()의 세 번째 인자인 const가 FALSE로 입력된 경우, 회귀와 잔존제곱의 합을 계산하는 방법의 잘못입니다. 이 문제는 1995년 초 알려졌지만 MS는 한참 늦게까지 그것을 고치지 않았습니다.

또 다른 문제는 LINEST()가 '정규 방정식'이라고 하는 것을 행렬대수를 사용해 풀었다는 것입니다. 이는 통계 응용프로그램에서 선호되는 방법입니다. 그러나 드문 경우지만 다중공선성(예측변수 간에 항상 상관관계가 존재)이 있는 경우에 0의 행렬식을 갖는 행렬을 생성할 가능성이 있습니다. 이러한 행렬은 역행렬이 존재하지 않으며, LINEST()가 적절한 값을 반환할 수 없게 합니다. 엑셀 2003인가 2007에서 MS는 QR decomposition이라는 방법으로 대체함으로 이를 해결했습니다.

그러나 다중공선성 문제가 있을 때 LINEST()는 #NUM!라는 에러 값을 반환했습니다. 아무도 안전하지 않은 길로 갈 수 없었고, 그것으로 인해 위험한 결정을 할 수 없었습니다. 그리고 세 번째 인자인 const 문제는 음의 R-제곱과 같은 결과를 낳았습니다. 회귀분석을 완전히 모르는 사람만이 음의 R-제곱에 의해 잘못된 결정을 할 수 있습니다. 그것은 이치에 맞지 않기 때문에 어딘가 틀림없이 잘못됐다고 알아차릴 수 있습니다.

> 마지막으로 엑셀의 다양한 가장 기본적인 통계 함수들이 개선돼 아주 극단적인 값에 대해서도 정확도가 향상됐습니다. 이는 유용합니다. 정확도가 떨어지는 것보다는 정확도가 높은 것이 항상 좋습니다. 그러나 그것은 프로이트가 '작은 차이의 나르시시즘'라고 불렀던 사례입니다. 만약 내가 생물통계학자이고 10^-16과 10^-17의 차이를 기반으로 의사 결정을 내려야 한다면, 저는 실험을 다시 반복할 겁니다. SAS, R, 엑셀을 사용하든 간에 중요한 결정의 기반으로 삼기에는 그 차이가 실질적으로나 기술적으로 너무 작습니다.
>
> 이와 관련해 기우가 많고 겁먹은 사람들의 이야기를 꺼내 보겠습니다. 통계 응용프로그램 험담 가운데 오래된 불명예스러운 이야기가 하나 있습니다. 제가 아직 학교에 있을 때, BMD라는 응용프로그램을 땀 흘려 배운 학생들은 다른 응용프로그램을 사용하는 것은 좋은 생각이 아니라고 말했습니다. 그들은 경쟁 응용프로그램은 정확하지 않다고 말했지만, 그런 말을 했던 진짜 동기는 그들 스스로 힘들게 습득한 전문 지식- 더 정확하게는 그 전문 지식에 대한-의 침식을 막는 것이었습니다(새로운 경쟁 응용프로그램은 SPSS 였습니다).
>
> 내 책 『엑셀 2013을 활용한 통계 분석』(혜지원, 2014)을 소개하는 데 약간의 시간을 쓰겠습니다. 그 책의 여섯 번째 장에서 이 문제와 이와 밀접한 관련이 있는 내용을 다루고 있습니다. 만약 통계 분석에 엑셀을 사용하는 게 안전하지 않다면, 추리 통계나 엑셀에 상관없이 자신이 하고 있는 것이 무엇인지 모르는 사람에게는 정확한 도구를 사용하더라도 위험은 언제나 도사리고 있다고 생각합니다.

이것은 2016년의 나의 장황한 글이다. 내가 오래된 친구를 다시 방문하는 것을 즐겼던 만큼 독자들이 이 책을 즐겨 주기를 희망한다.

고객 지원

한국어판의 정오표는 에이콘출판사 도서정보 페이지 http://www.acornpub.co.kr/book/regression-analysis-excel에서 찾아볼 수 있다. 한국어판에 대해 문의할 점이 있다면 에이콘출판사 편집 팀(edit@acornpub.co.kr)으로 연락 주길 바란다.

변동 측정: 값들이 얼마나 다른가

1

만약 당신이 이 책의 전체 혹은 부분만이라도 읽는다면, 변동성variability-숫자들이 얼마나 어떤 점에서는 어울리고 어떤 점에서는 다른지-에 대한 상당한 분량의 내용을 읽게 될 것이다. 변동variation-실제로는 공유변동shared variation-이 회귀분석의 핵심이기 때문이다. 둘 혹은 그 이상의 변수variables들이 분산variance을 공유할 때, 그 변수들은 정량적으로 관계가 있다. 예를 들면 두 변수 사이의 상관계수correlation coefficient가 0.5라면, 두 변수는 분산의 25%를 공유한다. 공유분산의 비율은 상관계수의 제곱과 같다.

변동과 공변동covariation이 회귀분석의 중요한 기초이고, 그것들을 이해하는 것은 회귀분석을 이해하는 데 필수 요소이다. 1장에서는 변동에 대해 다루고, 2장에서는 상관관계correlation를 다룬다. 엑셀에서의 변동과 상관관계에 대한 함수가 새롭고 유용한 정보가 될지도 모른다. 그럼 변동을 측정하는 방법과 왜 당신이 그중 특정한 방법을 선택해 사용해야 하는지 간단히 둘러보며 시작해보자.

어떻게 변동이 측정되는가

주어진 숫자들에 대한 변동성의 양을 측정할 수 있는 몇 가지 접근법이 있다. 가장 친숙한 것은 범위range를 이용한 방법이다. 범위에는 조금 덜 알려지고 세분화된 사분편차semi-interquartile range와 중앙사분위수midhinge 같은 것들이 있다. 이런 방법들은 숫자들이 최솟값과 최댓값 사이에 어떻게 분포돼 있는지 통찰을 줄 수 있다. 게다가 계산식이 번거롭지 않기 때문에 빠르고 정확하게 계산할 수 있다. 보통 제1사분위수first quartile, 중간값median, 제3사분위수third quartile를 알고 싶을 것이다(전체값의 25%가 제1사분위수 밑에 위치하고, 전체값의 25%가 제3사분위수 위에 위치한다).

많은 상황에서-특히 표본 데이터의 속성을 기술하고자 할 때-이런 접근법들은 유용하다. 하지만 당신이 그 이상의 정보를 원할 때 이것들은 그다지 도움이 되지 못한다. 예를 들면 이런 것이다.

- 이런 방법들은 표본에서 몇 가지 관찰값을 제외하고 모두 무시하는 경향을 가진다. 중요한 수는 최솟값, 최댓값, 중간값, 제1사분위수, 제3사분위수이다. 데이터셋 안의 그밖의 모든 숫자들은 무시되고, 동시에 많은 정보들이 무시된다.
- 지난 20년 동안 엑셀에서 단지 몇 글자만 누르고 워크시트 안의 셀을 드래그하기만 하면 표준편차를 쉽게 계산할 수 있게 됐다. 더 세밀한 통계를 하기 위해 지루한 일을 반복할 필요가 없어졌다. 계산하기 쉽다는 것이 더 이상 범위를 표준편차보다 선호하는 이유가 되지 못한다.
- 범위 대신 분산variance을 사용하는 변동variation 측정은 추출된 표본으로부터 표본과 모집단 사이의 정량비교quantitative comparisons를 가능하게 해준다. 이런 비교들은 접근조차 불가능했던 모집단을 추론할 수 있는 수준으로 올려놓는다.

변동을 측정하는 방법은 범위나 사분위수에 의존하지 않고, 각 관찰값들과 평균의 차이에 의존한다. 그리고 이런 차이들, 즉 편차deviations는 하나의 숫자로 응축돼 데이터의 전체 변동의 양을 나타낸다. 이 값은 단지 최솟값과 최댓값의 차이가 아니다.

편차의 합(Sum of Deviations)

일반적으로 데이터셋의 본래의 관찰값을 대문자 "X"로 기술한다. 데이터셋의 평균과 관찰값의 편차는 소문자 "x"로 기술한다. 다음 증명과 이 책 전체의 비슷한 상황에서 이와 같은 관례를 사용했다.

개별 관찰값과 그것들의 평균의 차이인 편차를 요약하기 위해 통계를 공부하기 시작한 대부분의 사람들이 처음 떠올리는 방법은 편차 전체를 합하는 것이다. 안타깝게도 데이터셋의 평균에서 도출된 각 값의 단순 편차의 합은 항상 0.0이다. 증명하는 것도 간단하다.

$$\begin{aligned}\sum_{i=1}^{n} x_i &= \sum_{i=1}^{n}(X_i - \overline{X}) \\ &= \sum_{i=1}^{n} X_i - \sum_{i=1}^{n}\overline{X} \\ &= \sum_{i=1}^{n} X_i - n\overline{X} \\ &= \sum_{i=1}^{n} X_i - n\left(\sum_{i=1}^{n} X_i\right)/n \\ &= \sum_{i=1}^{n} X_i - \sum_{i=1}^{n} X_i = 0.0\end{aligned}$$

일련의 값이 {1, 3, 5}이든 {1, 3, 5000}이든 평균으로부터 도출된 단순 편차의 합은 0.0이다. 그렇기 때문에 단순 편차의 합은 변동성의 척도로는 쓸모가 없다.

편차제곱의 합(Summing Squared Deviations)

편차의 제곱은 다르다. 모든 편차를 제곱하고 그것을 합하면, 반드시 양수를 얻게 된다. 이것은 통계적 변동성 분석-표준편차와 분산과 같은 단순한 단일 변이 분석부터 요인분석과 같은 다변량 분석까지-에서 사용되는 기본적인 계산이다.

편차의 합이 0.0이 되는 문제를 해결하는 다른 방법은 그 값들을 제곱하는 대신 절대값을 취하는 것이다(음수의 절대값은 그것의 대응되는 양수이다. -5.5의 절대값은 +5.5이다. 양수의 절대값은 그 수 자체이다. 3.1416의 절대값은 3.1416이다). 절대값들의 평균을 측정한 척도를 절대 평균편차mean absolute deviation 혹은 MAD라고 한다. MAD는 개념적으로 간단하고 계산이 쉽다. 엑셀의 ABS() 함수로 값을 절대값으로 변환할 수 있다. MAD를 자주 못 봤겠지만, 예측 관련 작업에서 간혹 볼 수 있다. 그러나 그런 곳에서도 MAD는 다른 변동성 측정결과를 확실히 하는 데 주로 사용된다. MAD는 고급 통계 분석에서 유용하다고 증명된 다른 변동성의 척도에 비해 일부 특징이 부족하다.

그래서 우리는 단순 편차를 제곱하는 방법으로 주어진 문제를 해결하겠다. 그 다음 편차제곱의 합을 기반으로 하는 통계를 이용해 데이터셋 안의 각 값들 사이의 변동성을 기술할 수 있다. 그림 1.1을 예로 든다.

그림1.1의 셀 B2:B11에 대략 20~70세의 범위를 가지는 10명의 나이가 있다. 그림은 편차의 제곱을 계산하는 방법을 각 부분별로 보여주고 있다. 그것들이 어떻게 누적되는지 볼 수 있다. 셀 B13은 엑셀의 AVERAGE() 함수를 사용해 10개의 값의 평균을 계산한다.

=AVERAGE(B2:B11)

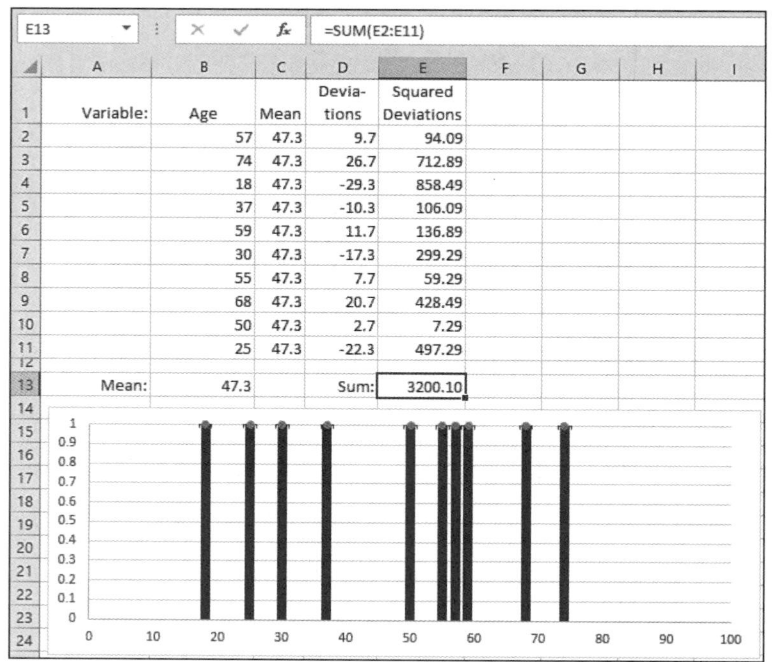

E13 =SUM(E2:E11)

	A	B	C	D	E
1	Variable:	Age	Mean	Devia-tions	Squared Deviations
2		57	47.3	9.7	94.09
3		74	47.3	26.7	712.89
4		18	47.3	-29.3	858.49
5		37	47.3	-10.3	106.09
6		59	47.3	11.7	136.89
7		30	47.3	-17.3	299.29
8		55	47.3	7.7	59.29
9		68	47.3	20.7	428.49
10		50	47.3	2.7	7.29
11		25	47.3	-22.3	497.29
12					
13	Mean:	47.3		Sum:	3200.10

그림 1.1
엑셀에서 알아서 해주기 때문에, 이런 모든 단계를 직접 할 필요는 없다.

그리고 나서 셀 C2:C11에는 단순히 셀 B13의 값을 지정해 연결한다. 다음과 같이 C2:C11 범위의 셀에 데이터의 평균값을 선택해서 넣는다.

=$B$13

수식에서 $ 기호는 링크를 13행 B열로 고정시킨다. $ 기호는 수식이 워크시트의 어떤 셀에 복사되건 간에 셀 B13으로 참조를 유지시키는 효과를 준다.

셀 D2:D11은 평균값인 C2:C11로부터의 B2:B11의 값의 편차를 나타낸다. 예를 들어 셀 D2의 수식은 다음과 같다.

=B2-C2

> **노트** 여기서는 큰 문제가 되지 않지만, 평균에서 각 값을 빼는지 아니면 반대로 각 값에서 평균을 빼는지가 중요한 상황이 있다. 각 값에서 평균을 뺀다면 틀리지 않을 것이다. 예를 들어 표준점수(z-점수)의 계산은 각 관측값에서 평균을 뺀 것으로 가정하기 때문에, 원래의 관측값이 평균보다 크다면 계산된 z-점수는 양수이다.

셀 E2에서는 다음과 같은 수식을 이용해 편차를 제곱한다.

=D2^2

('^'는 엑셀의 지수 계산 연산자이다. 예를 들어 2의 3제곱은 다음과 같이 계산할 수 있다. =2^3)

마지막으로 셀 E13에서 다음과 같은 수식으로 편차의 제곱이 합쳐져 3200.10을 반환한다.

=SUM(E2:E11)

이 값은 B열의 10명의 나이의 평균과 각 사람들의 나이 사이의 편차의 제곱의 합이다.

우리는 다음과 같은 단계를 따랐다.

1. 엑셀 워크시트에 10명의 나이를 입력한다.
2. 평균을 계산한다.
3. 각 나이에서 평균 나이를 뺀다.

4. 단계 3에서 계산한 편차를 제곱한다.

5. 단계 4에서 계산한 편차의 제곱을 모두 합한다.

이 모든 단계를 수행하는 것은 지루한 일이다. 엑셀에 단계 1을 제외한 모든 단계를 수행하는 함수가 있다. 관찰값인 B2:B11만 있으면 다음 수식을 통해 편차의 제곱을 계산할 수 있다.

=DEVSQ(B2:B11)

DEVSQ() 함수는 그 이름만 제외하고는 모든 것이 훌륭하다. 이름이 너무 짧다. 애석하게도 "편차 제곱[squared deviations]"을 표현하기에는 다소 왜곡된 이름인 것 같다. 그러나 엑셀로 회귀 작업을 많이 해온 누구나 그 함수가 시간과 실수를 줄여주는 함수라는 사실을 알고 있다.

그림 1.1은 차트의 가로축을 따라 B2:B11 범위의 각 값들이 얼마나 흩어져 있는지도 보여준다. 그 패턴이 어떤지와 제곱의 합이 3200.10임을 기억하고, 그림 1.2를 보자.

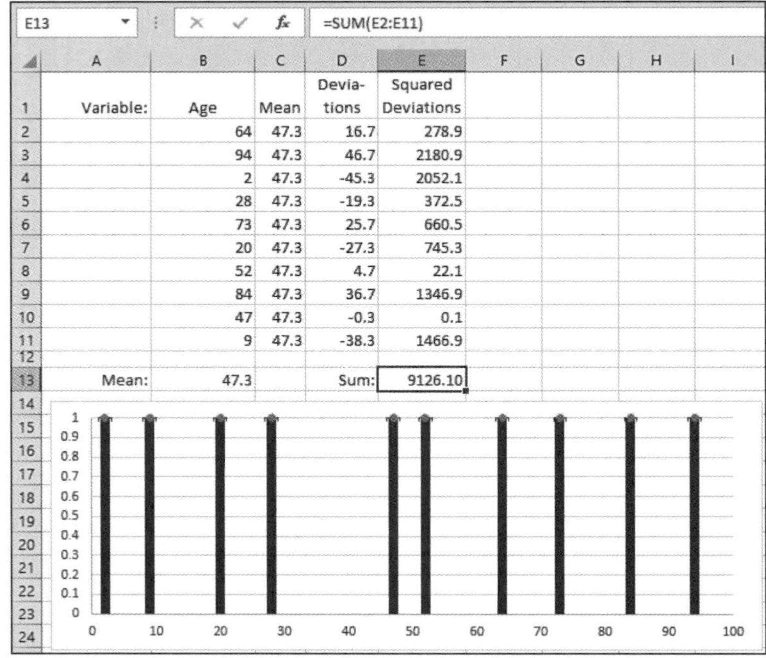

E13 =SUM(E2:E11)

	A	B	C	D	E
1	Variable:	Age	Mean	Devia-tions	Squared Deviations
2		64	47.3	16.7	278.9
3		94	47.3	46.7	2180.9
4		2	47.3	-45.3	2052.1
5		28	47.3	-19.3	372.5
6		73	47.3	25.7	660.5
7		20	47.3	-27.3	745.3
8		52	47.3	4.7	22.1
9		84	47.3	36.7	1346.9
10		47	47.3	-0.3	0.1
11		9	47.3	-38.3	1466.9
12					
13	Mean:	47.3		Sum:	9126.10

그림 1.2
차트의 흩어진 정도와 제곱의 합 모두 그림 1.1보다 크다.

그림 1.1에서 보여주고 있는 것과 그림 1.2를 비교해보자. 관찰된 값의 범위가 약 56년(18~74세)에서 92년(2~94세)으로 증가했다. 관찰된 값의 개수는 같고 평균 또한 같다. 차트의 가로축 범위는 두 차트가 같다. 그러나 차트에서 각각의 나이가 놓인 위치를 살펴보면 그림 1.2의 나이가 그림 1.1보다 훨씬 떨어져 있음을 볼 수 있다.

그 다름은 제곱의 합의 크기에 반영된다. 그림 1.1의 제곱의 합은 3200.10이고 그림 1.2의 제곱의 합은 9126.10로 거의 3배 정도 증가했다. 당연히 제곱의 합은 여기서 중요한 정보이다. 제곱의 합은 일련의 값들의 변동성의 크기를 객관적으로 요약해준다. 반면 차트에서 데이터의 위치의 시각적인 모습은 매우 주관적이다.

제곱의 합에서 분산으로

뒤이어 보겠지만 때로는 제곱의 합이 가장 중요하며, 때로는 그와 밀접한 관련이 있는 분산variance이라 부르는 통계가 중요하다. 어떤 것이 중요한지는 대부분 분석하는 맥락에 의해 결정된다. 분산이 제곱의 합과 얼마나 관련이 있는지 제대로 알기 위해 분산이 제곱의 평균mean인 것을 고려해야 한다. 분산은 편차 제곱의 평균이다.

분산이 일련의 숫자들의 흩어진dispersion 정도를 측정하는 데 유용한 한 가지 이유는 그것이 평균값이기 때문이다. 그렇기 때문에 분산은 셋 안의 숫자의 개수에 민감하지 않다. 만약 셋 A의 제곱의 합이 10이고, 셋 B의 제곱의 합이 98이라고 하면, 어느 셋이 더 큰 변동성variability을 가지는지 알 수가 없다. 셋 A가 하나의 점에서 1,000분의 1만큼 떨어진 10,000개의 값을 가지고, 셋 B는 단지 2와 16의 숫자일 수도 있다. 명확하게 셋 B는 셋 A보다 더 흩어져 있으나 제곱의 합만으로는 그것을 표현할 수 없다.

반면 두 개의 셋이 같은 분산값을 갖는다면, 각 셋의 값의 개수에 상관없이 흩어진 정도가 같다는 것을 알 수 있다. 분산은 평균값이고, 이 값은 표본 크기의 효과를 상쇄한다. 그림 1.3을 보자.

그림 1.3에는 두 개의 데이터셋이 있다. B2:B11 범위에 10개의 값을 가진 하나의 셋과 E2:E16 사이에 15개의 값을 가진 셋이 있다. 두 개의 셋은 평균으로 보면 완전히 동일한 흩어진 정도를 가지고 있다. 셋 A의 분산과 셋 B의 분산도 거의 동일하다. 그러나 제곱의

합은 큰 차이가 난다. 셋 B의 제곱의 합은 셋 A의 제곱의 합의 값보다 한 배 반이 크다. 두 개의 제곱의 합이 차이가 나는 이유는 전적으로 각 데이터셋의 관측값의 개수가 다르기 때문이다.

셋 안의 값의 개수에 민감하지 않은 셋의 변동성variability을 측정하는 것은 유용하며, 그 이유에 대해 앞으로 다룰 예정이다. 반면 분산 대신 제곱의 합을 사용하는 것이 유용할 때도 있다. 두 통계 모두 다른 상황에서 유용하다.

그림 1.3의 셀 B14와 E19에서 사용된 DEVSQ() 워크시트 함수와 셀 B13과 E18에서 사용된 AVERAGE() 함수에 대해서는 이미 다뤘다. 그림 1.3에 VAR.P() 함수가 처음 나온다. 셀 B15와 E20에 사용된 이 함수는 관측값의 분산을 반환한다.

그림 1.3
VAR.P()와 같은 엑셀 워크시트 함수들은 하기 어려운 것을 해준다.

E20 =VAR.P(E2:E16)

	A	B	C	D	E	F
1	Variable:	Age, Set A			Age, Set B	
2		57			58	
3		74			72	
4		18			18	
5		37			37	
6		59			60	
7		30			30	
8		55			56	
9		68			71	
10		50			51	
11		25			25	
12					28	
13	Mean:	47.3	=AVERAGE(B2:B11)		56	
14	Sum of Squares:	3200.1	=DEVSQ(B2:B11)		71	
15	Variance:	320.01	=VAR.P(B2:B11)		51	
16					25	
17						
18				Mean:	47.3	=AVERAGE(E2:E16)
19				Sum of Squares:	4818.9	=DEVSQ(E2:E16)
20				Variance:	321.26	=VAR.P(E2:E16)

명심해야 할 용어의 문제가 있다. 통계학자들이 "제곱의 합"이라고 말할 때, 그것은 거의 확실하게 평균에서부터의 편차의 제곱의 합을 의미한다. 원래 값의 제곱의 합이 아니다. 실제 용어가 그 구별을 명확하게 하지 않는다. 더 나쁜 것은 지난 몇 년 동안 혼란이 발생했는데, 그 이유는 종이와 연필을 이용한 손 계산을 통해 분산을 계산하기 위해 몇몇 계산 공식을 권장했는데, 그 공식은 본래 값의 제곱의 합을 사용했다. 감사하게도 그런 시절들은 지나갔다. "제곱의 합"이 편차제곱의 합을 의미하는 것에 대해 빨리 익숙해져야 한다.

VAR.P()와 VAR.S() 함수의 사용

엑셀에는 분산을 계산하는 두 가지 유용한 함수 VAR.P()와 VAR.S()가 있다. 두 함수의 차이점은 우리가 계산하려고 하는 분산의 본질에 기반한다.

- 함수를 적용하려는 값들이 전체 모집단일 때 VAR.P()를 사용한다. 당연히 "P"는 "population"을 나타낸다. 예를 들어 VAR.P(A2:A21)은 A2:A21의 범위 안의 값이 관심 있는 숫자 전부임을 의미한다. 그 결과를 다른 큰 데이터셋으로 일반화하려는 의도가 아니다.
- 함수를 적용하려는 값들이 큰 모집단의 표본일 때 VAR.S()를 사용한다. 함수 이름의 "S"는 "sample"을 나타낸다. 예를 들어 VAR.S(A2:A21)은 추정하려고 하는 분산에 대해 알려지지 않은 더 많은 값들이 있음을 내포한다.

물론 VAR.P()를 모수를 반환하는 것으로 VAR.S()를 통계량을 반환하는 것으로 여겨도 좋다.

> **노트** 모집단의 통계나 상관계수 같은 값들을 계산할 때 그 값들은 모수(parameter)라고 부른다. 모집단에서부터 나온 표본에서 계산됐을 때는 통계량(statistic)이라고 부른다.

엑셀에는 분산을 반환하는 다른 두 가지 함수가 더 있다. VARA()와 VARPA()이다. VARA()는 함수의 인자로 표본이 입력될 것으로 가정하고, VARPA()는 모집단이 입력될 것으로 간주한다. 두 경우 모두 함수 이름의 끝의 "A"는 함수의 인자로 숫자와 함께 문자[text]값이나 논리[logical]값이 포함될 수 있음을 의미한다. 문자값과 논리값의 거짓(FALSE)은 0으로 여겨지고, 논리값의 참(TRUE)은 1로 여겨진다. VAR.P()와 VAR.S()는 문자값은 그저 무시해 버린다. 엉성한 워크시트 디자인이나 잘못된 값과 관측값의 연결 계획을 비효율적으로 보완하는 용도 이외에 엑셀 함수 라이브러리에 VARA()와 VARPA()가 포함된 이유를 모르겠다.

VAR.P()와 VAR.S()는 다르다. 이것들은 가치 있는 함수로 이 책의 예제에서 이 둘을 폭넓게 사용한다. 두 함수가 어떻게 다른지, 그리고 왜 다른지를 아는 것은 중요하다. 나는 이 질문에 대한 답을 『엑셀 2013을 활용한 통계 분석』의 2장과 3장에서 깊게 다뤘다. 여기서는 간단히 다루겠다.

산술평균-엑셀에서 AVERAGE()로 계산-과 분산은 매우 밀접한 관계가 있다. 분산은 평균과의 편차 제곱의 평균이기 때문이다. 평균과 분산, 두 개의 통계량의 또 다른 관계는 다음과 같다. 평균으로부터 편차를 구하고 그것들은 제곱한 결과는, 평균이 아닌 어떤 다른 수로부터의 편차에 의해 도출된 분산보다, 더 작은 편차제곱의 합이 된다. 이 값들의 분산에 대해서도 마찬가지다. 분산은 편차의 제곱의 합이 아니라 평균이다.

숫자 1, 4, 7의 분산은 6이다. 이 숫자들의 평균이 아닌 다른 값으로 편차를 구하고 제곱하고 그것의 평균을 계산해보라. 평균인 4로부터 도출된 6보다 더 작은 편차 제곱의 평균을 가지는 수를 찾을 수 없다. 값들의 평균이 아닌 다른 값들로 편차제곱의 합을 계산하도록 워크시트를 세팅해 이 특성을 실례로 입증할 수 있다. 그리고 나서 제곱의 합을 최소화하기 위해 평균값이 위치한 셀의 값을 변경하면서 엑셀의 '해 찾기Sovler기능'을 이용할 수 있다. '해 찾기 기능'은 각 값을 평균과의 편차를 구해 제곱의 합의 값을 최소화해줄 것이다(그러므로 평균과 분산도 최소화된다). 증명됐다.

왜 이것이 중요할까? 임의로 선택된 100명의 성인 남성 키를 측정한다고 가정하고 평균 키를 계산해보자. 이 임의 표본의 평균은 전체 모집단의 평균에 꽤 가까울 것이다. 그러나 표본의 평균이 모집단의 평균과 정확히 일치할 가능성은 극도로 낮다. 표본의 크기를 늘릴수록 더 정확한 통계량을 얻을 수 있다. 그러나 모집단 그 자체의 크기의 표본 말고는, 통계량과 모수가 같다는 것을 확신할 수 없다.

그래서 100명의 키에 대한 표본을 가지고 있을 때 평균은 모집단의 평균과 (약간은) 다르다. 표본의 분산을 계산해 4라는 분산을 얻었다고 해보자. 방금 논의했듯이 이 값은 *전체 모집단의 실제 평균*을 포함하여 어떤 다른 값을 사용해 편차를 구한 값보다 작다. 그러므로 우리가 계산한 분산은 모집단의 평균으로 계산한 값보다 작다.

표본으로부터 계산된 제곱의 합의 평균은 모집단의 분산보다 작게 추산된다. 그러한 방법으로 계산된 분산은 편향된biased 통계량이라고 말할 수 있다.

편차제곱의 합을 표본 크기 n 대신, 표본 크기에서 1을 뺀 (n-1)로 나누면 통계량의 편향을 제거할 수 있다는 것이 밝혀졌다.

노트

(n–1)은 자유도(degrees of freedom)나 df로 부른다. 이 용어는 "The degrees of freedom in this analysis is 99"에서처럼 단수형으로 해석된다. 회귀분석 주제에 다가가면서 자유도를 계산하는 다른 방법들을 보게 될 것이다. 그 방법들은 모두 표본 크기에서 숫자를 빼거나 관측치가 줄어드는 범주의 개수를 세는 것을 수반한다.

산술적인 것에 대해서만 말하면, VAR.P()와 VAR.S()는 단지 이렇게 다르다.

- VAR.P()는 제곱의 합을 관측치의 개수로 나눈다. 그러므로 편차 제곱의 평균의 "정확한" 분산이다.
- VAR.S()는 제곱의 합을 관측치의 수에 1을 뺀 값인 자유도로 나눈다. 이렇게 함으로 표본이 추출된 모집단의 분산을 더 정확하게 추정할 수 있다.

그림 1.4는 두 함수의 차이를 보여준다.

그림 1.4

B2:B11의 값은 E2:E11의 값과 완전히 동일하다. 그러나 실제 모분산은 추정된 모분산보다 작다.

E16 =DEVSQ(E2:E11)/(10-1)

	A	B	C	D	E	F
1	Variable:	Age		Variable:	Age	
2		57			57	
3		74			74	
4		18			18	
5		37			37	
6		59			59	
7		30			30	
8		55			55	
9		68			68	
10		50			50	
11		25			25	
12						
13	Mean:	47.3	=AVERAGE(B2:B11)	Mean:	47.3	=AVERAGE(E2:E11)
14	Sum of Squares:	3200.1	=DEVSQ(B2:B11)	Sum of Squares:	3200.1	=DEVSQ(E2:E11)
15		If B2:B11 is a population:			If E2:E11 is a sample:	
16	Variance:	320.01	=DEVSQ(B2:B11)/10	Variance:	355.57	=DEVSQ(E2:E11)/(10-1)
17	Variance:	320.01	=VAR.P(B2:B11)	Variance:	355.57	=VAR.S(E2:E11)

그림 1.4에서 셀 B17은 VAR.P()를 사용한 결과를 보여준다. 그 결괏값은 320.01로 제곱의 합을 관측치의 개수로 나눈 셀 B16의 값과 동일하다.

셀 E17에서 VAR.S()의 결과도 볼 수 있다. 그 결괏값은 355.57로 제곱의 합을 자유도 혹은 (10 -1)로 나눈 값과 동일하다.

셀 B17의 모수 값과 셀 E17의 통계량 값의 차이는 명백히 분모 차이이다. 그림 1.4의 예제에서 n은 10이고 df는 9이기 때문에, 분모가 11% 차이가 있고 함수의 결과도 그를 따른다.

N이 10이 아니라 100이었다고 가정해보자. 그러면 df는 99가 되고 분모의 차이가 11%가 아닌 1%의 차이이고 함수의 결과도 그를 따를 것이다. 그래서 표본 크기가 커질수록 표본 통계량에서 모집단의 모수를 추정하는 데 있어서 더 작은 편향이 존재한다. 표본 크기가 작아질수록 더 많은 편향의 정정이 필요하다.

비록 VAR.S()가 모분산의 비편향추정량unbiased estimator을 반환하지만 그것의 제곱근은 모표준편차의 비편향추정량이 아니라는 것을 기억하라. 다음 절에서는 표준편차를 다룰 예정이다. 표준편차는 단순히 분산의 제곱근이다. 그러나 비편향추정량의 제곱근 또한 비편향이라는 것은 필연적으로 참이 되지는 않는다. 표준편차는 편향된 통계량이지만, 자유도를 이용해 분산을 계산하고 남은 편향의 양amount of bias은 사라질 만큼 작고 하찮은insignificant 것으로 여겨진다.

표준편차

어떤 의미로는, 표준편차는 단순히 분산의 제곱근이다.

$$SD = \sqrt{Variance}$$

사실 분산의 일반적인 기호는 s^2이다. 여기서 s는 '표준편차'를 의미하므로-어쨌든 기호에 따르면-분산은 표준편차로 정의된다.

어떤 면에서는 표준편차의 관점에서 생각하는 것이 분산의 관점에서 생각하는 것보다 더 쉽고 유익하다(무엇이 회귀분석을 작동하게 하는지 파고들어가기 시작할 때 그 반대가 어떻게 참이 되는지 알게 될 것이다). 예를 들어 분산과 표준편차 모두 편차제곱의 합을 기본 재료로 사용한다. 편차를 제곱하면서 측정의 척도가 원래 측정 기준에서 제곱의 측정 기준으로 바뀐다. 피트 대신 제곱피트, 달러 대신 제곱달러, 갤런당 마일 대신 갤런당 제곱마일로 바뀐다. 공교롭게도 제곱피트로 생각하기는 쉽지만, 제곱달러나 갤런당 제곱마일은 일상적으로 사용하는 표준 측정 단위로는 적합하지 못하다.

그러나 표준편차로 생각하기는 충분히 쉽다. 표준편차는 분산의 제곱근이기 때문에 원래 측정 단위로 돌아간다. 분산이 100제곱달러라면 표준편차는 10달러다. 그럼에도 표준편차는 여전히 일련의 숫자에서 변동성의 양을 표현하기 때문에 표준편차를 두 값의 차이를 표현하는 데 사용할 수 있다.

예를 들어 광범위한 자동차로부터 획득한 갤런당 마일mile per gallon, mpg의 표준편차가 10mpg라고 해보자. 이런 경우에 작은 소형차의 연료 효율성이 28mpg이고, 연료가 많이 필요한 SUV가 18mpg라면, 차량 간의 연료 효율성의 차이는 1 표준편차((28-18)/1)이다. 1 표준편차는 큰 값일까 작은 값일까? 이는 주관적인 판단이다. 그림 1.5를 보고 스스로 판단해 보라.

그림 1.5
이 확률은 모든 정규분포 변수의 전형이다.

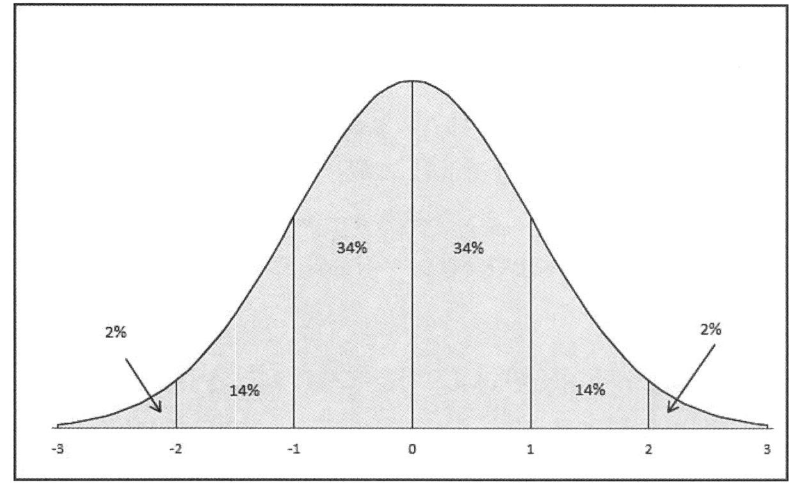

그림 1.5는 가로축 위의 표준편차 폭이 어떻게 값의 분포를 6개 영역으로 나눌 수 있는지 보여준다. 두 개의 영역은 각각 곡선 아래 영역의 34%를 포함하고, 두 개의 영역은 각각 영역의 14%를 포함하고, 두 개의 영역은 각각 영역의 2%를 포함한다. 따라서 소형차와 SUV 사이의 거리에 대한 답은 1 표준편차이지만, 답의 의미는 곡선의 어느 부분이 두 차량을 나누는지에 달려 있다. 1 표준편차의 차이는 두 관측치가 단지 모집단의 2%만큼 분리된 것일 수도 있고 모집단의 34%만큼 분리된 것일 수도 있다.

평균의 표준오차

표준편차가 한 군데에서만 나오는 게 아니다. 임의의 방법으로 만져진 데이터의 표준편차를 계산하려고 하는 경우가 종종 있다. 비록 그 결과는 분명히 표준편차이지만, 관례적으로 표준오차standard errors라고 부른다.

이것의 좋은 예로, 나중에 여러 장에서 논하게 될 추정값의 표준오차를 들 수 있다. 이 통계량은 회귀방정식regression equation의 정확도와 관계가 있다. 회귀의 목적 중 하나는 다른 변수에 대한 지식을 바탕으로 하나의 변수의 값을 예측하는 것이다. 부동산에 관심이 있다면 사무실의 평수와 월세 사이에 정량적인 관계인 평당 얼마 같은 수식이 있음을 알 것이다. 그러나 그 관계가 정확하지 않다는 사실 또한 알 것이다. 100개의 다른 사무실에 이 공식을 적용해본다면, 일부 사무실에 대해서는 거의 비슷하게 월세를 추정할 수 있지만, 몇몇의 경우에는 비슷하지 않을 것이고, 나머지는 전혀 비슷하지 않을 것이다.

사무실의 실제 월세에서 공식으로 얻은 수치를 빼는 것으로 추정값의 오차errors of estimate를 정량화할 수 있다. 모든 추정값의 오차를 구해서 그것의 표준편차를 구하면 추정값의 표준오차를 구할 수 있다. 표준오차가 작을수록 개별 오차도 작아지고 공식은 더 정확해진다. 이것은 표준편차이지만 관측값을 추정값의 오차에 이르도록 조작한 것이므로, 표준오차라고 부른다.

측정의 표준오차, 비율의 표준오차를 포함해 여러 종류의 표준오차가 있다. 변동성에 대한 이 논의와 관련된 또 다른 예는 평균의 표준오차이다. 50개 각각의 주에서 무작위로 선택된 25명의 남성 키에 관한 데이터를 수집할 수 있는 재원이 있다고 가정하자. 앨라배마, 알래스카, 애리조나, ..., 와이오밍의 성인 남성의 평균 키를 계산할 수 있을 것이다. 그 50개의 평균은 각각 관측값으로 여겨질 수 있다. 이 경우, 그 값들의 표준편차를 계산할 수 있는데, 그러면 그 값은 평균의 표준오차가 된다.

왜 그것에 대해 관심을 가져야 할까? 실제로 표준편차는 약 2.5인치이고 평균은 약 70인치로 개별 성인 남성의 키에는 상당한 양의 변동이 있다. 평균값에서 2표준편차를 내리면 70-5인 65인치를 얻게 되고, 평균값에서 2표준편차를 올리면 70+5인 75인치를 얻게 된다. 미국에 거주하는 어떤 성인 남성이든 선택해보라. 정규곡선과 그 아래 구역에서의 표준편차들의 관계 덕분에 무작위로 선택된 남성의 키가 5.5인치와 6.5인치 사이에 있게 될 확률이 96%에 가깝다는 것을 알 수 있다.

그러나 그 모든 변동성은 개별 관측치를 평균으로 바꾸는 과정에서 사라져버린다. 사우스다코타에서 표집한 25명의 남성은 2.5인치의 표준편차를 가질 수도 있지만, 그 25명의 평균의 표준편차는 0이다. 단일 값은 변동성을 가질 수 없다. 50개 주의 평균의 표준오차를 취하면, 개개인 사이의 차이로 인한 변동성은 없어지고 각 주의 주거와 관련된 차이만 남는다. 주와 주사이의 변동이 있을지 모르지만, 개개인 사이의 차이에 비하면 훨씬 적을 것이 확실하다.

그림 1.6은 1,250개(50개의 주×각 주마다25명)의 원본인 개별 관측치와 50개 주의 평균값의 분포를 비교한 것이다.

그림 1.6은 두 개의 곡선을 보여준다. 가로축 62.5에서 77.4인치까지 걸친 넓은 곡선은 각 남성의 다양한 키의 상대적 빈도를 보여준다. 가로축 68.2부터 71.8인치까지 확장된 좁은 곡선은 각 주의 다양한 평균 키의 상대적인 빈도를 보여준다.

그림 1.6
주의 평균들은 개별 관측치를 사용한 것보다 중심에서 덜 벗어나 있다.

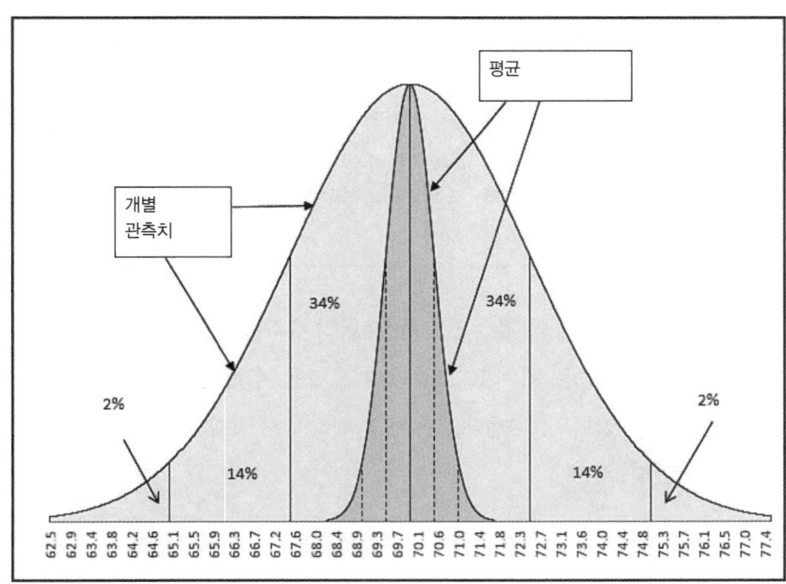

이 두 곡선 간의 가장 두드러진 차이는 개인의 개별 키의 빈도를 보여주는 곡선이 각 주의 개별 평균의 도수를 보여주는 곡선보다 훨씬 넓다는 것이다. 이것은 1,250개 관측치 대신 50개 평균을 취하게 되면 개별 변동이 사라지게 된다고 이번 절의 앞부분에서 주장한 바와 일치한다.

실제로 개별 관찰값 간의 차이에서 표본의 평균 간의 차이로 변환될 때 변동성이 얼마나 줄어들 것인가를 알려주는 수식이 있다. 평균의 표준오차의 공식은 다음과 같다.

$$s_{\overline{X}} = s/\sqrt{n}$$

여기서,

$s_{\overline{X}}$는 평균의 표준오차이다.

s는 원래 관측치들의 표준편차이다.

n은 표본의 관측치의 개수이다.

노트

통계에 사용되는 또 다른 관습은 그리스 문자와 로마 문자의 구별이다. 그리스 문자는 모집단 모수를 나타내는 데 사용되고, 로마 문자는 표본 통계량을 나타낸다. 그러므로 모집단의 표준편차를 고려하고 있다면 σ로, 표본의 표준편차를 고려하고 있다면 s로 써야 한다.

평균에 사용되는 기호들은 그리 깔끔하지 않다. 모집단 평균을 나타내기 위해 '뮤(mew)'라고 발음되는 그리스 문자 μ를 사용한다. 그러나 관습적으로 표본 평균을 나태내기 위해서는 "X-bar"라고 발음되는 기호(수식)을 사용한다.

앞 수식은 표준오차와 표준편차를 표현하기 위해 로마 문자를 사용하는데, 이것은 표본에서 계산된 통계량을 가지고 모집단의 모수를 추정하고 있음을 가정한다. 다행스럽게도 모수 σ를 알 수 있다면, 다음과 같이 그리스 문자로 수식을 작성해 모수가 사용 중임을 나타낼 수도 있다.

$$\sigma_{\overline{X}} = \sigma\sqrt{n}$$

이 예제에서, 최초 관측치의 표준편차인 s는 2.5인치이다. 표본의 수 n은 25이다. 따라서 이 경우의 평균의 표준오차는 2.5를 n의 제곱근인 5로 나눈 0.5인치이다. 만약 당신이 각 주에서 25명이 아닌 16명의 사람을 표집했다면, 평균의 표준오차는 2.5인치를 16의 제곱근인 4로 나누어야 하며, 결과적으로 표준오차는 약 0.6이 된다. 그리고 표본의 크기를 주마다 100으로 하면 표준오차는 2.5/10인 0.25가 된다.

일반적으로 표본 크기가 커짐에 따라 표본 크기의 제곱근의 함수인 평균의 표준오차는 줄어든다. 하나의 표본에서 무작위로 선택된 10명의 남성 키 데이터를 얻었다고 해보자. 그리고 다른 표본에서 무작위로 선택된 100명의 키 데이터를 얻었다고 해보자. 그러고 나서 동일한 표본의 크기로 두 표집 과정을 한 번 더 반복하자. 어느 표본의 쌍이 서로 평균에 가까울 것으로 예상되는가? 10개로 구성된 두 표본인가, 아니면 100개로 구성된 두 표본인가?

직감적으로 100개로 구성된 두 표본의 평균이 10개로 구성된 두 표본보다 가까울 것으로 생각할 것이다. 표본 크기가 클수록 모집단 평균의 추정치가 정확해지므로 두 평균값이 서로 가까워질 것이다. 이것은 표본의 크기가 클수록 평균의 표준오차가 더 작아진다는 것을 말하는 또 다른 방법이다.

z-점수와 z-값

표준편차와 표준오차를 이용하는 방법 중 하나는 특정한 '표준점수standard scores'를 정의하는 것이다. 이 점수는 정규곡선에서 관측치의 위치를 즉각적으로 알려준다. z-점수z-score는 분포 위의 관측치의 위치를 평균의 위 또는 아래의 표준편차 수로 나타낸다. 예를 들어 1.5의 z-점수는 관측치가 평균보다 1.5 표준편차가 높다는 것을 나타내고, -2.0의 z-점수는 관측치가 평균보다 2 표준편차 아래 있음을 나타낸다.

z-점수는 관측값에서 평균을 뺀 다음, 그 차이를 표준편차로 나누어 계산된다. 그러므로 소형차의 평균 연비가 22mpg이고 표준편차가 10mpg인데, 한 소형차로 28mpg를 얻었다면 그 소형차의 z-점수는 (28-22)/10인 0.6이다.

개별 점수에 대해 z-점수라는 용어를 사용하는 것이 일반적이며, 표본의 개별값들에 대해 각각 구해진다. 개별 점수 대신 평균과 같은 통계량으로 거의 동일한 계산을 사용할 수 있는데, 이 경우 일반적으로 z-값z-value이라는 용어를 보게 될 것이다. 이 책에서는 이러한 상당히 비공식적인 구별을 따를 것이다.

표준편차를 제곱의 합과 분산보다는 조금 적게 다루겠지만, 표준편차는 추정의 표준오차와 회귀계수의 표준오차를 살펴볼 때 매우 중요하다. 표준오차에 관한 문제를 해결하는 것은 같은 주제에 대한 변형일 뿐이다.

당신이 골프 클럽 프로라고 가정해보자. 당신은 몇 년 동안 그 자리에 있었으며 업무 중 하나는 골프 연습장을 유지 감독하는 것이다. 유지 감독 업무에는 하루 몇 번씩 연습장으로 날아간 공을 회수해오는 것이 포함된다. 당신은 그 연습장에서의 평균 드라이브 거리를 측정할 기회가 있었으며, 평균 드라이브 거리는 205야드이고 표준편차는 36야드라고 확신한다고 해보자.

어느 날 스포츠 장비 제조사의 한 영업사원이 전화해서 그의 회사에 새로 출시된 드라이버가 고객들의 드라이브 거리를 10야드 더 멀리 나가게 해준다고 한다. 그는 새 드라이버를 당신에게 보냈고, 당신은 호기심에 연습장을 이용하는 81명의 고객에게 새로운 골프채로 한 번씩 연습 스윙을 하게 하고 각 드라이브의 거리를 기록했다.

새로운 골프채를 사용한 드라이브 거리의 평균은 215야드였다. 10야드(215대 205)의 차이가 단지 표집오차sampling error 때문일 확률은 얼마일까? 다른 식으로 질문해보자. 표본 드라이브에 대한 수천 개의 대규모 테스트를 통해, 새로운 골프채가 오랜 기간 동안의 평균 거리인 205야드에 비해 추가적으로 이득이 되는 거리가 없다고 판명될 가능성을 얼마나 될까?

z-값을 통해서 테스트할 수 있다. 먼저 평균의 표준오차가 필요한데, 이는 우리가 비교하려는 것이 평균이기 때문이다(81샷의 표본의 평균과 골프 연습장의 오랜 기간 동안의 드라이브 거리의 평균). 다음 수식을 통해 평균의 표준오차를 얻는다.

$$\sigma_{\bar{X}} = \sigma / \sqrt{n}$$

또는

$$4 = 36/\sqrt{81}$$

표본평균과 모평균의 차이를 평균의 표준오차로 나누면 z-값이 된다.

(215 -205)/4

즉, 2.5.

드라이브마다 추가 10야드는 반복 실험을 하지 않고도 골프 클럽의 다른 맴버들에게도 기대할 수 있는 믿을 만한 결과인가? 아니면, 그냥 다른 맴버들보다 골프공을 멀리치는 81명의 맴버를 선택해서 일어난 일인가? 결과는 진짜인가 아니면 표집오차인가?

정규곡선normal curve이 어떻게 작동하는지 우리가 알고 있기 때문에, 엑셀 워크시트 함수는 새로운 골프채에 대한 평균 거리가 (우리가 갖고 있는 통계량 대신에, 우리가 직접적으로 관찰하지 않은 모수) 실제로 205야드의 오랜 평균과 같을 때 2.5의 z-값을 얻을 확률을 알려준다.

다르게 말해서 골프 연습장에 있는 모든 골퍼에 대해 측정한 새로운 골프채의 평균 드라이브 거리가 205야드라고 가정해보자. 이는 이전의 골프채를 사용한 장기간의 평균과 같다. 만약 전체 모집단에 대해 두 평균이 실제로 같을 때, 81명의 골퍼의 표본에서 계산된 2.5의 z-값이 관찰될 확률은 얼마인가?

엑셀에서 그 확률을 계산하는 하나의 방법은 NORM.S.DIST()를 이용하는 방법이다. 이 함수의 이름은 당연히 정규분포normal distribution의 일부에서 왔다. 함수 이름 중간의 S는 표준standard을 나타낸다. 차이에 대해서는 이후 간단히 설명하겠다.

계산하여 얻은 z-값을 다음과 같은 방법으로 NORM.S.DIST() 함수에 입력한다.

```
=NORM.S.DIST(2.5,TRUE)
```

결괏값은 99.38%이다. 그것은 실제로는 우리가 찾으려는 확률의 보수complement이다. 그림 1.7을 보면, 이 결과를 이해하기 쉽다.

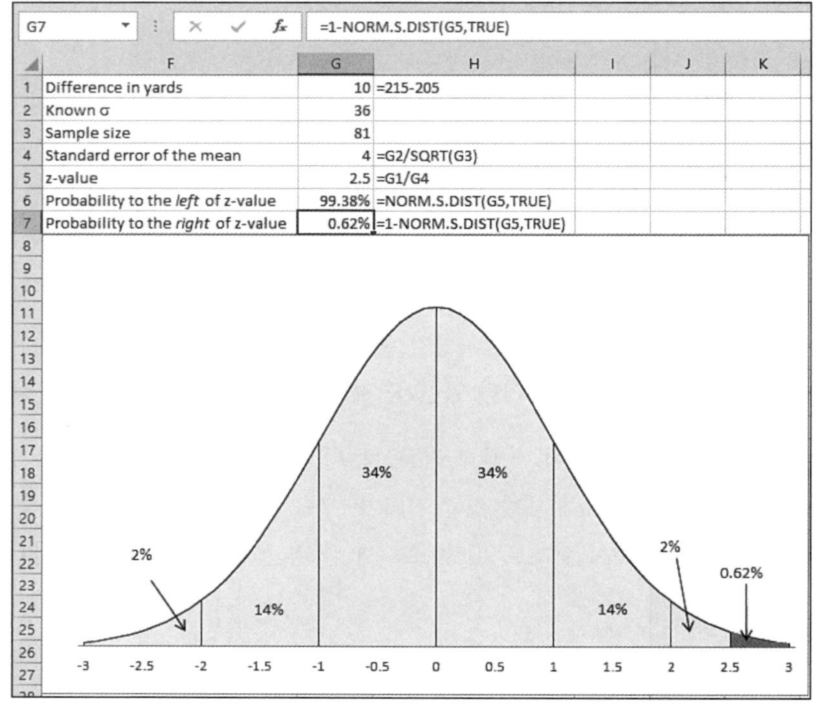

그림 1.7
NORM.S.DIST() 함수는 z-값의 왼쪽에 해당하는 곡선 아래의 영역을 반환한다.

그림 1.7의 워크시트와 차트의 정보는 이전 단락에서 기술된 과정을 요약한다. 하나씩 살펴보자.

1. 셀 G1은 81명의 표본에서 얻어진 드라이브의 평균과 골프 연습장을 사용하는 고객(멤버)들의 수년간 관찰된 데이터에서 얻어진 장기간의 평균의 차이다(셀 G1에서 사용한 수식은 H1에 텍스트로 표시돼 있다).

2. 셀 G2는 수년간 관찰된 드라이브 거리의 표준편차이다. 이는 수천 개의 드라이브 거리에 대한 표준편차이다. 장기적인 평균 거리와 마찬가지로 이 값도 알려진 모수이다.

3. 셀 G3은 당신이 새로운 드라이버로 샷을 요청한 멤버의 수로 표본의 크기이다.

4. 셀 G4는셀 G2와 G3를 사용해 평균의 표준오차를 계산한 값이다. 수식은 셀 H4에 나와 있다. 만약 81명의 표본 추출을 반복하고 또 반복했을 때, 표본 평균들의 표준편차는 셀 G4의 평균의 표준오차와 같아질 것을 기대한다.

5. 셀 G5는 z-값으로, 표본평균 215와 장기간의 평균 205의 차이를 평균의 표준오차로 나눈 비율 값이다.

포커스를 분석 과정의 단계에서 차트로 옮겨보자. 차트의 곡선은 그림 1.5의 곡선과 매우 비슷하다. 가장 크게 다른 점은 분포의 오른쪽 꼬리에 그늘진 쐐기가 있다는 것이다. 곡선의 아래 영역의 나머지와 쐐기를 분리시키는 지점은 가로축의 2.5 위에 있다. 그림 1.5에서의 설명을 상기하면, 가로축 위의 라벨은 z-값 또는 주어진 포인트와 분포의 평균인 0.0 사이의 표준편차 수를 나타낸다(지금과 같은 경우에는 표준오차).

계산된 z-값은 2.5이고, 표본에서 나온 결과 215의 드라이브 거리는 평균에서 위로 2.5 표준오차인 것을 알 수 있다. 분포의 평균 0.0은 장기간 평균 205와 새로운 드라이버의 실제 평균(모집단의 모수) 사이의 차이가 0.0야드인 현실을 나타낸다. 이 가정 아래, 당신이 취한 표본은 가설의 평균 차이 0.0야드의 위로 2.5의 표준오차를 냈다.

6. 워크시트로 돌아가보자. 셀 G6은 평균보다 위로 2.5 표준오차의 왼쪽까지의 곡선 아래 영역의 백분율percent을 보여준다. 그 값은 99.38%이다. 이건 유용한 정보지만, 정확히 우리가 찾던 것은 아니다. 그것은 장기적인 평균보다 표본평균 거리가 10야드 긴 것이 아니라, 그렇지 않을 확률이다. 우리는 장기적인 평균보다 평균 거리가 10야드 더 긴 것에 대한 평균을 알고 싶다.

7. 셀 G7는 NORM.S.DIST() 함수의 결괏값을 1.0에서 뺀 결과이다. 그 값은 0.62%로 차트의 분포의 오른쪽 꼬리의 그늘진 쐐기의 크기이다.

노트 NORM.S.DIST() 함수의 두 번째 인자로는 TRUE나 FALSE가 입력돼야 한다. TRUE 인자는 첫 번째 인자(우리의 경우 2.5) 값의 왼쪽의 곡선 아래 영역을 얻고 싶을 때 사용한다. FALSE 인자는 첫 번째 인자의 포인트의 곡선 위의 높이를 알고 싶을 때 사용한다.

> **노트** NROM.S.DIST() 의 '.S.'는 '표준(standard)'을 의미한다. 다른 평균과 다른 표준편차를 가진 무수한 수의 정규곡선이 있다. 그들 모두가 가진 공통점은 그들의 모양이다. 어떤 정규곡선은 특별히 중요한데, z-점수와 z-값을 해석하기 위한 참조분포이기 때문이다. 그 정규곡선은 평균이 0.0이고 표준편차가 1.0인데, 우리는 그 분포를 표준정규분포(standard normal distribution)라고 부른다. 또는 단위정규분포(unit normal distribution)라고도 한다. 이런 이유로 함수 이름의 '.S.'는 '표준(standard)'을 의미한다. 또한 이름에 '.S.'가 없는 엑셀의 NORM.DIST() 함수를 사용할 수도 있다. NORM.DIST()에 인자로 평균과 표준편차를 제공하면 NORM.S.DIST()를 사용했을 때와 동일한 표준정규분포를 얻을 수 있다.

방금 설명한 골프채를 사용한 실험 디자인은 놀라울 정도로 빈약하다. 하지만 통계검정에 집중할 수 있게 해준다(그럼에도 불구하고 나는 약간의 죄책감을 느낀다. 통계적 오류는 실험 결과를 호도할 수 있는 다양한 이유 중 하나이기 때문이다. 우리는 실험의 유효성에 대한 위협으로부터 우리를 보호하기 위해 강력한 실험 디자인에 의존해야 한다).

그럼에도 불구하고 모집단 모수가 0.0인 경우에 z-값이 2.5나 그 이상이 될 확률은 매우 작음을 주목하길 바란다. 0.62%는 1%의 반보다 아주 약간 크다. 그림 1.7에서 곡선의 오른쪽 꼬리의 그늘진 쐐기 부분 즉, 곡선 아래 영역의 0.62%가 앞서 말한 것을 시각적으로 보강한다. 그것은 두 개의 골프 클럽의 모집단 평균이 같다고 할 때, 10야드의 평균 차이는 매우 가능성이 낮음을 보여준다.

만약 실제로는 다르다면? 만약 81개의 표본을 취한 전체 모집단에서의 새로운 골프채의 평균 드라이브 거리가 오랜 기간 동안의 평균 드라이브 거리와 같지 않다면? 만약 두 평균의 값이 같다면, 모집단 간의 평균의 차이는 0.0이며, 관찰된 10야드의 차이는 발생할 가능성이 거의 없는 일이다. 분석에 따르면 그런 일은 1,000번에 6.2번 발생한다.

1,000번의 6.2번은 아주 작은 가능성이기 때문에 새로운 드라이버의 평균 드라이브 거리가 몇 년간 관찰한 오래된 클럽과 같다는 가설을 버려야만 하는가? 그건 개인의 주관적인 평가지만, 동시에 전적으로 타당한 평가다. 만약 0.62%의 확률이 당신에게 충분히 작다면, 당신은 아마도 새로운 클럽 드라이버와 이전의 드라이버가 같은 거리를 가진다는 가설을 기각할 것이다. 모집단의 평균의 차이를 아직 확실히 알지 못하지만 당신은 합리적인 확신을 갖고 둘의 차이가 0.0은 아니라고 결론 내릴 수 있다.

자, 그럼 회귀분석에 관한 책에서 z-값의 확률에 대한 논의는 무엇 때문인가? 이번 절에서 논의한 z-값 테스트와 매우 유사한 t-테스트는 회귀분석에서 변수를 간직해야retain 하는지 여부를 결정하는 데 유용하다. 그리고 앞으로의 장에서, 분산과 공분산의 일반적인 분석 대신 회귀분석을 사용하는 시점에 이르면 다중비교multiple comparisons를 유도하기 위해 비슷한 기술들이 사용된다.

z-값 대신 t-값을 사용하는 것은 비록 사소한 것이지만 골칫거리를 포함한다. 이 골칫거리는 관찰값에서 얻은 모집단의 표준편차가 확실한지 아니면 추정해야 하는지 여부와 관련이 있다. 이 어려운 일을 해결하는 데는 다음 절에서 다룰 t-값의 계산과 평가가 포함된다.

t-값

z-값을 사용할 때 우리는 정규분포에 의존한다. 표준편차 그리고 z-값은 곡선의 전체 면적을 2%, 14%, 34%, 34%, 14%, 2%를 차지하도록 정규분포를 나눈다.

만약 우리가 모집단의 실제 표준편차 즉 모수를 알고 있다면 아무 문제가 없다. 그것을 모르는 경우 우리는 표준편차를 추정할 필요가 있는데, 가장 좋은 자료는 적절한 모집단에서 얻은 표본이다. 그러나 모든 표본들은 심지어 아주 크더라도 결점이 있다. 그것들은 당신에게 모집단의 모수의 정확한 값을 알려주지 않는다. 물론 표본이 클수록 더 나은 추정이 가능하지만 약간의 표집오차는 상황에 포함된다(기억해둘 것은 표집오차는 1장의 앞 부분에서 논의했던 편향bias이 아니다). 이것은 완전히 다른 것이다.

이전 절에서 다뤘던 z-값은 모집단 평균 μ와 모집단 표준편차 σ를 모두 알고 있음을 가정한다. 그렇기 때문에 z-점수나 z-값을 계산하려고 할 때, 두 모수를 알고 있어야 한다. 이 지식은 일반적으로 현상에 대한 오랜 경험이나 광범위한 연구에서 나온다. 일례로 전국 교통사고 사망자 수는 지역 기관이 관리하는 기록을 바탕으로 계산된다. 또 다른 예는 수축기 혈압 측정의 표준편차가 있는데, 민간 및 공공 병원과 보건 기관이 관리하는 종합적인 데이터로부터 측정할 수 있다. 국세청은 양식 작성자가 Form 104를 작성할 때 범하는 평균적인 산술 오류를 일상적으로 관리한다.

그러나 우리는 모집단의 모수에 대해 너무 자주 모른다. 이 경우 우리는 일반적으로 우리가 테스트하고자 하는 평균을 계산할 때 사용하는 것과 동일한 표본을 바탕으로 추정해야 한다. 이전 절의 골프채 예제에서, 나는 모수 표준편차를 골프 연습장에서의 티샷에 대한 오랜 관찰을 통해 이미 알고 있다고 가정했다. 데우스 엑스 마키나deus ex machina가 없었다면, 215야드의 평균을 계산하는 데 사용된 동일한 데이터를 사용해 81개의 티샷의 표준편차를 추정해야 했을 수도 있다.

이전 절의 마지막 부분에서 언급한 골칫거리가 있다. 표본 데이터로 모집단의 표준편차를 추정하려고 할 때 포함된 표집오차는 정규분포가 아니게 된다. 그림 1.8을 보라.

디젤 엔진을 장착한 자동차가 광고에서 주장했던 것보다 더 많은 질소산화물을 배출한다고 의심받고 있다고 가정해보자. 연방 정부에 의해 부과된 표준이 마일당 0.4그램의 질소산화물이다. 직접 측정한 결과를 모집단 평균이 아닌 연방 정부의 표준과 비교하기 원한다고 해보자. 이 경우 비교해야 할 값을 알 수 있다(마일당 0.4그램). 그것은 골프 클럽 예제에서 사용된 것과 같은 알려진 모집단 모수가 아닌 목표값target value이다.

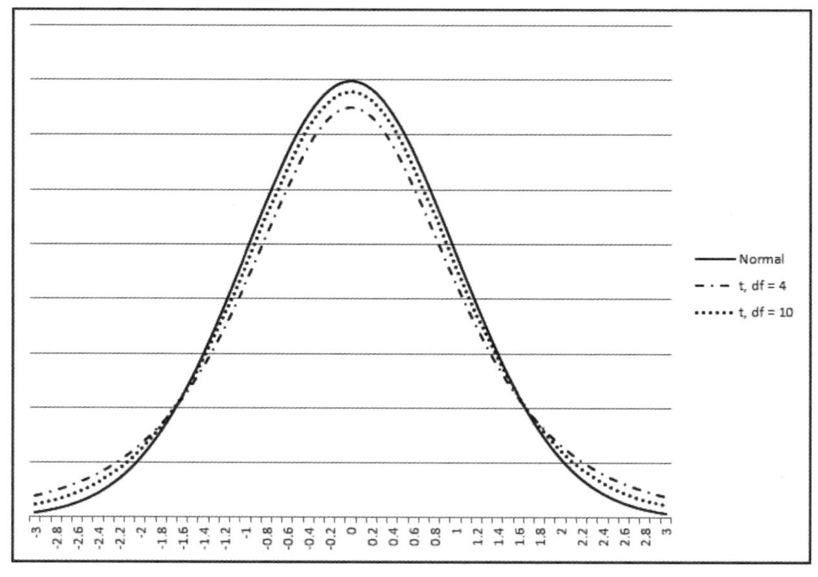

그림 1.8
σ가 알려지지 않았을 때 발생하는 t-분포는 정규분포와 다소 다른 분포를 가진다.

문제의 5대의 차를 시운전하고 그 차들의 질소산화물 수준을 실험실이 아닌 실제 도로에서 측정한다. 5대의 자동차에 대한 평균 질소산화물 측정치를 계산하고 질소산화물 측정치의 표준편차를 찾는다. 이제 이 양식의 비율을 계산한다.

$$(\overline{X} - 0.4)/s$$

여기서,

- $\overline{X}$는 5대의 차량의 질소산화물 수준의 평균이다.
- 0.4는 의무적으로 규정된 표준 질소산화물 수준이다.
- s는 5대 차량의 질소산화물의 표준편차이다.

이 비율은 z-값의 공식과 매우 유사해 보이지만 실은 t-값이다. z-값의 구조와 t-값의 구조의 차이는 t-값에서 사용하는 표준편차는 알려진 모집단이 아닌, 표본에서 파생된 것임에 있다. 그리스 문자 σ가 아닌 표준편차에 로마자 s를 사용하면 표준편차가 알려진 모수가 아닌 표본의 추정치라는 것을 확실히 해준다.

이 절차를 수천 번 반복하고 얻은 t-값의 빈도를 차트로 작성하면 그림 1.8의 범례에 "t, df=4"라고 표시된 분포와 매우 유사한 분포를 얻게 된다. 차트는 3개의 분포를 보여주는데, 우리가 관심 있는 이 분포는 다른 두 곡선보다 중심이 낮고 곡선의 꼬리 부분이 높다는 것을 알 수 있다.

앞서 언급한 바와 같이, 정규곡선은 그것의 평균과 표준편차에 대해 매우 다양한 값이 있지만, 단지 하나의 모양만 가지고 있다. 그러나 t-값의 분포는 그것이 만들어진 표본의 자유도(df)에 따라 약간씩 다른 모양을 가지고 있다. 1장의 'VAR.P()와 VAR.S() 함수의 사용' 절을 상기하면, 평균을 테스트하기 위한 표본의 자유도는 n-1과 같다.

또한 그림 1.8에서 볼 수 있듯이, 수천 개의 표본에 5대가 아니라 11대의 자동차가 포함돼 있었다면, 그 곡선은 5개의 표본에서 얻어진 곡선과 모양이 다르다. 차트에 "t, df=10"이라고 표시돼 있는 11개의 관측치의 표본을 기반으로한 곡선은 "t, df=4" 곡선에 비해 가운데가 조금 더 크고 꼬리에서 조금 더 낮다.

그림 1.8의 세 번째 곡선은 "Normal"로 표시돼 검은색 실선으로 그려졌다. 이 곡선은 정규곡선 고유의 모양을 갖고 있으며, 세 곡선 중 가운데 부분이 가장 높고 꼬리 부분이 가장 낮다.

가로축의 다른 위치에 대해 곡선의 높이에 의해 입증된 곡선 간의 차이는 단지 흥미로운 시각 현상만이 아니다. 그 차이는 주어진 값을 관찰할 확률을 결정한다.

이전 절에서 2.5 이상의 z-값이 정규곡선에서 발생하는 확률은 0.62%라는 것을 알았다. 만약 우리가 알려진 모집단 표준편차를 이용한 z-값이 아닌, 표본 표준편차를 이용한 t-값으로 동일한 값인 2.5를 얻는다면 어떨까? 그 값은 t-값이기 때문에 NORM.S.DIST() 함수를 사용하지 않고 대신 T.DIST() 함수를 사용한다.

```
=1-T.DIST(2.5,4,TRUE)
```

> **팁**
>
> 이전에 언급했듯이, NORM.S.DIST() 함수는 주어진 z-값의 왼쪽에 있는 정규곡선 아래 영역을 반환한다. 해당 값의 오른쪽 영역을 얻으려면 1.0에서 NORM.S.DIST() 함수의 결과를 빼야 한다. T.DIST() 함수도 마찬가지지만, 엑셀에서 좀 더 쉽게 수행할 수 있는 다른 버전의 T.DIST() 를 제공한다. T.DIST.RT()를 사용하면 t-값의 오른쪽 영역의 곡선 아래의 영역을 가져올 수 있으며, 1.0에서 T.DIST() 결과를 빼지 않아도 된다.

엑셀에서 지원하는 다양한 t-분포 함수에서 두 번째 인자는 자유도이다. 엑셀은 적절한 t 분포의 모양을 구하고 첫 번째 인자로 주어진 t-값의 올바른 확률을 반환하기 위해 자유도가 필요하다. 위 수식은 3.34%를 반환한다. 반면 다음 수식은 0.62%를 반환한다.

```
=1-NORM.S.DIST(2.5,TRUE)
```

동일한 값 2.5를 정규분포 대신 자유도 4의 t-분포에 참조하면, 정규분포에서보다 5배 이상 큰 확률을 얻는다. 왜 그럴까?

그림 1.8의 세 분포의 오른쪽 꼬리를 자세히 살펴보자. 그림 1.9를 보라.

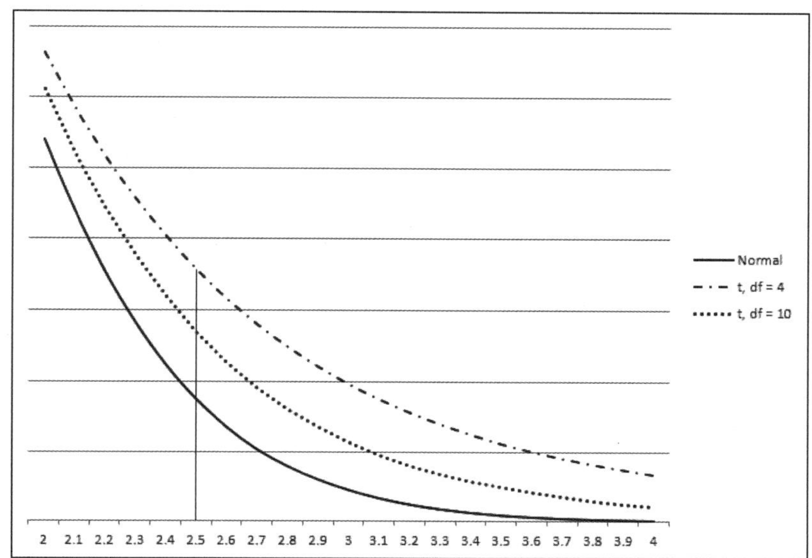

그림 1.9
주어진 z-값 또는 t-값의 확률은 참조하는 분포에 기반한다.

그림 1.9는 정규분포, 자유도 4의 t-분포, 자유도 10의 t-분포의 t-값 또는 z-값의 오른쪽 일부를 보여준다. 자유도 4의 t-분포 아래에서 2.5의 t-비의 오른쪽에서 2.5의 z-비의 정규분포의 오른쪽보다 더 많은 영역이 있는 것을 볼 수 있다. 그림 1.8을 다시 보면, t-분포 아래 이 추가적인 영역이 어디에서 왔는지 볼 수 있다. t-분포의 중심이 아래로 눌려, 꼬리 부분이 더 커져 중심에서 잃어버린 영역을 만들었다.

따라서 NORM.S.DIST() 와 T.DIST() 함수는 주어진 z-값 또는 t-값의 확률에 대해 다른 결과를 반환한다. 일반적으로 표본 크기가 커질수록 df가 커지고, t-분포는 정규분포에 근접해진다. 자유도가 4인 경우, t-분포 영역의 3.34%가 t-값 2.5의 오른쪽에 있다. 표본 크기를 11로 늘려 자유도가 10이 되면, 이 면적은 전체 면적의 1.57%로 줄어든다. 자유도를 999로 증가시키면 이 면적은 0.629%가 되며, 정규곡선에서 2.5의 z-값인 경우의 0.621%와 비슷해진다.

정규곡선 대신 t-분포의 사용이 꼭 필요한 이유는 모집단의 모수가 알려지지 않아서 표준편차를 추정해야 하기 때문임을 명심해라. 정규곡선이 아닌 자유도와 t-분포를 사용한 결과는 t-값을 관측할 확률이 동일한 z-값을 관측할 확률과 다르다.

이 결과는 추출할 표본의 크기, 방향성 또는 비방향성 연구가설의 채택 여부, 수행하고 있는 테스트의 통계적 검증력statistical power과 같은 디자인 설계에 주요한 영향을 준다. 일반적으로 이러한 문제를 제어할 수 있는 위치에 있지만, 표집오차에 대해 수행할 수 있는 모든 조치는 얼마나 심하게 오도될 가능성이 있는지 가늠하는 것이 전부다. 앞으로의 장에서 통계적 검증력에 영향을 미치는 요인들에 대해 다룰 것이다. 그때까지는 표준오차가 의사 결정에 어떤 영향을 미치는지 파악하는 것이 중요하다. 그것은 회귀계수와 표준오차가 어떻게 평가되고 사용되는지 이해하는 데 기초가 된다. 이 문제는 5장, '다중회귀분석'에서 논의할 예정이다.

우선 회귀분석을 이루는 주요 재료를 자세히 아는 것이 중요하다. 그것은 상관관계다. 2장, '상관관계'에서는 1장에서 논의한 분산과, 얼마나 분산을 공유하는지를 표현하는 상관관계 사이의 관계를 연결한다.

상관관계

2

이 책은 회귀분석에 관한 책이다. 그럼에도 회귀에 관해 자세히 살펴보기 전에 상관관계에 대해 이야기하고자 한다. 회귀분석에서 상관관계는 필수적인 구성 요소다. 게다가 상관관계에 대한 이해없이 회귀분석을 이해하기란 불가능하다.

이미 여러분이 상관관계의 의미에 대해 잘 알고 있다고 생각하지만 여기서 몇 페이지를 할애해 상관관계에 대해 다시 검토해보고자 한다. 어쩌면 상관관계에 대한 새로운 부분을 발견할 수 있을지도 모른다.

상관관계 측정

상관관계는 한 셋의 정렬된 쌍의 구성원 사이의 관계의 강도를 측정한다고 알려져 있다. 나는 이 정의를 그다지 좋아하지 않는다(간결하고 함축적인 것을 좋아하지만). 쌍이 필요하지만 반드시 '정렬'돼 있어야 할 필요는 없다. 관찰값은 쌍으로 이루어지며, 한 쌍의 구성원을 다른 구성원과 매치match시킬 방법이 있는 한, 괜찮은 상태다.

통계 분석 분야에서 상관관계는 구간interval 또는 비율ratio의 척도로 측정된 변수 사이의 관계의 강도를 측정하는 데 사용한다는 사실을 명심해야 한다. 구간척도는 생물이나 사물 간의 차이의 크기를 표현하는 값의 수치척도다. 고전적인 예는 온도다. 섭씨 30도와 40도 사이의 차이는 70도와 80도 사이의 차이와 같다. 동일한 간격은 동일한 차이를 나타낸다.

비율척도는 간격척도와 같지만, 정확한 영점이 있다. 섭씨 척도는 분자 운동의 완벽한 부재를 나타내는 0도로 인정되는 단계가 없기 때문에 비율척도가 아니다. 켈빈온도는 열기가 전혀 없는 영점을 가지고 있는 비율척도다. 100켈빈도는 50켈빈도보다 두 배 뜨겁다.

비공식적인 대화에서 사람들은 종종 어떤 관계든 '상관관계'라고 말하기도 한다. TV 뉴스의 기자는 정당과 의회에서의 법안 사이의 상관관계에 관해 말할 수도 있다. 회귀 또는 어떠한 통계 분석상에서 상관관계를 말할 때, 두 구간변수 또는 비율변수 사이의 관계를 말할 가능성이 매우 높다는 사실을 기억하라(명목nomial 또는 순서ordinal 척도를 사용하는 상관관계가 있지만, 그것에 대해 공식적으로 이야기할 때는 이연상관biserial correlation 또는 순위상관rank correlation 같은 용어를 사용한다). 공식적인 맥락에서 사용되는 상관관계라는 용어는 이 책과 그리고 2장에서 전반적으로 논의하고 있는 피어슨 상관관계Pearson correlation를 의미한다.

상관관계의 강도 나타내기

상관관계의 강도는 상관계수correlation coefficient 또는 r이라는 용어를 통해 나타낸다. r이 취할 수 있는 값의 범위는 -1.0에서 +1.0까지다. r이 0.0에 가까울수록 관계가 약하고, r이 -1.0또는 +1.0에 가까울수록 관계가 강하다. 조만간 양과 음의 r에 문제로 돌아가겠지만, 먼저 적당히 강한 상관계수를 살펴보자. 그림 2.1을 보라.

그림 2.1은 미국 50개 주와 워싱턴 D. C.의 2014년 평균 주택 판매 가격과 가정 소득의 중앙값median을 보여준다. 또한 셀 G2는 가격과 소득의 상관관계를 보여준다. 그리고 차트는 소득과 판매 가격이 어떻게 함께 움직이는지 보여준다. 가정 소득의 중앙값이 높을수록 평균 주택 판매 가격이 높다.

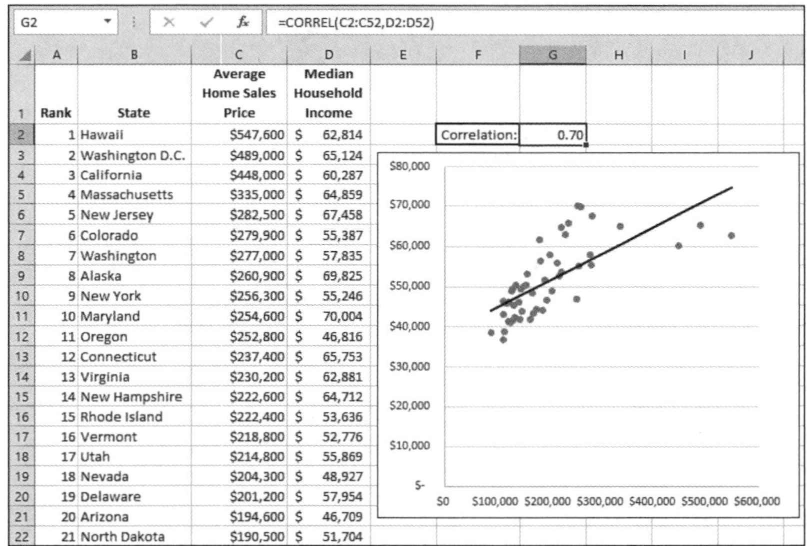

	A	B	C	D
1	Rank	State	Average Home Sales Price	Median Household Income
2	1	Hawaii	$547,600	$ 62,814
3	2	Washington D.C.	$489,000	$ 65,124
4	3	California	$448,000	$ 60,287
5	4	Massachusetts	$335,000	$ 64,859
6	5	New Jersey	$282,500	$ 67,458
7	6	Colorado	$279,900	$ 55,387
8	7	Washington	$277,000	$ 57,835
9	8	Alaska	$260,900	$ 69,825
10	9	New York	$256,300	$ 55,246
11	10	Maryland	$254,600	$ 70,004
12	11	Oregon	$252,800	$ 46,816
13	12	Connecticut	$237,400	$ 65,753
14	13	Virginia	$230,200	$ 62,881
15	14	New Hampshire	$222,600	$ 64,712
16	15	Rhode Island	$222,400	$ 53,636
17	16	Vermont	$218,800	$ 52,776
18	17	Utah	$214,800	$ 55,869
19	18	Nevada	$204,300	$ 48,927
20	19	Delaware	$201,200	$ 57,954
21	20	Arizona	$194,600	$ 46,709
22	21	North Dakota	$190,500	$ 51,704

그림 2.1
상관관계가 클수록 개별 관측값은 회귀선에 가깝다.

그림 2.1의 곧은 대각선을 회귀선이라고 부른다(엑셀에서는 추세선이라고 하는데, 완벽하게 받아들일 수 있는 대안이다). 이 책에서 회귀선과 그 특성에 대해 반복적으로 다룰 것이다. 지금은 선형회귀linear regression의 결과가 직선의 회귀선이 되고, 선의 방향이 두 변수 간의 관계의 특성에 대해 말해준다는 사실과 차트에서 회귀선의 위치는 선과 데이터 포인트 사이의 거리의 제곱의 합을 최소화하는 위치라는 정도만 아는 것으로도 충분하다.

가정 소득과 주택 가격 사이의 관계를 분석한 결과는 우리가 예상한 것과 비슷하다. 가정 소득이 주택 가격을 올릴 만큼 충분히 높지 않은 주는 주택 가격이 덜 비싸다. 그림 2.1의 결과와 그림 2.2의 결과를 대조해보라.

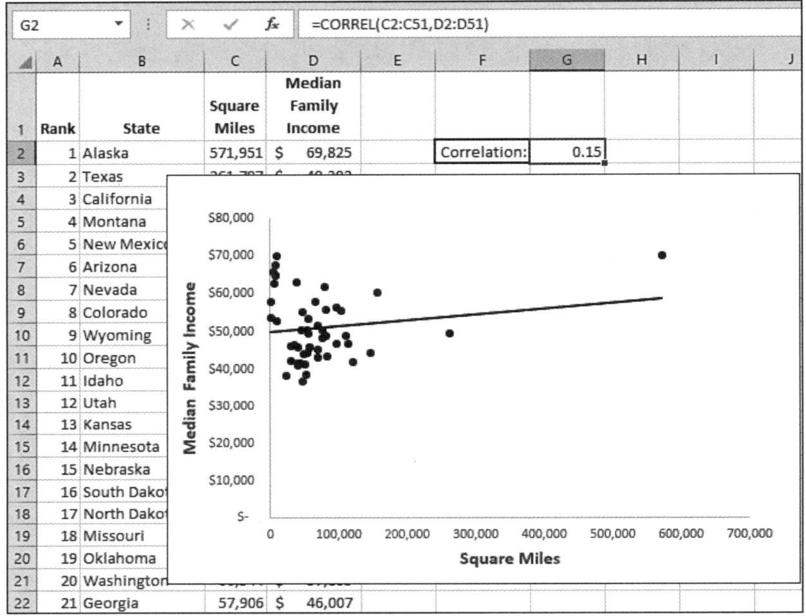

그림 2.2
주의 중앙 소득과 주의 넓이 사이의 관계는 무작위이다.

그림 2.2는 관련이 없을 것으로 예상되는 두 변수 사이의 관계를 분석한다. 한 주의 넓이와 그 주의 가족 소득의 중앙값이 관계가 있다고 기대할 만한 특별한 이유는 없다. 그것은 셀 G2에 0.15로 표시된 두 변수 사이의 상관관계에 의해 증명된다.

0.15의 상관관계는 약한 상관관계다. 그림 2.2의 차트에서 관계의 약함을 확인할 수 있다. 차트에서 개별 데이터 점은 회귀선 주변에 무작위로 흩어진 모양을 하고 있다. 차트에서 특이점outlier인 알래스카는 두 번째로 큰 주인 텍사스보다 두 배 이상의 면적을 가지고 있는데, 이 특이점이 회귀선의 오른쪽 끝을 당겨 올려서 상관계수를 완전한 임의의 관계인 0.0으로부터 멀어지게 한다.

연속체의 반대편에는 자연적으로는 발생하지 않는 강한 관계가 있다. 그림 2.3을 보라.

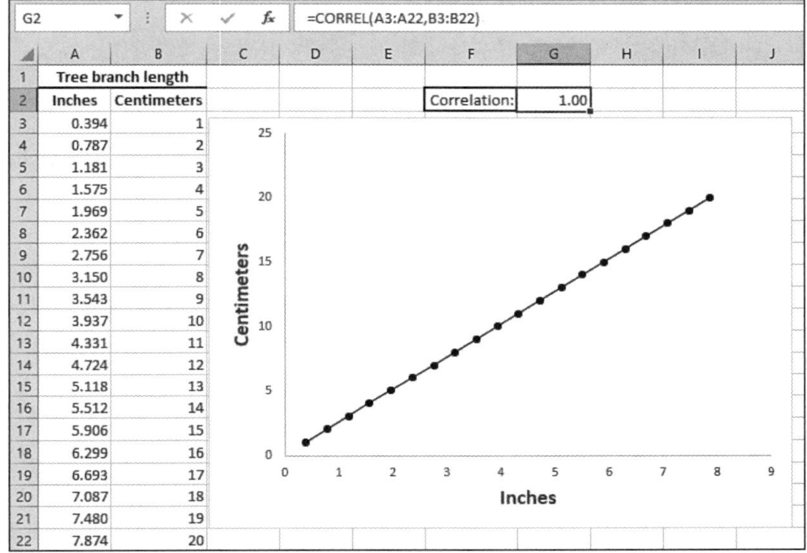

	A	B
1	Tree branch length	
2	Inches	Centimeters
3	0.394	1
4	0.787	2
5	1.181	3
6	1.575	4
7	1.969	5
8	2.362	6
9	2.756	7
10	3.150	8
11	3.543	9
12	3.937	10
13	4.331	11
14	4.724	12
15	5.118	13
16	5.512	14
17	5.906	15
18	6.299	16
19	6.693	17
20	7.087	18
21	7.480	19
22	7.874	20

그림 2.3

이런 종류의 순수한 수학적인 관계는 완전히 아무런 정보를 주지 않는 경향이 있다. 그 관계가 너무 강해서 대수롭지 않기 때문이다.

같은 나뭇가지를 인치inch로 측정한 길이와 센티미터cm로 측정한 길이 사이의 관계는 얻을 수 있는 강한 가장 큰 상관관계인 1.0을 가진다(셀 G2를 보라). 차트에서 개별적인 데이터 점들은 단순히 회귀선에 가까이 모여 있는 것이 아니라, 바로 그 위에 놓여 있다.

그러나 이 강한 관계는 두 변수에 의해 공유되는 본질적 속성(비슷한 유전적 특성과 어린시절의 영양 상태에 영향을 받았을 것으로 추측되는 형제의 키 같은)이 아니라 척도가 정의되는 방식으로부터 나온다. 따라서 이러한 관계는 그다지 중요하지 않다. 그러나 무작위에 가까운 관계가 약한 관계의 성질을 이해하는 데 유용한 것처럼, 이 데이터는 강한 상관관계의 특징을 보여준다.

상관관계의 방향 결정

상관계수 값의 범위는 -1.0부터 +1.0까지다. 상관계수가 음수가 되는 것도 흔한 일이다. 상관계수가 음인지 양인지는 관계의 강도와는 전혀 관계가 없다. 그것은 변수가 측정되는 방법과 관계가 있다.

10km 경주에 참가한 선수들을 생각해보라. 당신이 각 참가자가 10,000m를 달리는 데 걸리는 시간과 그 사람의 나이에 대한 정보를 수집했다고 해보자. 당신은 끝까지 달리는 데 걸리는 시간이 더 적은 사람일수록, 나이도 더 적다는 사실을 발견하게 될 것이다. 물론 반례도 꽤 발견하게 될 것이다. 일반적인 10살은 10,000m를 보통의 18살만큼 빨리 달릴 수 없다. 그러나 20살만큼 빠르게 달리지 못하는 60살은 많이 찾아볼 수 있을 것이다.

그것은 양의 즉 직접적인 상관관계를 의미한다. 하나의 변수의 점수가 높을수록(여기서는 달리는 사람의 나이), 다른 변수의 점수도 높아진다(경주를 마치는 데 걸리는 시간).

만약 경주까지의 몇 달 동안, 각 선수의 주당 훈련 시간에 접근할 수 있다면 어떨까? 10km 완주에 걸리는 시간과 주당 훈련 시간 사이의 관계를 조사한다면, 훈련에 더 많은 시간을 쓸수록 실제 경주에서 완주까지 걸리는 시간이 더 짧다는 사실을 발견하게 될 것이다. 그것은 두 변수 간의 음 즉, 역의 관계를 의미한다.

두 가지 분석 모두 경과 시간의 척도 사이의 관계(경주 시간과 나이, 그리고 경주 시간과 훈련 시간)를 조사했다는 것에 주목하라. 그러나 두 경과 시간의 척도는 다른 의미를 가진다. 어느 시점을 넘어서면 나이가 늘어나는 것은 그 사람이 빠르게 달리도록 돕는 것을 멈춘다. 그러나 비교적 많은 훈련 시간은 대체로 더 빠른 달리는 시간과 관련이 있다. 양의 상관관계(나이와 10km를 달리는 데 걸리는 시간)와 음의 상관관계(훈련 시간과 10km를 달리는 데 걸리는 시간) 간의 양과 음의 차이는 변수 사이의 관계의 강도에 의해서가 아니라, 그것들이 측정된 척도의 의미와 방향성에 의해 유발된다.

그림 2.4는 그 관계를 도표화했을 때의 모습을 보여준다.

그림 2.4에서 선수의 나이는 경주를 마치는 데 걸리는 시간과 양의 상관관계에 있다. 일반적으로 선수의 나이가 많을수록 완주하는 데 더 많은 시간이 걸린다. 이 관계의 상관계수는 셀 J2에 있다. 회귀선이 왼쪽 아래에서부터 오른쪽 위로 경사진 것에 주목하라.

또한 그림 2.4에서 완주까지 걸리는 시간은 주당 훈련 시간과 음의 상관관계에 있다. 일반적으로 훈련에 더 많은 시간을 쓸수록 완주까지 걸리는 시간이 짧아진다. 이 관계의 상관계수는 셀 J14에 있다. 회귀선이 왼쪽 위에서 오른쪽 아래로 경사진 것에 주목하라.

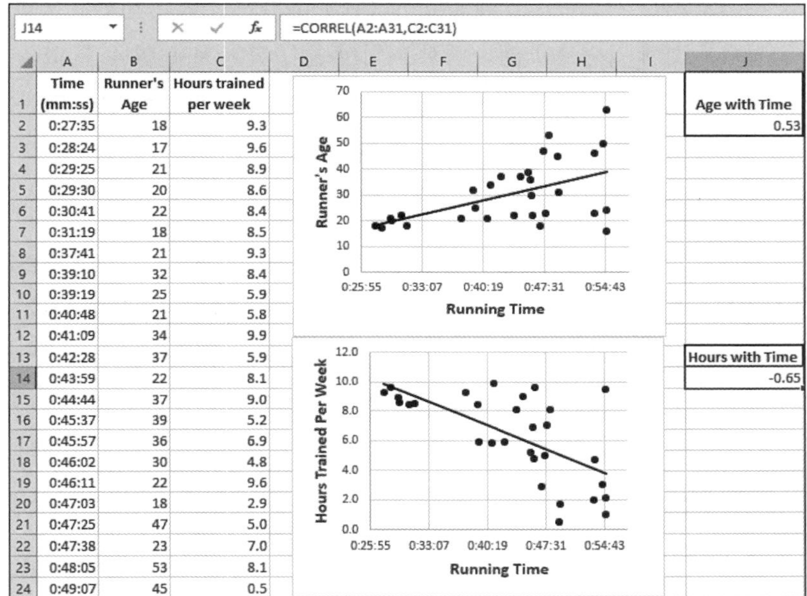

J14 =CORRREL(A2:A31,C2:C31)

	A	B	C
1	Time (mm:ss)	Runner's Age	Hours trained per week
2	0:27:35	18	9.3
3	0:28:24	17	9.6
4	0:29:25	21	8.9
5	0:29:30	20	8.6
6	0:30:41	22	8.4
7	0:31:19	18	8.5
8	0:37:41	21	9.3
9	0:39:10	32	8.4
10	0:39:19	25	5.9
11	0:40:48	21	5.8
12	0:41:09	34	9.9
13	0:42:28	37	5.9
14	0:43:59	22	8.1
15	0:44:44	37	9.0
16	0:45:37	39	5.2
17	0:45:57	36	6.9
18	0:46:02	30	4.8
19	0:46:11	22	9.6
20	0:47:03	18	2.9
21	0:47:25	47	5.0
22	0:47:38	23	7.0
23	0:48:05	53	8.1
24	0:49:07	45	0.5

J	
Age with Time	0.53
Hours with Time	-0.65

그림 2.4
상관관계의 방향은 회귀선의 방향에 반영된다.

요약하면 상관관계에 있는 두 변수는 양 또는 음의 상관계수를 가진다.

- 상관계수가 양수이면, 도표화된 회귀선의 기울기는 왼쪽 아래에서 오른쪽 위로 향한다. 한 변수의 값이 크면 다른 변수의 값도 함께 커지고, 작으면 함께 작아진다.
- 상관계수가 음수이면, 도표화된 회귀선의 기울기는 왼쪽 위에서 오른쪽 아래로 향한다. 한 변수의 큰 값은 다른 변수의 작은 값과 짝을 이룬다.

덧붙여 변수가 불리는 순서는 아무것도 의미하지 않는다. 키와 몸무게의 상관관계는 몸무게와 키의 상관관계와 그 강도와 방향이 모두 같다.

상관관계 계산

1장, '변동 측정: 값들이 얼마나 다른가'에서 특정 표준을 따르는 분포에서의 값의 위치를 기술하는 표준점수(이를테면 z-점수 같은)를 갖는 것이 얼마나 유용한지 이야기했다. 바르샤바에 사는 사람이 당신에게 그가 1년에 4,000즐로티를 번다고 말한다면, 당신이 폴란드 경제 상황에 익숙하지 않은 이상 거기서 쓸 만한 정보를 얻을 수 없을 것이다. 그러나 만일 그가 폴란드에서 그의 수입의 z-점수가 +0.10이라고 말한다면, 당신은 즉시 그의 수입이 평균보다 약간 위에 있다는 사실을 알 수 있을 것이다(기억하라. z-점수의 평균은 0.0이고 표준편차의 평균은 1.0이다).

상관계수도 마찬가지다. 앞 절에서 이야기한 10km를 달리는 데 걸리는 시간과 선수의 나이 사이의 관계를 설명하는 한 가지 방법은 공분산covariance이다. 10km 달리기 문제를 연구하는 사람은 10km에서 나이와 경과 시간에 대한 공분산이 0.04라고 말할 수 있다. 문제는 공분산의 값이 그것을 구성하는 두 변수의 표준편차의 함수의 일부라는 것이다. 그러므로 0.04라는 공분산의 값은 4,000즐로티가 유럽 경제학자에게나 유의미한 것처럼, 전문적인 도보 경주 분석가에게는 어떤 의미가 있을지도 모른다. 그러나 필자에게는 아무런 의미가 없다. 그리고 아마 여러분에게도 그럴 것이다.

상관계수는 전혀 다르다. 그것은 표준이며, 측정 척도의 차이에 영향을 받지 않는다. 주택 가격과 가계 수입 간의 관계나 종이의 장력 강도와 단단한 목재가 포함된 비율에 대해 이야기할 때, 0.70의 상관계수는 적당히 강한 양의 관계를 말한다. 상관계수는 수치 관계의 힘과 방향의 표준 척도이다.

1단계: 공분산

공분산은 상관관계만큼 직관적이지는 않지만, 상관관계가 어떻게 이루어지는지 탐구하기 좋은 시작점이다. 공분산에 관한 공식은 다음과 같다.

$$s_{xy} = \sum_{i=1}^{N}(X_i - \overline{X})(Y_i - \overline{Y})/N$$

위 공식은 1장에서 다뤘던 분산에 대한 공식을 떠올리게 할 것이다.

$$S^2 = \sum_{i=1}^{N}(X_i - \overline{X})^2/N$$

분산은 평균으로부터의 각 편차를 그 자체와 곱한 것이다(제곱한 것이다). 그에 반해 공분산은 한 변수의 평균으로부터의 편차와 다른 변수의 평균으로부터의 편차를 곱한 것이다. 변수 X와 그 자신과의 공분산은 변수 X의 분산과 같다.[1]

변수 X의 분산이 X의 평균으로부터의 편차제곱의 평균인 것처럼, 공분산은 X의 편차와 Y의 편차를 곱한 것의 평균이다.

실제 데이터를 사용해 이것이 어떻게 작동하는지 살펴보자. 관상동맥 질환 환자에게 한 약물 치료가 LDL('나쁜 콜레스테롤'로 불리는 저밀도 지질 단백질) 수치를 낮출 수 있는지 알아보기 위한 의학 실험을 하고 있다고 가정하자. 그림 2.5의 기초 자료를 살펴보면 Jim과 Virginia라는 두 명의 환자의 몸무게와 LDL 데이터를 볼 수 있다.

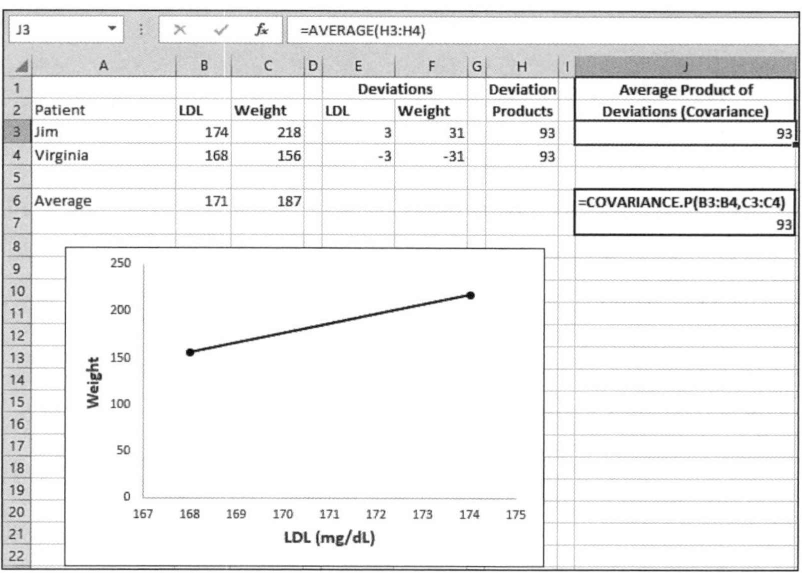
J3 =AVERAGE(H3:H4)

	A	B	C	D	E	F	G	H	I	J
1					Deviations			Deviation		Average Product of
2	Patient	LDL	Weight		LDL	Weight		Products		Deviations (Covariance)
3	Jim	174	218		3	31		93		93
4	Virginia	168	156		-3	-31		93		
5										
6	Average	171	187							=COVARIANCE.P(B3:B4,C3:C4)
7										93

그림 2.5
공분산과 상관관계를 구하기 위해서는 최소한 둘 이상의 기록과 둘 이상의 변수가 필요하다.

1 Cov(X, X) = Var(X)) – 옮긴이

3행에는 Jim, 4행에는 Virginia의 LDL 수치와 Weight(몸무게)가 있다.

> **팁** 엑셀에서 상관관계 분석을 시작할 때, 하나의 기록의 변수들의 값이 같은 행에 있도록 데이터를 정리하라. 그림 2.5에서 Jim의 LDL은 3행에 있고 그의 몸무게 역시 3행에 있다. 행은 비워 두지 않는 것이 좋다. 상관관계 또는 공분산의 행렬을 만들기 위해 엑셀의 '상관관계' 또는 '공분산' 도구를 사용할 것으로 예상되면 데이터셋에 빈 열을 만드는 것을 피해야 한다. 인접하지 않은 열을 사용할 수도 있지만(그림 2.5에서 D열에 몸무게가 있고 C열이 비어 있다고 상상해보라), 나중에 문제가 발생할 수 있다.

그림 2.5는 공분산을 계산하기 위한 기본 연산을 보여준다. 원시 데이터는 B3:C4 범위에 있다. 편차를 계산하기 위해 각 변수의 평균이 필요한데, 셀 B6과 C6에서 엑셀의 AVERAGE() 함수를 이용한 결과가 있다.

각 관찰값에서 변수의 평균을 뺀 편차는 E3:F4 범위에 있다. 따라서 셀 E3에 있는 Jim의 LDL 편차는 B3-B6 또는 174-171인 3이다. 셀 F4에 있는 Virginia의 몸무게 편차는 C4-C6 또는 156-187인 -31이다.

편차의 곱은 H3:H4에 계산돼 있다. 다음의 공식을 사용했다.

H3:=E3*F3
H4:=E4*F4

마지막으로 공분산은 편차의 곱을 합하고 그 값을 관측값의 개수로 나누어 계산된다. 다시 말해 분산이 한 변수에 대한 편차 제곱의 평균인 것처럼, 공분산은 두 편수에 대한 편차의 곱의 평균이다.

이 계산을 확증하기 위해 (그리고 공분산을 계산하는 더 빠른 방법이 있음을 지적하기 위해), 셀 J7에 공분산을 정확히 구하기 위해 엑셀의 COVARIANCE.P() 함수를 사용했다. 느린 방법으로 계산한 셀 J3과 같은 값을 반환하는 것을 확인하라.

엑셀에 VAR.S(), VAR.P(), STDEV.S(), STDEV.P()와 같이 분산과 표준편차 함수의 S 버전과 P 버전이 있는 것처럼, COVARIANCE() 함수의 표본과 모집단의 방식을 구분하기 위해 P와 S 태그를 사용한다. 그들의 효과는 분산과 표준편차와 동일하다. 만약 우리가

표본 데이터를 사용하고 있어서 모집단 모수를 추정하기를 원한다면 S 방식을 이용한다. 예를 들면,

=COVARIANCE.S(M1:M20,N1:N20)

이 경우, 엑셀은 분모로 N이 아닌 N-1을 사용하기 때문에, 편차의 곱의 평균을 엄격하게 반환하지는 않는다. 만약 모집단 데이터를 다루고 있거나 (방금의 예와 같이) 모집단의 공분산을 추정하는 것에 관심이 없다면 P 방식을 사용한다.

=COVARIANCE.P(M1:M20,N1:N20).

COVARIANCE.P() 함수는 분모에 N을 사용해 실제 편차 곱의 평균을 반환한다.

부호에 주의하라

그림 2.5를 계속 보면 공분산(그리고 상관관계)이 양수 또는 음수가 되는 이유를 짐작할 수 있다. E3:F4 범위에 있는 네 개의 편차 점수를 다시 살펴보자. 편차는 항상 변수의 관찰값에서 그 변수의 평균을 빼는 것으로 계산한다. 따라서 관찰된 Jim의 관측된 몸무게인 218에서 평균 몸무게인 187을 빼 셀 F3에서 양의 편차 31을 얻는다. 마찬가지로 셀 E4에서 Virginia의 측정 LDL 168에서 평균 LDL 171을 뺀 음의 편차 -3을 얻을 수 있다.

Jim의 경우, LDL과 몸무게 모두 관찰된 값이 각각의 평균보다 높으므로 그의 편차 점수는 모두 양의 값을 갖는다. 그러므로 그의 편차 점수의 곱 또한 양수다. Virginia의 경우, 그녀의 두 가지 관찰값이 모두 그 변수의 평균보다 작다. 그러므로 그녀의 편차 점수는 둘 다 음수가 되고 그것들의 곱은 양수다.

두 곱이 모두 양수이기 때문에 그 평균도 양수가 된다. 그 평균이 공분산이다. 그리고 보다시피, 공분산의 부호 또한 상관계수의 부호가 된다. 2장 서두에서 언급했듯이, 한 변수의 값이 작을수록 다른 변수의 값이 작아지는 관계에 있을 때(마찬가지로 값이 클수록 커지는 관계에 있을 때), 그 결과는 양의 상관관계의 계수이다. 회귀선의 기울기는 왼쪽 아래 (가로축과 세로축이 모두 낮은 값)에서 오른쪽 위(두 축 모두 높은 값)를 향한다.

그림 2.5는 이러한 관계의 보여준다. 그림 2.6은 상보적인complementary 관계를 보여준다.

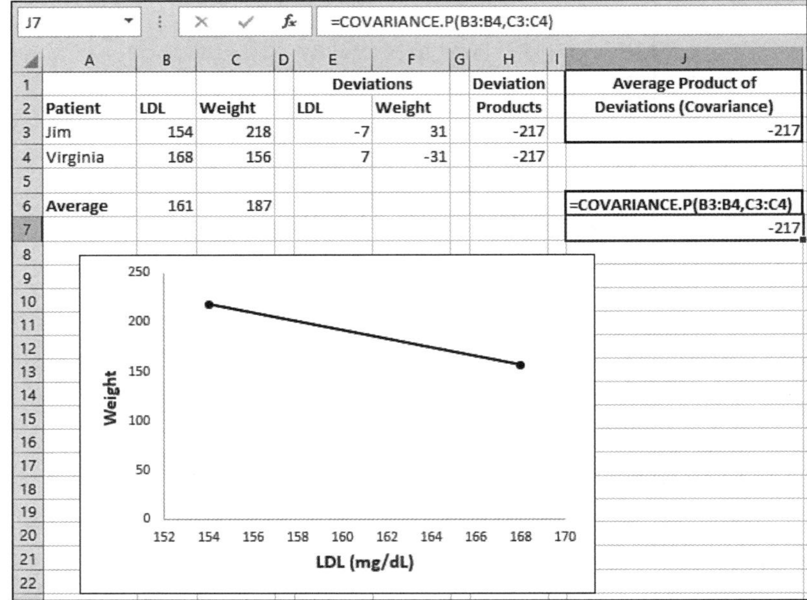

그림 2.6
단 하나의 값을 바꾸는 것으로 공분산이 음수로 바뀐다.

그림 2.6에서, Jim의 LDL이 그림 2.5의 174에서 154로 작아졌다. 그 결과 그의 LDL 편차는 음수가 됐다. 그리고 그 변화로 인해 셀 B6의 평균 LDL도 작아졌으며, Virginia의 LDL 편차는 관측값이 수정된 평균값보다 크기 때문에 양수가 됐다.

Jim의 LDL의 한 번의 변화로 인해 Jim은 음의 편차 점수를 가지게 되고 Virginia는 양의 편차 점수를 가지게 됐다. 이 경우, 그림 2.6의 셀 H3과 H4에서 볼 수 있듯이, 두 환자 모두 편차의 곱이 음수가 된다. 모든 편차의 곱이 음의 값을 가질 때, 그것의 평균인 공분산(그리고 상관계수) 또한 반드시 음수가 된다.

한 변수의 높은 값이 다른 변수의 낮은 값과 관계가 있을 때, 음의 상관관계를 가진다. 회귀선의 기울기는 왼쪽 위(가로축의 낮은 값, 세로축의 높은 값)에서 오른쪽 아래(가로축의 높은 값, 세로축의 낮은 값)로 향한다.

공분산에서부터 상관계수까지

공분산은 항상 상관관계와 같은 부호이므로, 그림 2.5의 두 개의 기록에 대해 우리가 지금까지 알고 있는 것은 LDL 수치과 몸무게 사이의 상관관계는 양수가 된다는 것이다(그림 2.6에서는 음수다). 공분산값의 의미는 여전히 이해하기 힘들다. 우리는 공분산의 값이 93이라는 점으로부터 많은 것들(특히 상관관계가 약한지 강한지)을 알 수는 없다.

여기 공분산으로부터 상관관계를 구하는 방법이 있다.

$r = S_{xy} / (S_x S_y)$

여기서,

- r은 상관계수이다.
- S_{xy}는 공분산이다.
- S_x와 S_y는 각각 변수 X와 Y의 표준편차이다.

공식에서 공분산을 변수 X와 Y의 표준편차로 나눔으로 공분산에서 그것의 척도의 효과를 제거한다.

표준편차는 편차의 제곱의 합으로 계산되기 때문에 음수값이 될 수 없다. 그렇기 때문에 공분산이 어떤 부호를 갖든 상관계수로 전달된다. r의 가능한 범위는 X와 Y 변수의 척도를 제거하면서 양과 음의 값을 포함해 -1.0에서 +1.0으로 제한된다.

그림 2.7은 그 계산을 보여준다.

셀 J10은 공분산을 표준편차의 곱으로 나눈다. 이 공식은 셀 J9에 텍스트로 적혀 있다. CORREL() 함수로 같은 값을 훨씬 적은 노력으로 구할 수 있지만, 단계적으로 값을 구하면서 블랙박스 안에서 무슨 일이 일어나는지 알 수 있다.

지금까지 우리는 상관관계가 -1.0이거나 +1.0인 경우만 살펴봤다. 단, 두 개의 기록(여기서는 Jim과 Virginia)을 가지고는 상관관계가 완벽할 것이 분명하다. 그에 대해 생각해볼 수 있는 한 방법은 차트에 표시된 점들 사이에 그릴 수 있는 직선회귀선은 단 하나뿐이라는 사실을 생각해 내는 것이다. 그러므로 두 점은 반드시 회귀선 위에 있어야 한다. 이 경우, 관계는 완벽하다. 차트에 표시된 점 중 적어도 한 점이 회귀선과 떨어져 있을 때, 상관관계는 -1.0보다 크고 +1.0보다 작다.

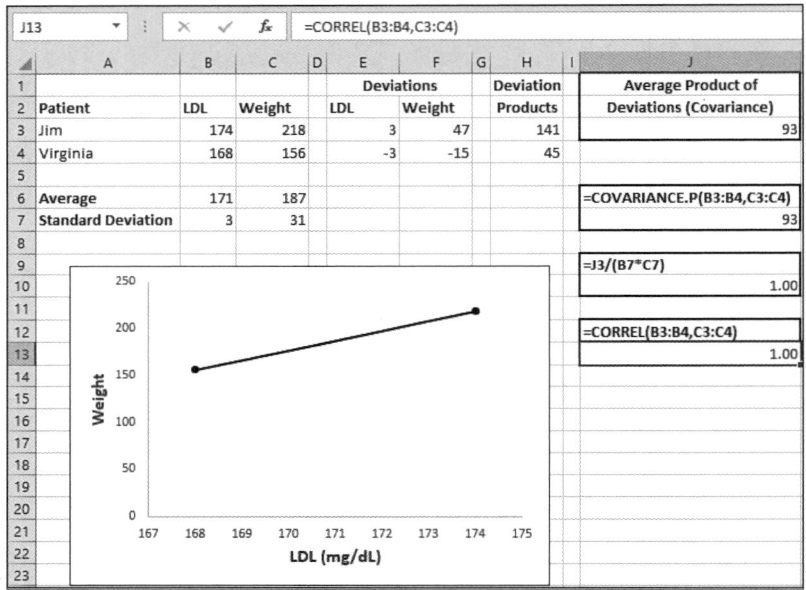

	A	B	C	D	E	F	G	H	I	J
1					Deviations			Deviation		Average Product of
2	Patient	LDL	Weight		LDL	Weight		Products		Deviations (Covariance)
3	Jim	174	218		3	47		141		93
4	Virginia	168	156		-3	-15		45		
5										
6	Average	171	187							
7	Standard Deviation	3	31							

그림 2.7
CORREL() 함수를 사용해 모든 중간 과정을 건너뛸 수 있다.

덜 완벽한 관계인 일반적인 상황을 살펴보자. +1.0 또는 -1.0의 상관계수를 결과로 가지는 데이터셋을 만들어 내는 것이 어려운 일은 아니지만, 이러한 관계는 의학, 농업, 경제 혹은 어떤 의미 있는 연구 분야에서도 실제 현실에서는 발생하지 않는다. 거기서는 0.36, 0.53 혹은 0.71 같은 상관계수가 지배적이다. 두 개의 기록은 완벽한 상관관계의 결과를 갖게 되므로, 지금까지 보았던 두 명의 데이터에 세 번째 환자를 추가해보자. 그림 2.8을 보라.

그림 2.8에서 세 번째 환자 Pat의 LDL은 새로 계산된 평균인 171.33보다 아주 조금 큰 172이고, Pat의 LDL 편차 점수는 양수이다. Pat의 몸무게는 145로 평균 몸무게 173보다 작기 때문에 몸무게의 편차 점수는 음수이다. 양의 편차와 음의 편차를 곱한 결과는 음의 값 -17.56이다. 그 음의 값은 최종 결과에 합계되어 Jim과 Virginia의 양의 값을 그림 2.7의 1.0의 상관계수에서 그림 2.8의 0.66으로 끌어내린다.

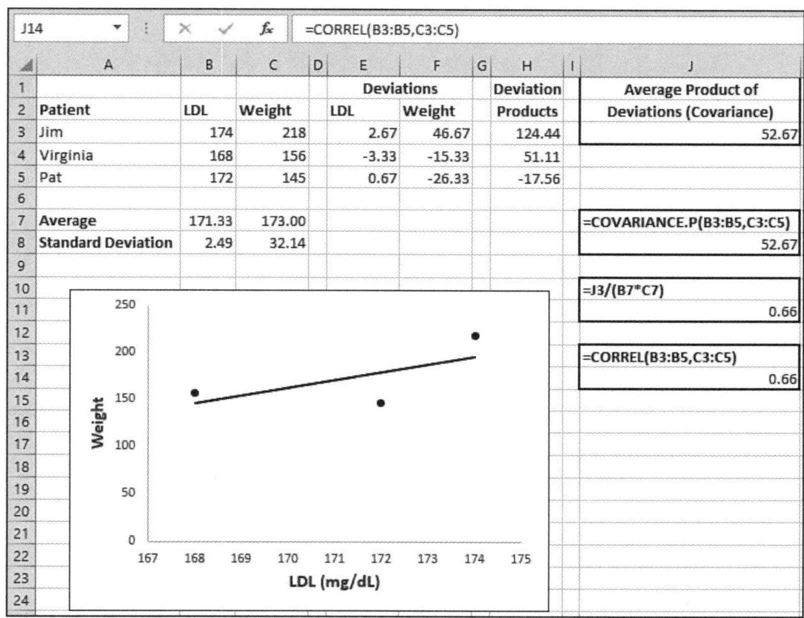

J14 =CORREL(B3:B5,C3:C5)

	A	B	C	D	E	F	G	H	I	J
1					Deviations			Deviation		Average Product of
2	Patient	LDL	Weight		LDL	Weight		Products		Deviations (Covariance)
3	Jim	174	218		2.67	46.67		124.44		52.67
4	Virginia	168	156		-3.33	-15.33		51.11		
5	Pat	172	145		0.67	-26.33		-17.56		
6										
7	Average	171.33	173.00							=COVARIANCE.P(B3:B5,C3:C5)
8	Standard Deviation	2.49	32.14							52.67
9										
10										=J3/(B7*C7)
11										0.66
12										
13										=CORREL(B3:B5,C3:C5)
14										0.66

그림 2.8
세 쌍 이상의 관측값으로는 더 이상 필연적으로 완벽한 상관관계가 되진 않는다.

Pat의 LDL이 평균 LDL의 값보다 조금 작으면 어떻게 될까? 그러면 Pat은 몸무게의 편차와 마찬가지로 LDL에서도 음의 편차를 갖게 되고, 그 곱의 결과는 양의 값을 가진다. 이 경우, 편차의 곱은 모두 그림 2.9처럼 양수가 될 것이다.

모두 양(혹은 모두 음)인 일련의 편차의 곱이 반드시 +1.0 혹은 -1.0의 상관관계를 의미하지는 않는다. 모든 데이터 점이 회귀선 위에 있을 때에만 완벽한 상관관계가 된다. 이 문제는 회귀를 사용한 예측의 정확성과 직접적인 관련이 있기 때문에 이 책의 남아 있는 부분에서 반복적으로 나타날 것이다.

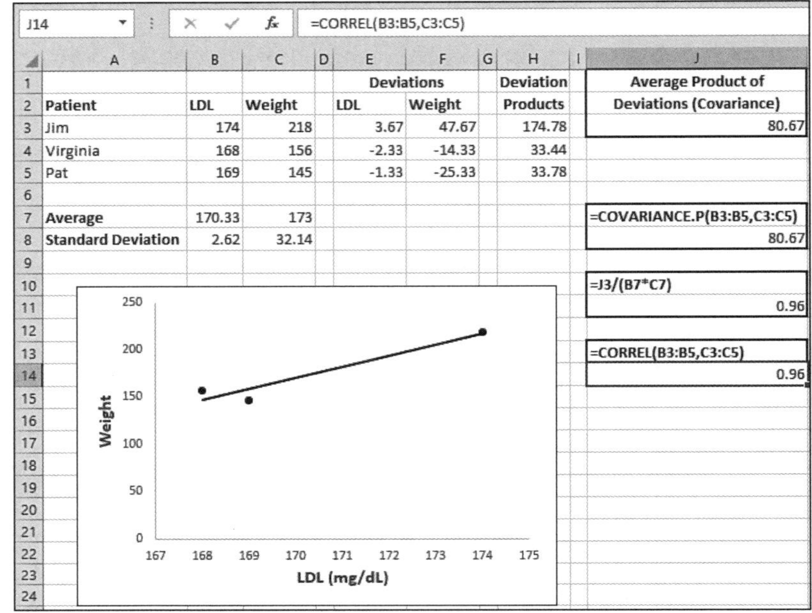

J14 =CORREL(B3:B5,C3:C5)

	A	B	C	D	E	F	G	H	I	J
1					Deviations			Deviation		Average Product of
2	Patient	LDL	Weight		LDL	Weight		Products		Deviations (Covariance)
3	Jim	174	218		3.67	47.67		174.78		80.67
4	Virginia	168	156		-2.33	-14.33		33.44		
5	Pat	169	145		-1.33	-25.33		33.78		
6										
7	Average	170.33	173							=COVARIANCE.P(B3:B5,C3:C5)
8	Standard Deviation	2.62	32.14							80.67
9										
10										=J3/(B7*C7)
11										0.96
12										
13										=CORREL(B3:B5,C3:C5)
14										0.96

그림 2.9
차트에 표시된 데이터 점 세 개가 모두 회귀선 밖에 있다.

그럼에도 불구하고 현재 상관관계는 0.96으로 매우 강하다. 모든 관측값이 양의 편차의 곱을 가진다면 (혹은 모두 음의 값을 가진다면) 강한 상관계수를 얻게 될 것이다.

CORREL() 함수의 사용

앞의 절에서 CORREL() 함수가 모든 일을 할 것이라고 언급했다. 이 함수는 평균, 표준편차, 공분산을 계산하고 모든 값을 곱하고 더하고 나눈다. 그림 2.9에서 셀 J14의 값이 모든 산술 계산의 최종 결과인 셀 J11과 같은 상관계수를 반환하는 것을 보라.

> **노트**
> 엑셀에는 CORREL()과 동일한 인자를 사용하고 동일한 결과를 반환하는 또 다른 워크시트 함수 PEARSON()이 있다. 그것은 물론 엑셀을 불필요하게 복잡하게 한다. 그러나 이 함수는 적어도 1990년대 중반부터 계속 존재하고 있으므로 지금 폐기하기에는 너무 늦었다. PEARSON() 함수는 칼 피어슨(Karl Pearson)의 이름을 따 명명됐다. 그는 상관계수 개념과 계산 발전에 가장 큰 공헌을 한 19세기와 20세기의 통계학자이다. 그중 선호하는 함수를 사용하라. 이 책에서는 더 빨리 타이핑할 수 있는 CORREL()을 사용한다.

상관관계에서의 편향 이해하기

CORREL() 함수는 STDEV(), VAR(), COVARIANCE() 함수와는 다르게 P나 S 태그가 없음에 주목하라. 예를 들어 VAR.S() 함수에서 S 태그를 사용하는 이유는, 편차제곱의 합을 관측값의 개수인 N이 아닌 자유도인 N-1로 나누도록 하기 위함이다. 표본분산에서의 음의 편향을 제거함으로 분산을 표본이 취해진 모집단의 비편향추정량unbiased estimator 분산으로 만든다. 말로 설명하기보다는 수식을 보자. 표본의 값들을 사용해 계산된 분산은 모집단 분산을 낮게 추정하기underestimate 때문에 편향됐다.

$$S^2 = \Sigma_{i=1}^{N}(X_i - \overline{X})^2/N$$

그러나 다음의 분산 계산의 결과는 모집단 분산에 대한 편향된 추정량이 아니다.

$$S^2 = \Sigma_{i=1}^{N}(X_i - \overline{X})^2/(N - 1)$$

표본 상관계수는 모집단 상관관계의 편향된 추정량인가? 그렇다. 그것은 편향됐다. 그러나 상관관계에서의 편향의 이유는 분산이나 표준편차에서의 편향의 이유와는 다르다. 분산이나 표준편차는 N이 분모에 있을 때 편향된 추정량이 되는데, 그 이유는 표본의 평균으로부터의 편차제곱의 합은 다른 어떤 값(모집단의 평균)으로부터의 편차제곱의 합보다도 작기 때문이다. 편차제곱의 합이 실제 돼야 할 값보다 작기 때문에 표본분산은 모집단 분산을 작게 추정한다. 실제 관찰된 값의 수가 아닌 자유도로 나누는 것이 표본분산에서의 편향을 제거하는 것으로 밝혀졌다.

반면 표본 데이터의 상관계수의 편향은 표집분포sampling distribution가 치우쳐skewed 있다는 사실에 기반한다. 모집단 상관계수(종종 ρ 또는 'rho'로 표기됨, 로마자 'r'에 해당하는 그리스 문자)가 양수일 때, r의 표집분포는 오른쪽으로 치우쳐 음의 방향으로 길게 뻗어 있다skewed negatively. ρ가 음수이면, r의 표집분포는 왼쪽으로 치우쳐 양의 방향으로 길게 뻗어 있다skewed positively. 치우친 정도는 표본 크기에 많은 영향을 받는다. 작은 표본(예: 각각 10개의 관찰값)은 상당히 기울 수 있지만, 수천 건의 사례가 있는 큰 표본은 일반적으로 대칭symmetrical으로 나타난다.

예를 들어 그림 2.10, 2.11, 2.12는 모집단에서 각각 10개의 관측값으로 구성된 표본을 기반으로 한 r의 표집분포를 보여준다. 각 그림의 X와 Y 사이의 상관관계는 0.68, 0.05, -0.62이다.

그림 2.10에서 모집단의 r 값은 0.68이다. 차트에서 볼 수 있듯이, 해당 모집단의 대부분의 표본은 0.6~0.8 범위에 표본값 r을 갖는다. 그리고 0.6 아래로 표본 상관관계가 -0.45까지 내려가 있다. 모집단 모수보다 1.13 단위[2] 아래까지 내려가 있다. 그러나 상관계수가 계산되는 방식 때문에, 최댓값은 1.0이고 상관관계가 0.68 이상인 샘플은 분포의 오른쪽 끝에 모여 있다.

그림 2.10
*ρ*가 0.68일 때 표집분포 *r*

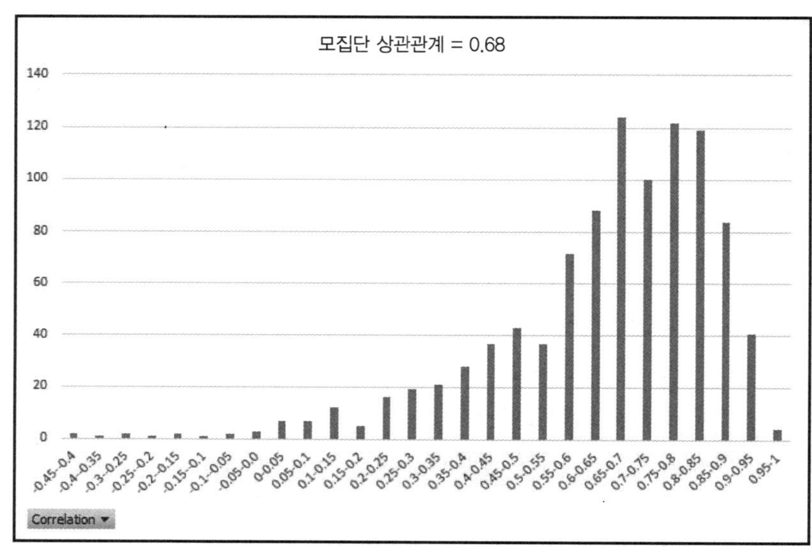

상관관계에 대한 모집단 모수가 그림 2.11에서와 같이 0.0에 가까울수록, 양쪽 꼬리 부분에 보다 극단적인 표본값을 가질수 있는 공간이 존재한다(극단적으로 모수가 0.0 인 경우). 표집분포는 대칭symmetric 모양에 근접해진다.

2 0.68+0.45 – 옮긴이

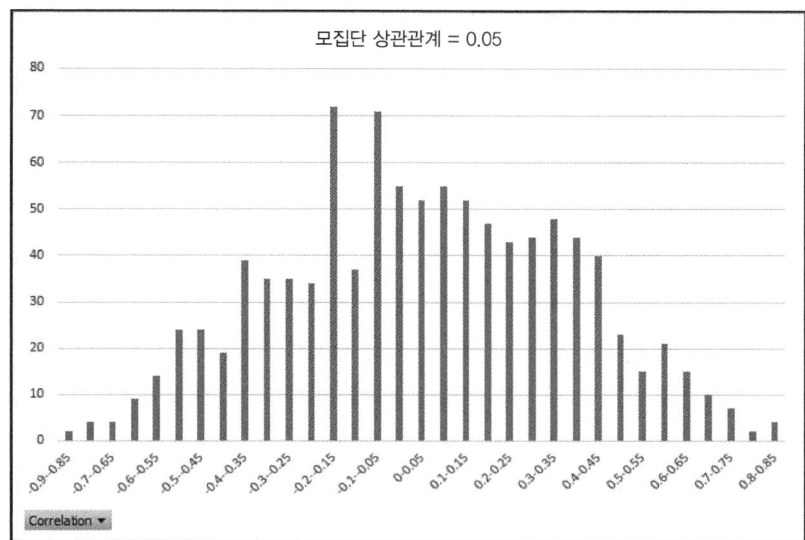

그림 2.11
ρ가 0.05일 때 표집분포 r

그림 2.12는 모집단 상관관계가 음수일 때를 보여준다. 그림 2.10에서와 같이 기울어진 표집분포이지만, 기울어진 방향이 오른쪽이 아닌 왼쪽으로 치우쳐져 있다.

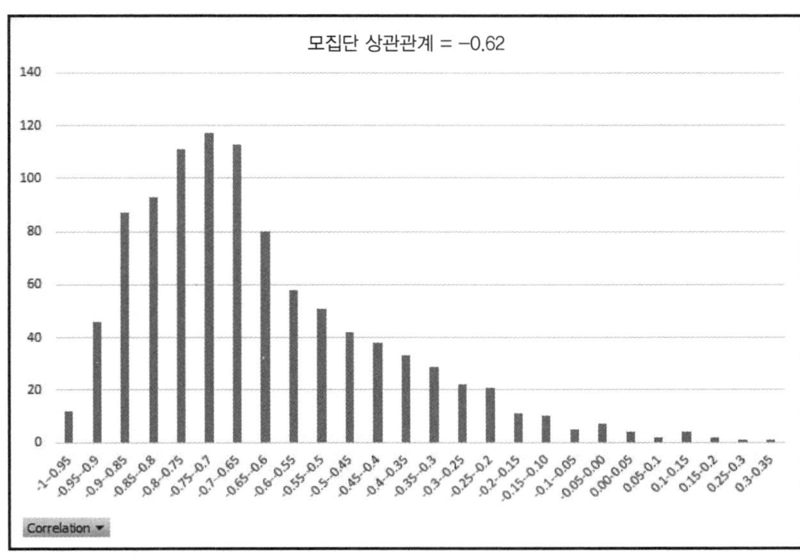

그림 2.12
ρ가 −0.62일 때 표집분포 r

그림 2.10과 2.12에서 보여지는 효과는 표본의 크기가 커질수록 작아질 것이다. 왜도skewness는 훨씬 덜 명확해지고, 표본 상관관계의 범위는 훨씬 좁아질 것이다. 이것이 다중 상관계수multiple correlation coefficient의 축소shrinkage에 대한 조정의 기초이다. 이에 대해서는 5장, '다중회귀분석'에서 설명할 예정이다.

그래서 ρ의 값에 따라 r은 추정량으로서 편향되고, 편향의 효과는 표본 크기가 작을수록 크다.

아직까지 우리는 표준편차를 구하는 공식에서 관측값의 개수 대신에 자유도로 대체하는 것과 같은 방법을 사용해 편향을 보정하려고 하지 않았다. 사실 공분산covariance을 계산하는 데 사용되는 관측값의 수는 계산된 상관계수와 아무런 영향을 주지 않는다. r을 계산하는 방법으로 이전 절에서 언급된 다음 공식을 보자.

$$r = S_{xy}/(S_x S_y)$$

이 공식은 데이터셋을 설명하는 여러 가지 방법 간의 관계를 개념화하는 데 유용하다. 그리고 이미 공분산의 값과 표준편차의 값을 알고 있다고 가정했기 때문에 상관관계를 계산하는 데 편리한 방법이다. 관측값의 개수가 계산의 결과에 영향을 미치지 않는 이유를 보기 위해 이 공식을 다음과 같이 분리해보자.

$$r = (\sum x_i y_i/N)/\sqrt{\sum x_i^2/N}\sqrt{\sum y_i^2/N}$$

소문자 x와 y는 각각 평균으로부터 관찰된 X와 Y값의 편차를 나타낸다. 공분산을 계산하는 부분의 N을 상관관계식의 분모로 이동시키면 다음과 같다.

$$r = (\sum x_i y_i)/(N\sqrt{\sum x_i^2/N}\sqrt{\sum y_i^2/N})$$

표준편차 계산의 분모에 N의 제곱근을 곱하면 공분산에서 이동된 N은 상쇄돼 없어진다.

$$r = \sum x_i y_i/\sqrt{\sum x_i^2}\sqrt{\sum y_i^2}$$

즉, 상관관계는 'X와 Y의 편차의 곱의 합'과 'X편차의 제곱의 합의 제곱근과 Y편차의 제곱의 합의 제곱근과의 곱'의 비율로 계산될 수 있다(말보다 수식을 보는 것이 왜 종종 도움이 되는지 알 수 있다). 특별히 주목해야 할 점은 r을 계산하기 위한 최종 공식에는 관찰값의 개수가 사용되지 않는다는 점이다. N대신에 (N-1)을 대입할 수 있지만, 계산된 값 r은 아무런 차이가 없을 것이다.

상관관계에서 선형성과 특이점 체크

표준 상관계수(1900년경 칼 피어슨Karl Pearson이 개발한 버전이자 통계적 맥락에서 상관관계를 나타낼 때 일반적으로 의미하는 버전)는 서로 선형적인 관계가 있는 변수에 대해 사용하기 위한 것이다. 그림 2.1은 가정 수입에 따라 주택 가격이 상승하는 적당히 강한 선형관계의 좋은 예이다.

그림 2.13은 피어슨의 r이 다루고자 했던 종류의 관계가 아닌 변수들 사이의 관계의 일례를 보여준다.

그림 2.13은 가로축에 특정 작업을 연습하는 데 할당된 시간의 길이와 세로축에 작업이 1분 안에 정확하게 수행된 횟수 간의 관계 차트를 보여준다. 일정한 연습 시간을 넘어서면 추가적인 연습 시간이 점수를 향상시키지 않는, 수확 체감의 측면을 데이터에서 확인할 수 있다. 그러므로 그림 2.13의 회귀선은 선형이 아니라 곡선이다.

그림 2.13

피어슨의 r은 이 관계의 강도를 정확하게 정량화하지 못한다.

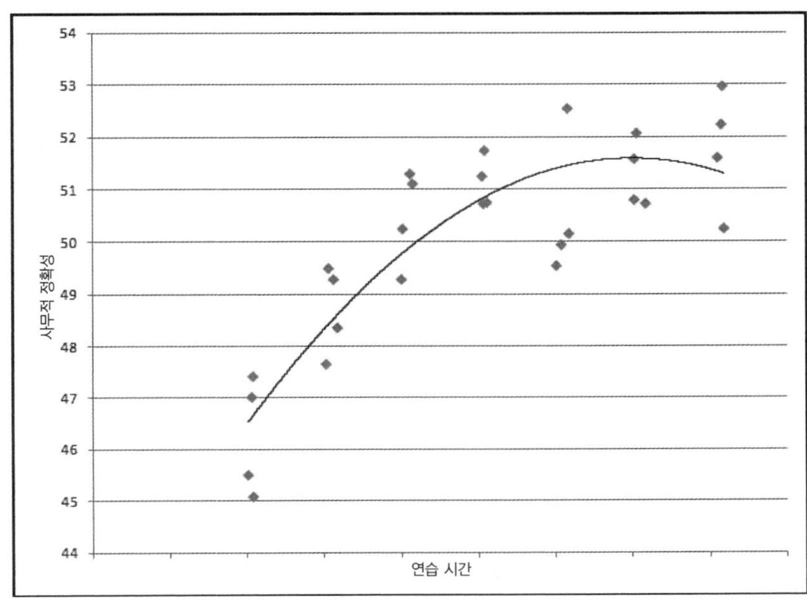

이후의 장에서 배울 기술을 사용해서 두 변수 간의 직선의 관계가 아닌 곡선 또는 비선형 관계의 크기를 계산할 수 있다. 이 경우 비선형 상관관계는 0.87이 된다. 피어슨 상관관계는 이 관계의 강도를 낮게 추정underestimate하여 0.79를 반환한다. 0.08의 상관관계의 차이는 상당한 차이이며, 특히 상관계수의 위쪽 범위에서는 그 차이가 크다.

그림 2.13과 같이 변수를 도표화하지 않으면, 변수가 비선형 관계인 것을 쉽게 놓칠 수 있다. 그림 2.14는 데이터를 차트로 표시할 때 눈에 띄는 관련 문제를 보여준다.

그림 2.14는 그림 2.2를 약간 수정한 버전이다. Alaska의 가계 수입의 중앙값에 $50,000을 더했다. 이것은 꽤 큰 변화지만, 데이터를 옮겨 적으면서 실수하거나 잘못된 데이터베이스 질의에 의해 충분히 일어날 수 있는 일이다.

Alaska를 제외한 49개 주를 기준으로한 피어슨 상관관계는 -0.01을 반환하며, 가족의 수입과 주의 영토 크기 사이에 관계가 없음을 나타낸다. 그러나 하나의 특이점outlier 주인 Alaska를 상관관계 계산에 포함시키면 (데이터베이스 질의에 의해 반환된 목록의 중간에 끼어 있을 수도 있으므로) 0.58의 강한 상관관계를 얻게 된다.

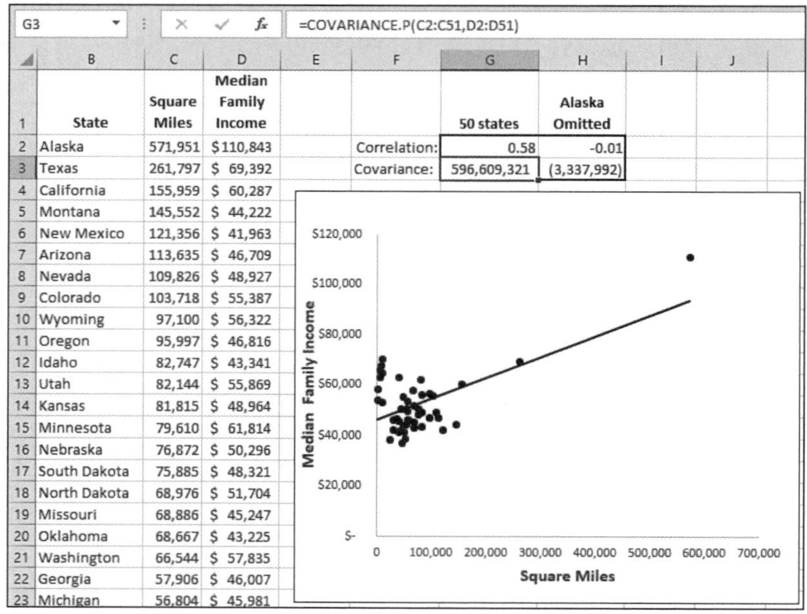

State	Square Miles	Median Family Income
Alaska	571,951	$110,843
Texas	261,797	$ 69,392
California	155,959	$ 60,287
Montana	145,552	$ 44,222
New Mexico	121,356	$ 41,963
Arizona	113,635	$ 46,709
Nevada	109,826	$ 48,927
Colorado	103,718	$ 55,387
Wyoming	97,100	$ 56,322
Oregon	95,997	$ 46,816
Idaho	82,747	$ 43,341
Utah	82,144	$ 55,869
Kansas	81,815	$ 48,964
Minnesota	79,610	$ 61,814
Nebraska	76,872	$ 50,296
South Dakota	75,885	$ 48,321
North Dakota	68,976	$ 51,704
Missouri	68,886	$ 45,247
Oklahoma	68,667	$ 43,225
Washington	66,544	$ 57,835
Georgia	57,906	$ 46,007
Michigan	56,804	$ 45,981

그림 2.14
차트로 그리지 않으면 특이점을 놓치기 쉽다.

상관관계값이 놀라울 정도로 증가한 이유는 공분산값이 3백만이 조금 넘는 값에서 약 6억으로 증가했기 때문이다. 그 증가는 그림 2.14에서 특이점에 관해서 설명하기 위해 선택된 가상의 값인 Alaska의 가족 수입의 중앙값과 면적이 나머지 주의 평균과 떨어진 거리 때문이다. 상관관계 계산에 포함될 때 이 편차가 제곱이 되기 때문에 그 효과가 두드러진다.

비선형 관계뿐만 아니라 극단적인 특이점을 확실히 하기 위해 데이터를 차트화해서 살펴보는 것은 좋은 생각이다. 그림 2.14와 같이 변수를 도표화하는 것이 상관관계 분석을 하려는 데이터의 문제를 진단하는 유일한 방법은 아니다. 그러나 데이터를 도표화하여 보는 것은 비선형 관계를 평가할 수 있게 하고 다른 이례적인 것들뿐만 아니라 정말로 터무니없는 특이점을 확인할 수 있게 해준다. 엑셀을 사용하면 차트를 쉽게 만들 수 있으므로 안 할 이유가 없다.

엑셀 차트가 처음이라면, 그림 2.14와 같은 차트를 만드는 방법을 간단히 설명하겠다.

1. 평방마일 단위의 각주의 면적을 포함하는 범위 C2:C51를 선택하라.
2. Ctrl 키를 누른 상태에서, 각 주의 가족 수입 중앙값(알래스카의 경우 오류 데이터)을 포함하는 범위 D2:D51을 선택하라.

노트 그림 2.14의 C열 D열과 같이 변수들이 인접한 열을 차지하고 있는 경우, 두 번의 개별 선택 대신 한 번에 선택할 수 있다. 그림에서 셀 C2를 클릭하고 D51까지 드래그만 하면 된다.

3. 리본Ribbon메뉴의 삽입 탭을 클릭하고, 차트 그룹을 찾는다. '분산형(Scatter XY)차트 삽입 또는 버블Bubble차트 삽입' 팝업이 나타날 때까지 해당 그룹의 다른 차트 아이콘 위에 마우스 포인터를 올려놓는다. 클릭하라.

그림 2.14와 상당히 흡사한 XY차트를 얻게 된다. 차트 영역에서 아무 데이터 마커를 마우스 우클릭한 후 '추세선 추가'를 선택한다. 기본 옵션인 '선형 추세선'을 적용하고 '추세선 서식' 창을 닫는다.

가로축과 세로축 눈금선 제거와 같은 약간의 조정을 더하면, 그림 2.14와 완전히 똑같은 복제본을 얻을 수 있다.

분산형차트를 선택하라는 이유는 그것이 버블차트와 함께 가로 및 세로축 모두를 값축value axis으로 처리하는 유일한 차트 유형이기 때문이다. 엑셀은 값축과 범주축category axis을 구별한다. 값축은 숫자 양을 나타내며 양적 차이를 보존한다. 값축의 8은 4보다 0에서 두 배 더 떨어져 있다. 그러나 범주축에서는 연속된 값 0, 8, 9는 동일하게 떨어져 있게 된다. 엑셀에서는 이 값을 범주로 처리한다. 펩시, 코카콜라, 스프라이트 사이의 거리를 등거리로 하지 않을 이유는 없다.

그림 2.15는 분산형차트 대신 꺾은선형차트Line chart를 선택하는 경우 어떠한 일이 발생할 수 있는지 알려주는 예이다.

그림 2.15의 두 차트는 두 변수(여기서는 키와 몸무게)의 관계를 표시하기 위해 분산형차트 대신 꺾은선형차트를 사용했을 때의 결과를 보여준다. 분산형차트는 세로축의 변수와 가로축의 변수 모두 숫자 변수로 취급한다. 2열의 관측치의 키는 60이고 몸무게는 129이다.

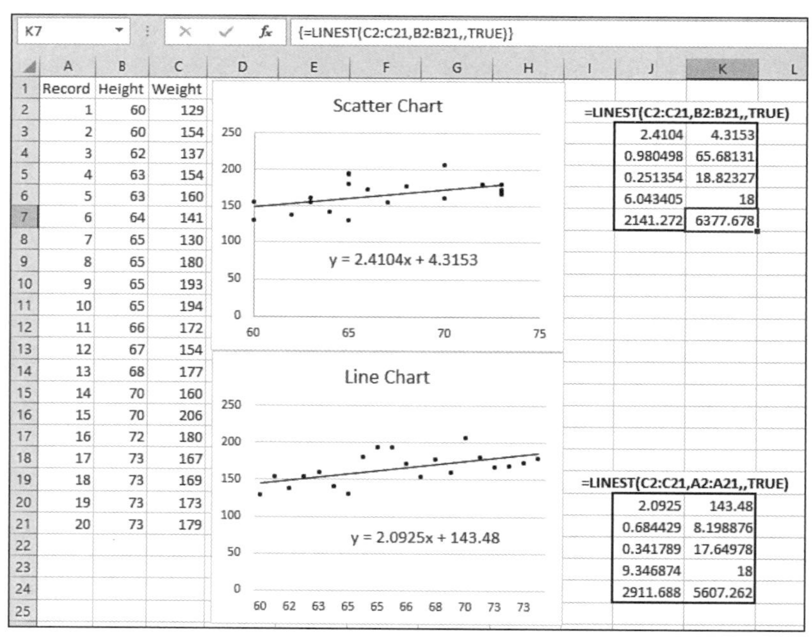

Record	Height	Weight
1	60	129
2	60	154
3	62	137
4	63	154
5	63	160
6	64	141
7	65	130
8	65	180
9	65	193
10	65	194
11	66	172
12	67	154
13	68	177
14	70	160
15	70	206
16	72	180
17	73	167
18	73	169
19	73	173
20	73	179

=LINEST(C2:C21,B2:B21,,TRUE)

2.4104	4.3153
0.980498	65.68131
0.251354	18.82327
6.043405	18
2141.272	6377.678

=LINEST(C2:C21,A2:A21,,TRUE)

2.0925	143.48
0.684429	8.198876
0.341789	17.64978
9.346874	18
2911.688	5607.262

그림 2.15 회귀선은 비슷해 보인다. 그러나 회귀방정식을 비교해보라.

반면 꺾은선형차트는 세로축의 변수는 숫자 변수로, 가로축의 변수는 범주형 변수로 취급한다. 꺾은선형차트에 관한 한, 가로축의 처음 세 높이값 60, 60, 62 대신 Alabama, Alaska, Arizona로 바꾸어도 문제가 없다(꺾은선형차트에서 데이터 계열의 서식을 지정하여, 디폴트로 연결될 데이터 마커들 사이의 선을 제거했다. 차트에서 데이터 마커의 위치를 더 쉽게 비교할 수 있도록 했다).

그 결과 엑셀은 가로축의 관측값들을 구별할 정량적인 근거가 없어진다. 그림 2.15의 꺾은선형차트의 가로축의 관측값들이 등거리에 있음을 주목하라. 가로축의 값들은 숫자 값들이 아니라 단지 레이블label이다. 그러나 '분산형차트'에서 관측치 사이의 거리는 '높이' 값에 따라 상대적으로 다르다.

꺾은선형차트에 추세선을 활성화시키려고 하면, 엑셀은 회귀방정식을 계산하기 위해 Height 변수를 위한 숫자 값들을 요구할 것이다. 꺾은선형차트를 선택하고 Height를 가로축에 놓으면서, 우리는 엑셀에 워크시트의 Height 변수가 실제로 범주에 이름이라고 알려준 것이다. 엑셀은 레코드를 식별하기 위해 숫자를 사용한다. 첫 번째 레코드의 Height 값을 1로, 두 번째 레코드는 2로, 그 뒤로도 같은 방법으로 처리할 것이다.

이 효과를 입증하기 위해, 그림 2.15의 J20:K24 범위에 있는 LINEST() 결과를 보자. 그것은 C열의 몸무게 변수와 A열의 레코드 넘버 값 사이의 관계를 평가한다. 셀 J20과 K20에 있는 회귀계수 및 상수가 꺾은선형차트의 회귀방정식의 결과와 일치하는 것을 주목하라. 분산형차트에 동일한 작업을 수행하고 나서 LINEST()의 결과를 보면 J3:K7 범위와 같다. LINEST()가 반환한 회귀계수와 상수가 차트의 회귀방정식과 동일한 것을 확인할 수 있다. 이 경우 LINEST()가 평가하는 관계는 체중과 키 사이의 관계이다. 꺾은선형차트에서처럼 몸무게와 레코드 번호 사이의 관계가 아니다.

분명하게 엑셀에서 차트가 축의 숫자 값과 명목 범주를 처리하는 방식은 어떻게 차트 내 분석이 작동하는지에 영향을 미친다. 상관계수는 두 변수가 간격 또는 비율 척도로 측정됐다고 가정하기 때문에, 그것들을 도표화할 때는 분산형차트(Scatter (X, Y))를 사용해야 한다. 단지, 분산형차트처럼 생긴 차트 유형을 사용하면 안 된다(버블차트는 사용할 수 있지만 기본적인 상관분석에 관해서는 혼란만 줄 뿐이다).

차트를 그릴 때 조심해야 하는 부분

분산형차트로 데이터를 도표화하는 주제를 다루는 동안, 필자가 알아차리기까지 2시간이 넘게 걸렸던 함정에 대해 알려주려고 한다. 이 설명을 하기 위해 5장까지는 자세히 다루지 않을 회귀분석에 대한 내용이 필요하다. 그러나 상관변수를 도표화하는 맥락에서 여기서 논의하는 것이 유용하다.

상관관계를 분석하는 중요한 이유 중 하나는 회귀분석을 준비하는 것이다. 회귀분석을 통해 하나의 변수가 주어지면, 다른 하나의 변수의 값을 예측할 수 있다. 예를 들면 키와 몸무게 사이의 상관관계를 가지고 어떤 사람의 키에 대한 정보로부터 그의 몸무게를 예측할 수 있다.

하나의 변수로부터 다른 하나의 변수를 예측하는 유일한 방법은 아니지만, 예측 방정식을 얻는 하나의 방법은 분산형차트를 이용하는 것이다. 그림 2.16에서 그 내용을 볼 수 있다.

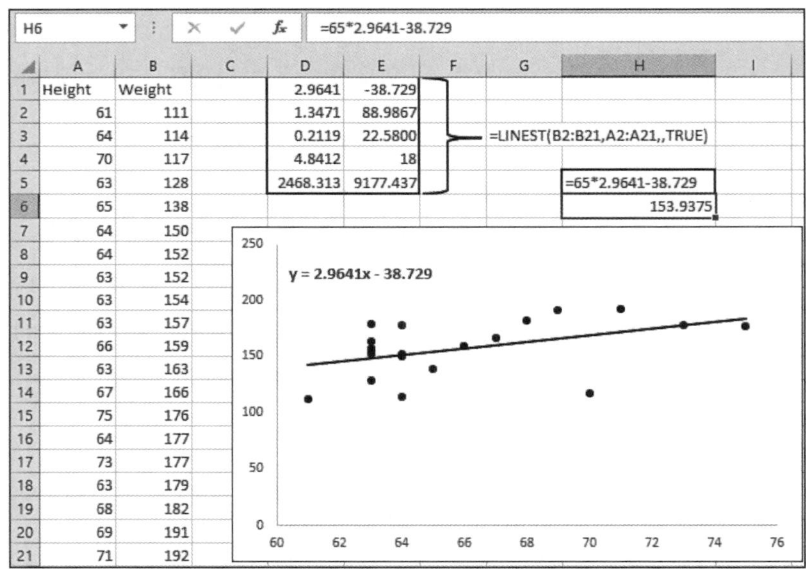

H6 =65*2.9641-38.729

	A	B	C	D	E	F	G	H
1	Height	Weight		2.9641	-38.729			
2	61	111		1.3471	88.9867			
3	64	114		0.2119	22.5800		=LINEST(B2:B21,A2:A21,,TRUE)	
4	70	117		4.8412	18			
5	63	128		2468.313	9177.437			=65*2.9641-38.729
6	65	138						153.9375
7	64	150						
8	64	152						
9	63	152						
10	63	154						
11	63	157						
12	66	159						
13	63	163						
14	67	166						
15	75	176						
16	64	177						
17	73	177						
18	63	179						
19	68	182						
20	69	191						
21	71	192						

그림 2.16
엑셀을 이용해 방정식을 계산하고 차트에 배치할 수 있다.

그림 2.16의 차트는 변수 X로부터 변수 Y를 예측할 수 있게 하는 회귀방정식을 포함하고 있다. 엑셀은 A2:A21과 B2:B21 범위에 주어진 키와 몸무게 변수 사이의 관계(구체적으로는 상관계수)로부터 방정식을 유도한다. 이에 대해 3장과 4장에서 자세히 다룰 것이다. 지금은

이 방정식이 다음과 같은 것들을 말해준다는 것을 아는 것으로 충분하다.

- 이 예제에서 예측변수인 키의 값을 취하라. 예를 들어 65의 키.
- 해당 값에 2.9641을 곱한다.
- 그 값에서 38.729를 뺀다.
- 결괏값인 153.9는 키가 65인 사람의 예측된 몸무게다.

차트에서 이 방정식을 얻는 방법은 다음과 같다.

1. 분산형차트를 만든다.
2. 차트 데이터 마커 중 하나를 마우스 우클릭한다.
3. 바로가기 메뉴에서 추세선 추가를 선택한다.
4. 추세선 서식 창이 나타날 것이다. 기본 선형 추세선을 그대로 사용한다. '수식을 차트에 표시' 체크박스를 체크하기 위해 스크롤을 아래로 내린다. '수식을 차트에 표시'를 체크한다.
5. 추세선 서식 창을 닫는다.

이제 차트 위에 회귀방정식이 표시된다. 데이터 마커나 차트의 다른 요소가 방정식을 가리면, 방정식을 다른 위치로 끌어 놓을 수 있다. 방정식을 얻는 더 좋은 다른 방법이 있다. LINEST() 함수이다. 4장, 'LINEST() 함수'에서는 이 함수와 그 결과에 대해 자세히 설명할 것이다. 여기서는 살짝 다루기만 하겠다. 그림 2.16의 A열과 B열의 데이터에 대한 LINEST()의 결과는 D1:E5 범위에 있다. 셀 D1과 E1의 값을 주목하라. 차트 위의 회귀방정식에 동일한 숫자가 있다. 차트 위 방정식과 마찬가지로 엑셀의 LINEST() 함수는 키 변숫값에 2.9641을 곱하고 38.729를 빼라고 알려준다(정확히는 -38.729를 더하라고 알려준다). 따라서 이 데이터를 가지고 키가 65인치인 사람의 몸무게를 예측하기 위해서는 다음 방정식을 사용하면 된다.

y=2.9641x-38.729

그럼 엑셀은 어떤 변수가 분산형차트에서 x(예측변수)이고 어떤 변수가 y(예측된 변수)인지 알 수 있을까? 엑셀 개발자들은 여러 가지 이유로 워크시트의 다른 변수 왼쪽에 위치하는 변수를 가로축 변수로 처리해야 한다고 아주 오래전에 결정했다. 워크시트에서 다른 변수의 오른쪽에 위치하는 변수는 세로축의 변수로 취급된다.

연속하지 않은 두 개의 열에 변수를 입력하고, 그것들을 다중으로 선택할 수도 있다(첫 번째 변수의 값을 선택하고, Ctrl 키를 누른 상태에서 두 번째 변수를 선택하면 된다). 결과는 동일하다. 가장 왼쪽에 있는 변수가 가로축이 될 것이다.

또한 엑셀의 관례는 차트의 세로축에 있는 변수가 차트에 표시된 회귀방정식에서 예측되는 변수라는 것이다. 차트의 가로축의 변수가 차트의 회귀방정식의 예측변수이다.

따라서 높이가 가로축에 표시된 것을 고려하면, 회귀방정식은 다음과 같다.

Y=2.9641(X)-38.729

이것은 X(키) 값에 2.9641을 곱하고 38.729를 빼서 Y(몸무게) 값을 예측하는 것을 의미한다.

요약하면 차트의 회귀방정식에서 예측되는 변수는 워크시트의 다른 변수의 오른쪽에 있는 변수이다.

그림 2.16에서, D1:E5에서 LINEST() 함수의 인자가 어떠한 방식으로 입력되는지 살펴보라.

```
=LINEST(B2:B21,A2:A21,,TRUE)
```

LINEST() 함수의 문법은 변수의 역할을 워크시트 위에서 암시적으로 지정하지 않고, 명시적으로 변수의 역할을 인자로 지정하게 한다. LINEST() 수식에서 예측되는 변수는 B2:B21로 주어진다. 예측되는 변수는 항상 LINEST()의 첫 번째 인자이다. A2:A21은 예측변수이다. 예측변수는 항상 LINEST() 함수의 두 번째 인자로 온다.

차트 위의 회귀방정식을 위해서는 예측변수가 위치적으로 정해지지만, 워크시트 함수에서는 인자의 위치로 지정이 되는 이러한 구성은 실수로 유발되기 때문에 다소 유감스럽다. 하지만 이러한 구성으로 이어지기까지의 결정들은 아마도 충분히 고려됐을 것이고 그대로 사용할 수도 있다.

그러나 엑셀 개발자들은 사람(특히 필자)의 오류 가능성을 고려하지 않았다. 그림 2.17을 보라.

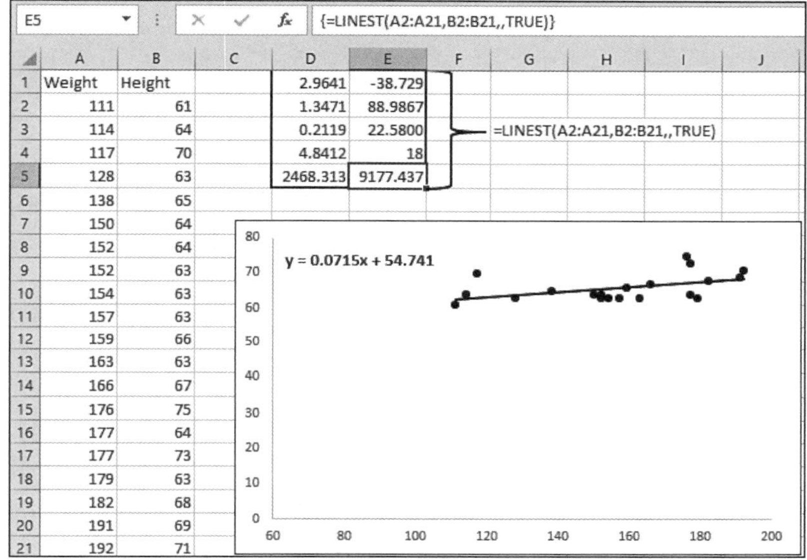

	A	B	C	D	E
1	Weight	Height		2.9641	-38.729
2	111	61		1.3471	88.9867
3	114	64		0.2119	22.5800
4	117	70		4.8412	18
5	128	63		2468.313	9177.437
6	138	65			
7	150	64			
8	152	64			
9	152	63			
10	154	63			
11	157	63			
12	159	66			
13	163	63			
14	166	67			
15	176	75			
16	177	64			
17	177	73			
18	179	63			
19	182	68			
20	191	69			
21	192	71			

그림 2.17
LINEST()의 수치는 차트의 회귀방정식과 더 이상 일치하지 않는다.

그림 2.16과 그림 2.17의 가장 분명한 차이점은 그림 2.16에서는 예측변수인 몸무게가 B열에 있다는 것이다. 그림 2.17에서는 A열에 있다.

이제 D1:E1 범위의 LINEST() 결과의 첫 번째 행을 보자. 이 값들을 차트에 있는 수식과 비교해보면, 셀 D1의 계수와 셀 E1의 상수가 도표화된 방정식과 더 이상 일치하지 않는 것을 알 수 있다.

가장 직접적인 이유는 그림 2.16과 그림 2.17의 LINEST() 방정식은 몸무게를 예측변수로 사용하기 때문이다. LINEST() 함수에서 예측변수는 항상 첫 번째 인자이다. 그림 2.16에서는 B2:B21가 그 인자이고 그림 2.17에서는 A2:A21이다.

그러나 그림 2.17에서 몸무게가 키의 오른쪽으로 이동했기 때문에 차트에서는 가로축에 몸무게를, 세로축에 키를 배치했다. 그런 다음 회귀선과 회귀방정식을 계산할 때 몸무게가 아닌 키를 예측변수로 사용했다. 결과는 다음과 같다.

- 그림 2.17의 차트에 있는 데이터 마커는 그림 2.16의 위치에서 90도 회전돼 있다.
- 회귀선의 위치가 바뀌었다.
- 차트의 회귀방정식이 바뀌었다.

이것이 나를 힘들게 했다. LINEST() 방정식의 계수와 상수가 왜 차트화된 방정식의 계수와 상수와 일치하지 않는지 알 수 없었다. 필자는 회귀분석에 기반한 많은 작업을 수행했기 때문에, 독자들은 내가 문제의 원인을 즉각적으로 파악하고 해결했어야 했다고 생각할지도 모른다. 아마 그랬어야 했을 거다.

그렇다. 분명히 그랬어야 했다. 필자가 말할 수 있는 변명은, 차트에서 방적식을 거의 사용하지 않았다는 사실이다. 그래서 거의 본 적이 없었다. 그리고 드물게 봤기 때문에 몇 년 전에는 이러한 불일치에 대해 알아차리고 기억해 둘 기회가 없었다.

그러나 그림 2.17에서와 같이, 예측되는 변수를 A열에, 예측변수를 B열에 두게 됐던 이유는 무엇일까? 그것은 LINEST()가 작동하는 방식 때문이다. 이것이 내가 여기서 어디에 함정이 있는지 모르는 경우 얼마나 잘못되기 쉬운지 설명하기로 결정한 이유다.

LINEST()는 몸무게와 같은 단일 변수를 하나의 변수뿐만 아니라 여러 개의 변수로부터 예측할수 있다(5장에서 그 사용법에 대해 다룰 것이다). LINEST()로 복수의 예측변수를 동시에 분석하기 위해서는 해당 변수들이 인접한 열에 위치해야 한다. 그래서 추가적인 예측변수를 더할 여지를 두려면, 그림 2.18의 오른쪽의 워크시트 같은 레이아웃이 적절하다.

데이터가 그림 2.18의 왼쪽 워크시트와 같이 배열돼 있다고 가정해보자. 키와 몸무게 사이의 관계를 분석한 이후, 나이Age를 추가해 다중회귀분석으로 전환하려고 한다고 해보자. 나이를 포함시키려면 키와 몸무게 사이에 새로운 열을 삽입해야 한다. 그래야 예측변수인 키와 나이를 인접한 열에 위치시킬 수 있다.

오른쪽 워크시트에서 한 것처럼, 예측되는 변수를 가장 왼쪽 열에 넣는 것이 훨씬 더 합리적이다. 이렇게 하면 추가적인 예측변수가 필요할 때마다 연속적인 열을 쉽게 만들 수 있다. 그러나 이렇게 하면 예측되는 변수가 가장 왼쪽에 있게 되고, 엑셀 차트는 이 변수를 예측변수로 사용한다.

나는 독자들이 빠지지 않을지도 모를 함정을 설명하기 위해 이 문제에 대해 여러 페이지를 할애했다. 어떤 변수가 예측변수로 여겨지거나 예측되는 변수로 여겨지는지에 따라 잘못된 결과를 낼 수 있는 회귀방정식을 차트 위에 꼭 표시할 필요가 없음에도 불구하고 기억하고 있어야 한다. 회귀선의 위치와 기울기는 회귀방정식에 의해 결정되기 때문이다. 그렇기 때문에 추세선을 그리기 전에 작업하고 있는 분산형차트에 무슨 일이 일어나고 있는지 정확하게 알 필요가 있다.

그림 2.18
워크시트의 왼쪽에 예측변수를 추가하려면 데이터를 재정리해야 한다.

	A	B	C	D	E
1	Height	Weight			
2	61	111			
3	64	114			
4	70	117			
5	63	128			
6	65	138			
7	64	150			
8	64	152			
9	63	152			
10	63	154			
11	63	157			
12	66	159			
13	63	163			
14	67	166			
15	75	176			
16	64	177			
17	73	177			
18	63	179			
19	68	182			
20	69	191			
21	71	192			

	A	B	C	D
1	Weight	Height	Age	Minutes of Exercise Weekly
2	111	61	13	55
3	114	64	20	86
4	117	70	36	101
5	128	63	47	120
6	138	65	18	59
7	150	64	67	66
8	152	64	54	38
9	152	63	15	66
10	154	63	76	70
11	157	63	20	33
12	159	66	16	59
13	163	63	96	38
14	166	67	57	77
15	176	75	32	73
16	177	64	69	51
17	177	73	74	48
18	179	63	16	118
19	182	68	89	109
20	191	69	19	32
21	192	71	81	24

필자가 엑셀 차트에서 어떤 실수를 했는지에 대해 읽는 데 소비된 10분이, 나중의 혼란스러운 2시간을 절약해줄 것이다. 괜찮은 교환 조건이다.

상관관계와 인과관계

상관관계와 인과관계의 차이에 대해 읽거나 들어봤을 것이다. 상관관계는 종종 인과관계의 존재를 암시하지만 반드시 보장하진 않는다.

당신의 연구가 미국 동부와 서부 연안의 많은 지역에서 해변에서 1마일까지의 평균 해수 온도와 고래의 이동 기간 중에 발견된 고래의 수 사이의 양의 상관관계가 있음을 발견했다고 가정하자.

어떤 사람들은 고래가 먹는 유기체가 더 따뜻한 물에 매료돼 이동하고, 고래들이 음식이 있는 곳으로 이동한 것이라고 말할 수도 있다. 그리고 그 상관관계가 0.80 정도로, 우연히 일어난 일을 배제하는 자신의 평가 기준을 넘어설 만큼 충분히 강한 상관관계라면, 당신은 그 설명이 올바르다고 결정할 수도 있다.

경험적 증거와 주장의 명백한 논리에 의해서 잘못된 결론을 내리지 말아야 한다. 상관관계는 아무것도 증명하지 못한다. 이론이 참인지 거짓인지 증명하기 위해 통계량을 사용하면 안 된다. 실험적 설계experimental design를 사용해 관찰에 대한 상반되는 설명을 제외하라. 통계를 사용해 실험적 디자인에서 수집한 정보를 요약하고, 가지고 있는 데이터로 잘못된 결정을 내릴 가능성likelihood을 정량화하라.

관찰된 결과의 이유로 인과관계가 제안될 때, 일반적으로 두 가지 종류의 상반되는 설명이 제시된다. 하나는 추정된 인과관계의 방향성directionality이다. 즉, 원인이 결과로 오인될 수 있다. 다른 하나는 관찰하고 있는 두 변수 모두의 원인이 되는 하나 이상의 다른 변수의 존재다.

원인의 방향

고래의 체온이 바다 온도의 상승을 초래한 원인이라고 주장이 엉뚱하게 확대 해석될 수도 있다. 그러나 엉뚱하지 않은 방향성 문제의 예로 총기 소유권과 총기에 의한 살인 건수 간의 상관관계가 있다. 연구 방법은 다양하지만 정부 단위(지자체, 주, 국가)에서 소유한 총기의 수와 총에 의한 살인의 수 사이에 대략 0.30의 일관된 상관관계가 있는 것으로 나타난다.

이 상관관계에 인과성이 있다면, 무엇이 원인이고 무엇이 결과일까? 더 많은 총기의 존재가 더 많은 살인의 원인인가? 아니면 높은 범죄 지역에 살고 있는 사람들이 자신을 보호하기 위해 더 많은 총을 구입해 대응하는 걸까?

이 질문은 여기서 답이 나오지 않을 것이다. 사실 그 질문들은 상관관계 연구를 이용한 방법으로는 어디에서도 답변하지 못한다. 상관관계 자체로는 인과관계를 증명하지 못하고, 만약 인과관계가 존재하더라도 그 방향을 증명하지 못한다. 실험적 접근법은 많은 지역을 무작위로 선택한 다음 두 그룹 중 하나로 무작위로 할당하는 것이 수반될 것이다. 한 그룹에서는 주민들은 더 많은 총을 구입해야 한다. 다른 그룹에서는 주민들이 총을 더 구입하는 것이 금지된다.

어느 정도 시간이 지난 후, 각 지역에서의 총기 관련 살인 사건 수는 실험 이전에 소유된 총기 수에 따라 계산되고 조정될 것이다. 만약 더 많은 총기를 보유하도록 강요된 곳과 소유가 금지된 곳과의 살인 사건의 수가 의미 있는 차이가 없으면, 더 많은 총이 더 많은 살인 사건을 일으킬 것이라는 가설을 기각해야 할 것이다.

의심할 여지 없이 이러한 실험은 윤리적인 이유로 그리고 법적 실현 가능성의 이유로 결코 일어날 수 없다. 따라서 많은 연구자들은 순수 실험 설계true experimental designs 대용으로 상관연구를 의지한다. 나는 종종 휴대전화 사용과 암, 백신과 자폐증, 주거지에서 고압 전력선까지의 거리와 암 등 간에 관련이 있다는 것을 암시하는 연구 보고서를 발견한다. 이러한 연구의 한 가지 특징은 연구되는 행동(예: 휴대전화 사용 빈도)이 행동하는 사람에 의해서 보고되는 경향이 있다. 또 하나는 인과관계로 해석하기 위해 상관계수(그리고 명확한 통계적 유의성)에 의존한다는 것이다.

우리는 더 강력한 실험 설계를 통해 조사할 중요한 질문을 찾기 위해 상관분석을 사용할 수도 있고 사용해야 한다. 만약 상관관계가 존재한다면, 관찰된 상관관계의 원인으로 인과관계가 관련이 있을 수도 있다고 의심할 수 있는 이유가 된다. 그러나 단순한 상관관계의 존재 그 자체는 인과관계의 증거가 아니다.

만약 비용, 법, 연구 윤리의 이유로 인해 순수 실험을 수행하지 못한다면, 우리가 할 수 있는 전부는 문제가 되는 사건을 계속 관찰하고 충분한 시간이 지나면 문제가 해결될 것이라고 가정하는 것이다. 1950년대와 1960년대에 흡연은 폐암과 구강암의 가능한 원인으로 여겨졌다. 담배 업계는 흡연과 암 사이의 인과 관계를 확실하게 입증한 순수 실험은 없다고 지적했다. 또한 다양한 상관관계 연구에서 담배를 원인으로 고정시킬 수 없다는 점을 지적했다. 상관관계는 인과관계가 아니다.

담배를 피우는 것이 암을 유발한다는 사실을 누구도 심각하게 부정하는 것이 불가능하게 하기 위해 충분한 시간과 많은 상관 연구가 필요했다. 결국에는 상관관계가 반드시 인과관계를 의미하지는 않지만 충분한 상관관계는 꽤 설득력을 가질 수 있다.

1930년에서 1936년 사이 독일 올덴부르크에서 폭발적인 인구 증가가 있었다. 그와 동시에 황새 목격의 보고 횟수가 급격히 증가했다. 우스갯소리겠지만, 당시 설명은 황새가 올덴부르크에 많은 아기들을 데려왔다는 것이었다. 물론 만약 보고된 숫자를 믿을 수 있다면, 원인의 방향은 다르게 가야 한다. 인구가 많을수록 더 많은 황새 목격에 대한 보고가 일어날 가능성이 많다.

제3의 변수

때로는 상관관계에 관여된 두 변수 이외의 제3의 변수와 상관관계의 두 변수 사이에 인과관계가 있을 수 있다. 예를 들어 1990년대 중반까지 인구 대비 경찰력의 규모와 인구 대비 범죄 발생률 사이에 신뢰할 만한 관계가 없다고 생각됐다. 그 이후 좀 더 정교한 연구 설계와 더욱 강건한rubust 통계 분석은 관계가 실제로는 존재함을 알려줬다.

그러나 최근 연구에서 보고된 상관관계는 반드시 그 관계가 실제 인과관계라는 것을 의미하지는 않는다. 공동체의 사회 경제적 수준이라는 제3의 변수가 경찰력의 규모와 범죄율 모두에게 영향을 미치는 경향이 있다. 부유한 지역은 세금 수익이 더 많은 경향이 있으며, 경찰력의 총 급여에 더 많은 돈을 사용한다. 또한 범죄를 덜 경험하는 경향이 있는데 특히 폭력 범죄, 사람과 재산에 대한 범죄에 그렇다.

이러한 연구들은 단순히 경찰력의 크기를 늘리는 것이 범죄율이 낮아지는 결과로 이어지지 않는다고 주장한다. 다양한 변수들 사이의 관계는 복잡하고 해석하기 어렵지만, 확실히 지역 사회의 경제적 수준이 경찰력의 규모와 범죄율에 영향을 미친다는 것이 타당해 보이지 않는 것은 아니다.

범위의 제한

조심해야 할 또 다른 부분은 변수 중 하나의 값의 전체 범위의 손실이다. 1990년대 이래 SAT와 같은 표준화된 시험은 여러 가지 이유로 비판을 받았다. 대학 입학 시험에 대한 비판 중 하나는, 중등학교 이후의 실제 성적 예측을 잘 못한다는 것이었다.

50명의 대학생 표본을 채취해 그들의 SAT 점수와 대학 성적 평균을 분석한다면, 그림 2.19 같은 결과를 얻을 수 있을 것이다. 비록 낮은 SAT 점수가 확실히 가능하지만 이 50명의 학생들이 대학에 있다는 사실은 이 가상의 표본에서 최소의 SAT 점수가 약 1,100점이라는 것을 의미한다.

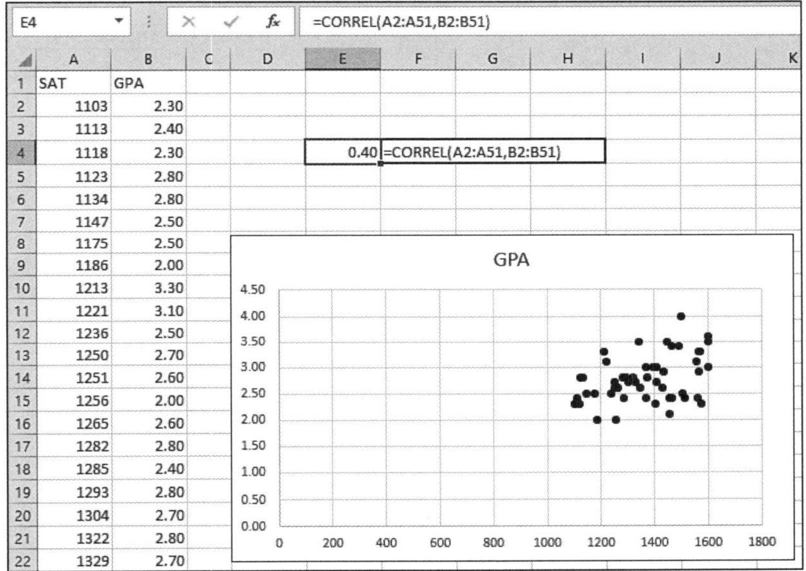

	A	B
1	SAT	GPA
2	1103	2.30
3	1113	2.40
4	1118	2.30
5	1123	2.80
6	1134	2.80
7	1147	2.50
8	1175	2.50
9	1186	2.00
10	1213	3.30
11	1221	3.10
12	1236	2.50
13	1250	2.70
14	1251	2.60
15	1256	2.00
16	1265	2.60
17	1282	2.80
18	1285	2.40
19	1293	2.80
20	1304	2.70
21	1322	2.80
22	1329	2.70

그림 2.19
0.40의 상관관계는 강한 관계를 나타내지 않는다.

도표화된 데이터 점들은 기본적으로 무작위적으로 흩어져 있지만, GPA와 SAT 점수 사이의 가벼운 상관관계는 0.40의 상관계수로 표시된다. 이것이 우리가 작업한 전부라면, SAT가 대학에서의 성공을 예측하는 데 신뢰할 만하지 못하다는 결론을 내릴 수 있다.

이제는 GPA 점수가 낮아서 졸업 전에 대학을 그만둔 50명의 다른 학생들의 데이터에 접근할 수 있다고 해보자. 그림 2.19에서는 이 학생들이 졸업하지 않았기 때문에 그들의 데이터는 분석에 포함되지 않았다. 그림 2.20을 보라.

그림 2.20에 있는 데이터 패턴은 그림 2.19와 비슷하다. SAT와 GPA 점수의 범위는 모두 그림 2.20에서 더 낮다. 이전과 마찬가지로 이 데이터에서도 SAT가 대학에서의 성적을 예측한다는 증거는 거의 없다.

그러나 만약 전체 100쌍의 점수를 하나의 차트에 넣으면 어떻게 될까? 그림 2.21에 그 결과가 있다.

그림 2.20

0.45의 상관관계는 그림 2.19에 표시된 0.40보다 아주 조금 더 크다.

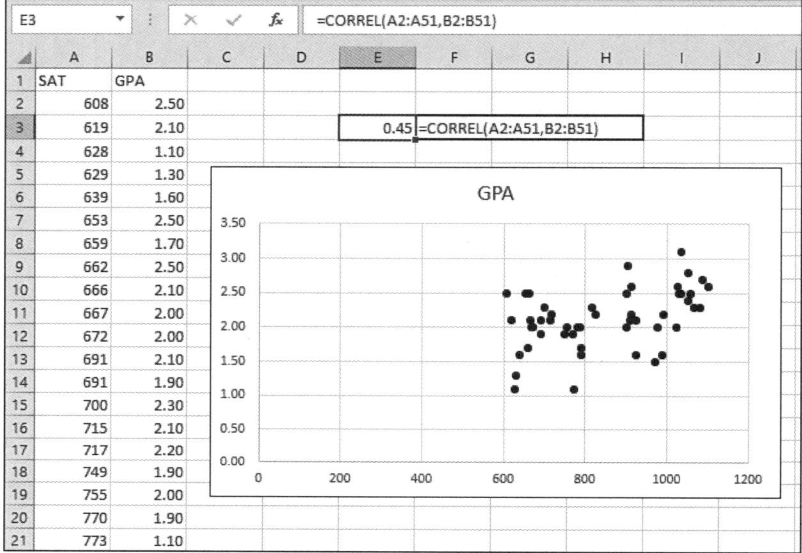

	A	B
1	SAT	GPA
2	608	2.50
3	619	2.10
4	628	1.10
5	629	1.30
6	639	1.60
7	653	2.50
8	659	1.70
9	662	2.50
10	666	2.10
11	667	2.00
12	672	2.00
13	691	2.10
14	691	1.90
15	700	2.30
16	715	2.10
17	717	2.20
18	749	1.90
19	755	2.00
20	770	1.90
21	773	1.10

그림 2.21

범위 제한이 제거되면 상관관계는 거의 0.70까지 증가한다.

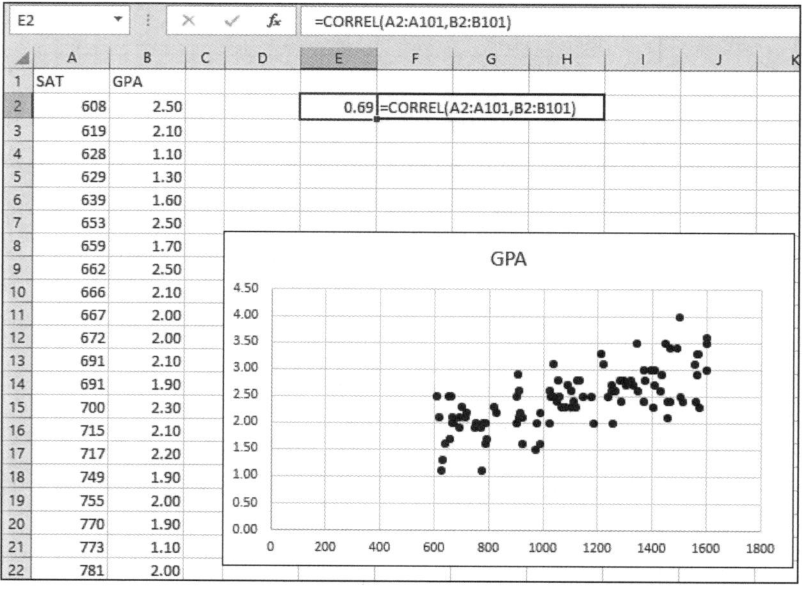

	A	B
1	SAT	GPA
2	608	2.50
3	619	2.10
4	628	1.10
5	629	1.30
6	639	1.60
7	653	2.50
8	659	1.70
9	662	2.50
10	666	2.10
11	667	2.00
12	672	2.00
13	691	2.10
14	691	1.90
15	700	2.30
16	715	2.10
17	717	2.20
18	749	1.90
19	755	2.00
20	770	1.90
21	773	1.10
22	781	2.00

그림 2.19와 2.20에서는 두 변수 GPA와 SAT 점수의 범위에 대한 제한이 그들 사이의 명백한 강도의 상관관계를 인위적으로 감소시켰다. SAT 점수와 GPA 사이의 상관관계는 대학에 남아 있는 학생들에게는 다소 약하다고 정확하게 말할 수도 있겠지만, 상관관계가 전체적으로 약하다-시험이 대학에서 성공할 학생을 선택하는 도구로서 형편없다는 것을 의미하는-고 하는 것과는 많이 다르다. 좋거나 나쁘거나, SAT는 부족한 자원인 대학 등록을 할당하는 데 사용돼왔다. 상관관계의 기초를 형성하는 값이 선별됐을 때, 상관관계가 약하다고 결론짓는 것은 부적절하다.

1장에서는 분산과 관련된 개념과 기술에 대해 논의했다. 2장에서는 공분산을 둘러싼 문제, 즉 어떻게 두 변수가 함께 움직이는지 또는 그렇지 않는지를 다뤘다. 단순한 두-변수 회귀분석에 관한 3장, '단순회귀분석'에서는 우리가 자주 다루는 데이터를 더 잘 이해하기 위해 어떻게 처음 두 장의 주제들이 결합돼 사용될 수 있는지 보여준다. 또한 변동성과 상관관계가 병합되어 어떻게 다중회귀multiple regression, 요인분석factorial analysis of variance, 공분산분석analysis of covariance과 같은 고급 기술의 기초가 되는지 확인할 수 있다.

단순회귀분석

3

3장을 쓰는 동안 재현성 프로젝트라고 하는 버지니아대학 프로그램이 매스컴의 상당한 관심을 얻었다. 그 프로젝트는 연구가 반복됐을 때 연구 결과가 유지되는지 여부를 결정하기 위해, 공개된 실험을 똑같이 반복하는 것으로 구성돼 있다. 그 프로젝트는 원래 수행된 실험 조건이 복제 후에도 유지될 수 있게 하는 데 상당한 노력을 쏟았다. 그렇지만 실험의 60% 정도의 결과는 반복됐을 때 원래 학술지에 보고된 것보다 훨씬 통계적으로 약한 결과를 보였다.

「뉴욕 타임즈」 같은 유명한 매체는 처음 실험과 후속 실험 결과 사이의 차이가 다음과 같은 통제의 문제에 의해 크게 좌우되는 것으로 나타났다고 발표했다. 피실험자의 행동에 대한 실험자의 통제, 실험과 비교 조치 간 차이의 완전성, 그리고 기저 실험 설계에 대한 통제.

정확한 관련 정보를 얻기 위해서는 프로젝트의 최종 보고서를 기다려 봐야 한다. 그러나 통제 방법 중 하나인 통계적 통제가 모순된 결과의 원인으로 언급되지 않는 것은 이상한 일이다. 통계적 통제는 강력한 도구가 될 수 있다. 통계적 통제가 약한 실험 설계에서 단점을 완전히 보완할 수는 없다. 거의 항상 임의의 선택과 배정을 하는 이중맹검법을 포함하고, 논리적으로 준비되고 신중하게 실행된 강한 설계를 만족하는 실험일수록 갖고 있는 표본의 결과에 적용된 어떤 통계학적 묘기보다 더 신뢰할 만한 결과를 준다.

그럼에도 불구하고 통계적 통제 도구는 적절한 주의를 기울여 수집한 데이터에 잘 사용한다면 유용하다. 그에 대해서는 3장 후반부에서 살펴보겠다. 상당한 양의 기초 지식이 필요하므로, 천천히 알아가게 될 것이다. 그러나 그 기초 지식의 대부분이 광범위하게 적용 가능하기 때문에 끝까지 함께하기를 바란다. 이 책의 첫 두 장에서 논의했던 개념을 사용해 시작해보자.

상관관계와 표준점수를 이용한 예측

두 변수가 중간 정도의 강한 양적 관계를 가질 때 (예를 들어 상관관계가 .5보다 클 때), 한 변수의 알려지지 않은 값을 다른 변수의 알려진 값으로 괜찮은 정확도로 예측하는 것이 가능하다. 이 단순한 개념이 회귀분석의 흥미롭고 유용한 응용의 시작이다.

1장, '변동 측정: 값들이 얼마나 다른가'와 2장, '상관관계'에서 논의했던, 상관관계와 변동성의 개념을 이용해 예측 과정에 대해 학습할 수 있다(예측prediction이라는 용어에 익숙하지 않다면, 추정estimation이라고 생각해도 좋다). 예측의 가장 초급 단계에서, 상관관계와 z-점수를 써서 하나의 변수로부터 다른 변수의 값을 예측할 수 있다. 그림 3.1의 간단한 예제부터 시작해보자.

그림 3.1에 임의로 선택된 10개의 집에 대한 넓이square footage와 판매 가격sales prices이 있다. 상관관계는 .67이다. 상관계수가 양수이기 때문에, 집의 넓이가 커질수록 가격이 비싸진다고 말할 수 있다. 주관적인 평가지만, 중간 정도로 강한 상관관계가 있다고 말할 수 있다. 동반된 차트는 피어슨 상관관계가 잘못 측정되게 할 수 있는 원인인 관계 직선에서 크게 벗어나거나 극단적인 특이점과 같은 비정상적인 것들은 없음을 보여준다.

그림 3.2는 상관관계와 표준점수로 변환된 판매 가격을 이용해 집의 판매 가격을 예측하는 분석으로 확장됐다.

그림 3.1

집 가격은 보통 건물 넓이와 관련이 있다.

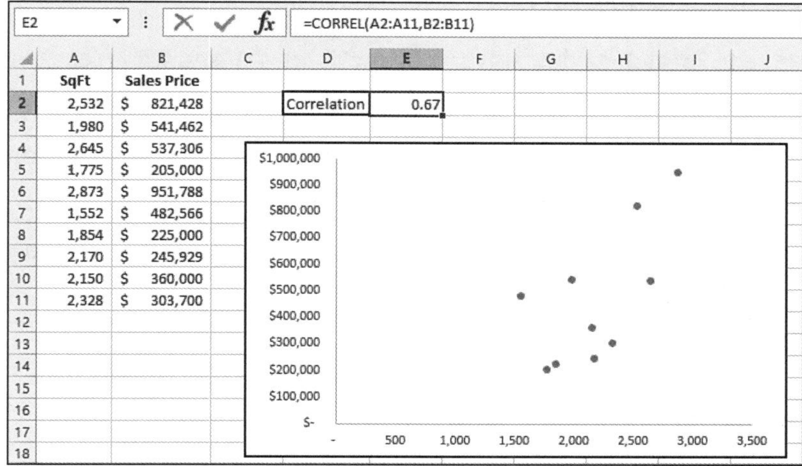

SqFt	Sales Price
2,532	$ 821,428
1,980	$ 541,462
2,645	$ 537,306
1,775	$ 205,000
2,873	$ 951,788
1,552	$ 482,566
1,854	$ 225,000
2,170	$ 245,929
2,150	$ 360,000
2,328	$ 303,700

그림 3.2

예측되는 가격은 직선 형태를 취한다.

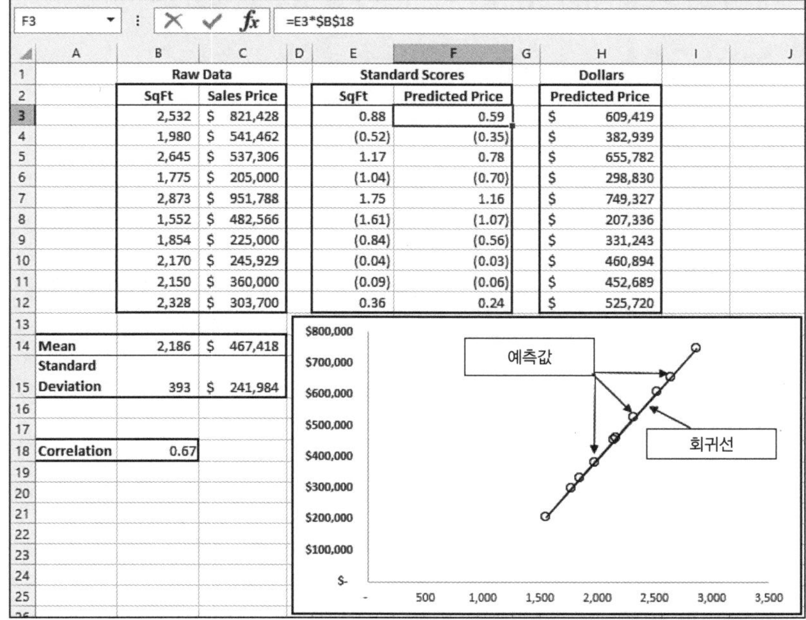

Raw Data		Standard Scores		Dollars
SqFt	Sales Price	SqFt	Predicted Price	Predicted Price
2,532	$ 821,428	0.88	0.59	$ 609,419
1,980	$ 541,462	(0.52)	(0.35)	$ 382,939
2,645	$ 537,306	1.17	0.78	$ 655,782
1,775	$ 205,000	(1.04)	(0.70)	$ 298,830
2,873	$ 951,788	1.75	1.16	$ 749,327
1,552	$ 482,566	(1.61)	(1.07)	$ 207,336
1,854	$ 225,000	(0.84)	(0.56)	$ 331,243
2,170	$ 245,929	(0.04)	(0.03)	$ 460,894
2,150	$ 360,000	(0.09)	(0.06)	$ 452,689
2,328	$ 303,700	0.36	0.24	$ 525,720

	SqFt	Sales Price
Mean	2,186	$ 467,418
Standard Deviation	393	$ 241,984
Correlation	0.67	

그림 3.1과 3.2에 주어진 데이터로 판매 가격을 예측하기까지 많은 방법 중 어떤 것이든 이용할 수 있다. 그리고 거의 확실하게 다음 절에서 설명하는 그림 3.2에서 보이는 방법은 사용하지 않을 것이다. 그렇지만 다른 어떤 방법도 상관관계와 예측 간의 관계에 대해 이렇게 명확하게 보여줄 수 없기 때문에 이 방법을 살펴보는 것은 가치 있다.

> **노트** 그림 3.2의 예측 판매 가격을 나타내는 선은 회귀선(regression line)이라고 부른다. 엑셀에서는 추세선(trendline)이라고 한다. 둘은 같은 말이다.

예측 계산하기

그림 3.2에 넓이와 판매 가격의 평균과 표준편차가 B14:C15에 계산돼 있다. 예를 들어 셀 B14는 다음과 같이 AVERAGE() 함수를 사용한 수식을 포함하고 있다.

```
=AVERAGE(B3:B12)
```

셀 C15 수식은 다음과 같다.

```
=STDEV.P(C3:C12)
```

행 3부터 12까지의 관측된 데이터를 모집단으로 다루고 있기 때문에 STDEV.P() 함수를 사용했다. 이 관측값들을 큰 모집단의 표준편차를 추정하기 위한 표본으로 여겼다면 STDEV.S() 함수를 사용했을 것이다. 이 문제에 대해서는 1장에 있는 모집단과 표본에 대한 변동성 함수에 대한 부분을 보라.

넓이와 판매 가격의 평균과 표준편차가 있으면, 그 값을 z-점수로 변환할 수도 있고 반대로 z-점수를 원래 값으로 변환할 수도 있다. 첫 단계는 E3:E12에서 이루어진다. 셀 E3의 수식은 다음과 같다.

```
=(B3-$B$14)/$B$15
```

말로 풀어보면, 셀 B3의 관측값에서 셀 B14에 있는 평균값을 뺀다. 그 다음 셀 B15에 있는 표준편차로 나눈다. 수식에서 셀 B14와 셀 B15의 행과 열 부분에 모두 달러 표시($)를 붙였기 때문에 E3의 수식을 E4:E12까지 붙여 넣을 수 있다. 셀 B3에 대한 참조는 B4, B5 같이 변경되지만, B14와 B15의 참조는 셀 E12까지 변함없이 남아 있다.

이제 넓이를 기반으로 판매 가격을 예측할 준비가 됐다. 셀 C18의 산출된 상관관계를 넓이의 z-점수와 곱하면 된다. 셀 F3의 수식은 다음과 같다.

```
=E3*$B$18
```

남아 있는 예측값을 얻기 위해 F4:F12 범위에 이 수식을 붙여넣기하라. 이 수식은 다른 z-점수를 반환한다. F3:F12는 넓이의 z-점수에 넓이와 판매 가격 사이의 상관관계를 곱하여 추정된 판매 가격의 z-점수다. 다음 단계는 예측된 판매 가격의 z-점수를 달러로 변환하는 것이다. 우선 F3:F12의 예측값에 대해 알아보자.

상관관계와 Z-점수가 예측되는 값을 결정한다

판매 가격의 z-점수를 예측하기 위해 넓이의 z-점수와 상관관계를 곱했다. 넓이의 z-점수는 주어진 값(예를 들어 셀 B3의 2,532제곱피트)이 평균으로부터 떨어진 표준편차 수를 나타낸다. 2,532제곱피트는 평균 넓이(셀 B14의 2,186)로부터 위쪽 방향으로 .88 표준편차만큼 떨어져 있다.

상관관계는 -1.0보다 작거나 1.0보다 클 수 없으며, z-점수의 평균은 항상 0.0이다. 그러므로 상관관계는 예측 z-점수가 0.0으로부터 얼마나 떨어져 있는지에 대한 제한이 있다. 만약 넓이의 z-점수가 1.0이고 상관관계가 .67이면, 예측 z-점수는 .67이다. 만약 넓이의 z-점수가 2.0이고 상관관계가 .67이면, 판매 가격의 z-점수는 1.34가 된다.

평균으로의 회귀

상관관계는 -1.0보다 크고 1.0보다 작기 때문에 항상 예측되는 값을 평균인 0.0으로 향하게 한다.

상관관계가 0.0에 가까울수록 예측 z-점수도 0.0에 가까워진다.

어떤 건물 넓이의 z-점수가 1.0이라고 가정해보자. 넓이와 판매 가격 사이의 상관관계가 .67이면, 예측 판매 가격은 1.0*.67인 .67이다. 이 값은 평균에서 위쪽으로 3분의 2의 표준편차만큼 떨어진 값이다. 그러나 만약 상관관계가 .50이면, 예측 판매 가격은 1.0*.50인 .50이다. 이 값은 단지 평균에서 2분의 1의 표준편차만큼 떨어진 값이다. 상관관계가 완벽하지 않을 때, 즉, -1.0보다 크고 1.0보다 작을 때, 예측되는 점수는 틀림없이 예측 점수와 그것의 평균보다 더 많이 평균에 가까워진다.

이 현상을 평균으로의 회귀regression toward the mean 또는 단순하게simply 회귀라고 한다. 회귀라는 용어는 이러한 관측된 현상뿐만 아니라 다양한 통계적인 기법을 포함하며, 단순히 상관계수를 이용해 변수로부터 다른 하나의 변수를 예측하는 것을 넘어선다.

본래 단위로 변환

이 시점에서 판매 가격에 대한 예측값은 있지만, 달러가 아닌 z-점수로 표시돼 있다. 달러를 z-점수로 변환할 때 관측치에서 평균을 빼고 표준편차로 나눴다. z-점수를 달러로 바꾸기 위해 이 과정을 역으로 진행하면 된다. 표준편차를 곱하고 평균을 더한다.

예측값 계산

그림 3.2의 H3:H12 범위에서 이 과정이 이뤄지고 있다. 셀 H3의 수식은 다음과 같다.

```
=F3*$C$15+$C$14
```

이 수식은 셀 F3의 판매 가격의 예측점수와 셀 C15의 판매 가격의 표준편차를 곱한다. 그런 다음, 셀 C14의 판매 가격의 평균을 더한다. 늘 그렇듯이 $C$14와 $C$15에서의 $ 표시는 해당 셀의 참조를 고정시키기 때문에 수식을 H12까지 복사해 붙여넣기해도 평균과 표준편차가 유지된다.

회귀 도표화

그림 3.2의 셀 H3:H12와 같은 예측된 값들을 도표화하는 것은 쉽고 유용하다. 한 가지 방법을 소개한다.

1. 예측변수인 B3:B12와 예측되는 변수인 H3:H12을 다중 선택한다. B3:B12을 선택한 후 Ctrl 키를 누른 상태에서 H3:H12를 선택하면 된다.
2. 리본 메뉴의 삽입Insert 탭을 클릭한다.
3. 차트 그룹에서 분산형Scatter(XY) 컨트롤을 클릭한다.
4. '직선 및 표식이 있는 분산형' 차트를 선택한다.

이러한 일련의 과정들을 통해 회귀선을 얻을 수 있으며 회귀선에서의 예측값들의 위치를 확인할 수 있다. 회귀 문제에서 예측값들은 항상 회귀선 위에-실제로 예측되는 값들의 정의가 그것이기 때문에-놓여 있다.

> **팁** 관례적으로 예측되는 변수들은 차트의 세로축(Y축)에, 예측변수들은 가로축(X축)에 놓는다. 이것을 조정하기 위해 차트를 삽입하기 전에, 워크시트에서 X값들을 Y값이 있는 열보다 왼쪽에 위치시켜야 한다. 차트를 삽입할 때 예측변수와 예측되는 변수 중 어떤 변수를 먼저 선택했는지는 결과에 아무런 영향을 주지 않는다.

예측 일반화

자, 이 모든 것들은 요점은 무엇일까? 우리는 10개의 집에 대한 실제 넓이와 판매 가격 데이터를 가지고 있다. 왜 우리가 이미 알고 있는 판매 가격을 예측하는가?

몇 가지 이유가 있는데, 우리가 이미 알고 있는 집들의 판매 가격을 예측하는 것은 주요 이유가 아니다(그러나 실제 판매 가격과 예측 판매 가격 간의 차이는 두 변수 간의 관계를 이해하는데 중요한 정보다). 그림 3.2와 같은 분석을 하는 가장 명확한 이유는 회귀방정식을 도출하는데 사용되지 않은, 다른 집의 판매 가격을 예측하기 위함이다. 그림 3.3을 보라

그림 3.3의 A열부터 C열 사이의 데이터와 계산은 그림 3.2와 같다. 그러나 넓이는 알지만 판매 가격은 알지 못하는 새로운 집이 있다고 가정해보자. 이미 알고 있던 10개의 집에서 도출한 지식을 새로운 집에 적용하는 것은 꽤 간단하다. 그림 3.3의 F3:F6 범위에서 적용됐다.

그림 3.3
이미 알고 있는 정보를 새로운 사례에 적용하고 있다.

C18 =CORREL(B3:B12,C3:C12)

	A	B	C	D	E	F	G
1		Raw Data					
2		SqFt	Sales Price		New House		
3		2,532	$ 821,428		SqFt	1,400	
4		1,980	$ 541,462		z-score (SqFt)	(2.00)	=(F3-$B$14)/$B$15
5		2,645	$ 537,306		Predicted z-score	(1.33)	=F4*$C$18
6		1,775	$ 205,000		Predicted sales price	$144,972	=F5*C15+C14
7		2,873	$ 951,788				
8		1,552	$ 482,566				
9		1,854	$ 225,000				
10		2,170	$ 245,929				
11		2,150	$ 360,000				
12		2,328	$ 303,700				
13							
14	Mean	2,186	$ 467,418				
15	Standard Deviation	393	$ 241,984				
16							
17							
18		Correlation	0.67				

셀 F3에 1,400제곱피트의 새로운 집의 넓이가 있다. F4:F6의 나머지 계산은 새로운 집의 판매 가격을 예측한다(F4:F6에서 사용한 수식은 G4:G6에 있다). 과정은 다음과 같다.

1. 셀 F4: 셀 F3의 1,400제곱피트를 z-점수로 변환한다. 셀 F3에서 넓이의 평균인 셀 B14의 값을 빼고, 표준편차인 셀 B15의 값으로 나눈다.
2. 셀 F5: 셀 F4의 z-점수와 셀 C18의 상관계수를 곱하여 판매 가격의 예측 z-점수를 얻는다.
3. 셀 F6: 예측한 판매 가격의 z-점수를 달러로 변환한다. 셀 F5의 z-점수를 셀 C15의 판매 가격의 표준편차와 곱하고, 셀 C14의 평균 판매 가격을 더한다.

엑셀은 이와 동일한 결과를 얻을 수 있는 몇 가지 더 간단한 방법을 제공한다. 독자들이 3장에서 진행했던 예측의 계산 방법보다 더 쉬운 방법을 원한다는 가정하에 그 방법들에 관해서는 다음에 논의하겠다. 그러나 간단한 방법들이 어떻게 동작하는지 이해하기 위해서는 상관관계, 표준편차, 평균이 어떻게 상호작용해 결과적으로 양적 예측quantitative prediction이 되는지 이해가 필요하다. 아마도 다시는 3장에서 설명한 것과 같은 방법으로 예측하지 않을지도 모르지만, 3장에서 기술된 내용에 대해서는 기억하고 있어야 한다.

회귀계수와 절편을 이용한 예측

이 책의 많은 부분은 다중회귀라고 부르는 회귀분석에 대해 다루고 있다. 다중회귀는 한 개 이상의 예측변수predictor variable와 단 하나의 예측되는 변수predicted variable를 사용한다(그러나 다른 형태의 상관분석인 정준상관canonical correlation은 복수의 예측변수와 복수의 예측되는 변수를 허용한다).

엑셀에는 다중회귀를 위해 만들어진 다양한 워크시트 함수가 있다. 3장의 남아 있는 부분에서 이 함수들의 사용법에 대해 반복적으로 다룰 것이다. 이 함수들 가운데 대부분이 복수의 예측변수를 처리할 수 있다. 물론 이 함수들은 이전 절에서 다뤘던 집의 넓이와 가격에 대한 예제와 같은 예측변수가 단 하나일 때도 사용할 수 있다.

그러나 엑셀에는 예측변수가 하나일 때를 위해 특별히 마련해 놓은 워크시트 함수가 있다. 단일 예측변수보다 다중 예측변수를 다룰 일이 많기 때문에, 단일 예측변수 함수를 다중 예측변수 함수에 비해 덜 사용할 가능성이 높다.

그러나 단일 예측변수 함수는 다중 예측변수 함수를 이해하는 데 유용한 시작점이 될 수 있다. 직관과는 반대로, 단일 예측변수 모델은 다중회귀모델의 중요한 부분을 이해하는 데 값진 자료가 될 수 있다. 이번 절에서 이 함수들을 자세히 살펴보자.

SLOPE() 함수

중학교 시절 대수학이나 기하학 수업으로 돌아가보자. 데카르트 좌표Cartesian coordinates를 배우는 동안, 아마도 선생님은 차트에서 직선 뒤에 있는 수학에 대해 논의했을 것이다. 특히 선의 기울기를 "거리 분에 오름the rise over the run"이라고 정의한 것을 들어 봤을 것이다.

선생님은 이렇게 말했을 것이다. "직선 위의 아무 두 점을 선택하라. 선택한 한 점에서 다른 한 점까지 위로(또는 아래로) 얼마나 많은 눈금unit이 떨어져 있는지 세어 보라. 그것이 오름이다. 한 점에서 다른 한 점까지 왼쪽 또는 오른쪽으로 떨어져 있는지 세어라. 그것이 거리다. 기울기는 거리 분에 오름이다. 오름을 거리로 나눠라." 엑셀의 SLOPE() 함수는 이러한 세고 나누는 모든 일을 해준다. 그림 3.4를 보라.

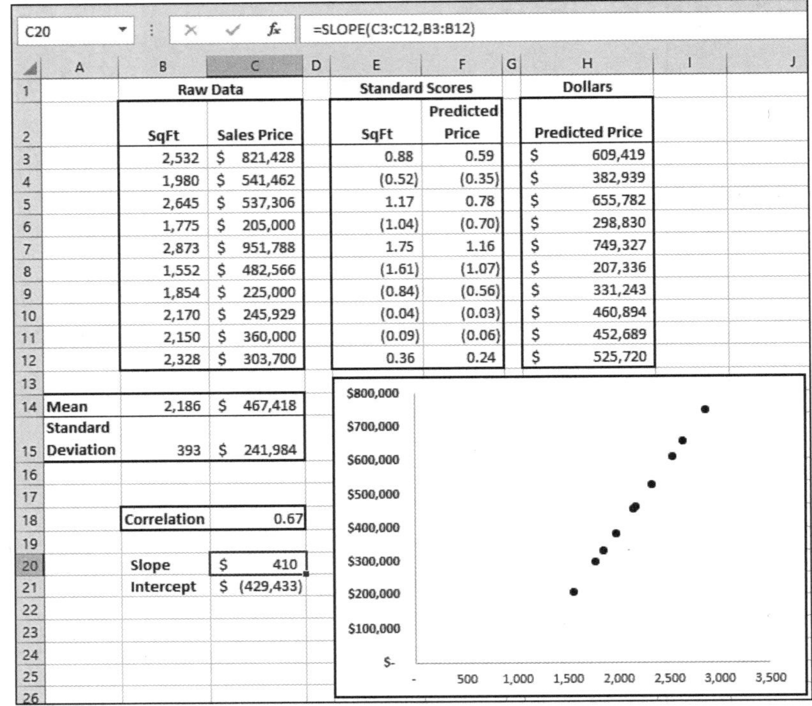

C20 =SLOPE(C3:C12,B3:B12)

	A	B	C	D	E	F	G	H
1		Raw Data			Standard Scores			Dollars
2		SqFt	Sales Price		SqFt	Predicted Price		Predicted Price
3		2,532	$ 821,428		0.88	0.59		$ 609,419
4		1,980	$ 541,462		(0.52)	(0.35)		$ 382,939
5		2,645	$ 537,306		1.17	0.78		$ 655,782
6		1,775	$ 205,000		(1.04)	(0.70)		$ 298,830
7		2,873	$ 951,788		1.75	1.16		$ 749,327
8		1,552	$ 482,566		(1.61)	(1.07)		$ 207,336
9		1,854	$ 225,000		(0.84)	(0.56)		$ 331,243
10		2,170	$ 245,929		(0.04)	(0.03)		$ 460,894
11		2,150	$ 360,000		(0.09)	(0.06)		$ 452,689
12		2,328	$ 303,700		0.36	0.24		$ 525,720
14	Mean	2,186	$ 467,418					
15	Standard Deviation	393	$ 241,984					
18		Correlation	0.67					
20		Slope	$ 410					
21		Intercept	$ (429,433)					

그림 3.4
SLOPE() 함수는 직선이 얼마나 가파른지 알려준다.

그림 3.4의 데이터는 그림 3.1에서 그림 3.3의 데이터와 같다. SLOPE() 함수는 셀 C20에 있다. 다음과 같이 사용하면 된다.

=SLOPE(C3:C12,B3:B12)

SLOPE() 함수의 첫 번째 인자는 known y's(알려진 y의 값)이다. 이 경우에 Y값은 판매 가격으로 C3:C12에 있다. 이것은 우리가 예측하려고 하는 변수를 나타낸다. SLOPE() 함수의 두 번째 인자는 known x's(알려진 x의 값)이다. 우리는 이 변수로 예측하기 원하며, 이 경우 B3:B12 범위의 값이다. 일반적으로 SLOPE() 함수의 문법은 다음과 같다.

=SLOPE(known y's, known x's)

SLOPE() 함수나 예측을 위해 사용되는 다른 어떤 종류의 워크시트 함수를 사용할 때는 이 문법을 기억하고 있어야 한다. 그것들은 개념적으로나 계산적으로 CORREL()과 다르다. 예를 들어 넓이와 판매 가격 사이의 상관관계는 판매 가격과 넓이 사이의 상관관계와 같다. CORREL()의 인자 순서는 중요하지 않다. 그러나 SLOPE()와 다른 예측 함수들에 있어서 인자 순서는 중요하다. 이런 종류의 다른 함수를 다룰 때마다 이 문제에 대해 언급할 것이다.

변수들의 기울기, 상관관계, 표준편차는 공분산과 매우 밀접한 관계가 있다. 그림 3.5는 그들의 관계를 보여준다.

그림 3.5
표준편차를 공분산과 상관관계로 변환하는 것과 기울기로 변환하는 것의 관계를 보여준다.

F18 =B16*(C15/B15)

	A	B	C	D	E	F	G	H	I
1		Raw Data			Standard Scores			Dollars	
2		SqFt	Sales Price		SqFt	Predicted Price		Predicted Price	
3		2,532	$ 821,428		0.88	0.59		$ 609,419	
4		1,980	$ 541,462		(0.52)	(0.35)		$ 382,939	
5		2,645	$ 537,306		1.17	0.78		$ 655,782	
6		1,775	$ 205,000		(1.04)	(0.70)		$ 298,830	
7		2,873	$ 951,788		1.75	1.16		$ 749,327	
8		1,552	$ 482,566		(1.61)	(1.07)		$ 207,336	
9		1,854	$ 225,000		(0.84)	(0.56)		$ 331,243	
10		2,170	$ 245,929		(0.04)	(0.03)		$ 460,894	
11		2,150	$ 360,000		(0.09)	(0.06)		$ 452,689	
12		2,328	$ 303,700		0.36	0.24		$ 525,720	
13									
14	Mean	2,186	$ 467,418						
15	Standard Deviation	393	$ 241,984						
16	Correlation	0.67				0.67		Correlation = Covariance/(SD_1 * SD_2)	
17	Covariance	63,497,083.59							
18	Slope	410.29				410.29		Slope = Correlation*(SD_2/SD_1)	
19	Intercept	-429,432.58				-429,432.58		Intercept = Mean(Y) - Slope * Mean(X)	
20									
21	Assuming that Sales Price is the								
22	predicted variable								

공분산은 두 변수가 공동으로 변하는, 즉 공변covary하는 정도에 대한 하나의 척도이다. 2장에서 공분산에 대해 자세히 다뤘다. 공분산의 크기는 두 변수의 각각의 측정 단위에 크게 좌우된다고 설명했다. 두 개 그룹의 사람들의 연봉 사이의 관계에 대해 조사한다고 가정해 보자. 그림 3.6과 같이 공분산은 쉽게 수억 달러를 넘어갈 것이다.

그림 3.6의 B3:C12 범위에 두 그룹의 근로자 연봉이 있다. 셀 C14에 있는 두 그룹의 공분산은 7.5억 달러가 넘어간다. E3:F12 범위는 남매로 구성된 10쌍의 형제가 12살일 때, 1년 동안 성장한 키의 인치에 대한 데이터다. 공분산은 0.25인치보다 작다. 공분산이 아주 크게 다름에도 불구하고 C16과 F16에 있는 상관관계는 정확하게 같다.

C14	=COVARIANCE.P(B3:B12,C3:C12)					
	A	B	C	D	E	F
1		Salary			Annual Growth (inches)	
2		Group 1	Group 2		Brother	Sister
3	Pair 1	$ 185,378	$ 162,528		2.78	2.45
4	Pair 2	$ 133,811	$ 164,473		2.01	2.47
5	Pair 3	$ 93,476	$ 144,774		1.40	2.17
6	Pair 4	$ 75,376	$ 138,832		1.13	2.08
7	Pair 5	$ 54,241	$ 119,607		0.81	1.79
8	Pair 6	$ 85,177	$ 106,747		1.28	1.60
9	Pair 7	$ 177,032	$ 95,360		2.66	1.43
10	Pair 8	$ 153,229	$ 118,930		2.30	1.78
11	Pair 9	$ 185,595	$ 194,457		2.78	2.92
12	Pair 10	$ 47,932	$ 96,379		0.72	1.45
13						
14	Covariance		765,437,033.31			0.173
15						
16	Correlation		0.479			0.479
17						
18	Standard deviation	51,519	31,019		0.8	0.47

그림 3.6
공분산은 차이가 크지만 상관관계는 동일하다.

연봉의 공분산과 키의 공분산이 이렇게 많이 차이가 나는 이유는 측정 척도scale 차이 때문이다. 연봉의 표준편차는 만 단위 값이지만, 키의 표준편차는 0.5보다 작다. 만약 척도가 공학, 물리학, 생물학에서처럼 비슷하고 의미가 있다면, 공분산은 그 자체로 의미가 있을 수 있다. 그러나 척도가 일정하지 않으면 (그리고 단위의 가치가 끊임없이 변하면) 공분산은 우리가 원하는 만큼의 정보를 주지 못할 가능성이 크다.

이 종류의 경우, 상관관계가 공분산보다 두 변수 사이의 관계의 정도를 측정하는 척도로 훨씬 유용하다. 공분산을 두 변수의 표준편차의 곱으로 나누면 상관관계를 얻을 수 있다. 표준편차로 나누는 행위는 측정 단위의 척도의 영향을 제거하며, 본래의 측정 척도에 영향을 받지 않고, 두 변수 사이의 관계의 강도를 추정할 수 있게 해준다. 그림 3.5의 넓이와 가격의 예로 돌아가보자. 셀 F16에서 공분산이 어떻게 상관관계로 변환됐는지 확인할 수 있다. 엑셀의 CORREL() 함수는 셀 B16의 값과 정확히 동일하다.

그러나 두 변수의 관계를 나타내는 선의 기울기를 추정하려고 할 때, 측정 단위의 척도는 재도입돼야 한다. 그림 3.5의 셀 F18에서 두 변수의 표준편차의 비율을 상관관계에 곱해 계산된 기울기를 볼 수 있다. 셀 F18에서 상관관계와 SD2와 SD1의 비율(예측되는 변수인 두 번째 표준편차를 예측하는 변수인 첫 번째 표준편차로 나눈 값)을 곱하고 있다.

거리 분에 오름으로 돌아오자. 이 비율은 하나의 거리 단위에 대해 얼마나 많은 오름 단위가 연관돼 있는지 알려준다. 달리 말하면, 예측변수의 1 표준편차가 예측되는 변수의 표준편차와 얼마나 많이 연관돼 있는지 알려준다.

이 비율과 상관관계(관계의 힘과 방향에 대한 정보를 가지고 있는)를 곱하면 기울기를 얻는다. SLOPE() 함수는 그 자체로 기울기와 상관관계 사이의 관계를 명확히 하지는 않지만 편리하다.

참고로 공분산을 변수 중 하나의 분산으로 나눈 값은 다른 변수를 예측하는 데 사용되는 기울기가 된다. 상관관계와 표준편차로부터 기울기를 반환하는 수식으로부터 그 결과를 유도하는 것은 유용한 연습이다.

INTERCEPT() 함수

절편intercept은 회귀선이 차트의 세로축과 만나는 점이다. 그림 3.7을 보라.

회귀선의 기울기는 주어진 가로축의 움직임에 대해 선이 세로축에서 얼마나 변하는지 알려준다. 회귀선의 절편은 선이 세로축의 0점에서 얼마나 위로 (또는 아래로) 위치하고 있는지 알려준다.

그림 3.7에 남자형제의 실제 값 대비 여자형제의 실제 값이 도표화돼 있다. 그려진 각 점들은 남자형제 값과 여자형제 값의 교차점을 나타낸다. 점들은 회귀선 근처에 위치한다(엑셀에서는 추세선이라고 부른다). 도표화된 회귀선이 세로축과 1.5에서 교차하고 있는 것을 볼 수 있다. 이것이 절편인데, 상수constant라고 부르기도 한다. 변수가 두 개인 단순회귀에서는 기울기와 절편만 있으면 회귀선을 그리기에 충분하다.

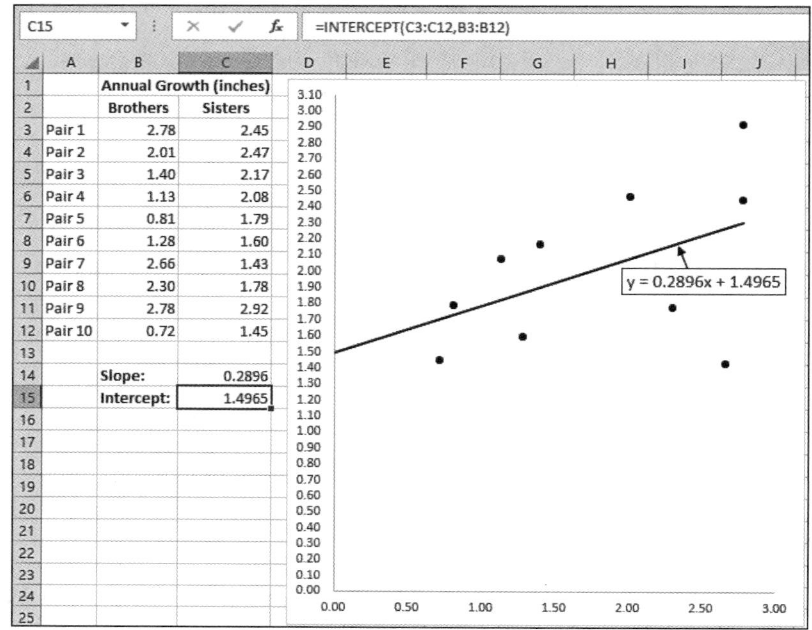

그림 3.7
회귀선과 세로축은 절편(intercept)에서 교차한다.

일반적으로 변수가 두 개인 경우 절편을 위한 수식은 다음과 같다.

$$Intercept = \overline{Y} - Slope * \overline{X}$$

여기서,

- $\overline{Y}$는 예측되는 변수의 평균이다(이 예제에서는 그림 3.7의 여자형제의 변수).
- $\overline{X}$는 예측변수의 평균이다(이 예제에서는 그림 3.7의 남자형제의 변수).
- 기울기[Slope]는 이전 절에서 설명한 대로 계산된 기울기다.

그림 3.7의 셀 C15에서 엑셀의 INTERCEPT() 함수도 볼 수 있다. 이 함수의 인자는 이전 절에서 다뤘던 SLOPE() 함수와 동일하다.

=INTERCEPT(known y's, known x's)

즉, 셀 C15에서는 다음과 같이 사용됐다 .

=INTERCEPT(C3:C12,B3:B12)

> **노트** 이미 잘 알고 있겠지만 명확하게 하고 싶은 부분이 있다. SLOPE()와 INTERCEPT() 함수의 인자의 known X값과 known Y값의 개수는 같아야 한다. 또한 실제로 두 값의 범위가 어떤 방식으로든 쌍을 이루는 것을 발견하게 될 것이다. 이번 절의 예제에서 첫 번째 known x는 어떤 남자형제이고, 첫 번째 known y는 그의 여자형제이다.

예측값 도표화

엑셀에서 하나의 예측변수와 하나의 예측되는 변수가 있는 단순회귀모델이 예측하는 값들을 도표화하는 것은 매우 쉬운 일이다.

한 가지 간단한 방법은 SLOPE() 함수의 결과와 INTERCEPT() 함수의 결과를 예측변수의 값에 적용하는 것이다. 그림 3.7을 예로 들면, 셀 D3에 다음과 같이 수식을 사용할 수 있다.

=$C$14*B3+$C$15

그러고 나서 이 수식을 D4:D12로 복사해 붙여넣기해보라. 관찰된 값인 B3:B13, C3:C12와 D3:D12를 포함해 분산형차트XY chart를 생성해보라. 차트 위에 그려진 예측값들은 추세선 위에 위치하게 될 것이다.

> **노트** 필자는 분산형차트를 추천한다. 버블차트를 제외하고는 엑셀에서 가로축과 세로축이 모두 값을 가지고 있는 유일한 차트이기 때문이다. 다른 모든 차트들은 범주형 축을 가지고 있다. 이 책에서 다루고 있는 이변량(bivariate) 분석에는 두 개의 값의 축이 필요하다.

만약에 차트 위에 실제의 예측값을 개별로 그릴 필요가 없다면, 그림 3.7에서와 같이 추세선을 통해 쉽게 해결할 수 있다. 단순히 관측값들로만 분산형차트를 만든다. 차트 위의 한 점을 우클릭한다. 바로가기 메뉴에서 추세선 추가를 선택하고 선형 추세선을 고른다. 추세선을 얻을 수 있는데, 예측값들을 명시적으로 그린다면 이 선 위에 위치하게 될 것이다.

공유분산

이전 절에서 다뤘던 수식의 내부에 어떤 일이 일어나고 있는지 자세히 살펴보자. 우리는 두 개의 값의 셋(예측변수와 예측되는 변수) 간의 정량적인 관계에 대해 다루고 있다. 이들을 변수variables라고 부른다. 그들의 값이 다양하기 때문이다. 값의 셋 안의 변동량을 측정하는 잘 알려진 두 가지 방법은 표준편차와 분산이다.

1장과 2장에서 표준편차와 분산에 대해 다뤘다. 하지만 공유분산Shared Variance 개념을 소개하기 전에 회귀분석에서의 이 두 가지 변동성 척도에 대해 다시 살펴보는 것이 필요하다.

표준편차, 리뷰

표준편차 개념에 대해서는 아마 이 책을 펼치기 전부터 잘 알고 있을 것이다. 표준편차의 주요한 기능은 개별 값들이 평균값으로부터 얼마나 떨어져 있는지 감을 준다는 것이다. 그림 3.8에서와 같은 대칭의 분포에서, 68%의 값이 평균으로부터 위로 1 표준편차와 아래로 1 표준편차 사이에 놓여 있을 것이라는 걸 합리적으로 기대할 수 있다. 다른 28% 값은 평균으로부터 2 표준편차 안에, 4%의 값은 평균에서 2 표준편차보다 더 멀리에서 발견할 수 있다.

1970년대 후반 국립보건통계센터National Center for Health Statistics에 따르면, 미국 성인 남성의 평균 키는 69.1인치였고, 표준편차는 2.8인치였다. 정규분포에서 표준편차가 어떻게 작용하는지 우리가 알고 있는 지식을 이용하여, 엑셀로 그림 3.8과 같은 도표를 만들 수 있다.

표준편차는 편리한 잣대를 제공한다. 1970년대 후반 당신의 키가 71.9인치라고 가정해보자. 남성의 평균 키가 69.1인치이고 표준편차가 2.8인치라는 것을 알고 있다면, 성인 남성의 84%보다 더 키가 큰 것을 빠르게 알 수 있다.

이 예제에서 표준편차는 남성의 키가 얼마나 서로 다른지vary를 나타낸다. 원 데이터의 변동량을 나타내기 위한 방법으로 표준편차를 사용하는 것이 표준편차를 사용하는 가장 전형적인 이유다. 그러나 표준편차는 다른 여러 흥미롭고 유용한 방법으로도 사용된다. 이러한 방법들은 대개 어떤 방식으로 가공된 데이터이며, 이 변동의 척도는 일반적으로 표준편차가 아닌 표준오차standard error라고 부른다.

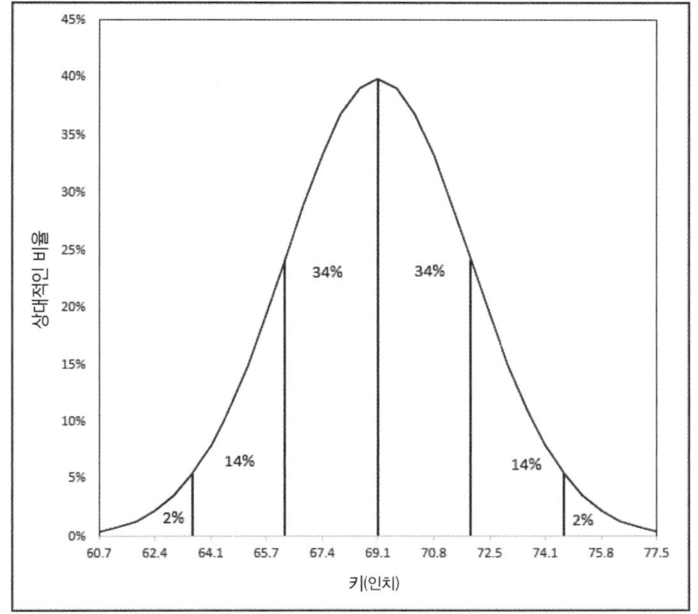

그림 3.8
정규분포를 따르는 값들을 표준편차가 어떻게 나누는지 보여준다.

여기에서 오차error라는 용어는 무언가 틀렸다는 것을 의미하지는 않는다. 단지 우리가 틀렸을 수도 있는 표본 추정치를 가지고 모집단의 값을 추정해야 하는 상황이 자주 있다는 사실을 나타낸다.

- 평균의 표준오차standard error of the mean는 두 개 이상의 그룹의 평균의 표준편차다. 예를 들어 다른 방법의 치료를 받는 서로 다른 점이 있는 세 개의 실험 그룹이 있다고 가정해보자. 각 그룹의 평균을 계산하고 이 평균들의 표준편차를 계산할 수 있다. 이 과정은 보통 그룹의 평균 차이가 믿을 만한 차이인지, 실험을 반복했을 때 같은 결과를 기대할 수 있는지 테스트하기 위해 사용된다. 만약 치료법에 차이가 없다면, 피험자들은 단지 동일한 모집단의 하나의 평균에서 왔고, 세 가지 표본의 평균은 모두 (아마도 오차가 있는) 그 모집단 평균의 추정치일 것이다.
- 추정의 표준오차The standard error of estimate는 회귀를 통해 예측변수의 값으로부터 예측되는 변수의 값을 추정했을 때 생긴 오차의 표준편차다.

- 추정의 표준오차와 개념적으로 가깝게 관련 있는 것은 측정의 표준오차standard error of measurement로, 어떤 측정 기구로 사람이나 물건의 속성을 측정했을 때 그 속성의 "진짜 값"과 측정값의 차이의 표준편차를 말한다. 진짜 값은 직접 측정될 수 없기 때문에 측정의 표준오차가 발생하며, 보통은 측정 기구의 신뢰성 계수에 의해 발생한다.

이렇게 표준편차는 기술적, 추론적 통계의 여러 분야에 걸쳐 사용된다. 표준편차가 광범위하게 사용되는 이유 중 하나는 표준편차가 본래의 측정 기준으로 표현되기 때문이다. 성인 남성의 키에 관한 앞의 예제에서, 연구 조사는 표준편차가 2.8인치라고 발표했다. 본래의 측정 기준 또한 인치다. 연구원들이 각각의 키를 측정할 때 인치로 측정했다. 이 특징이 표준편차가 무엇인지 이해하기 쉽게 만든다.

제곱의 합 자세히 보기

제곱의 합sum of squares이라는 용어는 혼란을 불러일으키곤 한다. 통계에서 편차제곱의 합은 각 값의 평균으로부터의 편차의 제곱의 합을 의미한다. 혼란은 많은 사람들이 평균으로부터의 편차의 제곱의 합이 아닌, 본래의 값의 제곱의 합이라고 생각하는 데서 온다. 이 혼란은 분산의 계산 공식computational formula에 의해 심화된다. 종이와 펜 대신 컴퓨터를 사용하면서 이 공식은 더 이상 사용되지 않는다. 그러나 과거 학생들은 분산을 계산하기 위해 다음 공식을 배웠다.

$$(\Sigma_i X_i^2 - n\overline{X}^2)/n$$

에서,

- X_i는 i번째 원래 관찰값이다.
- $\overline{X}$은 관찰값의 평균이다.
- n은 관찰값의 개수이다.

만약 종이와 펜 또는 계산기를 이용해 분산을 계산하려고 한다면, 위의 계산 공식은 분산의 정의를 그대로 이용할 때보다 훨씬 쉽다.

$$\sum_i (X_i - \overline{X})^2/n$$

계산 공식에서는 각 관찰값을 평균에서 뺀 후에 그 차이를 제곱하는 과정이 없기 때문이다.

지금은 통계 작업에서 직접 계산하는 부분은 대부분 컴퓨터로 작업한다. 그리고 SAS, R, Minitab과 같은 순수한 통계 응용 프로그램은 물론 엑셀과 같은 응용 프로그램 덕분에 계산을 위한 수식을 가르칠 필요가 없게 됐다.

그럼에도 아직 약간의 혼란은 남아 있다. 통계 관련 글에서 '제곱의 합'은 거의 항상 평균으로부터의 편차의 제곱의 합을 나타낸다는 것을 명심해야 한다.

엑셀의 관련 기능에 대한 이름 선택은 다행스럽게도 때때로 표준 영어 사용법보다 정확하다. DEVSQ() 함수는 제곱의 합을 반환하는데, 함수 이름의 "DEV" 부분은 편차deviations의 제곱이 합해졌음을 알리는 역할을 한다. 예를 들어,

=DEVSQ(A1:A20)

이 수식은 A1:A20 범위의 평균으로부터 각 값의 편차의 제곱의 합을 반환한다(값의 범위가 이 함수의 유일한 인자다). 함수의 이름을 SUMDEVSQ()나 SUMSQDEV()로 했다면 더 좋았을 것 같다. 하지만 엑셀은 이미 이름이 "SUM"으로 시작하는 함수가 8개나 있고, 다른 함수가 추가되면 함수 선택 드롭다운 메뉴가 거추장스럽게 될 것이다.

또 다른 함수인 SUMSQ()는 그 함수 이름이 암시하듯 인자의 제곱의 합을 반환한다. 그래서 이 식은,

=SUMSQ(A1:A20)

다름 아닌 A1:A20의 각 값을 제곱하고 이 20개의 제곱된 값들의 합을 반환한다. 일반적으로 SUMSQ() 함수는 회귀분석에서는 사용되지는 않지만, 매우 유용하기 때문에 이 책에서 조금 더 다루도록 하겠다.

제곱의 합은 가산적이다

제곱의 합이 가산적additive이라고 하면 기이하게 들릴지도 모른다. 하지만 적어도 제곱의 합에 대한 맥락에서 가산성additivity은 정말로 직접적인 개념이다. 이것이 의미하는 바는 하나의 제곱의 합이 다른 제곱의 합과 합해져서 의미 있는 결과를 얻는 것이 가능하다는 것이다.

분산분석(ANOVA)을 연구해본 적이 있든 없든, 이는 제곱의 합의 가산성에 대한 유용한 예를 제공한다. 그림 3.9를 보라.

이 간단한 분산분석의 기본 아이디어는 전체제곱의 합을 두 개의 구성 요소로 나누는 것이다.

- 그룹간 평균 차이로 인해 발생하는 전체 평균의 변동성
- 개별값들의 차이로 인해 발생하는 그룹 평균의 변동성

그림 3.9

ANOVA는 전체제곱의 합을 가산 가능한 셋으로 나눈다.

	A	B	C	D	E	F	G	H	I	J	K	L	M	N
1			**Group 1**	**Group 2**	**Group 3**									
2			15	4	17			Anova: Single Factor						
3			12	19	13									
4			19	13	12			SUMMARY						
5			15	12	8			*Groups*	*Count*	*Sum*	*Average*	*Variance*		
6			6	18	1			Group 1	10	116	11.6	30.71		
7			16	12	5			Group 2	10	114	11.4	21.16		
8			2	11	2			Group 3	10	86	8.6	26.27		
9			5	9	10									
10			11	7	6									
11			15	9	12			ANOVA						
12								*Source of Variation*	*SS*	*df*	*MS*	*F*	*P-value*	*F crit*
13								Between Groups	56.27	2	28.13	1.08	0.35	3.35
14			**Group 1**	**Group 2**	**Group 3**	**Total**		Within Groups	703.20	27	26.04			
15		**Average**	11.6	11.4	8.6	10.53								
16		**Sum of Squares**	276.4	190.4	236.4	759.47		Total	759.47	29				
17														
18								**SS Between**	56.27	=10*DEVSQ(C15:E15)				
19								**SS Within**	703.20	=SUM(C16:E16)				
20								**SS Total**	759.47	=DEVSQ(C2:E11)				

그룹 1의 평균인 11.6(셀 K6 또는 셀 C15)은 전체 평균인 10.53(셀 F15)보다 크다. 그룹 1의 모든 구성원은 다른 그룹보다 측정된 척도에 대해 큰 값을 갖는 경향이 있을 것이다. 전체 평균인 10.53보다 작은 8.6의 평균을 가진 그룹 3의 구성원은 다른 그룹보다 작은 값을 가지는 경향이 있을 것이다. 이러한 방법으로, 그룹 평균의 차이는 각각의 값들이 얼마나 차이가 있는지에 영향을 미친다. 그룹간between groups의 제곱의 합은 이 영향의 정도를 정량화한다.

그러나 그룹 평균의 차이에 기인하거나 관련된 각각의 값의 변동을 제외한, 각 개별값의 차이에 의한 변동성이 있다. 이 변동성은 개별 측정값과 각각이 속한 그룹의 평균 사이의 편차를 측정함으로 계산한다. 그룹내[within groups]의 제곱의 합은 이 변동성을 정량화한다.

그룹간제곱의 합[Sum of SquaresB]과 그룹내제곱의 합[Sum of SquaresW]을 합쳐서 전체제곱의 합[total sum of squares]이 된다. 그림 3.9는 이 가산성을 보여준다. 셀 I13의 그룹간제곱의 합과 셀 I14의 그룹내제곱의 합이 합쳐서 셀 I16의 전체제곱의 합이 되는 것을 확인하라.

분석 도구 추가 기능에 ANOVA: Single Factor라는 도구가 있다. 그림 3.9의 H2:N16 범위의 분석 결과는 C2:E11 범위의 데이터에 대해 이 도구를 사용해 생성한 것이다. 이 추가 기능 도구들의 단점 중 하나는 대부분의 도구가 무슨 일이 일어나고 있는지 파악하는 데 도움이 되는 수식이 아니라, 단순히 분석의 수치적 결과일 뿐인 고정된 값을 반환한다는 것이다(아직까지 이 글을 읽고 있는 R 의 사용자가 떠날 위험이 있으므로, 필자는 이와 같은 단점이 R 결과의 전형이라고 지적하겠다).

적절한 워크시트 수식을 추가해서 ANOVA : Single Factor 도구의 결과를 구체화할 수 있다. 그림 3.9에 추가 기능 도구가 수행한 작업을 명확하게 하기 위해 수식을 추가했다.

그룹간제곱의 합

그룹간제곱의 합은 셀 I18에서 볼 수 있다. 셀 I18의 수식은 셀 J18에 텍스트로 표시했고 다음과 같다.

=10*DEVSQ(C15:E15)

이 결과가 ANOVA: Single Factor 도구의 셀 I13의 결과와 동일한 결과임을 확인하라. 전체 평균으로부터 세 개의 그룹의 평균의 편차의 제곱의 합을 계산하기 위해 DEVSQ() 함수를 사용했다. 그러고 나서 그 값에 각 그룹의 관측값 개수인 10을 곱했다. 각 편차의 제곱이 그룹마다 각 관측값에 대해 10번씩 발생하기 때문이다.

그룹내제곱의 합

그룹내제곱의 합은 셀 I19에서 볼 수 있고, 셀 J19에서 다음과 같은 수식을 볼 수 있다.

=SUM(C16:E16)

이 수식은 단지 C16, D16, E16의 값을 더하기만 한다. 이 값은 각 그룹의 그룹내 편차의 제곱(그룹의 평균과 해당 그룹 안의 각 값 사이의 차이의 제곱)의 합이다. 이 세 개의 제곱의 합은 다음과 같은 수식으로 얻어진다.

Cell C16: =DEVSQ(C2:C11)
Cell D16: =DEVSQ(D2:D11)
Cell E16: =DEVSQ(E2:E11)

이 세 개의 제곱의 합은 전체 평균에서 각 그룹 사이의 거리는 상관하지 않고, 각 그룹의 변동성의 정도를 나타낸다. 셀 I19처럼 세 개의 제곱의 합을 더하여, 각 그룹의 평균으로부터 측정된 전체 점수 셋의 총 변동성을 계산할 수 있다.

전체제곱의 합

엑셀에서 전체 편차제곱의 합은 그룹간제곱의 합이나 그룹내제곱의 합보다 계산하기 쉽다. 전체 평균에서 모든 관찰값의 편차의 제곱을 합하면 된다. ANOVA 도구는 셀 I16에 고정된 값으로 이 값을 제공한다. 셀 I20에 같은 값을 반환하는 수식이 있다. 이 수식은 셀 J20에 다음과 같이 표시돼 있다.

=DEVSQ(C2:E11)

4장에서 볼 수 있겠지만, 제곱의 합을 분산-ANOVA 용어로는 평균제곱mean squares-으로 변환할 수 있으며, 분산을 서로 비교해 그룹 평균의 차이에 대한 신뢰도를 추론할 수 있다. 제곱의 합을 자유도로 나눔으로 이러한 변환을 할 수 있는데, 이 결과가 평균제곱이다. 예를 들어 그림 3.9에서 셀 K13의 평균제곱은 그룹간제곱의 합인 56.27을 그룹간 자유도인 2로 나눈 값이다. 비록 그룹간제곱의 합과 그룹내제곱의 합을 더한 값이 전체제곱의 합과 같지만, 평균제곱의 합은 아무런 의미가 없다. 제곱의 합은 가산적이지만 평균제곱은 그렇지 않다.

그러나 이것들은 여기서 중요한 문제가 아니다. 여기서 중요한 부분은 다음 세 가지다.

- (그룹간) 제곱의 합은 전체 평균, 그룹 평균, 각 그룹의 관측치의 개수만을 사용해 계산된다. 이 제곱의 합은 개별 관측치 사이의 변동성은 무시한다.
- (그룹내) 제곱의 합은 각 그룹 안의 개별값과 해당 그룹의 평균만을 사용해 계산된다. 이 제곱의 합은 전체 평균과 각 그룹 사이의 변동성은 무시한다.
- (전체) 제곱의 합은 개별 관측치와 전체 평균만을 가지고 계산된다. 이 제곱의 합은 그룹 맴버십 즉 그룹 평균의 정보를 무시한다.

비록 세 개의 편차의 제곱의 합을 계산하기 위해 각기 다른 절차가 사용되지만, 그룹간제곱의 합과 그룹내제곱의 합을 더하면 정확히 전체제곱의 합이 된다. 이 절차는 전체제곱의 합을 그룹 간 평균 차이에 의한 부분과 그룹내 평균 차이에 의한 부분으로 나눈다.

또한 전체제곱의 합은 그룹간제곱의 합과 그룹내제곱의 합으로 구성되므로, 그룹간제곱의 합을 전체제곱의 합으로 나누어서 제곱의 합에서 그룹 평균의 차이에 관련된 비율을 계산할 수 있다. 이 경우 56.27을 759.47로 나눈 7.41%가 된다.

> **노트** 바로 앞 단락에서 논의된 이 비율에 대해 분석 도구 추가 기능인 ANOVA 도구 같은 일반적인 분산 분석에서는 자주 보지 못했을 것이다. 그러나 이 비율은 표본 또는 표본의 모집단에 관심이 있는지에 따라 에타-제곱(eta-squared)이나 오메가-제곱(omega-squared)을 포함한 여러 가지 이름으로 부른다.

회귀분석에서는 다른 방법을 통해 분산 분석의 결과와 같은 결론에 도달할 수 있는데, 이 비율을 R-제곱^R-squared 또는 R^2이라고 하며, 회귀분석에서 없어서는 안 될 부분이다. 다음 절에서 R^2에 관해 자세히 알아보자.

단순회귀분석에서의 R^2

3장의 앞 절인 '회귀계수와 절편을 이용한 예측'에서 하나의 변수로부터 다른 변수의 값을 어떻게 예측/추정하는지 살펴봤다. 우선 두 변수에 대한 일련의 값들이 필요하다. 그 이후 엑셀의 워크시트 함수인 SLOPE()와 INTERCEPT()를 이용해 두 변수 사이의 관계를 규정할 수 있다.

그림 3.10은 이와 같은 분석의 다른 예로, 앞 장의 회귀분석의 예보다 R^2의 개념을 더 쉽게 알 수 있다.

그림 3.10에 11명의 아이들의 키Height(인치)와 몸무게Weight(파운드)의 허구의 데이터가 B3:C13 범위에 있다. 어떤 아이의 몸무게가 키에 비해 높거나 낮은지 가늠하기 위해 그들의 키로부터 몸무게를 추정하기를 원한다고 해보자(이 분석은 진단 도구로는 부적합하다. R^2에 대해 자세히 설명하기 위한 예제다).

몸무게와 키의 회귀분석을 위해 기울기와 절편을 먼저 계산하자. 기울기를 구하기 위해 셀 E3에 사용된 수식은 다음과 같다.

=SLOPE(C3:C13,B3:B13)

셀 F3에 절편을 구하는 수식은 다음과 같다.

=INTERCEPT(C3:C13,B3:B13)

그림 3.10
회귀제곱의 합(sum of squares regression)은 ANOVA의 그룹간제곱의 합과 비슷하다.

	A	B	C	D	E	F	G	H	I
1									
2		Height	Weight		Slope	Intercept		Predicted Weight	
3		27	76		2.35	6.22		69.79	
4		64	154					156.90	
5		37	91					93.33	
6		37	87					93.33	
7		49	115					121.58	
8		34	82					86.27	
9		60	175					147.48	
10		34	88					86.27	
11		61	125					149.83	
12		50	114					123.94	
13		51	148					126.29	
14									
15		SS Total:	11000.91	=DEVSQ(C3:C13)			SS Regression:	8899.76	=DEVSQ(H3:H13)
16									
17							SS Regression/SS Total:	0.81	=H15/C15
18									
19							Pearson's *r* between Height and Weight:	0.90	=CORREL(B3:B13,C3:C13)
20									
21							R^2 via worksheet function:	0.81	=RSQ(B3:B13,C3:C13)

3장 앞에서 본 것처럼 예측변수 키로부터 예측되는 변수인 몸무게를 추정하기 위해서는 키의 값에 기울기slope를 곱하고 절편intercept을 더하면 된다. 셀 B3에 키가 있는 첫 번째 사람의 예측 몸무게를 수식화하면 다음과 같다.

=($E$3*B3)+$F$3

셀 H3의 수식은 69.79값을 반환한다. 이를 계산하는 더 쉬운 방법이 있지만, 지금은 R^2에 집중하겠다. 10개의 몸무게를 더 추정해야 한다. 이것을 계산하기 위해 E3의 기울기를 각 키의 값에 곱하고 F3의 절편을 더하면 된다.

$E$3과 $F$3에는 달러 표시를 통해 절대 경로로 표시됐기 때문에, 단순히 셀 H3의 수식을 H4:H13으로 붙여넣기하면 된다. 셀 H3이 선택된 상태에서는, 셀렉션 핸들(선택된 셀의 오른쪽 아래 네모난 박스)을 클릭하고 H13까지 드래그해도 된다.

원재료는 다 준비가 됐다. 이제 제곱의 합을 계산하는 건 쉽다. 셀 C15는 본래의 몸무게 변수의 전체제곱의 합을 계산하기 위해 DEVSQ() 함수를 사용했다. 셀 D15에 해당 수식이 있다. 이 제곱의 합은 그림 3.9의 셀 C16, D16, E16의 제곱의 합과 동일한 방법으로 계산됐다.

셀 H15가 반환하는 것은 회귀제곱의 합Sum of Squares Regression이라고 부른다. 수식은 셀 I15에 있으며 다음과 같다.

=DEVSQ(H3:H13)

이 값은 H3:H13 범위의 예측된 값들의 평균과 각 값의 편차의 제곱의 합이다. 회귀제곱의 합은 일반적인 분산 분석의 그룹간제곱의 합과 비슷하다.

회귀제곱의 합과 그룹간제곱의 합 이 두 가지 제곱의 합은 다르게 계산되는 것처럼 보인다. 그림 3.9의 셀 I18의 그룹간제곱의 합은 전체 평균에서 각 그룹의 편차를 제곱하고, 각 그룹의 관측치의 개수를 곱해 계산됐다.

그림 3.10의 회귀제곱의 합의 수식은 단순히 각 예측된 변수와 평균과의 편차를 제곱하고 더한다. 그러나 데이터를 단 1개의 값으로 구성된 11개의 그룹으로 개념화해보자. 그러면 전체 평균에서 그룹의 평균을 빼고 그 차이를 제곱하여 더하는 그룹간제곱의 합과 동일한 계산을 한다. 그룹마다 관찰값이 하나면, 그 관찰값이 그룹의 평균이다. 이것은 또한 우리가 편차의 제곱에 그룹의 관찰값의 개수를 곱할 때, 1을 곱하는 것을 의미한다.

그러므로 개념적으로나 산술적으로도, ANOVA의 그룹간제곱의 합은 회귀분석의 회귀제곱의 합과 동일하다. 게다가 ANOVA에서 전체제곱의 합은 회귀분석의 전체제곱의 합과 같은 의미를 가지며 계산하는 방법도 같다. 이 경우, 전체제곱의 합에서 키에 기반한 몸무게의 회귀에서의 비율을 알 수 있다. 단순히 회귀제곱의 합을 전체제곱의 합으로 나누면 된다. 이 비율은 그림 3.10의 셀 H17에서 볼 수 있는데, 그 값은 0.81 즉, 81%이고 R^2이라고 한다.

r의 제곱이라고 이름을 붙인 이유는 상관계수 때문이다. 키와 몸무게 사이의 상관관계는 셀 H19의 0.90이다. 상관관계의 제곱은 0.81로 R^2이라고 하며, 회귀를 통해 키의 제곱의 합과 연관된 예측된 몸무게의 제곱의 합 비율이다.

노트 상관분석과 회귀분석에서 사용되는 기호는 많지 않다. 만약 두 변수 사이의 상관관계에 대해 다루고 있다면, 소문자 r을 사용한다. 하나의 변수(예를 들어 키)와 두 개 이상의 변수(예를 들어 몸무게와 나이) 사이의 상관관계나 회귀분석을 하고 있다면 대문자 R을 사용한다. 단순 회귀나 다중 회귀에 상관없이 r^2보다 R^2을 많이 사용한다.

엑셀에는 R^2의 값을 바로 반환하는 RSQ()라는 워크시트 함수가 있다. 이 함수의 사용성은 제한되는데, 그 이유는 단지 두 개의 변수(키와 몸무게 같이)에서만 동작하는데 두 개 이상의 변수가 분석에 관여되는 것이 흔한 상황이기 때문이다. 그럼에도 불구하고 이런 함수가 있다는 것은 알아두자. 그림 3.10의 셀 H21에서 RSQ() 함수를 사용하고 있다. 이 함수는 셀 H17의 제곱의 합의 비율인 R^2와 셀 H19의 피어슨 상관계수의 제곱과 같은 값을 반환한다.

RSQ() 함수는 CORREL() 함수와 동일한 인자를 받는다. 예를 한 번 들어보자. RSQ(B3:B13,C3:C13)는 단순히 CORREL(B3:B13,C3:C13)의 제곱이다. 변수 A와 변수 B의 상관관계가 변수 B와 변수 A의 상관관계와 동일하듯이, RSQ(B3:B13,C3:C13)도 RSQ(C3:C13,B3:B13)와 완전히 동일하다.

상황을 바꿔보자. 그림 3.11을 보라.

그림 3.11
어떤 변수가 예측변수로 사용되건 R^2의 값은 같다.

	A	B	C	D	E	F	G	H	I
1									
2		Weight	Height		Slope	Intercept		Predicted Height	
3		76	27		0.34	6.61		32.73	
4		154	64					59.53	
5		91	37					37.88	
6		87	37					36.51	
7		115	49					46.13	
8		82	34					34.79	
9		175	60					66.75	
10		88	34					36.85	
11		125	61					49.57	
12		114	50					45.79	
13		148	51					57.47	
14									
15		SS Total:	1605.64	=DEVSQ(C3:C13)			SS Regression:	1298.96	=DEVSQ(H3:H13)
16									
17							SS Regression/SS Total:	0.81	=H15/C15
18									
19							Pearson's *r* between Height and Weight:	0.90	=CORREL(B3:B13,C3:C13)
20									
21							R^2 via worksheet function:	0.81	=RSQ(B3:B13,C3:C13)

단순 상관관계나 회귀에서, 두 변수 간의 관계의 정도를 나타내는 피어슨 상관계수 r 같은 것을 측정할 때 순서는 중요하지 않다. 키와 몸무게의 상관관계는 몸무게와 키의 상관관계와 같다. 그렇기 때문에 상관관계의 제곱이 변수의 순서와 관련이 없다는 게 크게 놀랄 만한 일은 아니다.

그림 3.10의 셀 H17과 그림 3.11의 셀 H17을 비교해보자. 두 그림은 회귀제곱의 합과 전체제곱의 합이 다름에도 불구하고(그 이유는 각 그림이 다른 변수를 추정하고 있기 때문이다. 그림 3.10은 몸무게를, 그림 3.11은 키를 예측한다), 두 셀은 같은 R^2값을 가지고 있다.

두 변수가 0이 아닌 상관관계를 가질 때 '분산을 공유한다share variance' 또는 '공통되는 분산이 있다have variance in common'라고 말한다. 지금 다루고 있는 예제에서, 키와 몸무게는 그들의 분산의 81%를 공통으로 한다고 말할 수 있다. 이 개념은 다중회귀분석으로도 연장되며, 분석의 해석에 있어서 매우 중요하다.

잔차제곱의 합과 그룹내제곱의 합

3장의 '단순회귀분석에서의 R^2' 절에서는 회귀제곱의 합과 일반적인 분산분석의 그룹간제곱의 합이 같음을 보였다. 또한 ANOVA 분석의 그룹간제곱의 합과 그룹내제곱의 합을 더하면 전체제곱의 합이 된다는 것도 설명했다.

회귀분석의 어떤 부분이 ANOVA 분석의 그룹내제곱의 합과 같은 양을 가질까? 그것은 그 안에 있지만, 그것을 찾기 위해서는 약간의 추가 작업이 필요하다. '제곱의 합은 가산적이다' 절에서 설명한 일반적인 ANOVA 분석에서, 그룹내제곱의 합을 구하기 위해 각 그룹의 그룹내제곱의 합을 (각 개별 관찰값과 그것들이 속한 그룹의 평균 사이의 편차를 제곱하고 더해) 계산하고 그 결과를 합했다.

회귀분석의 예의 설명에서, 그룹간제곱의 합을 계산하기 위해 각 관측치를 그것의 그룹으로 고려할 수 있다고 언급했다. 그러나 ANOVA의 그룹내제곱의 합에 대응하는 회귀분석에서의 양을 계산하기 위해서는 이 방법은 맞지 않다. 각 관측치가 그것의 그룹을 구성한다면, 더할 그룹내 변동성이 없기 때문이다. 하나의 관측치로 구성된 그룹의 제곱은 합은 0이 될 수밖에 없다(그리고 당연히, 그 그룹의 분산은 0이다).

그림 3.12
잔차(Residuals)는 관찰값에서 예측한 값을 빼고 난 이후에 남은 나머지다.

B18 {=LINEST(C3:C13,B3:B13,,TRUE)}

	A	B	C	D	E	F	G	H	I	J	K
1											
2		Height	Weight		Slope	Intercept		Predicted Weight			Residuals
3		27	76		2.35	6.22		69.79			6.21
4		64	154					156.90			-2.90
5		37	91					93.33			-2.33
6		37	87					93.33			-6.33
7		49	115					121.58			-6.58
8		34	82					86.27			-4.27
9		60	175					147.48			27.52
10		34	88					86.27			1.73
11		61	125					149.83			-24.83
12		50	114					123.94			-9.94
13		51	148					126.29			21.71
14											
15		SS Total:			SS Regression:					SS Residual:	
16		=DEVSQ(C3:C13)	11000.91		=DEVSQ(H3:H13)	8899.76				=DEVSQ(K3:K13)	2101.15
17											
18		2.35	6.22								
19		0.38	18.07								
20		0.81	15.28		{=LINEST(C3:C13,B3:B13,,TRUE)}						
21		38.12	9								
22		8899.76	2101.15								

회귀분석에서 ANOVA의 그룹내제곱의 합에 대응하는 부분을 얻기 위해서는 다른 접근법이 사용된다. 또한 다른 이름을 갖고 있다. 그룹내제곱의 합 대신 잔차제곱의 합Sum of Squares Residual이라고 부른다. 그림 3.12를 보라.

잔차제곱의 합을 얻는 하나의 방법은 개별 잔차를 계산하고, 평균에서의 편차를 제곱해 합산하는 것이다. 그림 3.12에서, (SLOPE()와 INTERCEPT() 함수로 계산된) 예측값은 H3:H13에 있다. 잔차값을 계산하기 위해 단순히 C3:C13의 관측값에서 H3:H13의 예측된 값을 빼면 된다. 그 결과는 K3:K13에 있다. 이 값들은 측정된 아이들의 몸무게의 원래의 값에서 회귀분석으로 얻은 값을 빼고 남은 값이다.

이제 엑셀의 DEVSQ() 함수를 다시 한 번 사용해 잔차제곱의 합을 계산할 수 있다. 그림 3.12의 셀 K16의 수식은 다음과 같고, 그 결과 2101.15를 반환한다.

```
=DEVSQ(K3:K13)
```

방금 관측된 값에서 예측된 값을 빼고 DEVSQ() 함수를 적용하여 잔차제곱의 합을 얻는 하나의 방법을 언급했다. 이 말은 다른 방법이 있다는 것을 내포한다. 셀 H16의 8899.76의 회귀제곱의 합과 셀 K16의 2101.15의 잔차제곱의 합을 더하면 셀 C16의 11000.91의 전체제곱의 합이 된다. 이것은 ANOVA에서 그룹간제곱의 합과 그룹내제곱의 합을 더하면 전체제곱의 합이 되는 것과 같다.

그렇기 때문에 회귀분석의 전체제곱의 합에서 회귀제곱의 합을 뺌으로 간단히 잔차제곱의 합을 얻을 수 있다. 또는 반대 방법으로 전체제곱의 합에서 잔차제곱의 합을 빼서 회귀제곱의 합을 얻을 수도 있다. 이러한 빼는 접근법이 엑셀 2003 이전 버전에서 마이크로소프트가 사용했던 방법이다.

문제는 마이크로소프트가 LINEST()의 const 인자가 절편을 0으로 강제했을 때의 영향을 제대로 인지하지 못했다. 0으로 강제된 절편과 회귀제곱의 합이나 잔차제곱의 합을 단순 뺄셈으로 얻는 것이 결합하여, R^2의 값이 불가능한 음수가 결과가 될 수가 있었다. 이 버그(엑셀 2003부터 고쳐졌다)의 소름끼치는 히스토리에 대해서는 5장, '다중회귀분석'에서 다루도록 하겠다.

독자는 LINSET() 함수를 더 잘 이해하거나 여러가지 결괏값들이 어떻게 함께 동작하는지 탐구하기 위해, 혹은 단순히 재미를 위해 이 함수를 해체해보려 할지도 모른다. 필자는 손쉬운 방법은 피하라고 조언하고 싶다. 지금 논의하는 부분에서, 회귀제곱의 합이나 잔차제곱의 합은 서로 독립적이다. 둘 중 하나를 단지 전체제곱의 합에서 다른 하나를 빼는 방법으로 손쉽게 얻지 마라. 그것은 오류를 진단하는 것이 아니라 만들어 내는 레시피이다.

TREND() 함수

엑셀에는 TRAND()라는 워크시트 함수가 있다. 이 함수는 회귀분석의 기울기와 절편을 구하고, 기존의 known X값에 계산된 기울기와 절편을 적용하여 예측된 Y값을 얻는 번거로운 작업을 쉽게 해준다. 실제 TREND() 함수는 다음과 같은 일들을 한다.

- known x's와 known y's를 인자로 받는다.
- 드러나지 않게, 기울기와 절편을 계산한다.
- 기울기와 절편을 known x's에 적용해 워크시트에 예측되는 값을 반환한다.

그림 3.13은 TREND() 함수를 워크시트에서 어떻게 사용하는지 보여준다.

그림 3.13
TREND() 함수를 이용하는 것이 SLOPE()와 INTERCEPT() 함수를 사용하는 것보다 빠르고 쉽다.

G3 {=TREND(C3:C12,B3:B12)}

	A	B	C	D	E	F	G
1		Annual Growth (inches)			Annual Growth (inches)		Annual Growth (inches)
2		Brother	Sister		via SLOPE() and INTERCEPT()		via TREND()
3	Pair 1	2.78	2.45		2.30		2.30
4	Pair 2	2.01	2.47		2.08		2.08
5	Pair 3	1.40	2.17		1.90		1.90
6	Pair 4	1.13	2.08		1.82		1.82
7	Pair 5	0.81	1.79		1.73		1.73
8	Pair 6	1.28	1.60		1.87		1.87
9	Pair 7	2.66	1.43		2.27		2.27
10	Pair 8	2.30	1.78		2.16		2.16
11	Pair 9	2.78	2.92		2.30		2.30
12	Pair 10	0.72	1.45		1.71		1.71
13							
14		Slope:	0.29				
15		Intercept:	1.50				

그림 3.13에서 E3:E12의 범위에 SLPOE()와 INTERCEPT() 함수를 이용해 Brothers 의 값으로 Sisters의 값을 예측했다. 예를 들어 셀 E3의 수식은 다음과 같다.

=$C$14*B3+$C$15

셀 C14의 기울기와 셀 B3의 값을 곱하고, 셀 C15의 절편을 더하면, 셀 E3의 예측값이 된다. 물론 예측 작업을 하기 전에 기울기와 절편을 관련 함수로 계산해야 한다. 만약 원한다면, 다음과 같은 방법으로 함수를 조합해 사용할 수도 있다.

=SLOPE(C3:C12,B3:B12)*B3+INTERCEPT(C3:C12,B3:B12)

엑셀 함수를 조합하거나 중첩 사용하는 것이 유용할 때도 있지만, 이 예제에서는 그렇지 않다. 얻는 것에 비해 더 많은 문제가 생긴다. 예측값을 얻는 더 괜찮은 방법을 원한다면, G3와 G12 사이의 범위에서 볼 수 있는 TREND() 함수를 사용하는 것이 좋다. TREND() 함수는 다음과 같이 사용된다.

=TREND(C3:C12,B3:B12)

SLOPE()와 INTERCEPT() 함수와 동일하게, known y's와 known x's가 TREND()의 인자로 요청되는 것을 볼 수 있다. 이것은 가장 단순한 형태의 TREND()의 사용이다. TREND() 함수에 추가로 두 개의 인자를 옵션으로 입력할 수 있다. 이에 대해 간단히 설명할 예정이다.

배열을 입력받는 TREND()

TREND()에 대한 중요한 점이 하나 더 있다. 단지 하나의 값을 예측하는 것이 아니라면, 배열을 입력array enter해야 한다. 다시 말해 TREND() 함수를 사용해 두 개 이상의 예측된 값을 반환하려면, 배열 수식array formula에 입력해야 한다.

엑셀에서 배열 수식은 폭넓게 사용된다. 배열 수식을 사용해서 배열 수식 없이는 다루기 어려운 문제를 해결할 수도 있다. 이 책의 뒷부분에서 배열 수식을 사용하는 다른 이유에 대해 설명하겠다. 배열 수식을 사용하는 것이 처음이라면, 엑셀 도구 및 기법과 관련된 훌륭한 책 중 하나를 골라 자세히 살펴보기를 추천한다.

다음은 TREND() 함수와 관련해 배열 수식을 사용하는 두 가지 이유다.

- 사용하려는 함수가 배열 수식 입력을 요구할 때
- 수식의 결과를 하나 이상의 셀에 적용하고 싶을 때

두 가지 이유 모두 TREND() 함수에 적용된다. 또한 LINEST() 함수에도 적용된다. TREND()와 LINEST() 두 함수는 의심할 바 없이 엑셀에서 가장 중요한 회귀분석 함수다. 그렇기 때문에 배열을 입력하는 수식에 대한 동작 원리에 익숙해지는 것은 중요하다.

> **노트** 이미 배열 수식에 숙달돼 있다면, 이번 절의 남은 부분은 건너뛰어도 된다.

그림 3.13의 G3:G12 범위에 있는 배열 수식에 TREND() 함수를 입력하는 방법은 다음과 같다.

1. 범위 G3:G12를 선택한다. Delete 키를 눌러서 기존에 있던 수식은 지운다.
2. 다음 수식을 적되, Enter 키는 누르지는 말라. =TREND(C3:C12,B3:B12)
3. Ctrl 키와 Shift 키를 누른 채로 Enter 키를 누른다. Enter 키를 누른 뒤 Ctrl 키와 Shift 키를 뗀다.

제대로 됐다면, 그림 3.13과 같은 결과를 볼 수 있다.

그림 3.13의 수식 바Formula Bar에 표시되는 배열 수식에 주목하라. 수식은 중괄호인 { 와 }로 감싸져 있다. 그것이 엑셀이 배열 수식으로 입력된 수식을 인식했음을 알려주는 방식이다. 이 괄호를 엑셀에 남겨 둬라. 만약 수식의 일부로 중괄호를 직접 입력하려고 한다면, 엑셀은 입력한 내용을 단순한 텍스트 문자열로 다룰 것이다.

배열 수식을 처음 사용한다면 꼭 알고 있어야 할 몇 가지 이슈가 있다.

- 그림 3.13처럼 배열 수식이 반드시 여러 셀을 차지할 필요는 없다. 많은 유용한 배열 수식들이 하나의 셀만 차지하도록 디자인됐다. 이 경우, 수식의 배열 부분은 함수의 결과가 아니라 하나(혹은 그 이상)의 인자다.

- 워크시트에 복수의 셀이 배열 수식에 성공적으로 입력된 이후에는, 해당 셀 중의 하나의 값을 수정하거나 지울 수 없다. 편집은 배열 수식의 결과가 차지하는 모든 셀에 적용돼야 하므로, 기존 배열 수식을 편집하거나 삭제하려면 수식의 전체 범위를 먼저 선택해야 한다.
- 선택해야 하는 범위의 크기를 아는 것은 경험과 사용하려는 함수에 대해 얼마나 친숙한가에 달려 있다. 예를 들어 LINEST() 함수는 절대로 5행 이상의 결과를 반환하지 않으며, 최대 64열의 결과를 반환할 수 있다.

TREND()의 new x's 인자

3장 서두에서 언급했듯이, TREND()는 known y's와 known x's 이외에 추가적으로 두 개의 인자를 입력받을 수 있다. 이 인자는 new x's(새로운 x)와 const(상수)이다.

new x's 인자를 사용하려면 TREND() 함수에 세 번째 인자로 입력해야 한다. 예측변수가 시간의 척도(예를 들어 그 달의 날짜)이고, 예측되는 변수가 월간 누계 수익처럼 예측이 가능한 상황에서 자주 사용된다. 기울기와 절편을 계산하기 위한 기본적인 관찰 데이터를 갖고 있다고 해보자. 또한 누계 수익을 예측하고 싶은 미래의 날짜 범위가 있을 것이다.

그림 3.14에 그 예가 있다.

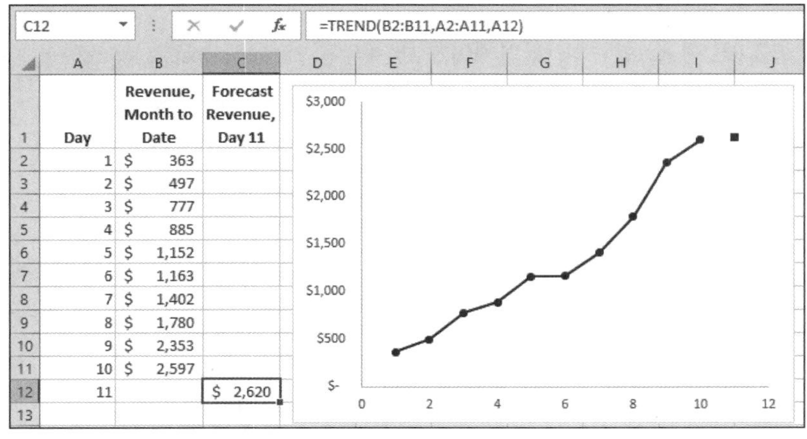
C12 =TREND(B2:B11,A2:A11,A12)

	A	B	C
1	Day	Revenue, Month to Date	Forecast Revenue, Day 11
2	1	$ 363	
3	2	$ 497	
4	3	$ 777	
5	4	$ 885	
6	5	$ 1,152	
7	6	$ 1,163	
8	7	$ 1,402	
9	8	$ 1,780	
10	9	$ 2,353	
11	10	$ 2,597	
12	11		$ 2,620
13			

그림 3.14
회귀분석은 기간을 기준으로 예측하는 인기 있는 방법 가운데 하나다.

그림 3.14의 셀 C12에서 TREND() 함수를 사용한다. 하나의 셀만 사용하기 때문에, 수식에 배열이 입력될 필요는 없다(만약 필요하다면 배열이 입력될 수도 있다). C12의 수식은 다음과 같다.

=TREND(B2:B11,A2:A11,A12)

처음 두 인자는 known y's와 known x's이다. 엑셀은 B2:B11과 A2:A11의 값을 기반으로 기울기와 절편을 구해 회귀식을 계산한다. 세 번째 인자는 엑셀에 계산된 회귀식을 셀 A12에 적용하라고 알려준다. 차트에서 known x's와 known y's는 동그란 마커로 표시됐다. 11번째 날의 예측된 누적 수익은 네모난 마커로 표시됐다.

이를 확인하기를 원한다면, B2:B11과 A2:A11 범위의 데이터에 SLOPE() 함수와 INTERCEPT() 함수를 사용해 계산된 기울기와 절편을 셀 A12에 적용해볼 수 있다. 만약 정확하게 했다면 그림과 동일화 결과를 얻을 수 있다.

(그런데 회귀분석에 기반하고 날짜나 시간을 예측변수로 사용하는 이러한 종류의 많은 예측은 합리적이고 상당히 정확하다. 그러나 이러한 예측이 어리석거나 잠재적으로 잘못된 결론으로 오도되는 경우도 많다. 2015년 Que에서 출판된 『More Predictive Analytics』가 이러한 차이점들을 설명해주는 좋은 가이드가 될 수 있을 거라고 생각한다.)

TREND()의 const 인자

TREND() 함수의 네 번째이자 마지막인 인자는 const로, constant를 간추려 쓴 것이고 회귀식의 절편을 의미한다. LINEST() 함수 또한 TREND()처럼 const 인자를 갖고 있고 같은 역할을 한다. 그러나 아쉽게도 const 인자가 TREND()에서는 네 번째 인자인데 반해, LINEST()에서는 총 네 개의 인자 중 세 번째 인자이다.

const 인자는 TRUE나 FALSE 두 값 중 하나다(TRUE를 1로, FALSE를 0으로도 사용할 수 있다). 만약 TRUE로 명시한다면 엑셀은 예측값을 반환하는 회귀식에 절편을 사용한다. 만약 FALSE로 명시하면 엑셀은 회귀식에서 절편을 빼 버리고 오차를 최소화하는 회귀식의 기울기를 다시 계산한다. 이 회귀식의 절편은 0이다.

많은 사려 깊은 통계학자들은 회귀식에서 절편을 제외하는 것이 유용하고 유익informative한 경우가 있다고 생각한다. 반면 똑같이 사려 깊은 많은 통계학자들은 이것이 도움이 되지 않으며, 잠재적으로 오도될 수 있다고 생각한다. 이 문제는 5장에서 매우 자세히 다룰 것이다. 당장 필자는 시스탯Systat의 주 개발자인 리랜드 윌킨슨Leland Wilkinson이 1985년에 이 응용 프로그램 매뉴얼에 쓴 "만약 상수constant가 실제로 0에 가깝다면, 상수를 모델에서 빼건 넣건 간에 결과물에 차이는 거의 없을 것이다"라는 의견에 동의한다고만 말하겠다.

윌킨슨이 염두에 뒀다고 생각하는 예가 있다. 면적(예측변수 x-변수)과 작물 수확량(예측되는 변수 y-변수) 사이의 관계를 연구한다고 가정해보자. 실제 상황에서 면적이 0일 때는 작물의 수확량은 0일 것이다. x-값(면적)이 0일 때, 절편(상수)은 0이 될 것이다. 이것이 하나의 사례가 될 것이라고 기대할 것이다. 0의 면적의 데이터를 도표화할 때, 0의 수확량을 기대할 것이다.

그러므로 면적과 수확량이 정확하게 측정됐다면, 상수를 일반적으로 계산한다고 해도 절편은 0에 가까울 것이라고 기대할 수 있다. 연구하는 변수의 본래의 특성에 의해서 절편은 0에 가깝게 될 것이다. 5장에서 보게 되겠지만 절편을 0으로 강제하는 것은 도움이 되지 않으며 결과를 잘못되게 할 수도 있다.

그림 3.15에 있는 예제를 보면, 상수(다시 한 번 말하지만 이 문맥에서 상수와 절편은 동의어다)를 0으로 강제했을 때 어떤 일이 일어나는지 쉽게 이해할 수 있을 것이다.

그림 3.15에서 두 개의 회귀선과 그 주변의 10개의 점을 볼 수 있다. 실선은 상수를 일반적으로 계산했을 때의 상황이다. 셀 C15의 INTERCETP() 함수의 결과가 말해주는 것처럼 세로축의 1.5를 지나친다.

점선은 상수를 0으로 강제했을 때의 남자형제의 연간 성장에 대한 여자형제의 연간 성장의 회귀방정식을 나타낸다. 실선이 X값(남자형제의 연간 성장)이 0일 때 세로축의 0의 지점을 지나가는 것을 볼 수 있다.

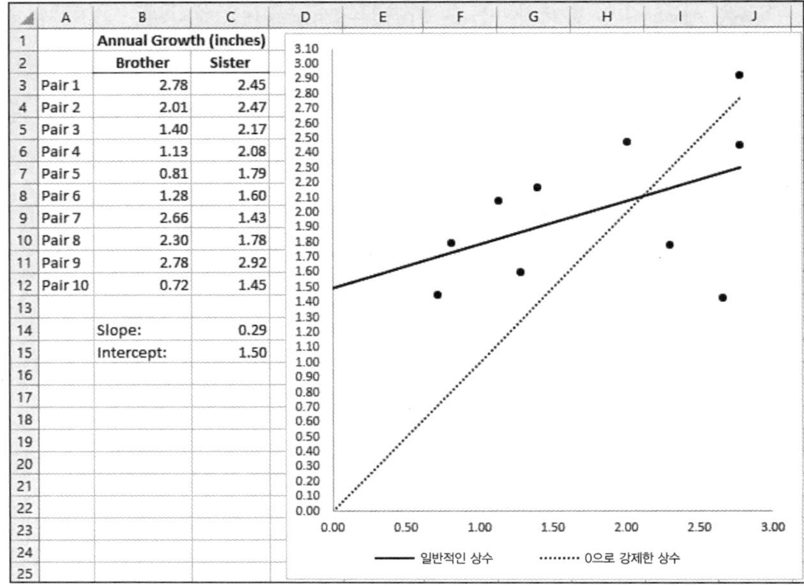

	A	B	C
1		Annual Growth (inches)	
2		Brother	Sister
3	Pair 1	2.78	2.45
4	Pair 2	2.01	2.47
5	Pair 3	1.40	2.17
6	Pair 4	1.13	2.08
7	Pair 5	0.81	1.79
8	Pair 6	1.28	1.60
9	Pair 7	2.66	1.43
10	Pair 8	2.30	1.78
11	Pair 9	2.78	2.92
12	Pair 10	0.72	1.45
13			
14		Slope:	0.29
15		Intercept:	1.50

그림 3.15

상수를 0으로 강제하는 것은 회귀 통계량의 의미를 심하게 훼손할 수 있다.

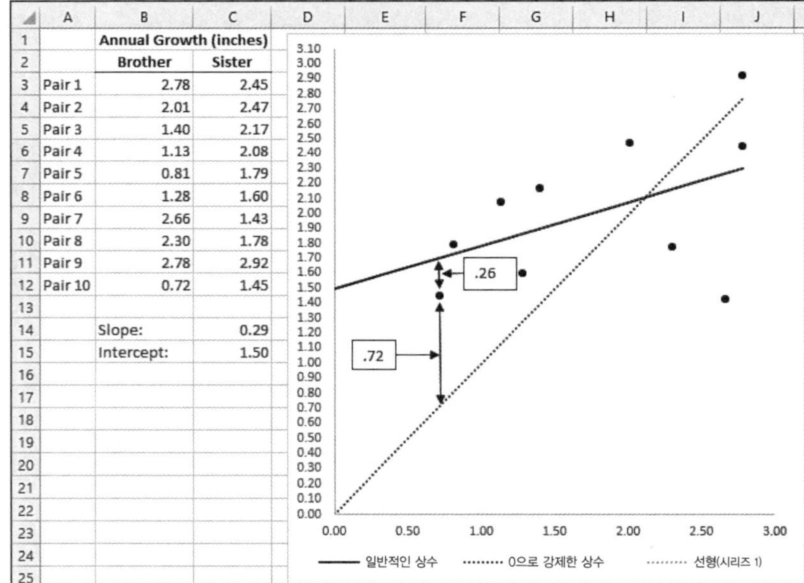

	A	B	C
1		Annual Growth (inches)	
2		Brother	Sister
3	Pair 1	2.78	2.45
4	Pair 2	2.01	2.47
5	Pair 3	1.40	2.17
6	Pair 4	1.13	2.08
7	Pair 5	0.81	1.79
8	Pair 6	1.28	1.60
9	Pair 7	2.66	1.43
10	Pair 8	2.30	1.78
11	Pair 9	2.78	2.92
12	Pair 10	0.72	1.45
13			
14		Slope:	0.29
15		Intercept:	1.50

그림 3.16

회귀선에 관찰값이 가까울수록, 더 나은 예측이다.

그림 3.13의 E열에서처럼 SLOPE()와 INTERCEPT()를 사용해 남자형제의 값으로부터 여자형제의 값을 예측한다고 가정해보자. 그리고 남자형제의 값에 대응되는 예측된 값들을 분산형 차트에 그린다고 해보자. 그 결과는 그림 3.15의 실선의 회귀식이 있는 위치와 정확히 일치할 것이다. 그러므로 이 회귀식과 그려진 점들(그림 3.15의 동그란 마커) 사이의 거리를 측정해 예측의 정확성을 추정할 수 있다. 그림 3.16이 그 예를 보여준다.

그림 3.16은 가장 왼쪽의 관찰값(가로축의 0.72에 위치하고 세로축의 1.45에 위치)과 두 개의 회귀선과의 거리를 보여준다. 이 관찰값은 상수가 일반적인 방법으로 계산된 실선의 회귀선과 .26만큼 떨어져 있다. 반면 상수가 0으로 강제된 점선의 회귀선과는 .72만큼 떨어져 있다. 특정 관찰값에 대해 일반적인 상수 회귀가 상수를 0으로 강제한 회귀보다 실제 값을 더 정확하게 예측한다.

만약 남아 있는 9개의 관찰값에 대해 같은 분석을 한다면, 열 개의 관찰값 중(차트의 가장 오른쪽 위에 있는) 단지 하나의 관찰값만이 상수를 0으로 강제한 회귀선에 일반적인 상수 회귀선보다 가깝다는 것을 발견하게 될 것이다. 4장, 'LINEST() 함수'에서 회귀의 정확도를 측정하는 방법을 자세히 다루겠지만, 언뜻 보기에도 일반적으로 상수를 계산한 회귀선이 상수를 0으로 강제한 회귀선보다 더 정확하다는 것을 명백히 알 수 있다.

제로-상수 회귀 계산

엑셀은 상수가 0인 회귀를 계산하는 몇 가지 방법을 제공한다. 그중 한 가지는 차트의 옵션을 사용하는 것이다. 분산형 차트에서 도표화된 데이터 마커 중 하나를 우클릭한다. 바로가기 메뉴에서 추세선 추가를 클릭하면 추세선 서식이 나타난다. 선형 추세선을 선택한다. 절편 체크박스가 나올 때까지 스크롤을 내린다. 그 체크박스를 체크하고, 옆의 에디트 박스에 0.0이 적혀 있는 것을 확인하고 추세선 서식을 닫는다. 이 과정이 그림 3.16의 점선 회귀선이 추가된 방법이다.

이 방법으로 차트에 (상수 계산 방법에 관계없이) 회귀선을 넣을 수 있지만, 회귀분석의 목적 가운데 하나인 각 X값에 대해 예측 Y값을 얻는 것은 할 수 없다. 이 방법으로는 차트 위에 추세선을 넣을 수는 있고, 몇 가지 추가적인 옵션을 통해 회귀방정식과 R^2값을 차트 위에 표시할 수 있을 뿐이다. 예측 Y값을 워크시트 위에 얻기 위해서는 워크시트 함수 중의 하나를 사용해야 한다. 그 방법을 간단히 소개한다.

SLOPE()와 INTERCEPT() 함수

하나의 변수는 known x's이고 다른 변수는 known y's인 단순 2 변수 회귀분석을 한다고 가정해보자. 이 경우 그림 3.13처럼 SLOPE()와 INTERCEPT() 함수를 known x's에 적용해 예측 Y값을 계산할 수 있다. 그러나 이 방법을 제로 절편에는 사용할 수 없다. SLOPE() 함수는 절편이 INTERCEPT() 함수에 의해서 일반적으로 계산된다고 가정한다. 그렇기 때문에 SLOPE() 함수는 절편을 특정 값으로 강제한 회귀선의 기울기를 반환할 수 없다.

TREND() 함수

TREND() 함수를 사용하면 상수를 0으로 강제할 수 있고 상수가 0인 회귀선의 기울기를 얻을 수도 있다. 그림 3.17을 보라.

E3:E12 범위에는 다음과 같은 배열 수식이 있다.

=TREND(C3:C12,B3:B12,,FALSE)

이 함수의 세 번째 인자가 비어 있는 것을 주목하라(두 개의 쉼표가 연속돼 있다). known x's와 known y's 사이의 관계를 사용해 예측하려는 new x's의 워크시트에서의 위치를 넣을 수 있다. 그러나 여기서는 세 번째 인자가 기입되지 않았으므로 엑셀은 디폴트인 known x's의 값만 사용해 예측한다.

네 번째 인자는 FALSE로 설정됐다. 이 설정으로 TREND() 함수가 상수를 0으로 강제하고 그에 따라 기울기를 조정하도록 한다. 그림 3.17에서 E3:E12 범위에는 상수가 0으로 주어졌을 때의 예측값이 반환됐다. 만약 이 값들은 known x's에 대응해 도표화하면, 그림 3.16의 점선 추세선 위에 정확히 올려진 일련의 점을 얻을 수 있다.

그림 3.17
TREND()와 LINEST() 함수 모두 상수를 0으로 강제하는 것을 지원한다.

I3 =B3*$G$3

	A	B	C	D	E	F	G	H	I
1		Annual Growth (inches)							
2		Brother	Sister		TREND() Function		LINEST() Function		Predicted Values from LINEST()
3	Pair 1	2.78	2.45		2.77		0.99	0	2.77
4	Pair 2	2.01	2.47		2.00		0.12	#N/A	2.00
5	Pair 3	1.40	2.17		1.39		0.88	0.76	1.39
6	Pair 4	1.13	2.08		1.12		64.79	9	1.12
7	Pair 5	0.81	1.79		0.81		37.53	5.21	0.81
8	Pair 6	1.28	1.60		1.27				1.27
9	Pair 7	2.66	1.43		2.65				2.65
10	Pair 8	2.30	1.78		2.29				2.29
11	Pair 9	2.78	2.92		2.77				2.77
12	Pair 10	0.72	1.45		0.72				0.72

LINEST() 함수

TREND() 함수는 known x's와 known y's의 관계에 기반해 알고 있는 값들의 예측값을 반환한다. LINEST() 함수는 예측값을 반환하지는 않지만, 예측값을 얻는 데 사용되는 방정식과 방정식의 신뢰도를 고려한 추론 통계량을 반환한다(예를 들어 같은 방식으로 다른 데이터 표본이 주어진 경우 지금과 비슷한 결과를 얻을 확률은 얼마인가?)

그림 3.17의 G3:H7 범위에는 다음과 같은 배열 수식이 있다.

=LINEST(C3:C12,B3:B12,FALSE,TRUE)

known y's와 known x's는 TREND() 예제와 동일하다. 세 번째 인자인 FALSE는 LINEST()에 상수를 정상적으로 계산하지 않고, 0으로 강제하도록 지시한다. 네 번째 인자는 LINEST()에 회귀계수(단순 2 변수 회귀분석에서 회귀계수는 기울기와 동일하다)와 절편뿐만 아니라 모든 부수적인 통계량을 반환하도록 한다. 셀 H3 에 표시된 절편은 0이다. 절편이 데이터를 기반으로 추정되지 않고 강제로 0으로 설정됐기 때문에 셀 H4의 값은 오류값인 #N/A이다. 일반적으로 절편 추정치의 불확실성 정도를 보여주지만 0과 같이 특정 값을 요구할 때 불확실성은 없다.

LINEST()에서 예측된 값을 얻으려면 알고 있는 X값에 회귀계수를 곱한다. 절편을 더할 필요가 없다. 절편은 0으로 설정됐기 때문이다. 따라서 셀 I3의 첫 번째 예측값을 반환하는 수식은 다음과 같다.

=B3*$G$3

이 수식은 I12까지 복사해 붙여넣기할 수 있다. 회귀계수가 있는 셀의 참조인 $G$3는 달러 기호가 절대 참조를 의미하므로 붙여넣기를 해도 참조가 유지된다.

I열의 LINEST()를 이용한 예측값은 E열의 TREND()가 반환한 예측값과 같다.

부분상관과 준부분상관

이 절의 제목을 숨길 수 있는 방법이 있었으면 좋겠다. 나는 수년 동안 이 개념과 방법으로 일해왔으며, 이것들이 직관적이고 논리적이며 유용함을 약속할 수 있다. 그렇게 때문에 '부분상관관계partial correlation'와 '준부분상관관계semipartial correlation'와 같은 이름을 가지고 있다는 사실이 나를 힘들게 한다. 이 이름은 사람들을 협박하는 목적으로 만들어진 것처럼 들린다. 그러나 출판사는 이 용어들을 숨기지 못하게 한다. 이것들은 우리가 직면한 이름이고, 우리는 그들과 함께해야 한다.

부분상관

변수가 세 개 이상일 때 부분상관을 사용할 수 있다. 이 변수들의 세 쌍 사이의 관계를 세 개의 상관계수로 정량화할 수 있다. 세 번째 변수와의 관계가 없는 것처럼 두 개의 변수 사이의 관계에 집중하고 싶을 때가 있을 것이다. 이러한 관계의 크기를 추정하는 것은 전적으로 가능하며, 부분상관이라고 부른다.

한 도시의 '대학College을 졸업한 거주자' 비율과 '시립 도서관의 소장 도서Books 수' 사이의 관계에 관심이 있다고 가정해보자. 50개 도시를 표집하여 도시의 도서 수와 대학 졸업자 수의 상관관계가 0.60임을 알았다고 해보자. 데이터를 수집하면서, 적어도 하나의 중요한 추가 변수에 대해 설명해야 하는 상황이 발생했다. '해당 지역사회의 부Wealth'이다.

문제는 도서관에 있는 책의 수와 대학을 졸업한 거주자의 비율이 지역사회 주민이 도서관과 같은 기관을 지원하고 청소년을 대학에 보낼 수 있는 돈과 밀접한 관련이 있다는 것이다. 지역사회의 재산을 일정하게 유지할 수 있다면 (도서관 재정 지원 및 고등 교육이 가능한 경제적 여유가 미치는 영향을 어떻게든 제거할 수 있다면), 도서 수와 졸업생 수 사이의 관계가 0.60의 상관관계와 상당히 다른 값을 가진다는 것을 발견할 수도 있다.

물론 완전히 동일한 부를 가지고 있는 50개의 도시를 찾는 것은 매우 어렵다. 이 방법은 부를 상수로 고정할 수 있지만 현실적으로 불가능하다.

그러나 도서관의 재정적 지원과 대학을 보낼 경제적 여유의 부의 영향을 통계적으로 제거함으로 실제로 관심 있는 변수인 도서 수와 졸업생 수 사이의 양적 관계를 좀 더 정확하게 추정할 수 있다. 이 통계 기법은 도서 구입과 대학 비용으로부터 부를 제외[partials out]한다.

이러한 부분상관관계를 계산하는 한 가지 방법은 다음 수식과 같다.

$$r_{CB.W} = \frac{r_{CB} - r_{CW}r_{BW}}{\sqrt{1 - r_{CW}^2}\sqrt{1 - r_{BW}^2}}$$

여기서,

- $r_{CB.W}$ 는 Wealth(부)를 제거한 College(대학)와 Books(도서) 사이의 상관관계다.
- r_{CB} 는 College와 Books 사이의 상관관계다.
- r_{CW} 는 College와 Wealth 사이의 상관관계다.
- r_{BW} 는 Books와 Wealth 사이의 상관관계다.

비록 맞는 공식이지만, 이 공식에는 두 가지 문제가 있다. 하나는 당신이 원하는 만큼 오래 이 공식을 바라봐도 내부에서 진행되는 일에 대해 아무런 통찰력을 제공하지 않는다는 것이다(어쨌든, 필자에게는 한 번도 그런 적이 없다). 다른 문제는 모양이 꼴사나워서 맞는 상관관계를 올바른 위치에 배치하는 데 있어 오류가 발생하기 쉽다는 것이다.

부분상관 문제를 생각하는 다른 방법은 이 문제를 실제 관찰값과 예측한 값의 차이인 잔차를 분석하는 형태로 변환하는 것이다. 앞의 예제를 이어 나가면, College와 Wealth의 상관관계를 계산할 수 있다면 다양한 기법을 사용해 Wealth로부터 College를 예측할 수 있다. 표준점수와 상관계수, 회귀계수와 절편을 반환하는 SLOPE()와 INTERCEPT() 같은 함수, 예측값을 바로 반환하는 TREND() 함수 같은 것들은 사용할 수 있다.

더 나아가, 예측된 값을 얻을 수 있다면 실제 관측값에서 예측값을 빼서 잔차값을 얻을 수 있다. 표집된 지역사회의 대학 졸업자의 비율에 대한 잔차값을 사용하면, 지역사회 부의 효과가 제거된removed(통계적 용어로는 'partialled out') 대학 졸업자의 비율에 관한 정보를 얻을 수 있다.

예제를 약간 변경하고 엑셀 워크시트에서 어떻게 작동하는지 살펴보자. 그림 3.18을 보라.

그림 3.18
나이(Age)는 키(Height) 그리고 몸무게(Weight)와 밀접한 관계가 있다.

G20 =(C19-C18*D19)/(SQRT(1-C18^2)*SQRT(1-D19^2))

Height	Age	Weight	Height Regressed on Age	Weight Regressed on Age	Residual Height	Residual Weight
47	11	82	39.97	88.19	7.03	-6.19
60	18	145	53.68	107.07	6.32	37.93
39	14	93	45.84	96.28	-6.84	-3.28
34	9	83	36.05	82.80	-2.05	0.20
54	15	92	47.80	98.98	6.20	-6.98
34	12	83	41.93	90.89	-7.93	-7.89
57	21	109	59.56	115.16	-2.56	-6.16
35	14	93	45.84	96.28	-10.84	-3.28
49	12	107	41.93	90.89	7.07	16.11
53	15	95	47.80	98.98	5.20	-3.98
56	20	96	57.60	112.46	-1.60	-16.46

Raw Correlations			
	Height	*Age*	*Weight*
Height	1		
Age	0.74	1	
Weight	0.65	0.56	1

Correlation of Residual Weight with Residual Height
0.41

Partial correlation from formula
0.41

청소년과 청장년의 키와 몸무게 관계를 조사하는 데 관심이 있다고 해보자. 영양과 신체 활동과 같은 많은 변수들이 그 관계를 중재하지만 가장 강한 것 중 하나는 나이일 것이다. 사람은 성인이 될 때까지 해가 지남에 따라 점점 더 커지고 무거워지는 경향이 있다. 키와 몸무게 두 변수에 대해 나이의 영향이 제거되면, 키와 몸무게 사이의 관계가 어떤지 궁금할 것이다.

작은 표본으로부터 키, 몸무게 및 나이에 대한 정보를 수집하고 그림 3.18의 B3:D13 범위에 나와 있는 대로 기록했다. 이런 문제의 좋은 시작점은 변수의 쌍 사이의 상관관계를 얻는 것이다. B16:E19 범위에 상관관계를 계산했다. 상관관계는 중간 정도(0.56)에서 꽤 강한 정도(0.74)까지 있다.

> **노트** 필자는 엑셀의 분석 도구 추가 기능에서 대부분의 도구를 사용하지는 않는다. 이 분석 도구들은 특이하고 사용해야 하는 동력이 부족하다. 그들은 생산적이지도 않고 유용한 학습 도구도 아니다. 하지만 상관관계 분석 도구를 사용하면 시간과 오류를 줄일 수 있다(상관관계 대신 공분산 도구를 사용해 작업하려는 경우에도 마찬가지다). 상관관계 도구는 B3:D13에 있는 것과 같은 원시 데이터의 목록 또는 테이블이 주어졌을 때, 상관관계의 하대각행렬(lower-diagonal matrix)을 반환(그림 3.18의 B16:E19)한다. 이러한 행렬은 변수가 어떤 관련이 있는지 설명하는 데 유용한 방법이다. 주 대각선 위쪽 부분도 행렬 조작 같은 작업을 통해 아래와 같이 채워지면 더 유용하다. 5개 이상의 변수가 있는 경우 CORREL() 함수를 사용해 수동으로 계산하는 작업은 지루하고 오류가 발생하기 쉽다. 하지만 상관관계 도구는 이러한 작업을 자동화하며, 실제로 가치가 있는 데이터 분석 도구 중 하나다.

다음 단계는 Age에 대한 Height의 회귀와 Age에 대한 Weight의 회귀를 진행하는 것이다. 이는 그림 3.18의 F3:F13과 H3:H13에서 수행됐다. 이 두 범위의 값은 이 표본의 대상자의 나이에 대한 지식을 사용해 추정할 수 있는 키와 몸무게에 대한 모든 정보를 나타낸다. F3:F13에 사용된 배열 수식은 다음과 같다.

```
=TREND(B3:B13,C3:C13)
```

그리고 H3:H13의 수식은 다음과 같다.

```
=TREND(D3:D13,C3:C13)
```

F3:F13과 H3:H13의 예측된 값을 가지고 잔차를 계산하는 것은 쉽다. 이 값들은 J3:J13과 L3:L13에 있다. 단순히 실제 관찰값에서 예측값을 빼서 얻을 수 있다. 셀 J3의 첫 번째 피험자의 Height의 잔차는 다음과 같이 구할 수 있다.

```
=B3-F3
```

같은 대상자의 Weight의 잔차는 다음과 같다.

```
=D3-H3
```

우리는 이제 J3:J13과 L3:L13에 Age의 모든 영향이 제거된 Height와 Weight의 잔차 척도를 가지고 있다. 이제 이 두 개의 값의 셋의 상관관계를 계산해, Age가 제거된 Height와 Weight의 부분상관을 구하는 것만 남았다. 이 값은 셀 G17에 표시된 것처럼 0.41이고, 다음 공식을 사용해 얻을 수 있다.

=CORREL(J3:J13,L3:L13)

결과를 확인하기 위해 셀 G20에 다음과 같은 수식을 사용했다.

=(C19?C18*D19)/(SQRT(1-C18^2)*SQRT(1?D19^2))

이번 절의 앞쪽 부분에서 사용했던 부분상관의 공식을 기억해보자.

$$r_{HW.A} = \frac{r_{HW} - r_{HA}r_{WA}}{\sqrt{1 - r_{HA}^2}\sqrt{1 - r_{WA}^2}}$$

(Height는 H, Weight는 W, Age는 A로 첨자를 대체했다.)

그림 3.19
단순회귀에서 예측변수는 예측된 값과 완벽한 상관관계를 가진다.

L15 =CORREL(C3:C13,F3:F13)

	A	B	C	D	E	F	G	H	I	J	K	L
1												
2		**Height**	**Age**	**Weight**		**Height Regressed on Age**		**Weight Regressed on Age**		**Residual Height**		**Residual Weight**
3		47	11	82		39.97		88.19		7.03		-6.19
4		60	18	145		53.68		107.07		6.32		37.93
5		39	14	93		45.84		96.28		-6.84		-3.28
6		34	9	83		36.05		82.80		-2.05		0.20
7		54	15	92		47.80		98.98		6.20		-6.98
8		34	12	83		41.93		90.89		-7.93		-7.89
9		57	21	109		59.56		115.16		-2.56		-6.16
10		35	14	93		45.84		96.28		-10.84		-3.28
11		49	12	107		41.93		90.89		7.07		16.11
12		53	15	95		47.80		98.98		5.20		-3.98
13		56	20	96		57.60		112.46		-1.60		-16.46
14												
15		**Raw Correlations**					Age with *Height regressed on Age*:					1.00
16			*Height*	*Age*	*Weight*		Age with *Weight regressed on Age*:					1.00
17		Height	1									
18		Age	0.74	1			Age with Residual Height					0.00
19		Weight	0.65	0.56	1		Age with Residual Weight					0.00

부분상관의 사촌격인 준부분상관으로 넘어가기 전에 부분상관에 대한 한 가지 더 중요한 점이 있다. 그림 3.19는 제거된 변수인 Age와 Height와 Weight의 예측값과 잔차값 사이의 관계를 보여준다.

원래 관찰값, Height와 Weight의 예측된 값, Height와 Weight의 잔차값은 그림 3.18과 동일하다. 셀 L15, L16, L18, L19의 네 개의 상관관계를 보라. 예측변수로 다뤄지는 Age는 Height와 Weight의 예측된 값과 완벽한 상관관계를 가진다.

또한 잔차는 원래 관측값과 예측된 값으로부터 유도됐기 때문에, 예측변수는 Height와 Weight의 잔차값과 0.0의 상관관계를 가진다. 이를 다른 말로 표현하면 Age는 Height의 잔차나 Weight의 잔차와 공유하는 분산이 없다고 할 수 있다.

이 효과는 부분상관관계로 인한 것이 아니다. 하나의 예측변수를 갖는 단순 회귀분석에서 예측된 값의 성격 때문이다. 엑셀의 TREND() 함수를 상기해보면 이 함수는 SLOPE()와 INTERCEPT() 함수와 같이 단순히 회귀식의 기울기와 절편을 계산하고, 이를 예측변수에 적용한 결과를 보여준다. 이것이 TREND() 함수가 그림 3.18과 3.19의 범위 F3:F13과 H3:H13에서 수행한 작업이다.

그렇기 때문에 우리가 SLOPE() 및 INTERCEPT() 또는 TREND()로 하는 일은, 원래 예측변수에 상숫값인 SLOPE()를 곱하고 다른 상수인 INTERCEPT()를 더하는 것이다. 일련의 값에 상숫값인 SLOPE()를 곱하면 척도는 변하지만 각 값들의 새로운 척도에서의 상대적인 위치relative position에는 아무런 효과를 주지 않는다.

상수 INTERCEPT()를 일련의 값에 더하는 것은 심지어 척도도 바꾸지 못한다. 할 수 있는 일은 원래 척도에서 각 값들을 위나 아래로 이동시켜 값들의 평균을 바꾸는 것이다.

값의 상대 위치가 동일하게 유지되기 때문에 z-점수도 동일하게 유지되며, 필연적으로 예측변수와 예측된 변수의 상관관계는 1.0이 될 수밖에 없다. 예측된 값과의 상관관계가 1.0이면, 거기에는 잔차값들과 공유할 분산이 남아 있지 않다. 그리고 그림 3.19에서 보이는 것과 같이 예측변수와 잔차의 상관관계는 0.0이 된다.

필자는 두 잔차값 셋 사이의 부분상관을 계산했을 때 제거돼야 할 변수가 잘 그리고 정말로 제거됐다는 사실을 확실히 강조하기 위해 이와 같이 장황하게 설명했다. 이 잔차값들은 공유하는 분산이 없다.

다중회귀분석 적용의 중심이 되는 준부분상관은 조금 다르다. 5장에서 자세히 살펴보겠지만, 먼저 단순 회귀의 맥락에서의 준부분상관에 대해 살펴보자.

준부분상관 이해하기

시작하면서 약간의 용어에 대해 설명하려고 한다. 이전 절에서는 부분상관에 대해 설명했다. 이번 절에서는 '파트상관'이라고도 부르는 준부분상관에 대해 설명한다. 파트part상관과 부분partial상관이라는 용어는 항상 동의어처럼 보여서, 두 상관관계 사이의 실제적이고 중요한 차이를 나타내기가 어렵다. 그러나 part와 partial이라는 용어의 차이는 임의적이며 도움이 되지 않는다.

파트상관 대신 사용되는 다른 용어로 준부분상관이 있으며 마지못해 이를 받아들인다. 이 책의 남은 부분에서는 파트상관 대신에 이 용어를 사용할 것이다.

이전 절에서 부분상관은 하나의 변수(예제에서는 Age)의 영향을 다른 두 개의 변수(Height와 Weight)에서 제거하고 남은 잔차에 대한 상관관계라고 설명했다.

다중회귀분석에서 두 변수가 아닌 두 변수 중 단지 하나의 변수에서만 변수의 영향을 제거하는 것이 유용한 경우가 종종 있다. 변수의 영향이 하나의 변수에서만 제거되므로, 다른 변수에 대해서는 영향이 남아 있다. 그렇기 때문에 이 접근법을 준부분상관이라고 한다. 그림 3.20에 예제가 있다.

그림 3.20

준부분상관은 변수의 영향을 남은 변수들 중 하나의 변수에서만 제거한다.

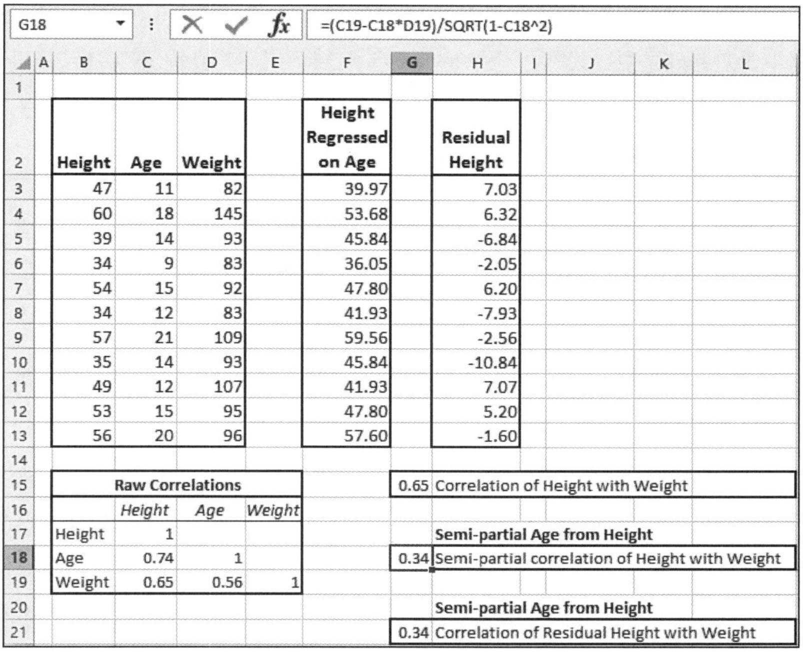

G18 | =(C19-C18*D19)/SQRT(1-C18^2)

	B	C	D	E	F	G	H
1							
2	**Height**	**Age**	**Weight**		**Height Regressed on Age**		**Residual Height**
3	47	11	82		39.97		7.03
4	60	18	145		53.68		6.32
5	39	14	93		45.84		-6.84
6	34	9	83		36.05		-2.05
7	54	15	92		47.80		6.20
8	34	12	83		41.93		-7.93
9	57	21	109		59.56		-2.56
10	35	14	93		45.84		-10.84
11	49	12	107		41.93		7.07
12	53	15	95		47.80		5.20
13	56	20	96		57.60		-1.60
14							
15	**Raw Correlations**					0.65	Correlation of Height with Weight
16		*Height*	*Age*	*Weight*			
17	Height	1					**Semi-partial Age from Height**
18	Age	0.74	1			0.34	Semi-partial correlation of Height with Weight
19	Weight	0.65	0.56	1			
20							**Semi-partial Age from Height**
21						0.34	Correlation of Residual Height with Weight

부분상관의 경우처럼 준부분상관의 공식은 다음과 같다.

$$r_{W(H.A)} = \frac{r_{WH} - r_{HA}r_{WA}}{\sqrt{1 - r_{HA}^2}}$$

이 수식의 첨자는 이전 절에서처럼 H는 Height, W는 Weight, A는 Age를 나타낸다. 부분상관 공식과는 다음 두 가지가 바뀌었다.

- 준부분상관의 첨자에 괄호가 포함됐는데 이는 어떤 변수에서 영향이 제거됐는지를 가리키기 위함이다. W(H.A)는 Age의 영향이 Height에서만 제거되고 Weight에서는 제거되지 않았음을 가리킨다.
- 비율의 분모에 더이상 Age에 의해 예측되는 Weight의 분산의 비율의 제곱근이 포함되지 않는다. 이 경우 Weight에서 Age의 효과를 제거하지 않았기 때문에 (Height에서만 제거하였다), Age와 Weight 사이의 R^2이 분모에 포함되지 않는다.

그림 3.20의 셀 G18에 사용된 이 수식은 Age의 영향이 제외된 Height와 Weight 사이의 상관관계를 보여준다. 준부분상관은 0.34이며 이 값은 셀 G15의 원래 Height와 Weight 사이의 단순 상관관계보다 상당히 작다. Height에서 Age의 영향을 제거하면, Height와 Weight 사이의 공유되는 분산의 양이 급격히 줄어든다.

원래의 Height와 Weight 사이의 상관관계는 0.65로 42%의 분산을 공유한다. Height의 잔차값과 원래 Weight 값의 준부분상관은 0.34로, 0.34의 제곱인 12%의 분산을 공유한다. 공유되는 분산의 30% 차이가 손실된 것이 아니라는 점을 명심해야 한다. 30%는 Height에서 영향을 제거한 Age와 공유하고 있는 것이다. 잠깐 다루겠지만 방향을 바꿔 Height 대신 Age에서 영향을 제거할 수도 있다.

준부분상관을 계산하는 다른 방법은 그림 3.19에서 보여줬던 부분상관관계를 계산하는 방법과 유사하다. Height에서 Age의 부분을 제외하기 위해, TREND()를 사용해 Age로부터 Height를 예측하고 예측된 값을 실제 관찰된 Height에서 뺌으로 Height의 잔차를 구할 수 있다. 그런 다음 Height의 잔차값과 Weight의 원래 값의 상관관계를 통해서 준부분상관을 계산할 수 있다. 이 과정이 그림 3.20에서 Age와 Height에 대해 수행된 것이다. 이 과정은 또한 그림 3.20의 셀 G21에서도 행해진다. Weight와 Height의 잔차값의 표준상관계수가 계산된다. 셀 G18의 공식에 의해서 계산된 준부분상관과 값이 동일한 것을 알 수 있다.

그림 3.19에서, 부분상관은 Height와 Weight 모두에서 Age의 효과를 배제한다고 이야기했다. 그림 3.19와 대조적으로, 그림 3.20은 하나의 셋의 예측값과 잔차만을 보여준다. 이 시점에서 우리는 Weight가 아닌 Height에서만 Age의 영향을 제거한다. 왜 그럴까?

Age와 Height에 기반하여 Weight의 값을 예측하는 데 관심이 있다고 가정해보자. 이것은 다중회귀로, 5장에서 자세히 다룰 예정이다. Age와 Height 모두가 Weight와 분산을 공유하기 때문에 회귀방정식에서 두 예측변수를 모두 사용해 Weight를 예측하기를 원한다.

하지만 문제가 있다. Age와 Height는 서로의 분산을 공유하며 그중 일부는 Weight와도 공유하고 있을 수도 있다. Age에 Weight를 회귀하면 Weight의 32%의 분산을 공유할 것이다. Age와 Weight의 단순 상관관계는 0.56으로 이를 제곱하면 0.32, 즉 32%가 된다.

Age에 Weight를 회귀한 이후, Height에 Weight를 회귀해보자. 이들의 단순 상관관계는 0.65이므로 0.42(0.65의 제곱), 즉 Weight의 42%의 분산이 Height의 분산과 관련이 있다.

이제까지 Weight의 32%의 분산이 나이와 관련이 있고, Weight의 42%의 분산이 Height와 관련이 있다고 설명했다. 그러면 이제까지 Weight의 32%+42%=74%의 분산을 설명했을까?

아니, 그렇지 않다. 이것이 사실일 수 있는 유일한 상황은 두 개의 예측변수인 Age와 Height 자체가 서로 관련이 없을 때, 즉 무상관uncorrelated일 때이다. 두 개의 예측변수가 확실히 무상관이 될 수 있지만, 그런 상황은 거의 예측변수 간에 공유하는 분산이 없다고 실험을 디자인하고 수행했을 때나 가능하다. 특수 코딩coding 방법에 대해 다루는 이후의 장에서 그러한 예를 볼 수 있다.

이 예에서 설명한 것과 같은 상황에서, 예측변수인 Age와 Height가 무상관일 경우는 순전히 운에 의해서만 가능하고 거의 불가능하다. 피대상자에게 특정 Age와 Height의 값을 할당한 것이 아니다. 그 사람들은 단지 자신의 Age와 Height를 나타낸 것이다. Age와 Height의 상관관계는 0.74이며 분산의 0.742, 즉 55%를 공유한다.

따라서 Age에 대해 Weight를 회귀할 때, Weight의 분산의 일부를 예측변수인 Age에 할당한다. 이 방정식에 Height를 추가해 분석을 계속하면, Age와 공유하는 Weight의 분산을 예측변수인 Height와 공유하지 못하도록 해야 한다. Age와 Weight의 상관관계의 제곱과 Height와 Weight의 상관관계의 제곱을 단순히 더하면 분산의 일부분을 두 번 더하게 되는 것이다. 그 분산은 세 변수 모두가 공유하는 분산이다.

해결책은 준부분상관을 사용해, 두 예측변수 중 하나의 값을 조정해 두 변수 사이에 공유하는 분산이 없는 무상관관계가 되게 하는 것이다(다중회귀를 수행하는 LINEST()와 같은 함수는 이러한 일련의 과정을 따르지는 않지만, 개념적으로 LINEST()는 이런 과정을 모방한다). 만약 준부분상관을 사용해 하나의 예측변수의 영향을 다른 예측변수에서 제거하고, 예측되는 변수에 대해서는 영향을 남겨 놓으면, 예측변수와 예측되는 변수 사이의 공유하는 분산은 이 변수들에게만 고유함을 보장할 수 있다. 어떠한 분산도 두 번 계산하지 않게 되는 것이다.

마지막 단락에는 매우 중요한 점이 포함돼 있다. 다중회귀방정식에 변수를 추가할 때의 효과를 평가하는 방법에 대한 자세한 내용은 4장에서 설명할 예정이다. 그래서 이번에는, 이번 절의 Height-Age-Weight 예제의 맥락에서 반복하도록 하겠다.

예측변수는 Height와 Age이고 예측되는 변수는 Weight이다. Height와 Age가 서로 아무런 상관이 없다면 문제가 발생하지 않지만, 이들은 서로 관계가 있다. 그러므로 두 예측변수는 서로 분산을 공유한다. 더 나아가 이들은 예측되는 변수인 Weight와 분산을 공유한다(만약 그렇지 않다면, 이 변수들을 회귀분석에 포함시킬 수가 없다).

Height와 Weight의 상관관계는 0.65이다. 따라서 Height를 방정식에 넣으면 Weight 분산의 0.652, 즉 42%의 분산을 공유한다. Height와 Age도 분산을 공유하기 때문에, 42%의 분산 중 일부는 Height와 Weight와 더불어 Age와도 공유할 가능성이 있다. 이 경우, 만약 Age를 단순히 더해 Height와 섞는다면, Weight 분산의 일부를 두 번 계산하게 된다. 한 번은 Height로 인해 한 번은 Age로 인해. 이것은 Height와 Age의 조합으로 설명되는 Weight의 분산의 양을 부적절하게 부풀리게 한다.

만약에 Height와 Weight의 상관관계가 0.80이고 Age와 Weight의 상관관계 또한 0.80일 경우 상황은 더 나빠질 수 있다. 그러면, Height와 Weight가 64%의 분산을 공유하고, Age와 Weight도 64%를 공유하게 된다. 우스운 결과인 Weight의 128%의 분산에 대해 설명해야 할 것이다.

그러나 우리가 문제에 준부분상관의 개념을 적용한다면, 주어진 예측변수와 관련된 고유한 분산을 가지고 결론 지을 수 있다. Height에서 Age의 영향을 제외하여 (Weight에서는 제외하지 않고) Age와 Height의 준부분상관을 계산할 수 있다. 그림 3.21을 보라.

그림 3.21

준부분상관을 사용해 하나의 예측변수의 영향을 다른 예측변수에서 제거하고 예측되는 변수에는 남겨 둘 수 있다.

E16 =RSQ(D3:D13,C3:C13)

	Height	Age	Weight	Height Regressed on Age	Residual Height	Age regressed on Height	Residual Age
3	47	11	82	39.97	7.03	14.61	-3.61
4	60	18	145	53.68	6.32	18.25	-0.25
5	39	14	93	45.84	-6.84	12.37	1.63
6	34	9	83	36.05	-2.05	10.98	-1.98
7	54	15	92	47.80	6.20	16.57	-1.57
8	34	12	83	41.93	-7.93	10.98	1.02
9	57	21	109	59.56	-2.56	17.41	3.59
10	35	14	93	45.84	-10.84	11.26	2.74
11	49	12	107	41.93	7.07	15.17	-3.17
12	53	15	95	47.80	5.20	16.29	-1.29
13	56	20	96	57.60	-1.60	17.13	2.87

		R^2
16	Weight & Age	0.318
17	Weight & Residual Height	0.116
18	Total	0.434
20	Weight & Original Height	0.418

	Age	Height	Intercept
16	0.900	0.917	41.644
17	1.892	0.715	23.248
18	0.434	15.081	#N/A
19	3.070	8	#N/A
20	1396.578	1819.422	#N/A

=LINEST(D3:D13,B3:C13,,TRUE)

그림 3.21은 하나의 예측변수의 잔차를 사용해 어떻게 다른 예측변수의 영향을 제외하는지 보여준다. Age의 영향이 제거된 Height의 잔차는 G3:G13 범위에 있다. 이 셀들은 다음과 같은 특징을 가진다.

- 셀 E16은 Weight와 Age 사이의 공유되는 분산인 R^2을 보여준다. 이 값은 엑셀의 RSQ() 함수를 사용하면 쉽게 얻을 수 있다.

  =RSQ(D3:D13,C3:C13)

  이 시점에서 우리는 실제 관측값과 분산이 제외되지 않은 첫 번째 예측변수(다루고 있는 예제에서는 Weight 변수) 사이의 R^2에 대해 관심이 있다.

- 셀 E17은 (Age가 제거된) Weight와 Height의 잔차값사이의 R^2을 보여준다.

  =RSQ(D3:D13,G3:G13)

Height에서 Age를 제외했기 때문에 결과 변수인 Weight와 Height잔차값 사이의 R^2을 계산할 수 있다. 우리는 이미 Weight와 연관된 Age의 모든 분산에 대해 설명했다. 어떠한 공유되는 분산도 두 번 카운트하기를 원하지 않기 때문에, 우선 Height에서 Height와 Age가 서로 공유하는 분산을 제외하고 Weight와 Height의 잔차들이 공유하는 분산의 비율을 계산했다.

- 셀 E18은 Weight와 Age의 R^2값과 Weight와 Height 잔차값의 R^2의 합을 보여준다. 이 합은 0.434이다.
- 셀 E20은 Weight 와 원래 Height값 사이의 R^2값을 보여준다. 셀 E17의 Weight와 Height 잔차값의 R^2보다 몇 배 큰 것을 주목하라. 이 차이는 Height에서 Age의 영향이 제외됐기 때문이다.

또한 E18의 R^2값의 합계는 셀 G18의 값과 정확하게 같다. G18의 값은 LINEST()에 의해 반환된 Age와 Height를 Weight의 예측변수로 동시에 사용하는 완전 다중회귀방정식의 R^2이다. 단순히 Age와 Weight의 R^2값과 Height와 Weight의 R^2값을 단순히 더한다면, 0.318+0.418, 즉 0.736의 심하게 과대 추정된 R^2값을 얻게 될 것이다.

Age 대신 Height를 첫 번째 예측변수로 사용한다면 어떻게 될까? 그 결과는 그림 3.22에 나와 있다.

그림 3.21에서 Age에 대한 Height의 회귀를 한 것과는 달리, 그림 3.22는 F3:F13의 범위에 Height에 대한 Age의 회귀로 시작한다. 그런 다음 B열의 실제 관측값에서 예측된 Age를 빼서 Age의 잔차값을 G3:G13에 계산한다.

그런 다음, 그림 3.22의 셀 E16에 Weight와 Height의 조정되지 않은 R^2이 보인다(그림 3.21의 E16에는 Weight와 Age 사이의 조정되지 않은 R^2이 있다). 그림 3.22는 또한 셀 E17에 Weight와 G3:G13의 Height 잔차값들 사이의 R^2을 보여준다.

그림 3.21과 3.22를 비교하면, G16과 G17의 개별 R^2값이 서로 다르다. 이 차이는 어떤 예측변수를 다른 예측변수와 공유된 분산을 유지하도록 허용했는지 때문이다. 그림 3.21에서는 Age이고 그림 3.22에서는 Height이다. 두 가지 예측변수 모두에 의해서 설명되는 전

체 분산은 두 경우가 같다. 그러나 각 예측변수에 의해서 기인한 Weight의 분산의 양은 어떤 예측변수를 방정식에 먼저 사용했는지에 따라 결정된다.

그림 3.22
예측변수를 방정식에 넣는 순서는 전체 R^2에 기여하는 정도에만 영향을 미친다.

E17 | =RSQ(D3:D13,G3:G13)

	A	B	C	D	E	F	G	H	I	J
2		Age	Height	Weight		Age Regressed on Height	Residual Age		Height Regressed on Age	Residual Height
3		11	47	82		14.61	-3.61		39.97	7.03
4		18	60	145		18.25	-0.25		53.68	6.32
5		14	39	93		12.37	1.63		45.84	-6.84
6		9	34	83		10.98	-1.98		36.05	-2.05
7		15	54	92		16.57	-1.57		47.80	6.20
8		12	34	83		10.98	1.02		41.93	-7.93
9		21	57	109		17.41	3.59		59.56	-2.56
10		14	35	93		11.26	2.74		45.84	-10.84
11		12	49	107		15.17	-3.17		41.93	7.07
12		15	53	95		16.29	-1.29		47.80	5.20
13		20	56	96		17.13	2.87		57.60	-1.60
14										
15					R^2		Height	Age	Intercept	
16				Weight & Height	0.418		0.917	0.900	41.644	
17				Weight & Residual Age	0.016		0.715	1.892	23.248	
18				Total	0.434		0.434	15.081	#N/A	
19							3.070	8	#N/A	
20							1396.578	1819.422	#N/A	
21							=LINEST(D3:D13,B3:C13,,TRUE)			

이 시점에서 이런 것들은 사소한 문제로 보일 수 있다. 중요한 것은 '전체 회귀방정식이 얼마나 정확하게 수행됐는가'다. 전체 설명되는 분산에 대한 각 변수의 기여는 상대적으로 작은 사안이다.

하지만 앞선 경우를 제외하면 중요한 문제가 될 수도 있다. 다중 회귀방정식에서 변수를 사용할지 여부를 고려하기 시작하면 이것은 비교적 중요한 문제다. 이는 분석에 적합한 모델을 선택했는지 평가하는 데 영향을 줄 수 있다. 이 문제들을 5장에서 좀 더 자세하게 다룰 것이다. 그 전에 먼저, 이 책의 도구에 엑셀의 LINEST() 함수를 추가할 필요가 있다. LINEST()는 엑셀의 회귀분석에 아주 중요한 함수이기 때문에 4장에서는 지금까지보다 훨씬 더 자세히 설명하겠다.

LINEST() 함수

4

워크시트 함수 LINEST()는 엑셀 회귀분석의 핵심이다. LINEST()를 사용하지 않고 엑셀의 행렬분석 함수를 통해 회귀분석을 할 수도 있지만, 최고의 도구 없이 작업을 하는 것이다. 앞서 3개의 장에서 회귀분석에 대해 다뤘지만, 아직까지 엑셀의 가장 중요한 회귀분석 워크시트 함수에 대해서는 언급하지 않았다.

다음으로 진행하기에 앞서, 우선 명백한 모순을 설명하도록 하겠다. LINIEST()는 단 하나의 예측변수에 대해 최대 10개의 통계량을 반환한다. 그러나 LINEST()를 사용해 두 그룹의 평균의 차이를 테스트하거나 공분산의 요인분석, 요인과 요인의 상호작용, 요인과 공변량의 상호작용 같은 복잡한 분석 작업을 수행할 수 있다. 이를 사용해 새로운 변수를 회귀식에 추가했을 때의 통계적 효과를 평가할 수 있는 모형비교model comparison라는 것을 수행할 수도 있다. LINEST()를 사용해 곡선 회귀분석curvilinear regression analysis 및 직교대비orthogonal contrasts도 수행할 수 있다.

LINEST()를 사용하기 전에 필요한 것은 원시 데이터를 정돈하는 것이 전부다. 5장에서 이 문제에 관해 다루겠다. 우선 워크시트에서 LINEST()를 사용하는 메커니즘을 이해하는 것이, 10개의 통곗값이 의미하는 것과 서로 상호작용하는 방식을 이해하는 것만큼 중요하다. 그것이 4장의 목적이다.

이 함수의 메커니즘부터 알아보자.

배열을 입력받는 LINEST()

엑셀의 여러 함수들은 Ctrl+Shift+Enter를 사용해 배열을 입력하면, Enter 키만 사용해 일반적으로 입력했을 때와는 다른 방식으로 작동된다. 예를 들어 행렬의 행과 열을 바꿔주는 TRANSPOSE() 함수는 평범하게 Enter를 사용해 입력하는 경우 #VALUE! 이외에는 반환하지 않는다. TRANSPOSE()를 사용해서 원래 행렬의 첫 번째 값이라도 반환하려면 반드시 Ctrl+Shift+Enter를 사용해야 한다.

반면 TREND() 함수는 하나의 셀만 선택하고 평범하게 Enter로 입력돼도 완벽하게 동작한다. 물론 첫 번째 레코드에 대해서만 회귀방정식의 결과를 원하는 것은 드물다. 요점은, 문법적으로는 작동한다는 것이다.

LINEST() 함수는 이와 관련해 TREND()와 유사하다. 하나의 셀만 선택하고 함수를 평범하게 사용해도 정확한 결과 하나를 반환한다. 그러나 이 함수들을 엑셀의 문법대로 다루지 않으면, 얻을 수 있는 모든 결과를 얻을 수 없다.

그럼 이 문제가 무엇인지, 어떻게 이 문제를 피할 수 있는지 간략하게 살펴보자.

배열 수식의 메커니즘 이해하기

3장, '단순회귀분석'의 '배열을 입력받는 TREND()' 절에서, 엑셀의 배열을 입력받는 수식의 메커니즘을 일부 다뤘다. TREND()와 마찬가지로 LINEST()를 사용하는 것과 관련돼 있으므로 그중 일부를 반복하겠다.

- 함수가 아니라 배열로 입력되는 수식이다. 그러나 배열 수식에는 일반적으로 함수가 포함돼 있다. 함수의 기능을 최대한 활용하기 위해 수식에 배열로 입력한다.
- 엑셀에서 수식을 입력한 다음, Enter 키를 누르는 대신 Ctrl 키와 Shift 키를 누른 상태에서 Enter를 눌러서 수식에 배역을 입력할 수 있다.
- LINEST()를 사용할 때 Ctrl+Shift+Enter 대신 Enter 키를 단독으로 사용하더라도 아무런 오류가 없다. 그러나 함수가 반환할 수 있는 전체 결과를 얻지 못할 것이다.
- 배열 수식이 차지하는 범위의 크기를 알기 위해서는 함수에 대한 경험과 지식이 필요하다. 수식을 입력하기 전에 결과 셀의 범위를 선택해야 한다.
- 일반적으로 TREND()는 한 열의 너비와 관찰값의 행 범위만큼 범위를 선택하고 시작한다. LINEST()는 일반적으로 5개의 행과 관찰값의 범위 만큼의 열을 선택하고 시작한다.

따라서 만약 LINEST()를 사용해, 하나의 예측변수와 하나의 예측되는 변수가 있는 단순 회귀분석에 대한 결과를 얻기 원하는 경우, 5개의 행과 2개의 열의 범위를 선택하는 것부터 시작해야 한다. 5개의 행은 LINEST()가 5행 이상은 반환하지 않기 때문이다(6번째 행부터는 #N/A의 오류값이 포함될 것이다). 2개의 열은 하나는 예측변수의 회귀계수를 위해, 다른 하나는 절편(또는 상수)에 필요하기 때문이다.

실수 목록

그림 4.1에 LINEST()를 잘못 입력한 경우 어떤 결과를 보이는지 몇 가지 예가 나와 있다.

그림 4.1의 열 A에는 예측변숫값(엑셀 용어로는 known x's)으로 20명의 키가 있다. 열 B에는 예측되는 변수(엑셀 용어로는 known y')로 몸무게가 있다. 실험의 목적은 두 변수 사이의 관계의 본질을 알기 위함일 수도 있고, 키를 알고 있는 21번째 사람의 몸무게를 예측하기 위함일 수도 있다.

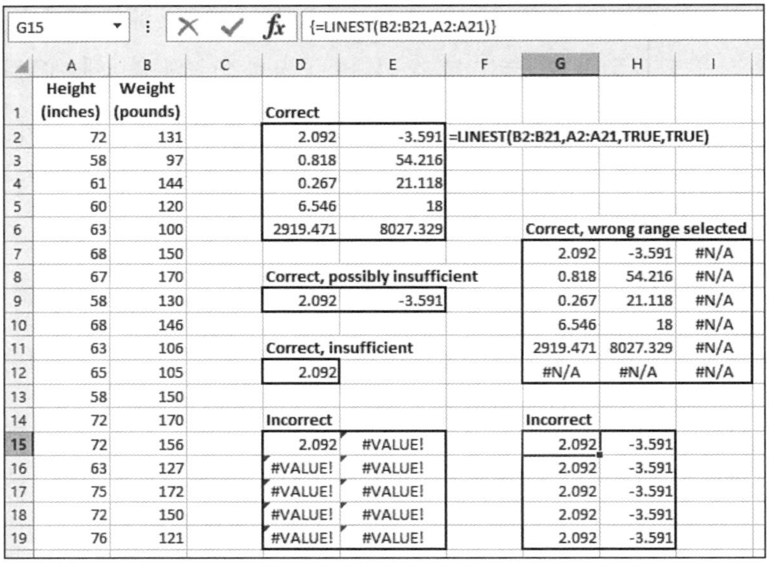

그림 4.1
이 모든 예제가 잘못된 사용을 나타내는 것은 아니다.

G15 | {=LINEST(B2:B21,A2:A21)}

	A	B	C	D	E	F	G	H	I
1	Height (inches)	Weight (pounds)		Correct					
2	72	131		2.092	-3.591	=LINEST(B2:B21,A2:A21,TRUE,TRUE)			
3	58	97		0.818	54.216				
4	61	144		0.267	21.118				
5	60	120		6.546	18				
6	63	100		2919.471	8027.329		Correct, wrong range selected		
7	68	150					2.092	-3.591	#N/A
8	67	170		Correct, possibly insufficient			0.818	54.216	#N/A
9	58	130		2.092	-3.591		0.267	21.118	#N/A
10	68	146					6.546	18	#N/A
11	63	106		Correct, insufficient			2919.471	8027.329	#N/A
12	65	105		2.092			#N/A	#N/A	#N/A
13	58	150							
14	72	170		Incorrect			Incorrect		
15	72	156		2.092	#VALUE!		2.092	-3.591	
16	63	127		#VALUE!	#VALUE!		2.092	-3.591	
17	75	172		#VALUE!	#VALUE!		2.092	-3.591	
18	72	150		#VALUE!	#VALUE!		2.092	-3.591	
19	76	121		#VALUE!	#VALUE!		2.092	-3.591	

올바른 사용

그림에서 D2:E6 범위에 LINEST()의 올바르게 입력된 예를 보여준다. 해당 범위에서 배열로 입력된 수식은 다음과 같다.

```
=LINEST(B2:B21,A2:A21,TRUE,TRUE)
```

함수의 인자는 다음과 같다.

- (B2:B21)은 알려진 Y값으로 예측되는 변수다.
- (A2:A21)은 알려진 X값으로 예측변수다.
- TRUE는 상수가 정상적으로 계산되도록 지정한다. 여기서 TRUE는 기본값이므로 다음과 같이 생략할 수도 있다. =LINEST(B2:B21,A2:A21,,TRUE)
- TRUE는 결과의 2행에서 5행에 있는 모든 회귀 통계량을 요청한다. FALSE가 기본값이므로, 이 값을 비워두면 결과의 첫 번째 행만 반환된다.

배열 수식 범위인 D2:E6에서 아무 셀이나 선택하고 수식 상자를 보면, 배열 수식이 직접 입력하지 않은 중괄호로 묶여 표시되는 것을 볼 수 있다. Ctrl+Shift+Enter를 사용해 수식에 배열을 입력하고, 엑셀이 이를 제대로 인식했을 때 이와 같은 것을 볼 수 있다.

선택 셀 부족, 경우 I

범위 D9:E9는 수식에 배열을 입력하기 전에 충분한 행이나 열을 선택하지 않으면 어떤 일이 발생하는지 보여준다. 사용자는 5행과 2열을 선택했어야 한다. 반환된 회귀계수와 절편은 정확한 값이지만, 그것이 전부이다. 필요한 것이 회귀계수와 절편뿐이라면 문제가 없지만, 그렇지 않은 경우라면 잘못된 LINEST()의 사용이다.

선택 셀 부족, 경우 II

셀 D12의 상황은 아마도 사용자가 수식을 타이핑하기 전에 범위 선택을 잊어버린 경우일 것이다.

잘못된 키보드 사용

범위 D15:E19는 올바른 행 및 열 수를 선택해 시작하지만 수식을 배열로 입력하는 것을 잊어버린 경우 발생할 수 있는 상황을 보여준다. 그림에서 볼 수 있는 것처럼 Ctrl+Enter는 선택된 범위를 채우지만, 수식을 배열로 입력하지는 않는다. 이를 위해 Ctrl+Shift+Enter를 사용해야 한다.

너무 많은 열과 행의 선택

범위 G7:I12는 수식을 배열에 입력하기 전에 너무 많은 행이나 열을 선택하면 어떻게 되는지 보여준다. LINEST()는 5행 이상의 데이터를 반환하지 않으므로, 행 6은 항상 #N/A가 될 것이다.

LINEST()의 4번째 인자 누락

사용자는 범위 G15:H19를 선택하고 시작했으므로, 회귀계수와 절편값은 물론 LINEST()의 3~5번째 행에 있는 관련 통계량에 대한 정보도 얻으려고 했을 것이다. 그러나 입력된 배열 수식은 =LINEST(B2:B21,A2:A21)로 4번째 인자가 누락됐다. 이 인자의 기본값은 FALSE이며, 누락은 연관된 통계량을 원하지 않는다는 것을 의미한다. 그러나 수식이 5행 범위에 배열로 입력됐으므로, 엑셀은 회귀계수와 절편을 다섯 번 반복해 표시한다.

다양한 방법으로 엑셀의 LINEST() 함수를 호출하는 과정에서 실수할 수 있다. 그림 4.1에서 보여진 것들은 필자가 LINEST() 함수를 항상 5개의 행과 모든 열을 선택해 사용하기로 결정한 후 빈번히 발생한 일들이다. 필자는 세 번째 const 인자는 항상 누락하고, 네 번째 stats 인자는 항상 TRUE로 사용하기로 결정했다. 같은 방법을 고수하는 것은 시간이 지나면서 자연스럽게 시간을 절약하고 오류를 수정하게 해준다.

LINEST()와 SLOPE(), INTERCEPT()의 비교

3장에서 설명한 SLOPE(), INTERCEPT() 함수는 LINEST()가 제공하는 것보다 훨씬 단순하고 제한적인 상황에서 사용된다. 단순한 상황이라면 LINEST()로부터 SLOPE(), INTERCEPT()에서 얻을 수 있는 동일한 정보를 얻을 수 있으며, LINEST()를 통해서 추가적인 보조 정보를 훨씬 더 많이 얻을 수 있다. 그림 4.2는 구체적인 예를 보여준다.

범위 D2:E6는 A2:A21과 B2:B21 범위의 데이터에 대한 LINEST() 함수의 결과이다. D2:E6에 입력된 수식은 셀 D1에서 볼 수 있다.

> **노트** 단순한 단일 예측 회귀분석에서는 회귀선의 기울기가 회귀계수다(이 값을 실제 관찰된 예측변숫값에 곱한 다음 절편을 더해 사용한다). 다중회귀분석에서는 여러 예측변수가 결합돼 있으며, 하나의 예측변수만으로는 회귀선의 기울기가 정의되지는 않는다. 따라서 다중회귀의 맥락에서는 기울기보다는 예측변수의 회귀계수라고 언급되는 것이 일반적이다.

그림 4.2

SLOPE()와 INTERCEPT()는 LINEST()의 첫 번째 행과 동일하다.

D13 =INTERCEPT(B2:B21,A2:A21)

	A	B	C	D	E
1	Height (inches)	Weight (pounds)		=LINEST(B2:B21,A2:A21,TRUE,TRUE)	
2	72	131		2.092	-3.591
3	58	97		0.818	54.216
4	61	144		0.267	21.118
5	60	120		6.546	18
6	63	100		2919.471	8027.329
7	68	150			
8	67	170		=SLOPE(B2:B21,A2:A21)	
9	58	130		2.092	
10	68	146			
11	63	106			
12	65	105		=INTERCEPT(B2:B21,A2:A21)	
13	58	150		-3.591	
14	72	170			
15	72	156			
16	63	127			
17	75	172			
18	72	150			
19	76	121			
20	60	106			
21	70	141			

셀 D9에 SLOPE() 함수는 (보통의 방법으로) 입력됐고, 그 수식은 셀 D8에 있다. 마찬가지로 INTERCEPT() 함수는 셀 D13에서 사용됐고, 해당 수식은 셀 D12에 있다. SLOPE()와 INTERCEPT() 함수는 LINEST()와 동일한 범위를 인자로 사용한다.

D9의 SLOPE() 함수의 결과를 셀 D2의 LINEST() 결과와 비교해보라. 동일하다. D13의 INTERCEPT() 함수는 셀 E2의 LINEST()의 결과와 동일하다.

다시 말하면 하나의 셀 대신 셀 범위를 선택하고 Ctrl과 Shift 키를 누른 상태에서 Enter 키를 누르면, 회귀계수와 절편을 얻을 수 있고 추가로 다음과 같은 것들도 얻을 수 있다.

- 회귀계수와 절편의 표준오차(범위 D3:E3)
- 회귀의 R^2값(셀 D4)
- 추정의 표준오차(셀 E4)
- 전체 회귀분석의 F-비(셀 D5)
- 잔차제곱의 합의 자유도(셀 E5)

- 회귀제곱의 합(셀 D6)
- 잔차제곱의 합(셀 E6)

이는 꽤 괜찮은 장사이다.

이러한 추가 통계는 단순히 있으면 좋은 것이 아니다. 이것들은 회귀방정식의 품질과 특성에 관한 중요한 정보를 나타낸다. 필자는 적어도 표준오차, R^2, F-비, 잔차에 대한 자유도를 검토하지 않고 회귀분석을 이용해서 중요한 결정이나 추천을 하는 일은 절대로 없을 것이다.

더 나아가 5장, '다중회귀분석'에서 보게 되겠지만, 하나의 예측변수가 아니라 여러 개의 예측변수를 사용하는 것이 가능하며, 이러한 상황은 자주 마주친다. 그림 4.2의 예의 경우라면 키와 몸무게를 예측하는 변수에 추가할 수 있다. 이러한 접근 방법은 여러 개의 예측변수를 사용하기 때문에 다중회귀라고 부른다. LINEST()는 이러한 상황을 완벽하게 처리할 수 있지만, SLOPE()와 INTERCETP()는 그렇지 않다. 후자의 두 함수는 하나의 예측변수일 때만 사용할 수 있다.

때때로 워크시트의 나머지 레이아웃에 의해 어쩔 수 없이 LINEST() 결과 가운데 단 하나의 결과만 표시해야 하는 경우가 있다. 이 경우 INDEX() 함수를 사용할 수 있다. 이 함수는 LINEST()에 의해 반환된 결과의 형태인 행렬에서 특정값을 선택하고 표시할 수 있게 한다. 예를 들어 회귀의 R^2은 항상 LINEST() 결과의 첫 번째 열의 세 번째 행에 있다. 그림 4.2와 같이 회귀의 R^2만 반환하기 위해서는 다음과 같은 수식을 사용하면 된다.

```
=INDEX(LINEST(B2:B21,A2:A21,TRUE,TRUE),3,1)
```

INDEX() 함수에 값의 행렬을 입력한다. 이 경우 행렬은 LINEST()가 워크시트에 반환하는 결과 행렬과 동일하다. LINEST() 함수의 결과인 행렬은 INDEX()의 첫 번째 인자로 입력된다.

INDEX()의 두 번째 인자는 입력된 행렬의 행이며, 세 번째 인자는 열이다. R^2값은 세 번째 행의 첫 번째 열에 있으므로 위 수식은 그 값을 반환한다.

그런데 INDEX() 함수를 사용해 LINEST() 결과에서 하나의 값만 얻으려고 한다면 배열 입력을 할 필요가 없다. 예를 들어 그림 4.2에 표시된 워크시트에서 단일 셀을 선택하고 방금 주어진 수식을 입력한 다음 Enter 키를 눌러 단일 값 0.267을 얻을 수 있다.

이제까지 회귀계수 및 절편뿐만 아니라 LINEST()가 제공하는 특정한 통계량을 살펴봤다. 각 통계량의 의미와 상호 관계에 대해 자세히 살펴보자.

회귀계수의 표준오차

LINEST()의 결과가 실제로 차지하는 범위는 일반적으로 비대칭이다. 5장, '다중회귀분석'을 하면 예측변수의 수가 증가함에 따라 결과의 처음 2열이 오른쪽으로 확장됨을 알 수 있다. 그러나 다른 부분의 보조 통계량의 위치는 고정돼 있다. 이는 항상 처음 2개의 열의 마지막 3개의 행에 위치한다. 예측변수의 수는 반환하는 결과의 범위에는 영향을 미치지만, 보조 통계량 수에는 영향을 미치지 않는다. 1개의 예측변수를 사용하든 64개의 예측변수를 사용하든 상관없이 항상 6개의 통계량을 얻는다.

LINEST() 결과의 첫 두 행에는 예측변수의 개수보다 하나 더 많은 개수의 열이 있다. 따라서 단순히 하나의 예측변수가 있는 상황에서는, LINEST()는 처음 두 행에는 두 개의 열만 반환한다. 첫 번째 행의 첫 번째 열에는 회귀계수가 두 번째 열에는 절편이 들어 있다. 이 책의 3장에서 이미 회귀계수와 절편의 특징에 대해 다뤘다.

두 번째 행의 첫 번째와 두 번째 열에는 각각 회귀계수의 표준오차와 절편의 표준오차가 들어 있다. 표준오차에 대해 자세히 살펴보자.

회귀계수의 표준오차의 의미

그림 4.3에서 그림 4.2의 데이터와 LINEST() 결과를 볼 수 있다. 여기서 LINEST() 결과의 두 번째 행에 있는 표준오차를 주목하자.

표준오차는 표준편차이며, 어떤 이유로 오차를 변동성을 가진 기본 데이터로 사용한다. 추정의 표준오차가 하나의 예이다. 추정의 표준오차를 계산하는 하나의 방법은 예측(예를 들어 키로부터 몸무게를)에 의한 오차의 표준편차를 계산하는 것이다. 다른 것들이 동일할 때, 회귀식의 추정의 표준오차가 커질수록 예측은 덜 정확해진다. 더 정확한 회귀방정식은 추정의 표준오차를 작게 한다.

회귀계수는 다른 종류의 오차로 볼 수 있다. 이 오차는 회귀방정식의 정확성(방정식의 정확성은 회귀계수 자체에 크게 좌우되지만) 때문이 아니라 표집오차 때문이다.

그림 4.3
키에 대한 회귀계수를 통계적 유의성으로 생각할 수 있다.

D8 =D2/D3

	A	B	C	D	E
1	Height (inches)	Weight (pounds)		=LINEST(B2:B21,A2:A21,TRUE,TRUE)	
2	72	131		2.092	-3.591
3	58	97		0.818	54.216
4	61	144		0.267	21.118
5	60	120		6.546	18
6	63	100		2919.471	8027.329
7	68	150			
8	67	170		2.559	
9	58	130			
10	68	146			
11	63	106			
12	65	105			
13	58	150			
14	72	170			
15	72	156			
16	63	127			
17	75	172			
18	72	150			
19	76	121			
20	60	106			
21	70	141			

그림 4.3에서 회귀계수는 약 2.1(셀 D2)이고 관련 표준오차는 0.818(셀 D3)이다. 계수를 표준오차로 나누면, 2.1/.818=2.559가 된다. 다시 말해 2.1의 회귀계수는 0에서 2.5 표준오차 크다. 4장의 뒷부분에서 이 결과를 평가하는 방법을 더 자세히 살펴볼 것이다. 그러나 그 전에 잠깐. 이 값이 왜 중요할까?

0의 회귀계수

회귀계수가 2.1이 아니라 실제로 0일 가능성에 대해 고려해보자. 이 경우, 회귀방정식은 0*키+1325.16일 수 있다. 그림 4.4는 이러한 상황을 보여준다.

키와 몸무게 대신에 키와 거리의 주소 사이의 관계에 대해 조사하고 있다고 가정해보자. 이제 회귀방정식은 키를 고려하지 않기 위해 키에 0의 회귀계수를 곱한다. 그 다음 예측되는 값들의 평균인 1325.16을 더한다.

다시 말하면 회귀계수가 0이면, 그 변수를 예측변수로 고려하지 않고 제외하고 예측되는 변수의 평균을 최상의 추정값으로 사용한다.

이것이 측정된 표준오차로 회귀계수가 0으로부터 멀리 떨어져 있는지 아닌지를 알고 싶어하는 이유이다(만약 회귀계수가 10,000으로 계산됐고 회귀계수의 표준오차가 1,000,000이면, 회귀계수는 0보다 단지 표준오차의 1%만큼 클 것이다).

그림 4.4
이 회귀분석은 변수 간의 관계가 없음을 드러낸다.

D2 | {=LINEST(B2:B21,A2:A21,TRUE,TRUE)}

	A	B	C	D	E	F
1	Height (inches)	Street Address		=LINEST(B2:B21,A2:A21,TRUE,TRUE)		
2	72	1197		0.000	1325.163	
3	58	1054		8.223	545.192	
4	61	1556		0.000	212.358	
5	60	1296		0.000	18	
6	63	1034		0.000	811730.078	
7	68	1451				
8	67	1670				
9	58	1451				
10	68	1414				
11	63	1098				
12	65	1063				
13	58	1701				
14	72	1510				
15	72	1400				
16	63	1324				
17	75	1427				
18	72	1352				
19	76	1049				
20	60	1135				
21	70	1323				

그림 4.3의 경우, 키에 대한 회귀계수는 2.559 표준오차만큼 0보다 크다(셀 D8참조). 통계분석에 경험이 있다면, 2.5 표준오차는 꽤 멀리 떨어진 것이라는 것을 경험적으로 알 수 있을 것이다. 그리고 계수의 모집단 값을 확실히 0이 아닌 것으로 여길 것이다. 전체 모집단을 사용해 계산된 계수가 실제로 0일 경우, 0으로부터 2.5 표준오차가 발생할 가능성은 거의 없다. 물론 "거의 가능성이 없다"는 것은 주관적인 판단이다.

좀 더 객관적인 것이 필요하다면, 아마도 통계적으로 유의미한 테스트에 의지해야 한다. LINEST()의 첫 번째 행에 있는 통계량인 회귀계수를 LINEST()의 두 번째 행에 있는 통계량인 표준오차로 나눈 통계는 t-비이다. 엑셀의 t-검정 함수 중 하나를 가지고 t-검정을 하여 t-비를 평가할 수 있다. 그것은 확률값과 회귀계수의 신뢰성에 관한 확고한 근거를 제공할 것이다.

그림 4.5는 이 과정이 어떻게 작동하는지 보여준다. 그림 4.5(그리고 그림 4.1에서 4.4까지)는 A2:B21 범위에 표본에서 얻은 데이터를 보여준다. 만약에 이것들이 나쁜 표본이라면? 만약 키에 대한 체중의 회귀계수가 전체 모집단에서 0.0이라면? 다시 말해, 만약 모집단에서는 두 변수 간의 아무런 관계도 존재하지 않는데, 표집 과정에서 운이 좋아 결과적으로 2.092의 회귀계수가 발생한 것이라면? 모집단의 회귀계수가 실제로 0.0일 때, 표본에서 2.092의 회귀계수를 얻을 확률을 결정할 수 있을까? 그렇다. 그렇지 않았다면 이런 질문들을 하지 않았을 것이다.

그림 4.5

t-검정은 회귀계수가 그만큼 커질 수 있는 확률을 정량화한다.

E14 =T.DIST.RT(E10,E11)

	A	B	C	D	E
1	Height (inches)	Weight (pounds)		=LINEST(B2:B21,A2:A21,TRUE,TRUE)	
2	72	131		2.092	-3.591
3	58	97		0.818	54.216
4	61	144		0.267	21.118
5	60	120		6.546	18
6	63	100		2919.471	8027.329
7	68	150			
8	67	170		Regression Coefficient	2.092
9	58	130		Standard Error of Coefficient	0.818
10	68	146		t-ratio	2.559
11	63	106		Degrees of Freedom	18
12	65	105		Probability of sample	
13	58	150		coefficient when population	
14	72	170		coefficient equals zero	1.0%
15	72	156			
16	63	127			
17	75	172			
18	72	150			
19	76	121			
20	60	106			
21	70	141			

모집단의 회귀계수가 0일 확률 측정하기

먼저 표준오차에 대한 회귀계수의 비율인 t-비를 구한다. 그림 4.5에서 LINEST()의 결과인 셀 D2의 회귀계수를 셀 E8에 연결했다. 또한 셀 D3에 있는 표준오차를 셀 E9로 가져왔다. 그런 다음 E8을 E9로 나누어 셀 E10에 t-비를 계산한다.

우리는 또한 t-비에 대한 자유도degree of freedom가 필요하다. t-비에 대한 자유도는 비율이 기반한 관측값의 개수와 밀접한 관련이 있다. 회귀계수의 경우 n-k-1이며, n은 관측값 수, k는 예측변수의 수이다. 이 예제의 결과는 20-1-1, 즉 18이다. LINEST() 결과의 셀 E5에서 해당 수치를 가져올 수도 있다.

마지막으로 엑셀의 T.DIST.RT() 함수에 t-비와 자유도를 지정한다. 셀 E14의 수식은 다음과 같다.

```
=T.DIST.RT(E10,E11)
```

이 수식은 0.00987, 즉 반올림해 1%를 반환한다. 이 결과는 우리에게 다음과 같은 것을 말해준다. 만약 모집단의 회귀계수가 0이라면, 회귀계수가 2.092로 계산되는 20명의 표본을 얻을 확률은 단지 1%에 불과하다. 이것이 계수가 0보다 2.5 표준오차 크다는 것을 주시하는 것보다 계수의 강도를 평가하는 더 객관적인 방법일까?

어떤 의미에는 맞지만, 이는 다른 것을 많이 따져 봐야 한다. t-비를 확률 단위로 변환할 때, 더 정교한 테스트를 처리하기 위해 표본의 관찰값의 개수를 고려해야 한다. 하지만 표준오차 수에서 비율의 확률로의 변환은 단순한 단위 변환이 아니다. 조금 더 많은 것들을 얻을 수 있다. 그러나 여전히 결과의 신뢰성에 관한 문제가 남아 있다. 2.5 표준오차는 다른 표본들도 0이 아닌 회귀계수를 산출할 것으로 합리적으로 기대하게 할만큼 충분히 강력한 결과인가? 1% 미만의 확률은 모집단의 회귀계수가 0이라는 개념을 기각할 수 있을 정도로 충분히 드문 확률인가?

주관적인 결정으로서의 통계적인 추론

통계적 유의미성을 테스트하면 분석의 정교함이 높아지며, 4장의 앞부분에서 언급했듯이 더 견고한 근거를 제공한다. 그러나 주관적 판단에 근거한다는 것이 객관적인 판단으로 바뀌지는 않는다.

그림 4.6은 이러한 개념을 그래프로 보여준다.

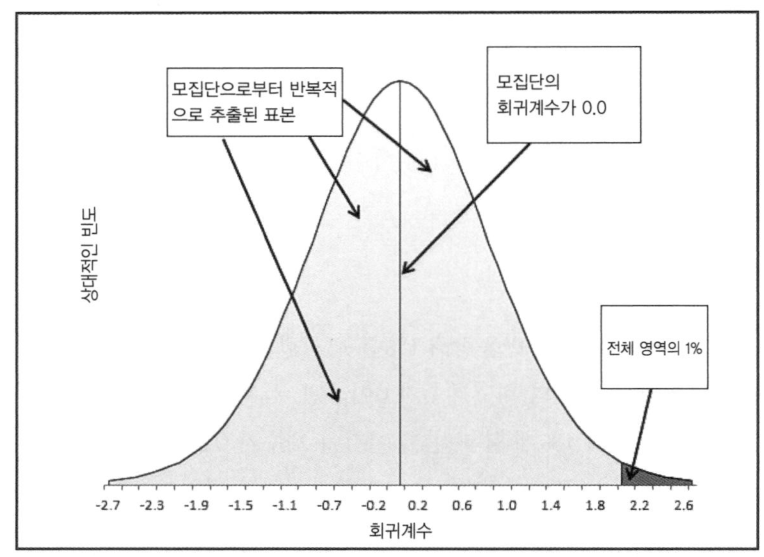

그림 4.6
정규분포에서의 관찰된 계수의 위치는 만약 모집단의 계수가 0일 때, 그것이 얼마나 드문 일인지 알려준다.

그림 4.6은 정규곡선으로 각각 20명씩 수천 개의 표본에서 계산된 회귀계수의 분포를 보여준다. 모집단의 회귀계수는 0.0이다. 계산된 회귀계수 중 일부는 실제 모집단 값인 0.0에서 벗어나는데, 이 오차들은 순전히 불완전한 표집에 의해 생긴다. 그들 중 상당수는 0.05 또는 0.03 정도의 작은 차이를 내지만, 2.0 이상으로 크게 차이가 나는 경우도 있다. 물론 오차의 크기가 증가할수록, 그러한 오차의 수는 줄어든다. 상대적으로 몇 안되는 표본만이 2.0보다 큰 회귀계수를 갖는다.

> **노트** 많은 표본에서 계산된 통계량의 상대적 빈도를 보여주는 이런 종류의 분포를 표집분포(sampling distribution)라고 부른다.

이러한 방식으로 도표화된 회귀계수는 정규곡선을 따른다. 우리는 정규분포에 대해 잘 알고 있으며, 단지 1%의 표본만이 0.0에서 2.092 떨어진 회귀계수를 반환한다고 말할 수 있다. 이제 우리는 이 두 가지 가능성 중 하나를 선택해야 한다.

- 표본이 표집된 모집단의 회귀계수가 0.0이라고 계속해서 의심한다. 우연히 비전형적인 표본이 표집됐다.
- 얻어진 2.092의 회귀계수는 계수가 0.0인 모집단인 분포에서는 매우 드문 일이기 때문에 회귀계수가 0.0이 아닌 다른 모집단에서 얻었다고 결정한다.

만약 첫 번째 가능성을 선택했다면, 어떤 회귀통계도 믿지 않아야 한다. 단지 1% 경우에만 발생하는 회귀계수를 반환한 표본이 모집단의 대표적인 것이 못된다는 것이 계산된 R^2, F-비, 관련된 다른 통계량을 뒷받침할 만큼 충분하지 않을 리가 없다.

또는 얻은 회귀계수가 완벽하게 모집단을 대표한다고 결정할 수 있다. 단지 회귀계수가 0.0이 아닌 모집단에서 표집하여 얻은 것뿐이다. 회귀계수를 얻은 모집단의 계수는 0.0보다 크며, 가장 좋은 추정치는 표본에서 얻은 값인 2.092이다.

데이터를 수집하고 분석하기 전에 결과의 확률에 대한 기준criterion을 결정한다면, 기각값critical values 및 귀무가설null hypotheses과 같은 개념을 포함한 일반적인 가설 검정과 관련된 의사 결정 규칙을 따르고 있는 것이다. 이러한 접근 방식은 매우 권장할 만하며, 신뢰구간을 쉽게 사용할 수 있게 한다. 4장에서는 신뢰구간과 회귀에 대해 자세히 알아보고 있는데, 't-분포와 표준오차'라는 제목의 이후 절에서 이 주제에 대해 다소 다른 맥락에서 살펴보도록 하겠다.

0이 실제로 0을 의미하지 않을 때

이 책은 5장에서 다중회귀분석을 다루기 시작하지만 현재의 논의와 관련되고 여기서 다루고 싶은 다중회귀에서 발생할 수 있는 상황(감사하게도 거의 발생하지 않지만)이 있다.

다중회귀분석에서처럼 여러 예측변수를 사용하다보면, 하나의 예측변수가 다른 예측변수의 조합이나 간단한 함수로 표현될 수도 있다. 예를 들어 예측변수3이 예측변수1과 예측변수2의 합계가 될 수 있다. 또는, 예측변수2의 값이 예측변수1의 값에 정확히 3.1416배일 수도 있다. 이런 경우는 예측변수 중 하나가 잘못 생성되거나 표현돼서 우연히 발생할 수 있다. 사용자가 결과에 어떤 영향을 줄지 알지 못하는 상황에서 의도적으로 발생할 수도 있다.

이 조건을 공선성(collinearity) 또는 다중공선성(multicollinearity)이라고 한다. 최소제곱해(least squares solution)에 도달하는 정규 방정식(normal equations)을 푸는 기존 알고리즘은 데이터에 공선성이 있는 경우 실패하는데, 이는 중요한 행렬 중 하나를 도치하는 것이 불가능하기 때문이다. 1990년대 중반 엑셀 3부터 엑셀 2002까지 LINEST() 함수에서 발생하는 문제였다. 공선성 데이터를 사용한 LINEST()의 결과는 단순히 잘못됐거나 처리가 불가능했다.

엑셀 2003에서는 LINEST() 함수 내부 코드의 많은 부분이 수정됐다. 이러한 수정 중 하나는 동일 직선상의 데이터를 올바르게 진단하는 부분이다. LINEST()가 어떻게 이 상태에 대해 알려주는지 주시해야 한다.

예측변수가 다른 예측변수와 동일 선상에 있을 때, LINEST()는 회귀계수 0을 반환하고 계수의 표준오차도 0이다. 그림 4.7에서 그 예를 볼 수 있다.

그림 4.7
예측변수 1에 대해 LINEST()는 계수와 표준오차에 대해 모두 0을 반환한다.

F3 {=LINEST(D3:D22,A3:C22,,TRUE)}

	A	B	C	D	E	F	G	H	I
1						=LINEST(D2:D21,A2:C21,,TRUE)			
2	Predictor 1	Predictor 2	Predictor 3	Predicted Variable		Predictor 3	Predictor 2	Predictor 1	Intercept
3	2	4	16	48		-0.7953	-0.57824	0	38.60312
4	19	38	12	20		0.816408	0.32607	0	12.33422
5	5	10	11	4		0.162221	14.94431	#N/A	#N/A
6	3	6	10	15		1.645869	17	#N/A	#N/A
7	10	20	14	6		735.1515	3796.649	#N/A	#N/A
8	2	4	10	37					
9	11	22	9	23					
10	9	18	8	0					
11	8	16	18	32					
12	18	36	9	0					
13	13	26	5	39					
14	15	30	3	34					
15	17	34	7	8					
16	6	12	10	3					
17	5	10	15	25					
18	12	24	3	24					
19	15	30	4	19					
20	7	14	2	40					
21	12	24	12	2					
22	19	38	10	3					

공선성은 매우 드문 경우이며 LINEST()에 입력되는 데이터가 신중하게 작성된 데이터면 정말 드물게 발생한다. 하지만 그것은 발생한다. 그림 4.7의 셀 H3의 계수 0과 셀 H4의 표준오차 0의 조합은 잘 발생하지 않지만, 발생할 수 있는 일이다. 예측변수 중 하나가 상수일 경우 (모든 값이 같은 수인 경우), 계수와 표준오차는 모두 0의 값을 얻게 되지만 상수 예측변수는 공선성의 예는 아니다.

이제 이것은 필자 개인적인 생각이다. 마이크로소프트는 공선성이 있는 경우 0의 값 대신 #NUM과 같은 오류값을 제공해야 한다고 생각한다. 그림 4.7의 H3 및 H4 셀과 같은 0의 원인을 진단하는 책임을 사용자에게 물어서는 안 된다.

t-비와 F-비

회귀계수와 표준오차에 대한 주제에서 떠나기 전에, 그림 4.5의 t-비와 F-비를 다시 한 번 주목해보자. 그림에서 t-비는 셀 E10에 있고, F-비는 셀 D5에 있다. 회귀계수를 표준오차로 나눠서 계산하는 t-비는 회귀계수가 0.0인지 여부에 대한 문제를 다룬다. 만약 t-비가 주어진 자유도에 대해 충분히 커서 모집단의 계수가 0.0일 때의 표본으로는 충분히 발생 가능성sufficiently improbable이 없으면, 표본이 그러한 모집단에서부터 나왔다는 가설을 기각할 수 있다. 관련된 확률이 "충분히 발생 가능성이 없는" 결과를 말해주는지 여부에 대해 판단한다.

4장 뒷부분에 있는 'F-비의 해석' 부분에서 F-비에 대한 내용을 살펴볼 것이다. 먼저 F-비는 t-비가 하나의 회귀계수에 했던 일을 전체 회귀분석에 대해 비슷한 기능을 한다는 것을 언급하겠다. 전체 회귀분석 맥락에서, 이 개념을 표현하는 하나의 방법은 다음과 같다. F-비는 전체 모집단 회귀의 R^2이 0.0인 가설(즉, 예측변수와 예측되는 변수가 공유하는 변동성이 없다)을 기각할 만큼 회귀의 R^2이 충분히 큰가를 판별하는 데 사용된다.

사실 4장의 예제처럼, 회귀분석에 단 하나의 예측변수만 포함되는 경우에는 t-비와 F-비는 동일하다. 하나의 예측변수에 대해서는 모집단에서 공유하는 분산이 0%인지를 검정하는 것은 모집단에서 회귀선의 기울기가 0.0인지 검정하는 것과 동일하다.

따라서 단일 예측변수를 사용하는 상황에서는 F-비와 t-비가 동일한 확률을 반환한다고 예상할 수 있고, 실제로도 그렇다(t-검정 대신에 F-검정을 논의하는 시점까지 아직 도달하지 않았다). 그럼에도 불구하고 당신은 그들의 동등성을 테스트할 수 있다. 하나의 예측변수만 있으면 F-비는 정확히 t-비의 제곱이다.

그림 4.5에서 그와 같은 것을 볼 수 있다. 2.559의 t-비의 제곱은 6.546의 F-비의 13번째 소수점까지 동일하다(두 비율을 계산하는 방법의 차이로 인해 반올림했을 때의 오차가 있다).

간격척도와 명목척도

"단 하나의 예측변수로"라는 조건을 명심하라. 현재 다루고 있는 예제에서는 '키'라는 단 하나의 예측변수만 있다. 그것은 간격변수interval variable라고 부른다. 간격변수로 측정된 변수는 차이의 크기를 나타내는 숫자가 있다. 예를 들어 5'0"과 5'2"의 차이는 6'0"과 6'2"의 차이와 같다. 엑셀의 워크시트의 한 열에 해당 변수의 값이라고 여겨지는 값의 전체 집합을 나타낼 수 있다.

그러나 7장, '회귀분석을 이용한 그룹 평균 간 차이 검정'에서 보게 되겠지만, 코딩coding 접근법을 사용해 명목변수nominal variable를 숫자로 표현하는 것이 가능할 뿐만 아니라, 그럴 만한 가치가 있다. 명목변수는 2개 이상의 값들이 단지 이름일 뿐임을 가정한다. 예를 들어 남성과 여성 또는 백인, 아시아인, 라틴인과 같은 것이다.

남성과 여성을 0과 1 같은 코드를 할당해 표현할 수도 있다. 그렇게 되면 하나의 변수(워크시트 용어로 말하면 하나의 열)로 남성과 여성을 구분하는 두 개의 성별의 차이를 충분히 표현할 수 있다.

백인, 아시아인, 라틴인과 같은 세 가지 명목형값에 동일한 접근법을 사용하려면 하나가 아닌 두 개의 변수, 즉 두 개의 열이 필요하다. 하나는 백인을 다른 두 그룹과 구분하기 위해, 다른 하나는 아시아인을 다른 두 그룹과 구분하기 위해서다(7장에서 보게 되겠지만, 이러한 접근법은 자동으로 라틴인과 다른 두 그룹을 구별하게 된다).

이런 종류의 데이터를 분석하는 일반적인 방법은 분산분석(ANOVA)이며, 분석하는 도중에 t-비와 F-비 사이의 t^2=F의 수치 동등성을 마주할 수도 있다. 즉, t-검정을 ANOVA와 비교할 때, 두 개의 값만을 가질 수 있는 변수가 하나인 경우 t^2은 F와 같다(4장 뒷부분에 있는 'LINEST()의 F-비 이해'에서 F-비에 대해 자세히 설명할 예정이다).

이러한 이항변수를 부호화code할 때, 지금 다루고 있는 키와 몸무게처럼 워크시트에 하나의 열만 있으면 된다. 간격변수인 키는 단 하나의 열만 사용해 처리될 수 있다. 이러한 경우, t^2과 F는 같다. 여러 개의 간격변수나 2개보다 많은 종류의 값-이 값들은 구분하기 위해 최소한 2개 이상의 열이 필요하다-을 갖는 명목변수를 위해 여러 열이 필요한 경우에는 t2과 F는 같지 않다.

마지막으로 전체회귀의 F-비는 전체 모집단에서 R^2이 0.0과 다른지 여부를 테스트한다는 점을 명심해야 한다. R^2은 모든 예측변수의 회귀에 대한 영향을 통합한다. 지금까지 단순한 단일 예측변수 회귀만을 고려했다. 그러나 하나 이상의 예측변수가 사용되는 다중회귀에서 전체회귀는 각각의 예측변수와 예측되는 변수 사이의 관계를 반영한다. F-비는 여러 개의 예측변수와 예측되는 변수 사이의 관계를 평가한다.

반면 회귀계수는 하나의 예측변수에만 적용된다. 그러므로 다중회귀의 맥락에서는 나머지 모든 회귀계수가 0.0일 때, 즉 예측되는 변수와 아무런 관계가 관측되지 않는 경우에만 t2과 F가 같다. 이런 일은 허구로 만들어낸 데이터에서만 가능하다.

요약하면, t^2과 F는 같은 정도의 관계를 표현하지만 회귀에서 단 하나의 예측변수가 있거나 (같은 말이지만) 두 개의 카테고리를 가지는 명목변수일 때만 그 값이 동일하다.

상관관계의 제곱, R^2

3장에서 R^2 통계량에 대해 자세히 다뤘다. 특히 R^2은 예측변수의 변동성과 관계된 예측되는 변수의 변동성의 비율을 나타낸다는 개념에 대해 다뤘다. 4장에서는 R^2의 추정의 표준오차, F-비, 회귀제곱의 합과 잔차제곱의 합에 관련된 부분을 이야기하도록 하겠다. 상관의 제곱인 R^2은 회귀분석의 모든 영역에서 나타난다.

그림 4.8은 상관의 제곱이 공유되는 분산의 정도를 어떻게 정량화하는지 요약한다.

그림 4.8
R^2은 제곱의 합으로 쉽게 계산된다.

H9 =H8^2

	A	B	C	D	E	F	G	H	I	J
1	Height (inches)	Weight (pounds)		Predicted Weight	Residuals			Regression	Residual	Total
2	72	131		147.0	-16.0		Sum of squares	2919.5	8027.3	10946.8
3	58	97		117.8	-20.8		Variance	146.0	401.4	547.3
4	61	144		124.0	20.0					
5	60	120		121.9	-1.9		R^2 via SS	0.267		
6	63	100		128.2	-28.2		R^2 via variance	0.267		
7	68	150		138.7	11.3					
8	67	170		136.6	33.4		Multiple R	0.516		
9	58	130		117.8	12.2		R^2	0.267		
10	68	146		138.7	7.3					
11	63	106		128.2	-22.2	=LINEST(B2:B21,A2:A21,,TRUE)				
12	65	105		132.4	-27.4		2.092	-3.591		
13	58	150		117.8	32.2		0.818	54.216		
14	72	170		147.0	23.0		0.267	21.118		
15	72	156		147.0	9.0		6.546	18		
16	63	127		128.2	-1.2		2919.471	8027.329		
17	75	172		153.3	18.7					
18	72	150		147.0	3.0					
19	76	121		155.4	-34.4					
20	60	106		121.9	-15.9					
21	70	141		142.9	-1.9					
22										
23	Sum of Squares	10946.8		2919.5	8027.3					
24	Variance	547.3		146.0	401.4					

그림 4.8에 A2:A21(키 변수)와 B2:B21(몸무게 변수)의 원시 데이터가 있다. 몸무게는 키에 의해서 예측되며, TREND() 함수를 사용해 계산된 예측값이 D2:D21에 있다. D2:D21에 있는 배열 수식은 다음과 같다.

=TREND(B2:B21,A2:A21)

E열의 잔차값을 쉽게 구할 수 있는데, 실제 관찰값인 B열에서 예측된 몸무게 값을 빼면 된다. 이제 실제 관찰값, 예측된 값, 잔차값의 3개의 값들을 갖고 있다. 이제 제곱의 합을 계산하고 사용하면 된다.

'제곱의 합'은 관찰값들의 평균으로부터 각 관찰값 사이의 편차의 제곱의 합이다. 그러므로 그림 4.8의 셀 B23의 제곱의 합은 각 몸무게의 값에서 몸무게의 평균을 빼고, 그 차이(편차)를 제곱하고 합해 계산된다. DEVSQ()라는 엑셀 워크시트 함수가 이 모든 일을 대신해준다. 셀 B23의 수식은 다음과 같다.

=DEVSQ(B2:B21)

이는 관찰된 몸무게와 그들의 평균의 편차제곱의 합을 반환한다. 20개의 몸무게에 대한 분산은 다음과 같은 수식으로 쉽게 계산될 수 있다.

=VAR.P(B2:B21)

셀 B24는 다음과 같이 아주 약간 어려운 방법으로 계산될 수도 있다.

=B23/20

이는 분산이 편차제곱의 평균임을 강조한다.

예측되는 변수에 대해 같은 방법의 계산이 셀 D23(제곱의 합)과 셀 D24(분산)에 사용됐다. 잔차값에 대해서도 E23(제곱의 합)과 E24(분산)에 진행됐다. 더 쉬운 비교를 위해 그림 4.8의 H2:J3의 범위에 이들 제곱의 합과 분산을 반복해 넣었다.

이 범위 안에서, 셀 B23의 원래 몸무게의 관찰값의 제곱의 합과 동일한 셀 J2의 제곱의 합에 'total전체'이라고 붙여져 있다. 그리고 셀 D23의 예측된 값의 제곱의 합은 셀 K2의 'regression회귀' 제곱의 합과 동일하다. 마지막으로 셀 E23의 잔차의 제곱의 합은 셀 I2의 'residual잔차' 제곱의 합과 같다.

회귀제곱의 합과 잔차제곱의 합을 더하면 원래 관측치로부터 계산된 전체제곱의 합과 정확히 일치한다. 이는 회귀가 전체제곱의 합을 두 개의 완전히 분리된 부분으로 나눔을 의미한다. 하나는 예측되는 변수에 기반한 제곱의 합이고, 다른 하나는 예측되지 않는 값들에 기반한 제곱의 합이다. 두 개의 제곱의 합을 더해서 전제제곱의 합이 된다는 사실은, 회귀제곱의 합을 전제제곱의 합으로 나누어서 회귀에 의해 예측되는 전체 변동성의 비율을 얻을 수 있다는 것을 의미한다.

이 경우 그 비율은 .267(물론 26.7%처럼 백분율로 표현될 수도 있다)이다. 이 값을 R^2이라고 부르며, 이는 상관계수의 제곱의 값이다. 이는 충분히 적절하다. 원래 몸무게의 값과 예측되는 몸무게 사이의 상관관계는 다음 수식으로 구할 수 있다.

=CORREL(B2:B21,D2:D21)

셀 H8의 이 값은 .516이다. 이 값은 셀 H9에 있는 R^2값의 제곱근과 같다.

(제곱의 합을 R^2의 값과 관련시키는 이러한 모든 계산은 분산으로도 수행될 수 있다.)

이런 방법으로 생각하면, 공유 변동량의 척도로서의 R^2의 개념에 익숙해지는 것이 좀 더 쉽다. 이러한 익숙함은 이후에 다중회귀분석에서 새로운 변수를 회귀방정식에 추가했을 때의 영향과 여러 예측변수에게 공유되는 분산의 영향에 대해 자세히 보기 시작할 때 도움이 된다.

마지막으로 그림 4.8에서 셀 H5, H6, H9에 의해서 계산된 R^2과 LINEST() 함수로부터 직접 얻은 셀 G14의 R^2값과 일치함을 확인하여라.

다음으로 추정의 표준오차와 그것의 R^2과의 관계에 대해 살펴보도록 하겠다.

추정의 표준오차

그림 4.9의 키와 몸무게 데이터를 다시 살펴보면서 추정의 표준오차에 대해 알아보자.

그림 4.8에서처럼, 그림 4.9는 키 변수와 예측된 몸무게 변수와의 관계를 보여준다. 몸무게의 잔차값들은 E2:E21에 있다. 키로부터 몸무게를 예측할 때, 관심 있는 것 중 하나는 예측의 정확성accuracy이다. 정확성을 평가하는 한 방법은 예측의 오차를 정량화하는 것이다. 그것이 실제 관찰된 값(그림 4.9의 B열)과 예측된 값(그림 4.9의 D열)의 차이인 잔차다.

> **노트** 부주의하게도 종종 추정의 표준오차가 잔차의 표준편차라고 말한다. 이것은 개념을 생각하는 데 유용하지만 올바르지 않다. 예를 들어 그림 4.9의 셀 I4(추정의 표준오차)와 E24(잔차의 표준편차)를 비교해보라. 4장의 '잔차의 표준편차로서의 표준오차' 절에서 이 문제를 명확히 설명할 것이다.

비록 그 차이들을 말할 때 상대적으로 악의가 없는 잔차라는 용어를 사용하는 경향이 있지만, 그것들을 정확히 말하면 오차error이며, 그렇기 때문에 추정의 표준오차standard error of estimate라고 한다. LINEST()의 결과의 3번째 행의 2번째 열의 이 통계량(그림 4.9의 셀 I4)은 어떤 주어진 예측값이 실제 값과 얼마나 떨어졌는지 가늠하게 해준다.

그림 4.9

R^2과 추정의 표준오차는 모두 회귀의 예측 정확성을 나타낸다.

	A	B	C	D	E	F	G	H	I	J
1	Height (inches)	Weight (pounds)		Predicted Weight	Residuals			=LINEST(B2:B21,A2:A21,,TRUE)		
2	72	131		147.0	-16.0			2.092	-3.591	
3	58	97		117.8	-20.8			0.818	54.216	
4	61	144		124.0	20.0			0.267	21.118	
5	60	120		121.9	-1.9			6.546	18	
6	63	100		128.2	-28.2			2919.471	8027.329	
7	68	150		138.7	11.3					
8	67	170		136.6	33.4					
9	58	130		117.8	12.2					
10	68	146		138.7	7.3					
11	63	106		128.2	-22.2					
12	65	105		132.4	-27.4					
13	58	150		117.8	32.2					
14	72	170		147.0	23.0					
15	72	156		147.0	9.0					
16	63	127		128.2	-1.2					
17	75	172		153.3	18.7					
18	72	150		147.0	3.0					
19	76	121		155.4	-34.4					
20	60	106		121.9	-15.9					
21	70	141		142.9	-1.9					
22										
23	Sum of Squares	10946.800		2919.471	8027.329					
24	Standard deviation				20.555					

물론 그림 4.9에 주어진 데이터를 통해서 예측된 값의 실제 관찰값을 알고 있다. 그러나 회귀분석의 중요한 기능 중 하나는 아직 관찰하지 못한 값에 대해 예측값을 추정하는 것이다. 현재 예제로 보자면, 키가 78인치인 어떤 사람의 몸무게가 궁금하여 예측해볼 수도 있다. 그 키에 대해서는 아직 관찰하지 못했으며, 그렇기 때문에 그 키에 관련된 관찰된 몸무게 데이터도 갖고 있지 않다.

그래서 78인치의 키의 값을 회귀식에 대입해 159.6의 몸무게의 예측값을 얻을 수 있다. 키가 78인치인 사람이 연구실에 들어와서 체중을 측정했을 때 몸무게가 정확히 159.6이라고 기대하지는 않겠지만, 회귀식이 더 정확하면 정확할수록 실제 값이 예측값과 더 가까울 것이라고 기대할 수 있는 것은 사실이다.

더 작은 추정의 표준오차는 더 정확한 회귀식을 의미하며, 회귀식을 통한 어떤 예측도 실제 관찰값과 더 가까워질 것이라고 기대할 수 있다. 추정의 표준오차는 이러한 기대expectation를 정량화하는 방법이다. 추정의 표준오차는 표준편차와 같은 타입의 통계량이기 때문에 특정 예측값 기준으로 양쪽에 범위를 설정할 수 있다(현재 예제에서는 키가 78인치인 사람의 몸무게를 159.6파운드 주변으로 예측할 수 있다).

시간이 흘러 꽤 여러 명(약 25명 정도)의 키가 78인치인 사람의 데이터를 연구실에서 수집했다고 해보자. t-분포는 95%의 사람은 예측값을 기준으로 위로 2.1 표준오차와 아래로 2.1 표준오차 사이에 있을 것이라고 말해준다. 그렇기 때문에 만약 키가 78인치인 임의의 사람에 대한 최고의 추정은 159.6파운드일 것이며, 95%의 사람이 115.3(159.6 2.1*21.1)과 203.9(159.6+2.1*21.1) 사이에 있을 것이라고 기대할 수 있다. 159.6의 예측값 주변의 경계boundaries에 대해서는 다음 절에서 알아보도록 하겠다.

t-분포와 표준오차

t-분포는 표준정규분포와 비슷하지만 관찰값의 개수에 대해 그 모양이 다양하다. 1장의 그림1.8에서 보여줬던 예와 비슷한 예를 그림 4.10에서 볼 수 있다.

다음 두 가지 조건 때문에 정규곡선 대신 t-분포를 어쩔 수 없이 기준benchmark으로 사용해야 하는 경우가 있다.

- 상대적으로 작은 표본의 크기(그러므로 상대적으로 작은 자유도)를 가지고 있을 때. 예제에서 20개의 관찰값을 가지고 있다. 데이터의 제약(20개의 관찰값의 평균과 키에 대한 몸무게의 회귀계수) 때문에 2의 자유도를 잃어버린다. 이는 정규곡선 대신 t-분포를 사용해야 하는 것이 정당화될 만큼 작은 값이다. 그림 4.10에서 자유도가 18인 t-분포와 정규곡선이 상당히 다른 것을 볼 수 있다.
- 데이터를 표집한 모집단 변수의 표준편차에 대해 알고 있지 않을 때, 우리는 모집단의 표준편차를 추정하기 위해 표본 몸무게들의 표준편차를 사용하고 있다.

이 시점에서 우리는 분석 과정의 주관적인 부분으로 돌아간다. "있음직하지 않은improbable"의 정의에 직면해 있다. 20회에 한 번 발생하면 있음직하지 않은 것인가? 100번 중 한 번? 1,000번 중 한 번? 이것은 스스로 결정해야 한다. 현재 예제의 목적을 위해, 필자는 20번 중에 한 번을 일어날 법하지 않다고 가정할 것이다. 예제를 통해 작업하면서 이 절차를 어떻게 조정하는지 명확해져서, 지금보다 더 (혹은 덜) 까다롭게 선택할 수 있을 것이다.

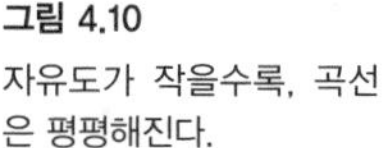

그림 4.10
자유도가 작을수록, 곡선은 평평해진다.

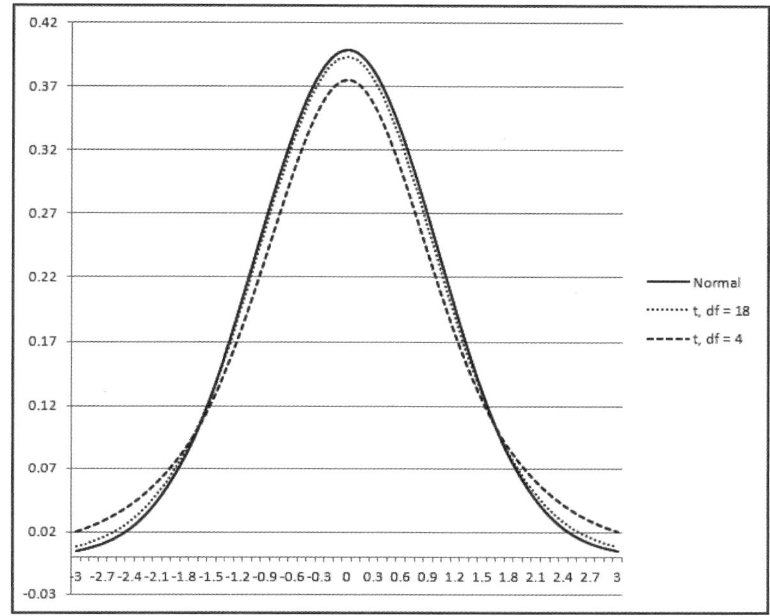

얼마나 유의한(SIGNIFICANT)가?

"일어날 성싶지 않음의 수준(improbability level)(통계용어로는 알파(alpha)라고도 함)"의 선택은 지난 수십 년 동안 많은 논의가 있는 정량적인 연구 분야다. 경우에 따라서는 비용편익(cost–benefit) 분석을 통해 문제를 해결할 수도 있다. 긍정오류(false positive) 비용과 부정오류(false negative) 비용이 균형을 이루는 정도로 수준을 선택(통계 용어로는 알파를 설정)할 수 있다. 물론 많은 결정들이 비용편익 분석에 적합하지 않다. 어떻게 뇌졸중이나 심장마비의 가능성을 증가시키면서 염증을 줄이기 위해 NSAID를 투여하는 비용을 측정할 수 있겠는가?

그러한 질문은 대답하기가 어렵고 많은 연구자들은 어깨를 으쓱하고 관습적인 알파값 중 하나를 선택한다. 보고서 각주에 "p<.05" 또는 "p<.01"와 같은 것들을 봐 왔을 것이다. 왜 이러한 특정한 값인가?

음, 주된 이유는 수년간 연구자들은 주어진 t–통계량 또는 F–비와 관련 자유도에 대해 .05 또는 .01 수준에서 '통계적으로 유의미하게(statistically)' 여겨질 수 있도록 하기 위해 필요한 값을 교과서의 부록에 의존해야 했다. 이러한 교과서의 부록은 F–비에 대해 단지 두 개의 유의성 수준에 대해서만 실을 공간이 있었다. 이 값은 분자를 위한 자유도(보통은 열)와 분모를 위한 값(보통은 행)이 교차되게 테이블로 표시됐다. 부록은 t-비에 대해 몇 가지 수준의 중요성을 더 제공했으며, 자유도에 대한 표를 작성하는 데는 단 하나의 값만 있었다. 그래서 조사자들은 그들이 사용 가능한 기준인 .05 및 .01 수준의 '통계적 유의성'을 사용했다.

오늘날에는 주어진 일어날지 않을 가능성 수준에 대해 t-통계량과 F-비를 결정하는 일은 쉽다. 다음을 가정해보자.

- 비용편익 분석은 긍정오류(false positive)일 가능성(likelihood)을 3.5%로 제한하도록 말해준다.
- 자유도가 18이다.
- 방향(한쪽꼬리) 가설로 하고 음의 t-값을 기대한다.

교과서의 부록에만 의존해야 했다면 계산하기 쉽지 않았을 것이다. 단지 다음 수식을 엑셀의 워크시트에 넣으면 된다.

```
=T.INV(0.035,18)
```

이는 결괏값을 알파값이 0.035인 통계적으로 유의미한 결과로 간주하기 위해서는 -1.926의 t-값이나 0.0에서 더 먼 값이 필요하다는 것을 알려준다.

문제를 재검토해보자. 예측값 159.6 주위에 구간을 설정하려고 한다. 이 값은 키가 78인 어떤 사람에 대해 회귀방정식이 예측한 몸무게 값이고, 그 값의 주위에 구간을 설정하려고 한다. 키가 78인치인 사람의 몸무게를 측정했을 때, 얻은 몸무게의 95%는 이 구간 안에 들어와야 한다.

> **노트** 키가 78인치인 사람에 대해 159.6파운드의 예측값이라는 하나의 예를 사용하고 있다. 회귀분석에서 예측오차의 분산은 예측변수의 값에 관계없이 같다고 가정한다. 더 많은 정보를 위해서는 4장 뒷부분의 '등분산성: 균등하게 퍼짐'이란 제목의 절을 참조하라. 당분간은, 회귀식에 의해서 예측된 모든 몸무게 값(그 예측이 100이든 159.6이든 500이든)에 구간을 둘 수 있다는 것을 알아두라.

159.6파운드의 예측된 몸무게 주위에 구간을 넣어보자. 이 구간에는 78인치 키의 사람의 실제 몸무게의 95%가 들어가야 한다.

그럼 159.6파운드로부터 얼마나 많은 표준오차가 키가 78인치인 사람의 몸무게의 가능한 관찰값의 95%를 차지할까? 그 대답을 위해 엑셀의 T.DIST()를 사용한다.

=T.INV.2T(.05,18)

엑셀은 2.1을 반환한다. 이는 자유도 18의 t-분포의 95%는 분포의 평균으로부터 2.1 표준오차 위와 2.1 표준오차 아래 사이에 놓여 있다는 것을 의미한다. 2.5%는 2.1 표준오차보다 위에 놓여 있고, 나머지 2.5%는 2.1 표준오차보다 아래에 놓여 있다(이것이 함수 이름의 '2T' 부분의 효과이다. 이는 5%를 분포의 양쪽 꼬리에 동일하게 나누라는 것을 의미한다).

1 표준오차는 얼마나 큰가? 이 경우 21.1파운드이다. 그렇기 때문에 2.1 표준오차는 2.1*21.1 인 44.3이며, 구간의 넓이는 88.6이다. 예측 몸무게인 159.6 주위에 넣으면, 그 구간은 115.2에서부터 203.9가 된다.

이 정보를 어떻게 해석할 수 있을까? 159.6의 몸무게를 예측했던 상황을 상기해보자. 20명의 표본을 수백 번 반복하고, 키가 78인치인 사람의 예측 몸무게 주위에 +/-44.3파운드의 구간을 둔다고 가정해보자. 그 구간은 t-분포 영역의 95%를 포함하도록 만들어졌기 때문에, 모집단의 78인치의 키인 사람의 실제 몸무게의 95%는 이 가설적으로 계산된 구간에 포함될 것이라고 기대할 수 있다.

우리가 계산한 구간이 모집단 값의 5%를 포함하지 않을 것이라고 가정하는 것과 95%를 포함할 것이라고 가정하는 것 중에 어떤 것이 더 합리적인가? 물론 후자이다.

115.2에서 203.9로 계산된 구간은 꽤 넓어 보일 수 있다. 그러나 R^2이 단지 .276인 회귀식에 기반하여 구간이 계산됐다는 것을 생각해야 한다. 키의 변동성 중 1/4보다 조금 더를 몸무게와 공유하고 있을 뿐이다. 좀 더 정확한 예측되는 몸무게는 그림 4.11에서 보이는 것과 같이 더 큰 R^2의 회귀식을 만들 것이다.

예를 들어 그림 4.11에서 한 것처럼 키의 측정값을 바꾸면 R^2은 .276에서 .899로 올라가고, 추정의 표준오차는 21.1에서 7.8로 작아진다. 전체 회귀식을 바꾸기 때문에, 78인치의 키에 대한 예측 몸무게도 175.5가 된다. 범위는 여전히 2.1 표준오차이지만, 1 표준오차가 7.8이기 때문에, 이전의 89.6파운드의 범위 대신에 159.1에서 192.0까지의 32.9파운드의 넓이의 범위가 된다. 이 값은 훨씬 작은 오차 영역이지만, 여전히 78인치의 키에 대한 모집단 몸무게에 대해 95%의 신뢰도를 갖는다.

그림 4.11
R^2의 값이 커질수록, 추정의 표준오차는 작아진다.

	A	B	C	D	E	F	G	H	I	J
1	Height (inches)	Weight (pounds)		Predicted Weight	Residuals			=LINEST(B2:B21,A2:A21,,TRUE)		
2	67	131		138.5	-7.5			3.366	-87.071	
3	55	97		98.1	-1.1			0.266	17.589	
4	65	144		131.7	12.3			0.899	7.833	
5	60	120		114.9	5.1			160.414	18	
6	58	100		108.2	-8.2			9842.388	1104.412	
7	70	150		148.6	1.4					
8	74	170		162.0	8.0					
9	61	130		118.3	11.7					
10	69	146		145.2	0.8					
11	59	106		111.5	-5.5					
12	59	105		111.5	-6.5					
13	65	150		131.7	18.3					
14	77	170		172.1	-2.1					
15	73	156		158.7	-2.7					
16	63	127		125.0	2.0					
17	78	172		175.5	-3.5					
18	72	150		155.3	-5.3					
19	65	121		131.7	-10.7					
20	58	106		108.2	-2.2					
21	69	141		145.2	-4.2					
22										
23	Sum of Squares	10946.800		9842.388	1104.412					
24	Standard deviation				7.624					

잔차의 표준편차로서의 표준오차

통계 교과서에서 추정의 표준오차에 대해 읽어봤다면, 그것을 때때로 잔차의 표준편차로 여기는 경우를 본 적 있을 것이다. 직관적으로 유용한 괜찮은 정의이다. 회귀의 예측의 정확성이 낮아질수록 잔차값은 커지고 추정의 표준오차도 커진다는 것을 생각나게 한다.

문제는 표준편차라는 용어에 직면하면, n이나 n-1로 나누는 것을 생각한다는 것이다. 단지 일련의 관찰값의 변동성의 정도를 나타내고자 하면 다음의 수식을 사용한다.

$$s = \sqrt{\Sigma_{i=1}^{n}(X_i - \overline{X})^2/n}$$

말로 풀어보면, 표준편차는 데이터셋의 평균으로부터의 편차의 제곱의 평균의 제곱근이다. 엑셀에서는 STDEV.P() 워크시트 함수를 사용한다(함수 이름 끝의 'P'는 관찰값들을 모집단에서 나온 표본이 아니라 모집단 자체로 여긴다는 것을 가리킨다).

그러나 표본의 표준편차를 표본이 추출된 모집단의 표준편차를 추정하는 데 사용하려고 한다면, 다음 수식을 이용한다.

$$s = \sqrt{\sum_{i=1}^{n}(X_i - \overline{X})^2 / (n-1)}$$

루트 기호 안의 분모가 n이 아니라 n-1 임을 주목하라. 편차 제곱의 평균이 아닌, 편차제곱의 합을 자유도인 n-1로 나누고 있다(이 책의 1장에서 이러한 조절의 이유에 대해 잠시 다뤘고, 『엑셀 2013을 활용한 통계 분석』의 3장에서도 일정 부분 할애했다). 엑셀에서는 STDEV.P() 워크시트 함수 대신 STDEV.S() 함수를 사용한다. 함수 이름 끝의 'S'는 일련의 관찰값들을 모집단의 표본으로 여기고 있음을 가리킨다.

추정의 표준오차를 사용해 회귀방정식의 예측오차의 변동성의 크기를 평가하려고 할 때, 표본을 가지고 모집단을 일반화하고 있는 것이다. 사실상 모집단에서 나온 새로운 관찰값이 주어졌을 때, 회귀식이 얼마나 잘 수행할 수 있는지 알아보는 것이다. 그렇기 때문에 수식에 자유도를 올바로 사용할 필요가 있다.

마지막 복잡한 부분이다. 자유도degrees of freedom라는 용어는 "자유롭게 변할 수 있는free to vary" 관찰값의 수라는 의미를 내포하고 있다. 만약 표본으로 관찰값을 가지고 있다면, 그것들의 표준편차를 계산할 때, 1의 자유도를 잃는다.

그 이유는 변동성의 측정은 제약 조건constraint으로 작용하는 관찰값들의 평균으로부터의 편차에 기반하기 때문이다. 10개의 값으로 이루어진 표본이 있고 그 평균이 7이라고 가정해보자. 평균을 고정한 채, 원래 관찰값 중에 하나만 빼고는 자유롭게 그 값을 바꿀 수 있다. 그리고 같은 평균을 유지할 수 있다. 평균을 고정하기 위해 10번째 관찰값은 원래 값이 아닌 다른 값으로 제약된다. 그림 4.12는 설명한 것들이 실제로 어떻게 작동하는지 보여준다.

그림 4.12
하나의 제약 조건이 있을 때, 자유도는 n-1이다.

	A	B	C	D	E	F	G
1			Sample Data		Varied Data		
2			3.0		3.9		
3			9.0		9.3		
4			2.0		2.4		
5			9.0		9.4		
6			4.0		4.5		Freely Varied
7			4.0		4.8		
8			4.0		4.5		
9			1.0		1.8		
10			6.0		6.9		
11			8.0		2.5		Constrained
12							
13		Mean	5.0		5.0		
14							

그림 4.12의 C2:C11에 한 모집단에서 임으로 추출된 10개의 데이터가 있다. 그것의 평균은 5.0이다. 범위 E2:E10은 C열의 첫 9개의 값에 작은 값들을 더해 약간의 변형을 준 원래 관찰값과 연관된 값들이다.

셀 E11의 10번째 관찰값은 평균을 5.0으로 유지하기 위해 제한constrained된다. E2:E10의 변경된 값들이 주어졌을 때, 셀 E11의 값은 2.5가 돼야만 한다. 나머지 9개의 값들은 자유롭게 바뀔 수 있으며, 모집단의 표준편차를 추정하려고 할 때 이 9개의 값들은 표본의 자유도를 구성한다.

10개의 관찰값을 회귀계수를 계산하기 위해 사용할 때는, 관찰값들의 평균에 의해서 부과된 하나 이외에 다른 하나의 제약을 더해야 한다. 그래서 추가로 자유도를 잃어버린다. 게다가 새로운 예측변수를 회귀분석에 추가할 때마다 각각의 추가적인 예측변수마다 하나의 추가적인 자유도를 잃어버린다.

이것이 잔차의 표준편차가 직관적이고 매력적인 추정의 표준오차의 정의임에도 불구하고 다소 잘못된 이유이다. 통계 교과서는 잔차를 계산할 때 STDEV.S()와 같은 것들을 사용해 추정의 표준오차와 같은 결과를 얻을 수 있다고 소개할 것이다.

그렇지 않다. 추정의 오차의 표준편차에는 더 많은 제약이 있고, 자유도가 작기 때문에 기대했던 결과가 나오지 않을 것이다. 그림 4.13을 보라.

추정의 표준오차의 알맞은 수식은 그림 4.13에서 보이는 것과 같이 다음과 같다.

$$\text{추정의 표준오차} = \sqrt{\sum_{i=1}^{n}(X_i-\overline{X})^2/(n-k-1)}$$

이 수식에서 k는 회귀식의 예측변수의 수이다. 그래서 단순한 단일 회귀에서의 자유도는 관찰값의 수 n에서 회귀계수 k에 의해서 1을 빼고, 평균에 의해서 1을 뺀 값과 같다. 3개의 예측변수가 있는 다중회귀식이라면, 추정의 표준오차는 관찰값에서 4를 뺀 수로 계산돼야 한다.

그림 4.13
올바른 추정의 표준오차를 얻기 위해서는 제약의 수를 제대로 세야 한다.

D23 =DEVSQ(D2:D21)

	A	B	C	D	E	F	G	H	I
1	Height (inches)	Weight (pounds)		Predicted Weight	Residuals		=LINEST(B2:B21,A2:A21,,TRUE)		
2	72	131		147.0	-16.0		2.092	-3.591	
3	58	97		117.8	-20.8		0.818	54.216	
4	61	144		124.0	20.0		0.267	21.118	
5	60	120		121.9	-1.9		6.546	18	
6	63	100		128.2	-28.2		2919.471	8027.329	
7	68	150		138.7	11.3				
8	67	170		136.6	33.4				
9	58	130		117.8	12.2		SS Residual	8027.329	=E23
10	68	146		138.7	7.3		DF	18	=H5
11	63	106		128.2	-22.2		Variance	445.963	=H9/H10
12	65	105		132.4	-27.4		Std Error of Etimate	21.118	=SQRT(H11)
13	58	150		117.8	32.2				
14	72	170		147.0	23.0		1 - R^2	0.733	=1-G4
15	72	156		147.0	9.0		Total Variance	608.156	=B23/H5
16	63	127		128.2	-1.2		Variance of Estimate	445.963	=H14*H15
17	75	172		153.3	18.7		Std Error of Etimate	21.118	=SQRT(H16)
18	72	150		147.0	3.0				
19	76	121		155.4	-34.4		Square root of SS Resid/DF	21.118	=SQRT(H6/H5)
20	60	106		121.9	-15.9				
21	70	141		142.9	-1.9				
23	Sum of Squares	10946.800		2919.471	8027.329				

이 모든 것이 그림 4.13에서 이뤄진다.

- 셀 E23에 계산된 잔차의 편차제곱의 합은 셀 H9에서 선택됐다. 이 값은 LINEST()의 결과에서도 사용 가능하다.
- 셀 H10의 n-k-1의 자유도는 LINEST()의 결과에서 선택됐다.
- 알맞은 자유도를 분모로 하여 계산된 잔차의 분산은 셀 H11에 계산됐다. 어떤 자료에서는 이 통계량을 추정의 분산variance of estimate이라고 부르는 걸 본 적이 있을 수도 있다.
- 셀 H12에 계산된 추정의 표준오차는 셀 H11의 값의 제곱근과 같다.

셀 H12의 추정의 표준오차의 값은 LINEST()가 반환한 셀 H4의 값과 동일하다.

다음은 추정의 표준오차를 나타내는 다른 방법이다.

$$S_y\sqrt{1 - R^2}$$

말로 풀어보면, n-k-1을 자유도로 사용하는 예측된 변수에 대한 원래 값(예제에서는 파운드의 몸무게)의 표준편차에 1 빼기 R^2의 제곱근을 곱한 것이다.

필자는 이 정의를 좋아한다. 그 이유는 R^2의 값이 직접적으로 추정의 표준오차를 계산하는 데 사용되기 때문이다. $(1-R^2)$ 표현을 자세히 생각해보라. R^2은 키의 변동성과 관련된 몸무게의 변동성의 비율을 정량화하기 때문에, $(1-R^2)$은 키에 의해서 예측되지 않는 몸무게의 변동성 비율이다.

그렇기 때문에 예측되는 변수의 분산인 (수식 S_y^2)에 예측되지 않는 분산의 다음과 같이 비율을 곱하면,

$$S_y^2(1 - R^2)$$

추정의 분산을 얻게 되며, 그 값의 제곱근은 추정의 표준편차가 된다.

$$S_y\sqrt{1 - R^2}$$

그림 4.13의 범위 H14:H17에서 이 계산 과정을 볼 수 있다. 다음과 같다.

- 셀 H14는 예측할 수 없는 분산의 비율이다.
- 셀 H15는 n-k-1을 비율의 분모로 사용한 몸무게 변수의 분산이다.
- 셀 H16은 H14의 예측할 수 없는 비율과 H15의 분산을 곱한 값이다. 이 값은 측정된 몸무게의 예측할 수 없는 분산의 정도를 알려준다. 추정의 분산이다.
- 셀 H17은 추정의 분산의 제곱근인 추정의 표준오차이다.

마지막으로 그림 4.13은 셀 H19에 LINEST()의 결과를 이용한 가장 빠르게 추정의 표준오차를 계산하는 방법을 보여준다. 그것은 LINEST()가 반환한 잔차제곱의 합을 LINEST()가 반환한 n-k-1로 나눈 비율의 제곱근이다. 이 수식은 H9:H12의 계산을 약간 수정한 버전이지만, LINEST() 함수의 마지막 세 행에 있는 모든 통계량이 밀접하게 상호 관련돼 있다는 개념을 강화하는 데 도움이 된다.

등분산성: 균등하게 퍼짐

자주 거론되는 회귀분석을 수행하는 데 필요한 가정 가운데 하나는 균등퍼짐equal spread의 가정이다(이는 등분산성homoscedasticity이라고 부르지만, 통계학 이외에서 이 단어를 결코 사용하지 않는다는 것을 인정한다).

개념은 다음과 같다. 예측될 변수의 분산이 각 예측변수의 값에 대해 동일하다고 가정한다. 4장에서 사용하고 있는 키-몸무게 예제의 문맥에서 보면, 키가 5'6"인 사람의 몸무게의 분산이 키가 6'2"인 사람의 몸무게의 분산과 같다고 가정한다. 몸무게 값의 변동성은 키의 각 값에 대해 동일하다고 가정하는 것이다.

이것은 필수 불가결한 요소라기보다는 오히려 갖고 있어서 좋은 가정이다. 만약 가정이 위반되더라도 예측되는 값, 찾은 결과가 얼마나 반복 가능한지에 대한 평가, 회귀계수나 표준오차의 값에 아무런 왜곡을 주지 않는다.

만약 가정이 위반되더라도 잃어버리는 것은 관심 있는 예측변수의 값에 상관없이 동일한 추정의 오차를 사용하는 능력뿐이다. 이런 식으로 추정의 표준오차를 사용하는 주된 이유는 신뢰구간-4장 앞부분의 '추정의 표준오차' 절에서 설명한 예측값 주위에 구간을 두는-을 설정하기 위함이다.

이 문제는 명목변수를 숫자 코드로 변환하고 회귀분석을 사용해 그룹간의 평균의 차이를 검정하는 영역에 접어들면 더욱 중요해질 수 있다. 그룹 분산과 그룹간 관찰값의 수 사이의 관계가 문제가 될 수가 있다. 그럼에도 불구하고 이 문제는 그룹 분산과 그룹의 크기가 동일하지 않을 때만 발생한다.

그런데 예측변수와 예측되는 변수 사이에 강한 관계가 있는 시가cigar 모양의 분산형차트를 잘못 해석하지 말아야 한다. 시가의 끝은 일반적으로 분포의 중심보다는 좁아서, 분포의 중간이 꼬리 부분보다 변동성이 크다는 것을 보여준다. 그러나 이 경우에 바라보고 있는 것은 값의 범위이다. 범위는 사례 수에 매우 민감하며, 어떤 분포의 꼬리라도 정규곡선과 아주 약간 비슷하게 중심 부분보다는 더 적은 관찰값을 가지고 있다. 범위의 시각적인 증거를 무시하라. 만약 이 가정을 걱정해야 한다면, (평균이기 때문에) 표본의 크기에 민감하지 않은 분산에 대해 걱정을 하라.

LINEST()의 F-비의 이해

근본적인 부분까지 내려가면, F-비F-ratio는 단순히 두 개의 독립적인 분산이 주어졌을 때 하나의 분산과 다른 분산의 비율이다. 그것은 꽤 기본적이다. 그러나 F-비는 단일 결과 변수를 사용하는 광범위한 추론 통계 분석의 기초가 된다(Wilks' Lambda는 다변량 분석에서 F를 대체하는 경향이 있으며, 결과 변수가 여러 개이다). 여기에서 특히 관심의 대상이 되는 것은 분산분석 즉, ANOVA에서의 F-비의 사용으로, 이는 분석의 결과가 신뢰할 수 있는지 여부를 결정하는 데 도움이 된다.

> **노트** F-비에서 F라는 문자는 F-비의 목적과는 아무런 관련이 없다. F-비 용어는 통계학자 조지 스네데코르(George Snedecor)가 로날드 피셔(Ronald Fisher)에 경의를 표해 부여했다. 로날드 피셔는 하나 이상의 요인과 그것들의 상호작용에 의한 평균의 차이를 테스트하는 방법으로 20세기 초반에 분산분석을 발전시켰다.

분산분석과 F-비의 일반적인 사용

대학 통계 과정에서 분산분석을 공부해본 적이 있다면 F-비를 경험했을 것이다. 일반적인 ANOVA에서, 그룹간의 제곱의 합Sum of Squares Between Groups이라고 하는 양을 계산하는데, 이는 종종 그룹간제곱의 합Sum of Squares Between 또는 SSB로 축약돼 부른다. 이 양은 회귀분석의 회귀제곱의 합과 직접적으로 대응된다.

ANOVA는 그룹내의 제곱의 합Sum of Squares Within Groups 즉, 그룹내제곱의 합Sum of Squares Within 즉, SSW를 계산한다. 이것은 회귀분석의 잔차제곱의 합과 직접적으로 대응된다.

이러한 방식으로 사용되는 분산분석 및 F-비는 표집된 데이터의 관찰된 그룹간의 평균의 차이가 후속 표본을 채취하고 테스트할 경우에도 일어날 가능성을 평가하기 위한 것이다. 최적의 종류의 실험법은 모집단(인간이나 식물 또는 처치에 반응할 수 모든 것)으로부터 무작위로 표본을 얻어 다시 무작위로 두 개 이상의 그룹으로 할당하는 것이다. 이들 그룹에는 실험적으로 처치treatment를 받는 그룹과 통제 또는 비교를 구성하는 그룹-처치를 받지 않거나 효과가 이미 알려진 처치를 받는 그룹-이 거의 항상 포함된다.

이 방법은 치료를 다른 모집단의 표본 그룹에 넣어서 문제를 단순화한다(처치 A를 받는 피험자의 모집단, 플라시보placebo를 받는 피험자의 모집단). 이러한 종류의 실험 설계에서 처치법과 효과 사이의 인과관계를 추측하는 것이 일반적으로 가능하다. 처치의 적용은 결과의 차이를 유발한다. 그룹을 구별하는 변수를 종종 독립independent변수라고 부른다.

처치가 끝난 후, 처치 효과로 여겨지는 부분에 대한 측정이 실시되고, 그 변수의 평균을 각 그룹에 대해 계산한다. 이런 종류의 실험 설계에서, 그 변수는 종종 종속dependent변수라고 부른다. 그 값은 피험자에서 적용된 처치(독립변수)에 종속된다고 여겨진다.

단순히 상관관계가 아닌 인과관계를 추정할 수 있는 이유는 실험 설계(무작위 선택, 무작위 그룹 배정)의 특징 때문이지, 수행된 통계적인 절차 때문이 아니다. 그러므로 많은 연구자들과 통계학자들은 엄밀한 실험 설계가 되지 않은 경우에는 독립변수independent variable와 종속변수dependent variable라는 용어를 사용하는 것을 조심한다. 대안으로, 기준변수criterion variable와 예측되는 변수predicted variable 같은 것들이 사용되지만, 문헌상 거의 일치하지 않는 것으로 보인다.

변수가 하는 역할을 강조할 때, 필자는 예측변수predictor variable와 예측되는 변수predicted variable를 사용하는데, 이 용어는 상대적으로 설명력도 있고 거슬리지 않는다. 변수가 측정되는 방식에 중점을 두면, (필자를 포함하는) 많은 사람들이 명목척도로 측정된 변수를 요인factor로 간격척도로 측정된 변수를 공변량covariate으로 부르는 걸 선호한다.

전통적으로 분산분석은 그룹 평균의 분산 차이를 측정하여 평균의 차이의 신뢰도를 조사하는 데 적용된다. 명확한 통계적인 계산으로 평균의 분산을 모든 피험자의 전체 분산의 추정으로 변환한다. 이는 보통 그룹간평균제곱mean square between이라고 부른다. 그런 다음, 각 그룹의 분산이 계산되고 평균이 구해진다. 이는 분리되고 독립적으로 모든 피험자의 분산을 추정하며, 보통 그룹내평균제곱mean square within이라고 부른다.

마지막으로 두 개의 계산된 분산 추정값은 그룹간 평균의 차이로부터 추정된 분산을 그룹내 평균의 분산으로 나눈 F-비를 통해서 비교된다. 평균의 차이가 크다면, 온전히 처치법의 차이에 의해 비율에서의 분모가 분자보다 상대적으로 커지는 경향이 있다.

우리는 처치법이 신뢰할 만한 차이가 나는 효과가 없을 때 주어진 F-비를 관찰할 가능성에 F-비의 이론적인 분포에 대해 충분히 알고 있다. 예를 들어 "만약 피험자의 모집단 평균이 동일하고, 따라서 분산이 차이가 없다면, 이 F-비를 관찰할 확률은 1%에 불과하다. 이것은 극히 드문 것으로 보이며, 모집단 평균이 다른 집단과 실제로 서로 다르다는 것으로 추론할 수 있다"와 같이 결론 내릴 수 있다.

분산분석과 회귀에서의 F-비

이전 절에서 논의된 대부분의 고려 사항은 기존의 분산분석과 마찬가지로 회귀분석의 모든 부분에 적용된다. 그러나 회귀분석은 같은 결론에 이르기까지 다른 경로로 접근된다. 제곱의 합만을 가지고 작업하는 대신 회귀는 분산의 비율, 특히 공유분산의 비율을 가지고 작업하면서 분석을 풍부하게 한다.

이제까지 봐 왔듯이, 회귀적 접근은 간격변수와 비율변수를 (4장의 몸무게 예측하는 예제의 키처럼) 예측변수로 사용할 수 있다. 다음 절에서 보게 되겠지만, 회귀는 또한 약물 치료의 종류, 성별, 민족성 같은 명목변수도 예측변수(또는 실험 설계에 적합한 용어로는 독립변수)로 사용할 수 있다.

그래서 회귀는 일반적인 접근 방법의 분산분석보다 더 유연하다. 두 접근법 모두 분산을 분석하므로 ANOVA라고 할 수 있다(회귀 어플리케이션은 일반적으로 'Analysis of Variance(분산분석)'이라는 결과 테이블을 포함한다). 그러나 일반적인 접근법은 예측변수가 키-몸무게 예제에서의 키와 같이 간격척도로 측정된 경우 분석을 수행할 방법이 없다. 일반적인 ANOVA는 하나 이상의 공변량(간격변수)을 하나 이상의 요인(명목변수)에 대해 공분산분석 즉, ANCOVA라고 부르는 접근법으로 처리할 수도 있다. 8장, '공분산분석'에서 ANCOVA의 회귀 접근법에 대해 논할 것이다. 그러나 일반적인 ANOVA로 간격척도로 측정된 단일 예측변수와 예측되는 변수 사이의 관계를 조사하는 것은 매우 복잡하다.

반대는 어떤가? 회귀로 명목형 예측변수를 사용할 수 있는가? 키와 같은 공변량이 아니라 약물 치료의 종류와 같은 요인을 가지고 회귀분석을 사용하려면, 요인을 숫자코드 형태로 코드화하면 된다. 예를 들면 의학 실험에서 스타틴Statin은 1로, 다른 레벨의 처치 요인인 식이요법Diet은 0으로, 1 수준level으로 치료 요인을 코드화할 수 있다(다음 절에서 더 자세히 다를 예정이다). 스타틴과 식이요법 같은 이름을 숫자값으로 배정하면, 어떤 회귀 애플리케이션(SAS, SPSS, Minitab, Stata, R, 또는 Excel)으로도 회귀계수, 표준오차, R^2, 추정의 표준오차, F-비, 회귀제곱의 합, 잔차제곱의 합, 자유도, R^2 축소shrinkage와 같은 회귀 통계량과 관련 있는 것들을 계산할 수 있다.

4장 전반부에서 봤듯이, R^2은 전체제곱의 합에서 예측변수(또는 변수들)와 예측되는 변수의 회귀와 연관된 비율을 나타낸다. $(1-R^2)$ 값은 전체제곱의 합에서 잔차 즉, 예측의 오차에 연관된 비율을 나타낸다.

그러므로 회귀분석을 통해 전체제곱의 합의 비율을 가지고 작업할 수 있다. 직관적으로 전체제곱의 합의 26.7%(또는 이후에 보게 되겠지만, 전체 분산의 26.7%)는 2919.471과 같은 임의의 값인 회귀제곱의 합(또는 그룹간제곱의 합)보다는 의미 있는 숫자이다. 그림 4.14를 보라.

그림 4.14
분산을 설명할 때, 제곱의 합이나 제곱의 합의 비율로 작업하든 간에 중요하지 않다.

G4 | {=LINEST(B2:B21,A2:A21,,TRUE)}

	A	B	C	D	E	F	G	H	I	J
1	Height (inches)	Weight (pounds)		Predicted Weight	Residuals		=LINEST(B2:B21,A2:A21,,TRUE)			
2	72	131		147.0	-16.0		2.092	-3.591		
3	58	97		117.8	-20.8		0.818	54.216		
4	61	144		124.0	20.0		0.267	21.118		
5	60	120		121.9	-1.9		6.546	18		
6	63	100		128.2	-28.2		2919.471	8027.329		
7	68	150		138.7	11.3					
8	67	170		136.6	33.4					
9	58	130		117.8	12.2		Sum of Squares	DF	Mean Square	F -ratio
10	68	146		138.7	7.3		2919.471	1	2919.471	6.546
11	63	106		128.2	-22.2		8027.329	18	445.963	
12	65	105		132.4	-27.4					
13	58	150		117.8	32.2		% of Variance	DF	"Mean Square"	F -ratio
14	72	170		147.0	23.0		0.267	1	0.267	6.546
15	72	156		147.0	9.0		0.733	18	0.041	
16	63	127		128.2	-1.2					
17	75	172		153.3	18.7					
18	72	150		147.0	3.0					
19	76	121		155.4	-34.4					
20	60	106		121.9	-15.9					
21	70	141		142.9	-1.9					
23	Sum of Squares	10946.800		2919.471	8027.329					

그림 4.14는 키와 몸무게의 데이터를 세 가지의 다른 방법으로 분석한다.

LINEST()를 이용한 분석

그림 4.14의 세 개의 분석 중에 첫 번째는 LINEST() 함수의 결과에서 보여진다. G2:H6 범위에 가장 최근에는 그림 4.13인 4장 이전 그림에서 보여왔던 LINEST() 결과를 볼 수 있다. 셀 G6의 회귀제곱의 합과 H6의 잔차제곱의 합을 주목하라. 이 값들은 셀 D23과 셀 E23의 DEVSQ() 함수의 결과와 일치한다.

제곱의 합을 이용한 분석

그림 4.14의 G10:J11 범위에 있는 분석은 비록 예측변수가 요인이 아니라 공변량이지만 일반적인 접근법의 분산분석을 보여준다. 요인으로서는 셀 G10의 제곱의 합은 그룹간제곱의 합이고, 셀 G11의 값은 그룹내제곱의 합이다. 그러나 예측변수가 공변량이라서 회귀제곱의 합과 잔차제곱의 합이라고 부르는 게 더 적절하다. 그 값은 D23과 E23의 DEVSQ() 통해 계산된 값들로 직접 연결돼 있다.

공변량은 하나의 변수이기 때문에 회귀자유도는 1이다. 이것은 일반적으로 사실이다. 예측되는 변수에 대해 회귀를 사용해 공변량에 관해 분석을 하든 요인에 대해 분석을 하든, 예측변수의 열의 개수는 회귀를 위한 자유도와 일치한다. 그 수는 잔차에 대한 자유도 값은 줄이고 회귀에 대한 자유도 값은 증가시킨다.

셀 I10 과 셀 I11은 회귀에 의한 추정분산과 잔차분산이다. 이 분산들은 ANOVA 용어로는 평균제곱Mean Square이라고 하며, 각 제곱의 합을 그것의 자유도로 나눠서 계산한다. 마지막으로 셀 J10의 F-비는 회귀제곱평균Mean Square Regression을 잔차제곱평균Mean Square Residual으로 나누어서 얻어진다. 이 값은 LINEST()로 얻어진 셀 G5의 값과 동일하다.

분산 비율을 이용한 분석

그림 4.14의 범위 G14:J15에는 G10:J11과 같은 분석 결과를 포함하지만 제곱의 합은 전체 분산의 그 값의 비율로 대체됐다. 예를 들어 셀 G14의 회귀에 기인한 전체제곱의 합의 비율은 2919.471/10946.8, 즉 0.267이다(전체제곱의 합의 값은 셀 B23을 보라). 이 비율은 셀 G4에 있는 LINEST()가 반환한 R^2과 동일하다. 그것은 R^2이 회귀에 기인한 전체 제곱의 총합의 비율이라는 점을 감안할 때 그래야만 한다.

회귀와 잔차의 분산의 비율은 적절한 자유도로 나눠지고, 그 결과는 셀 I14와 I15에 나타난다. 그것들은 진정한 의미의 평균제곱이 아니다. 제곱의 합을 자유도로 나눈 결과가 아니라 제곱의 합의 비율proportion을 자유도로 나눈 결과다. 이 비율에 대해 일반적으로 받아들여지는 용어를 본 적이 없다, 그래서 그림 4.14에서 인용 부호와 함께 'Mean Square(평균제곱)'라고 표시했다.

마지막으로 I14와 I15의 'Mean Squares'의 비율이 셀 G5와 셀 J10의 F-비와 정확하게 같다는 것을 확인하라.

회귀에서 제곱의 합의 분할

회귀분석에서 회귀제곱의 합과 잔차제곱의 합이 그랬던 것처럼, ANOVA의 그룹간제곱의 합과 그룹내제곱의 합은 더해져서 전체제곱의 합이 된다. 전체제곱의 합은 예측되는 변수(결과변수)와의 편차의 제곱의 합으로 계산되며, 예측변수(그룹을 나누는 변수)에 관계없이 계산될 수 있다. 그 관계는 다음과 같다.

$$SS_B + SS_W = SS_{Total}$$

$$SS_{Regression} + SS_{Residual} = SS_{Total}$$

그러나 일반적인 분산분석과 회귀분석 사이에는 차이가 존재한다. 이러한 차이는 일반적인 ANOVA의 요인의 특성과 분석의 근거에 기인한다.

그것의 가장 간단한 형태로서, 일반적인 분산분석은 두 가지 변수를 사용한다. 하나는 요인(명목변수로 각각이 속한 그룹을 구분하기 위해 사용됨)이고 다른 하나는 특정 그룹에 속하는 효과를 측정하는 간격변수다. 예를 보자.

- 의학 실험에서 환자는 스타틴을 복용하는 그룹, 채식으로 제한된 그룹, 위약을 복용하는 그룹의 세 그룹 중 하나로 무작위로 배정될 수 있다. 상당한 크기의 표본과 무작위 배정으로 처치가 시작될 때 그룹이 동일하다는 점을 합리적으로 확신할 수 있다. 처치 1개월 후 참가자의 콜레스테롤 수치를 확인해 각 그룹의 평균 콜레스테롤 수치에 차이가 있는지 확인한다. 이 간략한 설명조차도 인과관계를 추측할 수 있는 진실험true experiment처럼 들린다. 무작위 할당을 사용하면 그룹화 요인을 독립변수로, 콜레스테롤 수준을 종속변수로 지정할 수 있다.

- 네 개의 완전히 동일한 정원에 허브 씨를 심고 각 밭에서 다른 비료를 사용한다. 얼마간의 시간이 지나고 허브를 수확해 무게를 측정해 비료의 차이가 식물의 크기에 영향을 주는지 확인한다. 이 실험 또한 진실험처럼 보이며 수확한 무게의 차이는 사용된 비료 때문이라는 것을 그럴듯하게 추정할 수 있다.

이 두 가지 예제에서 요인은 값의 수가 제한된 명목변수(환자 그룹과 사용된 비료)다.

- 콜레스테롤 처치 그룹 : 스타틴, 식이요법, 위약
- 비료 사용 : 브랜드 A, 브랜드 B, 브랜드 C, 브랜드 D

적용 가능한 값의 수는 명목척도로 측정된 변수로 제한된다. 게다가 두 요소 중 어느 것도 연속성을 갖고 있지 않다. 포드Ford, 토요타Toyota, 제너럴 모터스General Motors의 3개 그룹이 자동차 제조회사로 구성됐다고 가정하자. 명목척도의 변수는 포드가 가장 많고 제너럴모터스가 가장 적다고 말할 수 있는 "자동차적car-ness" 연속성을 내포하고 있지 않다. 명목척도에서 두 브랜드 간 거리의 의미는 없다. 명목척도의 값은 이름만으로 구성된다.

대조적으로, 우리가 4장 전체에서 다룬 키로 몸무게를 예측하는 예에서 키는 간격척도의 공변량 즉, 예측변수다. 키는 간격척도로 60"은 30"보다 클 뿐만 아니라 0"에서 30"의 거리보다 30"만큼 더 떨어져 있다.

서로 다른 키를 정량적으로 다른 값으로 취급하는 것은 타당하다. 반면 스타틴 그룹의 구성원을 식별하기 위해 숫자 1, 식이요법 그룹의 구성원을 식별하기 위해 숫자 2, 위약을 복용한 사람들을 식별하기 위해 숫자 3을 사용하기로 결정했다고 가정해보자.

두 경우(키가 몸무게 결과에 영향을 줌, 처치 요법이 콜레스테롤 결과에 영향을 줌)는 완전히 다르다. 첫 번째 경우, 키의 증가가 몸무게의 증가와 관련이 있는지 알아보는 것이다. 두 번째 경우, 처치 그룹을 1(스타틴)에서 2(식이요법)로 증가시키는 게 콜레스테롤 수준을 증가하는 데 관계가 있는지 알아보게 되는 것이다.

그러나 이 분석은 그 질문에 대해 답을 줄 수 없다. 처치 요법 변수는 간격척도가 아니라 명목척도이기 때문이다. 1(스타틴)과 2(식이요법)의 차이는 양적인 증가가 아니라 단지 질적인 차이일 뿐이다. 스타틴이 1이고 식이요법이 2인지, 반대로 스타틴이 2이고 식이요법이 1인지는 임의의 값이다. 키가 70인치에서 71인치가 되는 것은 임의가 아니다. 그것은 객관적이며 의미가 있다. 그 의미는 척도의 본질에 내재돼 있다. 71인치는 70인치보다 크다.

알려진 바와 같이, 명목변수를 숫자 형태로 표현하는 것은 필요하지만 다른 방식으로 표현돼야 한다. 그 정보를 두 개의 다른 변수로 나눈다. 피험자가 스타틴 그룹에 있으면, 변수 1을 1로 하고 그렇지 않으면 0으로 하자. 피험자가 식이요법 그룹에 있으면, 변수 2를 1로 하고 그렇지 않으면 0으로 하자. 위약 그룹에 속한 모든 사람들은 두 변수 모두 0이 될 것이다. 그림 4.15는 이 방법이 워크시트에서 어떻게 보이는지 알려준다.

그림 4.15
이런 식으로 명목변수를 숫자로 표현하는 방법을 더미코딩(dummy coding)이라고 한다.

	A	B	C	D
1	Treatment	Variable 1	Variable 2	LDL
2	Statin	1	0	163
3	Statin	1	0	182
4	Statin	1	0	179
5	Statin	1	0	170
6	Diet	0	1	175
7	Diet	0	1	196
8	Diet	0	1	173
9	Diet	0	1	193
10	Placebo	0	0	161
11	Placebo	0	0	173
12	Placebo	0	0	178
13	Placebo	0	0	187

이 코딩 스키마는 3가지 값을 가진 명목변수의 명목값을 서로 구분하기 위해 숫자를 사용하는 2개의 명목변수로 변환한다. 변수 1은 스타틴과 다른 치료 요법을 구분하고, 변수 2는 식이요법과 다른 치료 요법을 구분한다. 변수 1과 변수 2가 함께 사용되어 위약과 다른 치료 요법을 구분한다. 즉, 변수 1과 변수 2 모두 0인 피험자는 위약을 받게 된다.

코딩된 값은 특정 값을 의미하지 않는다. 이 값은 4장의 예제에서 키 변수처럼(60", 61", 62" 등등) 어떤 것보다 많고 적음을 의미하지 않는다. 모든 1과 0은 원래의 명목변수의 범주를 구분할 뿐이다.

다음은 일반적으로 사실이다. (더미코딩이라고 부르는) 이 같은 코딩 시스템을 사용해 명목변수를 변환하면, 원래의 범주보다 하나 적은 새로운 변수를 얻게 된다. 만약 원래 변수가 5개의 범주(예: Ford, Toyota, GM, Nissan, Volvo)였다면, 원래 범주보다 하나 적은 4개의 새로운 코딩된 변수를 얻게 된다.

7장, '회귀분석을 이용한 그룹 평균 간 차이 검정'에서 이 문제를 더 자세히 다룰 것이다. 그동안 코딩된 변수를 사용해 회귀를 할 때 자유도가 어디서 와서 어디로 가는지 명확히 하고 싶었다. 새로운 예측변수를 분석에 추가했을 때, 잔차제곱의 합에서 추가적인 자유도를 잃게 되고 회귀제곱의 합에서 그것을 다시 얻게 된다.

분산분석에서의 F-비

전통적으로 F-비를 계산하기 위해서는 그룹간제곱의 합과 그룹내제곱의 합을 먼저 계산해야 한다. 제곱의 합은 자유도로 나누어져, 독립적인 분산의 추정값으로 변환된다. 그런 다음, 그 분산들은 F-비라고 부르는 비율로 비교된다. 만약 이 비율이 충분히 크다면, 그룹들이 같은 모집단이 아니라 다른 평균을 가진 서로 다른 모집단에서 나왔다고 결론지을 수 있다.

그림 4.16은 하나의 모집단에서 나온 표본 데이터를 사용한 ANOVA의 예를 보여준다. 마트의 한 계산대에 줄 서 있는 사람들을 임의로 20명을 선택해, 임의로 2개의 그룹 중 하나로 할당하고, 그들의 키를 측정했다고 가정해보자. 두 그룹의 평균 키가 다르다고 가정할 만한 근거가 없지만, 어쨌든 계산해보자. 그림 4.16을 보라.

그림 4.16
임의로 선택 배정된 사람들로 구성된 두 그룹 사이의 키 차이의 신뢰도를 평가하는 기존의 ANOVA

	A	B	C	D	E	F	G	H	I	J
1	Group A	Group B		Anova: Single Factor						
2	63.7	70.3								
3	64.7	67.3		SUMMARY						
4	62.7	63.3		*Groups*	*Count*	*Sum*	*Average*	*Variance*		
5	71.7	68.3		Group A	10	677	67.7	18.89		
6	63.7	67.3		Group B	10	658	65.8	17.39		
7	73.7	57.3								
8	63.7	61.3								
9	71.7	64.3		ANOVA						
10	71.7	69.3		*Source of Variation*	*SS*	*df*	*MS*	*F*	*P-value*	*F crit*
11	69.7	69.3		Between Groups	18.05	1	18.05	0.995	0.332	4.414
12				Within Groups	326.5	18	18.14			
13										
14				Total	344.55	19				
15										
16										
17	Between	18.05	=DEVSQ(G5:G6)*10							
18	Within	326.5	=DEVSQ(A2:A11)+DEVSQ(B2:B11)							

ANOVA는 같은 실험을 다른 피험자에게 뒤이어 반복 실험해도 같은 결과를 가질 것으로 기대할 수 있는지를 측정하는 데 사용된다. 또한 이는 실제 실험에서 발견된 그룹 평균 사이에 "유의미한" 차이가 없다면, 미래에 같은 가설의 반복 실험에서도 차이가 없을 것으로 기대한다는 것을 의미한다.

ANOVA는 제곱의 합과 분산을 통해 그룹의 평균에 대한 결론에 다다른다. 그 시작은 평균의 표준오차의 재배열부터 시작된다. 그 통계량에 대한 수식은 다음과 같다.

$$S_{\overline{X}} = S/\sqrt{n}$$

수식에서,

- $S_{\overline{X}}$은 평균의 표준오차다.
- S는 표본 표준편차다.
- n은 표본의 크기다.

평균의 표준오차는 단지 다른 표준편차일뿐이다. 모집단에서 100개의 표본을 추출하고 각 표본의 평균을 계산했다고 가정해보자. 만약 이 100개의 평균의 평균을 구한다면, 그 평균은 (관찰할 수 없는) 표본을 추출한 모집단의 평균과 아주 많이 가까울 것이다.

게다가 이 모든 표본 평균들의 표준편차(평균의 표준오차라고 알려진)는 다음 주어진 수식의 결과와 가까울 것이라고 기대할 수 있다.

$$S_{\overline{X}} = S/\sqrt{n}$$

다시 말해, 표본의 표준편차를 표본의 크기의 제곱근으로 나누어, 하나의 표본으로부터 괜찮은 평균의 표준오차의 추정값을 얻을 수 있다(물론 추정의 정확도는 표본의 크기가 증가할수록 높아진다). 여기서 이 수식을 증명하지는 않을 것이다. 자세한 설명을 원한다면 『엑셀 2013을 활용한 통계 분석』의 8장에서 찾을 수 있다.

이제 위 수식을 재배열해서 다음을 얻을 수 있다.

$$S_{\overline{X}}\sqrt{n} = S$$

그리고 방정식의 양쪽을 제곱하면 다음과 같다.

$$S_{\overline{X}}^2 n = S^2$$

말로 풀어보면, 분산 S^2은 평균의 분산오차인 (수식)에 n을 곱해 추정할 수 있다.

분산분석에서, 평균의 분산오차는 표본에서 얻을 수 있다. 단순히 그룹 평균들(지금 예제에서는 두 개의 평균)을 구하고, 이들의 분산을 계산하면 된다. 예를 들어 그림 4.16에서는 다음 수식을 사용할 수 있다.

=VAR.S(G5:G6)

이 수식은 1.805를 반환한다.

다른 방법으로 계산할 수도 있다. 전체 평균으로부터 그룹 평균들의 편차의 제곱의 합을 구하고, 이것들을 모두 합하면 된다. 일반적인 분산분석에서 다루는 방법이기 때문에 예제에서는 이 방법을 사용했다. 엑셀의 DEVSQ() 함수가 정확히 이런 일을 하고, 그림 4.16의 셀 B17에서는 다음과 같다.

=DEVSQ(G5:G6)

여기에 그룹의 피험자의 숫자(여기서는 10)를 곱하면, 그룹간제곱의 합을 얻을 수 있다. 셀 B17의 전체 수식은 다음과 같고 18.05를 반환한다.

=DEVSQ(G5:G6)*10

이 값은 평균의 분산오차가 아니라, 평균의 분산오차에 기반한 전체 분산의 추정값인 그룹간평균제곱이다.

노트

$$S_{\bar{X}}^2 n = S^2$$

앞에서 봤던 재정렬된 수식은 전체 분산인 S^2이 평균의 표준오차 $S_{\bar{X}}^2$과 그룹내 관찰값의 개수를 곱해서 추정된다는 것을 말해준다. 이 경우, 평균의 분산오차는 편차제곱의 합과 같다. 그 이유는 표본의 분산으로부터 모집단의 분산을 추정할 때, 편차의 제곱의 합을 (n–1)로 나누기 때문이다. 여기서 우리는 두 개의 그룹 평균의 분산을 가지고 있기 때문에, (n–1)은 (2–1)이 되고, 제곱의 합을 1의 자유도로 나눈다. 그렇기 때문에 편차제곱의 합은 분산과 같아진다.

그림 4.16은 또한 A2:B11에 분석 도구 추가 기능 Single Factor ANOVA의 실행 결과도 제공하고 있다. 셀 E11의 그룹간제곱의 합이 셀 B17의 그룹간제곱의 합과 동일한 것을 확인할 수 있다. 셀 B17의 그룹간제곱의 합의 값은 단지 그룹 평균과 그룹내 관찰값의 개수(여기서는 10)만을 이용하여 얻어진 것임을 기억하라. 그룹간제곱의 합은 그룹 평균이나 전체 평균과 각 개별 사이의 변동과는 독립적이다.

또 다른 전체 분산의 추정량은 꽤 간단히 얻을 수 있다. 각 그룹의 그룹내편차제곱의 합을 더하면 된다. 셀 B18은 다음과 같은 수식이다.

=DEVSQ(A2:A11)+DEVSQ(B2:B11)

이 수식은 각 그룹 평균의 편차의 제곱의 합을 반환한다. 두 평균이 크고 작은지는 결과에 아무런 차이를 주지 않는다. 각 관찰값과 해당 관찰값이 속한 그룹의 평균과 떨어진 거리가 중요하다.

그룹내제곱의 합의 결과는 326.5로, 데이터 분석 도구가 반환한 셀 E12의 값과 동일하다. 두 개의 제곱의 합을 F11과 F12에 있는 각각의 자유도로 나누면, G11:G12 범위에 있는 두 개의 전체 분산의 추정값을 얻을 수 있다.

이 값들은 두 개의 독립된 전체 분산의 추정값이라는 것이 중요하다. 그룹간평균제곱은 그룹 평균들의 분산에 기반하며, 각 그룹의 개별 관찰값의 변동성에 대해서는 아무런 주목도 하지 않는다. 그룹내평균제곱은 단지 개별 관찰값들과 그들이 속한 그룹 평균 사이의 변동성만을 사용하며, 그룹의 평균의 크기와 다른 그룹의 평균의 크기의 관계에 대해서는 주목하지 않는다.

그렇기 때문에, 그룹간평균제곱이 그룹내평균제곱보다 상대적으로 크면 (즉, F-비가 상대적으로 크면) 그룹 평균들이 서로 다르다는 증거가 된다. 그룹 평균의 차이는 분자 부분의 분산 추정량을 크게 만드는 경향이 있다.

그림 4.16에 있는 데이터의 경우에, 그룹 평균이 매우 조금 다르기 때문에 (표준편차가 4.25인 상황에서, 67.6대 65.8) F-비는 작다. 엑셀에는 모집단의 F-비율이 1.0(그룹간과 그룹내 두 분산 추정량이 같은 모집단 모수의 값을 추정하는)이라는 가정 아래에서 주어진 F-비가 계산될 가능성을 알려주는 몇몇 워크시트 함수가 있다. 이 경우, F-비가 1.0인 모집단에서 표본이 추출됐을 때, 0.995의 F-비를 얻을 확률은 0.332(셀 I11)이다. 즉, 이 실험을 여러 번 반복했을 때, 모집단의 그룹 평균이 같을 때, 3번 중 1번은 이 정도 큰 F-비를 관찰하게 될 것이다. 이는 일반적으로 같은 그룹 평균이라는 것을 기각하는 결과로 하기엔 너무 동떨어진 결과로 여겨진다.

그림 4.17은 ANOVA의 F-비를 사용한 다른 예제를 보여준다. 이번에는 그룹 평균의 차이가 유의하다고 여겨질 만하다(이후 같은 데이터로 회귀분석의 예제를 다루도록 하겠다).

그림 4.17

임의로 선택된 10명의 남성과 여성의 키가 ANOVA를 사용해 분석됐다.

	A	B	C	D	E	F	G	H	I	J
1	**Males**	**Females**		Anova: Single Factor						
2	71	61								
3	64	66		SUMMARY						
4	62	62		*Groups*	*Count*	*Sum*	*Average*	*Variance*		
5	71	64		Males	10	679	67.9	18.99		
6	63	64		Females	10	640	64.0	7.33		
7	73	64								
8	63	60								
9	71	63		ANOVA						
10	72	68		*Source of Variation*	*SS*	*df*	*MS*	*F*	*P-value*	*F crit*
11	69	68		Between Groups	76.05	1	76.05	5.778	0.027	4.414
12				Within Groups	236.90	18	13.16			
13										
14				Total	312.95	19				
15										
16				**SS Between**	76.05	**=DEVSQ(G5:G6)*10**				
17				**SS Within**	236.90	**=DEVSQ(A2:A11)+DEVSQ(B2:B11)**				

그림 4.17은 그림 4.16과 데이터만 다르고 같은 분석이 진행됐다. 그림 4.17은 임의로 선택된 10명의 남성과 10명의 여성의 키의 평균 차이를 평가한다. 셀 E16과 셀 E17에 엑셀의 DEVSQ() 함수와 그룹의 관찰값의 개수를 사용해 계산된 그룹간제곱의 합과 그룹내제곱의 합을 보라. 이 값들은 셀 E11과 E21의 데이터 분석 도구에 의해 계산된 결과와 동일하다.

F-비를 계산하는 과정은 그림 4.16과 동일하다. 제곱의 합을 각각의 자유도로 나눠서 전체 분산의 추정량을 얻는다. 그룹간평균제곱이라고 붙여진 추정량은 평균의 표준오차에 기반한다(개별 관찰값의 그룹내 변량은 무시한다). 그룹내평균제곱이라고 붙여진 추정량은 그룹내 분산에 기반한다(그룹간 평균 차이를 무시한다).

이 경우, 그룹 평균은 충분히 떨어져 있다. 그룹간평균제곱의 전체 분산의 추정량은 그룹내 변동성에 기반한 전체 분산의 추정량에 비해 상대적으로 크다. F-비는 거의 6 정도로 크다. 엑셀의 데이터 분석 도구는 1과 18의 자유도(셀 F11과 F12)와 모집단의 남자와 여자의 평균 키가 같다는 가정 아래, 이런 결과는 3%보다 작은(셀 I11의 0.027) 확률로 발생할 것이라고 알려준다(그림 4.18에서 F.DIST.RT() 함수로 이 확률을 확인하는 방법을 설명할 것이다). 확률적 추정에 근거해 3%보다 작은 확률로 발생함은, 합리적으로 생각해봤을 때 모집단이 같은 키를 가지고 있다는 가정(귀무가설)을 기각할 만하다.

회귀분석에서의 F-비

그림 4.18은 ANOVA 대신 회귀분석을 사용한 동일한 분석이다.

그림 4.18

회귀분석은 ANOVA와 동일한 분석 결과를 보이며, 더 풍부한 정보를 보여준다.

L2 =F.DIST.RT(K2,I2,I3)

	A	B	C	D	E	F	G	H	I	J	K	L
1	Sex	Sex (Coded)	Height	Predicted Height	Residual Height		Source	Prop. Of Variance	DF	"Mean Square"	F	Prob. Of F
2	Male	0	71	67.9	3.1		Regression	0.243	1	0.243	5.778	0.027
3	Male	0	64	67.9	-3.9		Residual	0.757	18	0.042		
4	Male	0	62	67.9	-5.9							
5	Male	0	71	67.9	3.1							
6	Male	0	63	67.9	-4.9							
7	Male	0	73	67.9	5.1		=LINEST(C2:C21,B2:B21,,TRUE)					
8	Male	0	63	67.9	-4.9		-3.9	67.9				
9	Male	0	71	67.9	3.1		1.622	1.147				
10	Male	0	72	67.9	4.1		0.243	3.628				
11	Male	0	69	67.9	1.1		5.778	18				
12	Female	1	61	64.0	-3		76.05	236.90				
13	Female	1	66	64.0	2							
14	Female	1	62	64.0	-2							
15	Female	1	64	64.0	0							
16	Female	1	64	64.0	0							
17	Female	1	64	64.0	0							
18	Female	1	60	64.0	-4							
19	Female	1	63	64.0	-1							
20	Female	1	68	64.0	4							
21	Female	1	68	64.0	4							
22												
23		Sum of Squares		76.05	236.9							

그림 4.18을 그림 4.17과 비교해보자. 그림 4.17에서는 분석 도구 추가 기능 Single Factor ANOVA의 레이아웃 요구 사항을 준수하기 위해 A열과 B열의 두 개의 열에 원시 데이터를 표시했다. 반면 그림 4.18에서는 그림 4.17처럼 남성과 여성의 키를 다른 열에 배치하지 않고, 피험자의 키를 하나의 열(C열)에 나열하고, 남성과 여성은 B열의 값을 0과 1로 달리 구분했다.

그림 4.18은 또한 예측되는 키를 명시적으로 워크시트에 계산해뒀다. 이 과정은 회귀분석에 꼭 필요한 것은 아니지만, 이는 (그림 4.17의 셀 E11에 있는 그룹간제곱의 합과 동일한 숫자인) 셀 D23의 회귀제곱의 합의 계산이 어떻게 진행되는지 조금 더 분명하게 한다.

두 그룹의 각 구성원의 예측값은 동일하다. 이 결과가 예기치 않은 것은 아니다. 모든 남성의 성별 변수의 관찰된 (그러나 코딩된) 값은 0이고 모든 여성의 값은 1이기 때문이다.

또한 각 남성에 대한 예측값은 67.9이며, 여성에 대한 예측값은 64.0이다. 이 값들은 각 그룹의 평균 키다. 그림 4.17의 셀 G5와 G6에 표시된 그룹 평균과 비교해보라. 예측된 키가 그룹의 평균과 같은 이유는 다음과 같다.

평균과 표준편차(동등하게, 평균으로부터의 편차의 제곱의 합)는 상보적인 특성이 있다. 평균이 표준편차를 최소화한다는 것이다. 이런 속성을 증명하기 위해서는 다음과 같은 단계를 수행하면 된다.

1. 일련의 수를 취한다.
2. 임의의 숫자를 하나 선택한다. 이를 stand-in이라고 부르겠다.
3. stand-in과 일련의 수와의 편차를 계산하고, 그 편차를 제곱한다.
4. 편차제곱의 합을 계산한다.

이제 1단계에서 선택한 숫자들의 평균을 구하고, 3단계에서 stand-in 대신 평균을 사용한다. 4단계 결과는 3단계에서 평균이 아닌 다른 어떤 값을 선택해 편차를 계산했을 때보다 작을 것이다.

편차제곱의 합의 예를 통해서 계략적으로 설명했지만, 이 편차제곱의 합을 (분산을 얻기 위해) 관찰값의 개수로 나누거나, (표준편차를 얻기 위해) 얻어진 분산의 제곱근을 취해도 이 결과는 같다.

회귀분석에 부여된 주요 업무 중 하나는 실제 관찰값과 예측된 값들 사이의 편차의 제곱을 최소화하는 것이다. 지금 다루는 예에서 특정 그룹의 모든 구성원은 예측변수에 대해 같은 관찰값(남성은 0, 여성은 1의 코드값)을 가지고 있다. 그러므로 특정 그룹의 모든 구성원은 동일한 예측값을 갖는다.

그림 4.18에서 사용된 변수로 설명해보자.

- 어떤 값도 개별 값들의 편차제곱의 합을 그 값들의 평균을 사용했을 때보다 작게 하지 못한다.
- 회귀는 실제 키로부터 편차의 제곱을 최소화하는 예측 키를 찾는다.
- 성별 값은 상수다. 남성은 0이고 여성은 1이다.
- 그러므로 예측 키는 반드시 주어진 그룹에 대해서는 일정해야 하고, 그 그룹의 평균 키와 같아야만 한다.

이 상수로 예측된 키는 그림 4.17의 편차제곱의 합을 각 그룹의 관찰값의 개수와 곱하는 이유를 명확하게 설명한다. 다음 수식을 통해서 셀 E16에 그룹간제곱의 합을 계산한다.

```
=DEVSQ(G5:G6)*10
```

셀 G5와 G6은 남성과 여성의 키의 평균을 포함하고 있다. DEVSQ() 함수에 의해 반환되는 값은 7.605이다. 그러나 이는 단지 두 개의 값이 아니고, 전체 평균으로부터의 편차의 제곱의 합에 기여하는 10개의 쌍의 값이다. 그러므로 그룹 평균의 차이에 기반한 제곱의 합의 값을 얻기 위해서는, DEVSQ() 함수의 결과에 그룹의 구성원의 숫자를 곱해야 한다 (그룹들이 서로 다른 개수의 관찰값을 가지고 있을 때, 계산은 아주 약간 복잡해진다).

그림 4.18은 이 문제를 더 직접적으로 보여준다. 필자는 이것이 일반선형모델 문제에 회귀적 접근법이 선호되는 이유 중 하나라고 생각한다. 그림 4.18의 D2:D21의 범위에 각 그룹

의 예측되는 값(각 그룹의 평균)을 볼 수 있다. DEVSQ() 함수에 이 범위를 가리키면, 그림 4.17과 같이 두 그룹의 평균뿐만 아니라, 각 관찰값에 대해서도 전체 평균으로부터 각 그룹의 편차의 제곱의 합이 합산된다. 그러므로 계산된 편차의 제곱에 10을 곱하는 대신 각 그룹에서 10개의 편차의 제곱을 더했기 때문에 그림 4.17에서 필요했던 그룹의 크기로 곱하는 과정이 그림 4.18에서는 필요치 않다.

그림 4.18은 잔차제곱의 합(ANOVA 용어로는 그룹내제곱의 합)을 계산하기 위해 기존의 ANOVA가 했던 것과는 다른 접근 방법을 사용한다. 회귀적인 접근은 잔차제곱의 합을 계산하기 위해 먼저 실제 값에서 예측된 값을 뺀다(현제 예제에서는, 실제 키에서 예측된 키의 값을 뺀다).

이는 각 관찰값에 대해 잔차값을 남긴다. 사실 이것은 사람의 성별에 대한 지식으로부터 예측 가능하지 않은 사람의 키의 부분이다. DEVSQ() 함수에 이 잔차값들을 넣어 그림 4.18의 셀 E23에 잔차에 대한 편차의 제곱의 합을 얻는다.

그림 4.17에서, 각 사람의 키를 그 사람이 속한 그룹의 평균에서 빼고 그 값을 제곱한 이후에 그 값들은 합산해 그룹내제곱의 합을 계산했다. 그림 4.18에서는 원래 값에서 예측값(그러나 예측값은 그룹의 평균이다)을 뺀 잔차값을 구했다. 그러므로 일반적인 ANOVA의 그룹내제곱의 합과 회귀분석의 잔차제곱의 합의 두 양적 값은 서로 같아야만 한다. 실제로 그들은 같은 결론에 도달하기 위해 약간 다른 경로를 택한다.

그런데 사용된 코딩 설계는 LINEST() 함수의 보조적인 통계량의 마지막 3행에 대해 아무런 영향을 주지 않는다. 출판사의 웹페이지에서 다운로드받은 워크북을 사용해 직접 테스트해볼 수 있다. 남성과 여성에 대해 0과 1을 사용하는 대신, 3.1416과 -17 같은 값을 사용해도 R^2, 추정의 표준오차, F-비, 잔차의 자유도, 두 개의 제곱의 합은 여전히 같은 값을 갖는다. 그러나 회귀계수와 절편은 표준오차와 함께 바뀔 것이다.

그러면, 남성과 여성을 코드화하기 위해 왜 0과 1을 사용할까? 그러한 접근법이 회귀계수와 절편이 특별히 유용한 값을 갖게 하기 때문이다. 그림 4.18의 예제는 7장, '회귀분석을 이용한 그룹 평균 간 차이 검정'에서 다루게 될 세 가지 주요 코딩 방식 가운데 더미코딩을 사용했다. 자세한 내용은 이후 다루기로 하고, 지금은 이 두 가지 포인트만 알도록 하자.

- 셀 G8의 회귀계수는 표집된 남성의 키의 평균과 표집된 여성의 키의 평균 간의 차이다.
- 셀 H8의 절편은 0으로 코드화된 표집된 남성의 평균 키다.

회귀계수와 절편의 이러한 특징들은 이후 장에서 다루게 될 복잡한 실험에서 유용하다. 그리고 1과 0을 사용하는 더미코딩 방식은 명목척도의 예측되는 변수를 사용하는 로지스틱 회귀, 최우추정법maximum likelihood technique과 같은 타입에 특별히 유용한 것으로 알려져 있다.

다시 요약하자면 그림 4.18의 LINEST() 결과는 일반적인 분산분석을 재구성하는 데 필요한 모든 수치를 제공한다. 그림 4.18의 G1:L3 범위에 일반적인 ANOVA 테이블을 보여준다. 다음은 값이 어떻게 계산됐는지에 대한 설명이다.

- 셀 H2의 회귀, 분산의 비율. 예제의 단순 설계에서는, 셀 G10의 LINEST()가 반환한 R^2과 동일하다.
- 셀 H3의 잔차, 분산의 비율. 1.0에서 셀 H2에 있는 비율을 뺀다. 만약 H2와 H3의 두 비율을 그림 4.17의 전체제곱의 합과 곱하면, 그림 4.17에 있는 그룹간제곱의 합과 그룹내제곱의 합을 구할 수 있다.
- 셀 I2의 회귀자유도. LINEST()에 사용된 예측변수의 수이다. 여기서는 범위 B2:B21에 있는 변수 하나이다.
- 셀 I3의 잔차자유도. 관찰값의 개수에서 예측변수의 개수를 빼고, 1을 뺀다. 즉, n-k-1. LINEST()의 결과의 셀 H11에 그 값이 있다.
- 셀 J2의 회귀 "평균제곱". 다시 말하지만 이것은 실제 평균제곱이 아니다(또 다른 완전히 정확하지는 못한 용어는 분산). H2의 회귀에 대한 분산의 비율을 I2의 회귀 자유도로 나눈값이다.
- 셀 J3의 잔차 "평균제곱". 잔차분산의 비율을 I3의 잔차자유도로 나눈 값이다.
- 셀 K2의 F-비. J2의 회귀 "평균제곱"을 J3의 잔차 "평균제곱"으로 나눈 값이다. 그림 4.17의 셀 H11의 F-비 값과 동일한 것을 확인하라.

그림 4.18의 ANOVA 테이블에는 'Prob. Of F'라고 이름 붙인 셀 L2에서 추가적인 하나의 값을 더 볼 수 있다. LINEST() 결과는 이 값을 직접적으로 반환하지는 않는다. 그림 4.18에서 이 수식은 0.027을 반환하며 그 수식은 다음과 같다.

=F.DIST.RT(K2,I2,I3)

F.DIST.RT() 함수는 (이 예제에서) 셀 I2와 셀 I3의 자유도의 중심F-분포central F distribution로부터, 셀 K2에 계산된 만큼 큰 F-비를 얻을 확률을 반환한다.

직접 관찰하기에 너무 큰 모집단에서 두 개의 분산이 동일할 때, 그 분포로부터 표집된 F-비는 중심F-분포를 따른다. 만약 중심F-분포로부터 표집된 서로 다른 F-비의 발생 빈도를 차트로 작성하면, 그림 4.19에 있는 것과 같은 모양의 차트를 얻게 된다.

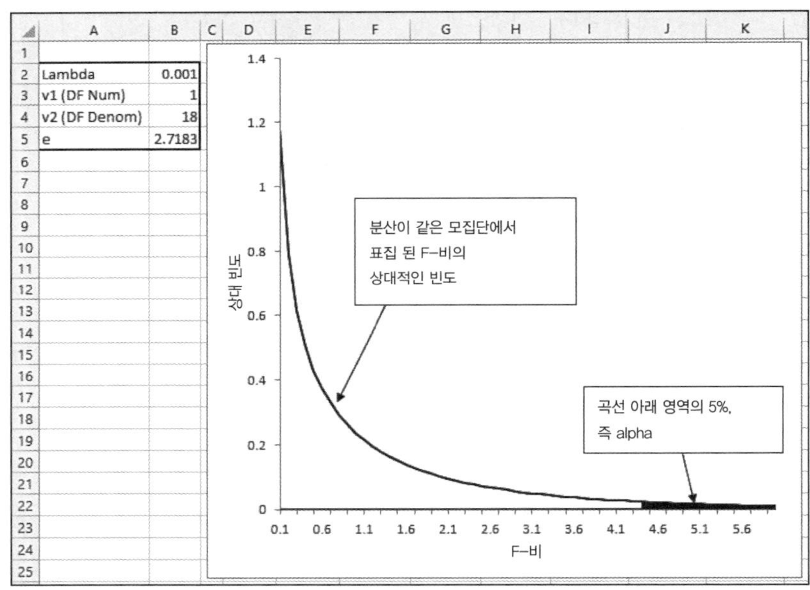

그림 4.19
분자에 대한 자유도가 분모에 대한 자유도와 같을 때만 F–분포의 평균은 1.0이다.

그림 4.19의 중심F-분포와 대조적으로, 중심F-분포와는 매우 다르게 생긴 비중심non-centralF-분포가 있다. 그림 4.20에 그 예가 몇 개 있다.

그림 4.20은 5개의 다른 F-분포를 보여준다. 각 분포는 다른 람다lambda값에 의해서 특징지어진다. 이 값을 종종 비중심모수non-centrality parameter라고도 한다(통계 분야는 단순한 개념을 난해하게 보이도록 만드는 경향이 있다).

비중심모수는 단지 F-분포를 옆으로 늘리는 방법일 뿐이다. 그림 4.20의 람다가 커질수록, 관련된 F-분포는 덜 기울어지고 납작해진다. 이런 일은 F-비의 분자가 분모에 비해 상대적으로 커질 때 발생한다. 그렇게 되면, 큰 비율의 상대 빈도가 커지고 분포는 오른쪽으로 늘려진다.

람다 그 자체는 단지 그룹간제곱의 합과 잔차평균제곱의 비율이라는 것을 지적하고자 한다. 그룹 평균이 더 멀리 떨어지거나 (ANOVA 표현), 즉 예측변수와 예측되는 변수 사이의 관계가 강해질수록 (회귀 표현), 람다는 커지고 F-분포는 오른쪽으로 늘어난다. 그러한 분포에서 큰 값의 F-비는 점점 덜 드물어진다.

그림 4.20
비중심F-분포의 모양은 자유도와 비중심모수에 의해 결정된다.

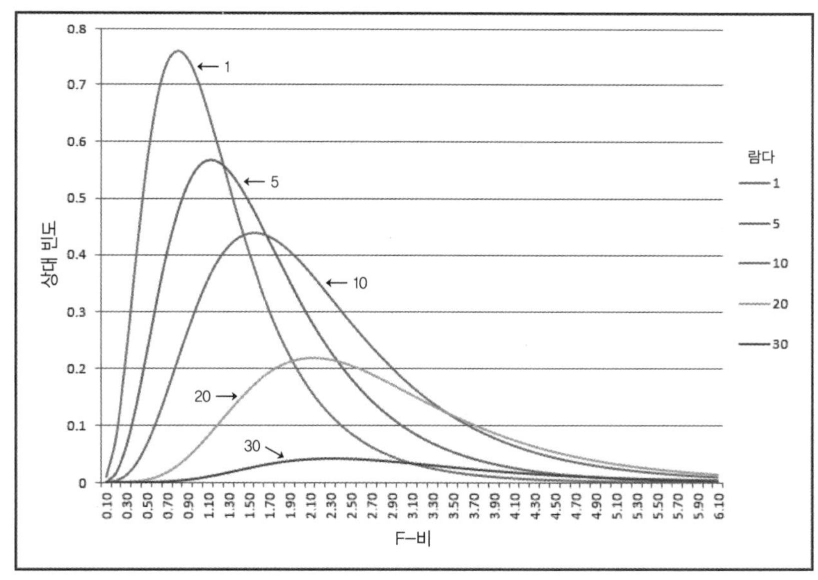

람다의 값이 0인 중심F-분포를 보여주는 그림 4.19를 그림 4.20과 비교해보라. 그림 4.20에 나오는 F-분포는 그림 4.19의 중심F-비의 경우보다 분포의 오른쪽 꼬리에 더 큰 F-비를 가질 수 있는 공간이 훨씬 더 많다. 이 특수한 중심F-분포에서는, 4.4의 F-비는 곡선 아래 영역의 단지 5%를 가른다. 비중심F-분포 아래에서 4.4의 F-비로 훨씬 더 많은 영역을 가른다.

그룹 평균을 기반으로 하는 분산이 그룹내 변동성을 기반으로 하는 분산과 동일한 중심F-분포에서, 상대적으로 큰 F는 중심F-분포가 관찰된 데이터와 맞지 않는다는 증거로 여겨진다. 그리고 그룹 평균이 모집단에서 다르다고 더 기꺼이 믿는다. 그것은 더 큰 비중심모수, 늘려진 F-분포, 큰 F-비를 관찰할 높은 가능성을 이끈다.

(일맥상통하는 생각이 예측변수와 예측되는 변수 사이의 상대적으로 강한 R^2에 적용된다. 상대적으로 큰 회귀제곱의 합, 상대적으로 작은 잔차제곱의 합, 그러므로 0보다 큰 람다를 낳는다.)

이번 절에서 논의된 것과 같은 확률 추론을 할 때, 원시 데이터에 대한 가정과 수집 방법은 중요하다. 6장, '회귀분석에 대한 가정과 주의 사항'에서 이러한 가정을 더 자세히 다룬다.

F-비와 R^2의 비교

이 시점에서 두 가지 중요한 비율이 어떻게 계산되는지 비교하는 것은 도움이 된다. R^2 통계량이 비율인 것을 상기해보자. R^2값을 결정하기 위해 회귀제곱의 합을 전체제곱의 합으로 나눴다.

$$R^2 = SSRegression / (SSRegression + SSResidual)$$

R^2 비율ratio은 전체제곱의 합 중에 회귀에 기인하는 비율proportion을 나타낸다. R^2을 바라보는 다른 방법은 그것이 예측변수가 예측되는 변수과 공유하는 변동성의 백분율이라는 것이다.

반면 F-비는 전체에서 차지하는 비율proportion의 관점으로 생각하는 것이 큰 도움이 되지 않는다. 다음은 F-비의 기본적인 정의다.

$$F = \frac{SS\,Between / DF\,Between}{SS\,Within / DF\,Within}$$

그룹간 자유도DF Between는 그룹간제곱의 합의 자유도이고, 그룹내 자유도DF Within는 그룹내제곱의 합의 자유도이다. 그렇기 때문에, F-비는 그룹간제곱의 합이 그룹내제곱의 합에 비해 몇 배 더 큰지에 따라 결정된다. 물론 비율의 크기는 그룹간 자유도와 그룹내 자유도의 비율에 의해서도 달라진다.

실제로 F-비가 분산분석에 사용되는 경우, 그룹간 자유도는 그룹내 자유도보다 훨씬 작으며, 이 관계는 일반적으로 그룹간평균제곱과 그룹내평균제곱의 비율의 크기를 증가시킨다.

여하튼 여기서 기억해야 할 점은 R^2은 회귀로 인한 제곱의 합과 전체제곱의 합의 비율이라는 것이다. 이 비율ratio은 부분 집합을 전체 집합으로 나눈, 전체에서 차지하는 비율proportion을 의미한다.

반면 F-비는 전체 분산의 추정치(그룹간 차이로 인한)를 다른 전체 분산의 추정치(그룹내 차이로 인한)로 나눈 값이다. 분자와 분모는 각각 동일한 양을 추정한다. 그러므로 F-비를 개별 차이가 전체 분산의 추정에 기여하는 정도 분에 평균 간의 차이가 전체 분산의 추정에 기여하는 정도를 나타내는 배수multiple라고 생각할 수 있다.

일반선형모델, ANOVA, 회귀분석

이번 절을 살펴보지 않아도 일반적인 분산분석과 회귀분석의 차이점과 유사점을 완벽하게 이해할 수 있다. 그러나 두 가지 접근 방식이 서로 다른 경로를 통해 동일한 결론에 도달하는지 궁금한 점이 있다면, 이 자료를 살펴보라.

일반선형모델General Linear Model이라고 하는 모델은 ANOVA와 회귀분석 방법의 기저가 된다. 이 모델에 대해 사용되는 개별 값들은 세 가지 구성 요소로 표현될 수 있다.

- 전체 평균($\overline{X}_{..}$으로 표기)
- 전체 평균으로부터 그룹 평균의 편차(그룹 j에 대해 $\overline{X}_{.j}$으로 표기)
- j^{th} 그룹의 평균으로부터 개별 값들의 편차(j^{th} 그룹의 i^{th} 개별값을 X_{ij}으로 표기)

그러면,

$$X_{ij} = \overline{X}_{..} + (\overline{X}_{.j} - \overline{X}_{..}) + (X_{ij} - \overline{X}_{.j})$$

이 말은 j^{th} 그룹 안의 i^{th} 관찰값은 전체 평균에 전체 평균과 j^{th} 그룹 평균의 차이를 더하고, 그 값에 다시 j^{th} 그룹 안의 i^{th} 관찰값과 j^{th} 그룹의 평균의 차이를 더한 값이다.

이제 방정식의 양쪽에서 전체 평균을 빼보자.

$$X_{ij} - \overline{X}_{..} = (\overline{X}_{.j} - \overline{X}_{..}) + (X_{ij} - \overline{X}_{.j})$$

그리고 방정식의 양쪽을 제곱하고, j 그룹의 i 관찰값 전체를 더해보자. 그룹의 수를 3으로, 각 그룹의 피험자의 개수를 5라고 가정하자. 그러면 다음과 같다.

$$\sum_{j=1}^{3}\sum_{i=1}^{5}(X_{ij} - \overline{X}_{..})^2 = \sum_{j=1}^{3}\sum_{i=1}^{5}((\overline{X}_{.j} - \overline{X}_{..}) + (X_{ij} - \overline{X}_{.j}))^2$$

이 수식은 전체제곱의 합을 나타낸다. 방정식의 왼쪽은 전체 평균(수식)으로부터 모든 관찰값의 차이를 제곱하고 합한다.

수학 시간에 배운 것을 상기해보자.

$$(x + y)^2 = x^2 + 2xy + y^2$$

이 공식을 제곱에 합에 적용하면 다음 수식을 얻는다.

$$\sum_{j=1}^{3}\sum_{i=1}^{5}(X_{ij} - \overline{X}_{..})^2 = \sum_{j=1}^{3}\sum_{i=1}^{5}((X_{.j} - \overline{X}_{..})^2 + 2(X_{.j} - \overline{X}_{..})(X_{ij} - \overline{X}_{.j}) + (X_{ij} - \overline{X}_{.j})^2)$$

방정식의 오른쪽의 부분에 있는 총계summation 연산자를 분배하면 다음과 같다.

$$\sum_{j=1}^{3}\sum_{i=1}^{5}((X_{.j} - \overline{X}_{..})^2 + 2\sum_{j=1}^{3}\sum_{i=1}^{5}(X_{.j} - \overline{X}_{..})(X_{ij} - \overline{X}_{.j}) + \sum_{j=1}^{3}\sum_{i=1}^{5}(X_{ij} - \overline{X}_{.j})^2$$

위의 수식에서 두 번째 항은 다음과 같다.

$$2\sum_{j=1}^{3}\sum_{i=1}^{5}(X_{.j} - \overline{X}_{..})(X_{ij} - \overline{X}_{.j})$$

이 식의 두 번째 항은 j^{th} 그룹에의 원시 편차 점수의 합이다. 편차 점수의 합(그룹의 평균과 그룹 안의 각 값 사이의 편차의 합)은 항상 0이다. 이 합은 항상 0이기 때문에 이전 수식은 다음과 같이 나타낼 수 있다.

$$2\sum_{j=1}^{3}\sum_{i=1}^{5}(X_{.j} - \overline{X}_{..})(0)$$

그룹의 수나 그룹 안에 포함된 값에 상관없이 위 결과는 항상 0이다. 즉, 확장된 수식의 중간 항은 항상 0이기 때문에 삭제할 수 있다. 이제 다음과 같은 수식이 남는다.

$$\sum_{j=1}^{3}\sum_{i=1}^{5}(X_{ij} - \overline{X}_{..})^2 = \sum_{j=1}^{3}\sum_{i=1}^{5}(X_{.j} - \overline{X}_{..})^2 + \sum_{j=1}^{3}\sum_{i=1}^{5}(X_{ij} - \overline{X}_{.j})^2$$

등호의 오른쪽 부분의 첫 번째 항은 전체 평균에서 j^{th} 그룹의 편차를 계산하고 그 값을 제곱한다.

$$(X_{.j} - \overline{X}_{..})^2$$

이 수식은 각 그룹 안에 속한 5개의 관찰값에 대해 동일하다. 그러므로 총계 기호를 단순하게 곱셈 연산으로 바꿀 수 있다.

$$\sum_{j=1}^{3}\sum_{i=1}^{5}(X_{.j} - \overline{X}_{..})^2$$

위의 수식은 다음과 같이 나타낼 수 있다.

$$5\sum_{j=1}^{3}(X_{.j} - \overline{X}_{..})^2$$

이제 전체 평균으로부터 각 관찰값의 편차를 제곱하고 합한 수식은 다음과 같다.

$$\sum_{j=1}^{3}\sum_{i=1}^{5}(X_{ij} - \overline{X}_{..})^2 = 5\sum_{j=1}^{3}(X_{.j} - \overline{X}_{..})^2 + \sum_{j=1}^{3}\sum_{i=1}^{5}(X_{ij} - \overline{X}_{.j})^2$$

등호의 왼쪽편에서 계산된 데이터셋의 전체 변동은 등호의 오른쪽에서 그룹간제곱의 합과 그룹내제곱의 합의 두 가지 요소로 나뉜다.

일반적인 ANOVA는 그룹간제곱의 합과 그룹내제곱의 합을 위의 방정식의 등호의 오른쪽에 있는 두 항으로부터 직접 계산한다.

회귀분석은 4장 앞쪽 부분의 '회귀분석에서의 F-비' 절에서 설명한 것처럼 예측되는 값에서 회귀로 인한 제곱의 합을 가져오고 실제 값에서 예측된 값을 뺀 값에서 잔차제곱의 합을 얻는다.

LINEST()의 기타 보조 통계량

LINEST()에 의해 반환되는 나머지 통계량은 잔차자유도(LINEST() 결과의 네 번째 행, 두 번째 열), 회귀제곱의 합(다섯 번째 행, 첫 번째 열), 잔차제곱의 합(다섯 번째 행, 두 번째 열)이다.

이 통계량들에 대해 4장에서 이미 다뤘다. R^2, F-비 및 추정의 표준오차와 같은 통계량에 대해 의미 있는 설명을 하기 위해 때문이다. 성별과 의학 치료 방법과 같이 하나 이상의 요소나 요인과 공변량을 모두 고려하는 좀 더 복잡한 실험 설계로 넘어가게 되면 그 값들에 대해 더 많이 이야기할 것들이 있다.

당분간, LINEST()가 방금 언급한 셀에 그 결과를 반환한다는 것과 LINEST()에 의해서 계산되는 이 값들은 원시 데이터의 획득에 기초가 되는 실험 설계의 변화에 의해서 중대한 영향을 받을 수 있다는 것을 제외하고는, 이 세 가지 통계량에 관해서는 더 이야기할 것은 없다.

다중회귀분석

5

단순 단일회귀에서 다중회귀로 넘어가면서 하나 이상의 예측변수를 분석에 추가하게 된다. 예측변수를 추가하는 것은 엑셀의 워크시트 구조와 함수의 문법적으로는 매우 쉽게 수행될 수 있다. 그러나 예측변수가 추가되는 것은 분석의 본질, 결과를 해석하는 방법, 회귀의 통계적 검증력에 큰 영향을 미친다.

엑셀의 두 개의 주요 회귀분석 함수인 LINEST()와 TREND()를 사용해 단일회귀에서 다중회귀로 넘어갈 때, 단지 3개의 항목만 기억하면 된다.

- 예측변수의 값들을 연속적인 열에 배치한다. 예를 들어 두 개의 예측변수에 대해 A열, B열에, 세 개의 예측변수에 대해 A열, B열, C열에 배치한다(연속되는 행에 저장할 수도 있지만, 보통은 그렇게 하지 않는다).
- LINEST() 함수 수식을 실제로 입력하기 전에, 5개의 행과 예측변수의 개수보다 1개 더 많은 크기의 열을 선택한다. 추가적인 1개의 열은 절편을 위한 것이다. TREND() 함수를 사용할 때는 선택해야 하는 범위가 단일회귀 때와 다르지 않다. 예측변수의 개수와 상관없이 TREND() 함수는 예측하려는 변수의 개수만큼 행을 선택하고 하나의 열만 선택하면 된다.

- LINEST()와 TREND()의 known x's의 범위를 한정하라. 두 개의 예측변수가 있는 회귀의 경우 다음과 같이 사용할 수 있을 것이다.

  =LINEST(A2:A41,B2:C41,,TRUE)

  세 개의 예측변수가 있으면, 다음과 같다.

  =LINEST(A2:A61,B2:D61,,TRUE)

몇 개의 예측변수를 사용하는지와 관계없이 배열이 입력되는 LINEST()와 TREND() 함수를 사용할 때는 Ctrl+Shift+Enter로 입력해야 한다.

이 책의 나머지 부분에서는 다양한 유형과 여러 변수에 대해 사용되는 LINEST()와 TREND()의 많은 예제를 볼 수 있다. 수식을 입력하는 쉬운 메커니즘을 시작으로 해석의 문제까지 다뤄보도록 하자.

합성 예측변수

나이와 식이요법이 LDL 수준(관상동맥 질환의 원인이 되는 동맥의 찌꺼기를 만드는 데 책임이 있다고 여겨지는 '저밀도' 콜레스테롤)과 어떤 관계가 있는지 조사한다고 가정해보자. 성인 20명의 표본을 얻었고, 피검사를 통해서 각 피험자의 LDL 수준을 측정했다.

각 피험자의 나이와 일주일에 붉은 고기를 먹은 횟수에 대한 수치도 얻었다.

그림 5.1은 이 조사에 대한 결과를 보여준다.

LDL 수준, 즉 known y's는 그림 5.1의 C2:C21 범위에 있다. known x's인 피험자의 Diet(식이요법)와 Age(나이)는 A2:A21과 B2:B21에 있다(피험자가 일주일에 섭취한 붉은 고기의 횟수는 Diet라고 표기돼 있다).

또한 그림 5.1은 두 개의 LINEST() 결과를 보여준다. LDL과 Diet 사이의 관계는 E2:F6에 기술돼 있다. LDL과 Age 사이의 관계는 H2:I6에 있다.

그림 5.1

LINEST()와 TREND()에 사용하게 될 예측변수를 배치하는 가장 좋은 방법은 인접한 열에 배치하는 것이다.

E2 | {=LINEST(C2:C21,A2:A21,,TRUE)}

	A	B	C	D	E	F	G	H	I
1	Diet	Age	LDL		LDL Regressed on Diet			LDL Regressed on Age	
2	1	41	81		11.338	89.878		1.019	90.554
3	2	20	82		4.797	23.865		0.374	20.765
4	5	87	198		0.237	37.938		0.292	36.536
5	8	77	160		5.587	18		7.432	18
6	2	52	115		8041.001	25907.799		9921.076	24027.724
7	4	30	77						
8	5	38	117						
9	4	83	174						
10	4	70	103						
11	4	40	138						
12	5	45	170						
13	4	61	196						
14	7	76	174						
15	7	78	168						
16	3	39	133						
17	7	28	125						
18	6	71	166						
19	5	20	86						
20	5	22	190						
21	5	44	199						

두 분석의 R^2값은 셀 E4와 H4에서 볼 수 있다(R^2 통계량의 의미에 대해 더 많은 정보를 얻고 싶으면 3장, '단순회귀분석'의 '단순회귀분석에서의 R^2' 절을 보라). LDL의 변동성의 23.7%가 Diet의 변동성과 연관이 있고, LDL의 변동성의 29.2%가 피험자의 Age와 연관이 있다.

비록 이는 유용한 정보지만, 이것으로는 충분하지 않다. 나이와 식이요법이 결합된combined 효과를 말해주지는 않는다. Diet와 Age가 LDL에 결합 효과를 발휘한다는 것이 주어졌을 때, Diet에 대한 LDL의 단순 회귀분석은 Age 변수의 존재를 설명하지 않으며, LDL에 대한 Age는 Diet 변수의 존재를 설명하지 않는다.

이 문제에 대해 5장에서 자세히 다룰 예정이다. 그러나 먼저 어떻게 단순 단일회귀에서 다중회귀로 진행하면 되는지 알아보는 것이 좋을 것 같다.

단일 예측변수에서 다중 예측변수로의 일반화

단순회귀에 대해 생각하는 하나의 방법은 예측변수를 회귀계수와 곱하고 절편이라고 부르는 상수를 더하는 것이다. 예측변수의 모든 관찰값에 대해 이것을 수행하면, 회귀선regression line, 또는 예측값들predictions, 또는 추세선trendline, 또는 (정말 가끔) 예측변수의 선형변환Linear transformation of the predictor이라고도 부르는 결과를 얻게 된다. 그림 5.2에서 Age와 LDL 사이의 단순회귀에 의한 회귀선을 볼 수 있다.

그림 5.2
TREND() 함수를 이용하여 얻어진 LDL 값의 추정치이다.

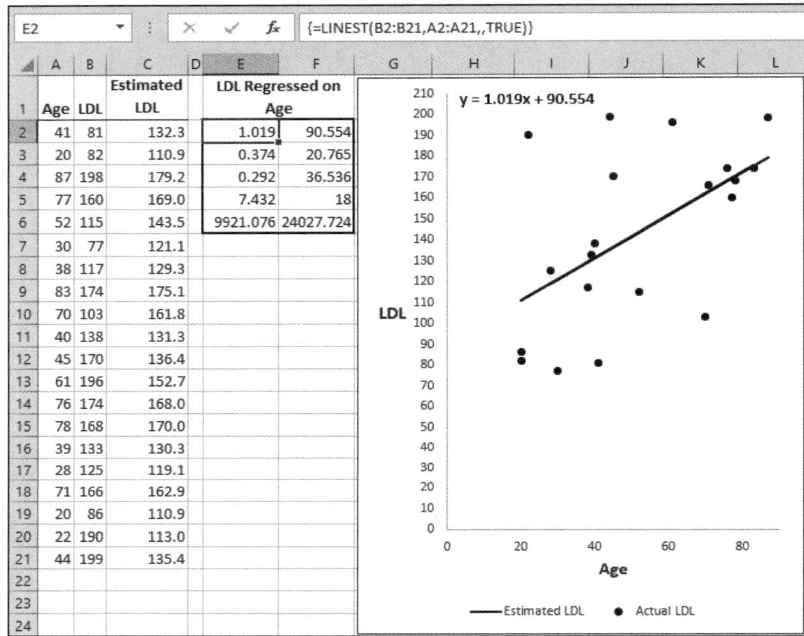

E2 {=LINEST(B2:B21,A2:A21,,TRUE)}

	A	B	C	E	F
1	Age	LDL	Estimated LDL	LDL Regressed on Age	
2	41	81	132.3	1.019	90.554
3	20	82	110.9	0.374	20.765
4	87	198	179.2	0.292	36.536
5	77	160	169.0	7.432	18
6	52	115	143.5	9921.076	24027.724
7	30	77	121.1		
8	38	117	129.3		
9	83	174	175.1		
10	70	103	161.8		
11	40	138	131.3		
12	45	170	136.4		
13	61	196	152.7		
14	76	174	168.0		
15	78	168	170.0		
16	39	133	130.3		
17	28	125	119.1		
18	71	166	162.9		
19	20	86	110.9		
20	22	190	113.0		
21	44	199	135.4		

3장에서 다뤘던 내용을 리뷰해보자.

- 그림 5.2의 대각선의 실선은 회귀선이다.
- 차트에 회귀선을 만드는 수식이 적혀 있다. 새로운 값 x를 선택하고, 그 값에 1.019를 곱하고 90.554를 더하면, X값에 대한 추정 Y값을 얻을 수 있다. 만약 새로운 X값과 그 추정 Y값을 차트에 표시하면, 그 새로운 점은 회귀선 위에 위치할 것이다 .
- 1.019값은 회귀계수라고 부르고 90.554는 절편 또는 상수라고 부른다. 차트 위의 수식의 두 값은 LINEST() 함수가 반환한 결과의 E2:F2와 동일하다. TREND() 함수는 회귀계수와 절편을 보이지 않는 곳에서 계산하고, 그 값들을 C2:C21 범위에 있는 회귀선의 값들을 구하는 데 사용한다.

- A2:B21에 있는 Age와 LDL의 실제 관찰값은 차트 위에 개별 점으로 도표화돼 있다. 각 데이터 점과 회귀선 사이의 세로축의 거리는 해당 데이터 점에 대한 추정오차의 크기와 방향을 나타낸다. 추정에서의 오차의 크기는 R^2, 추정의 표준오차, F-비, 회귀 제곱의 합과 같은 회귀 통계량과 밀접한 관계가 있다. 이 통계량들은 LINEST() 함수가 반환한 결과의 E2:E6에 계산돼 있다.

위의 4개 항목은 Diet에 대한 LDL의 회귀에도 마찬가지로 적용된다. 그림 5.3의 차트와 LINEST() 결과를 보라.

그림 5.3
추정의 개별 오차가 그림 5.2와 약간 다르다.

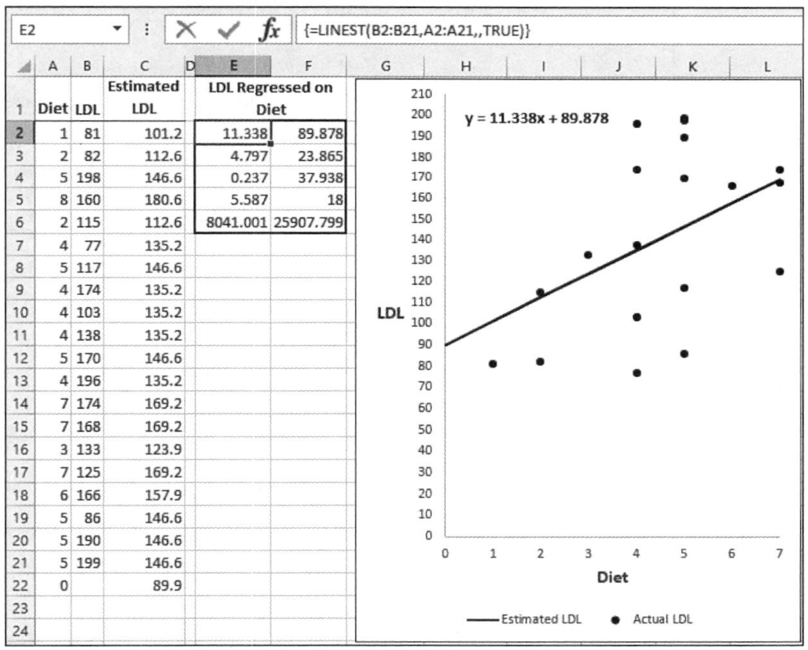

E2 {=LINEST(B2:B21,A2:A21,,TRUE)}

	A	B	C	D	E	F
1	Diet	LDL	Estimated LDL		LDL Regressed on Diet	
2	1	81	101.2		11.338	89.878
3	2	82	112.6		4.797	23.865
4	5	198	146.6		0.237	37.938
5	8	160	180.6		5.587	18
6	2	115	112.6		8041.001	25907.799
7	4	77	135.2			
8	5	117	146.6			
9	4	174	135.2			
10	4	103	135.2			
11	4	138	135.2			
12	5	170	146.6			
13	4	196	135.2			
14	7	174	169.2			
15	7	168	169.2			
16	3	133	123.9			
17	7	125	169.2			
18	6	166	157.9			
19	5	86	146.6			
20	5	190	146.6			
21	5	199	146.6			
22	0		89.9			
23						
24						

다시 한 번 말하지만 Age에 대한 LDL의 R^2은 0.292이고 Diet에 대해서는 0.237이다(이 값은 그림 5.2와 5.3의 셀 E4에 있다). 주어진 사람의 나이와 붉은 고기의 소비 횟수의 지식을 가지고, LDL의 변동성의 20%에서 30% 사이를 추정할 수 있다(주어진 특정 관찰값의 셋이 우리 지식의 원천이다).

우리는 거의 항상 둘 또는 그 이상의 R^2값 그 자체보다 더 좋은 결과를 낼 수 있다. 복수의 예측변수(여기서는 Age와 Diet)를 하나의 단일 합성 변수로 결합하여 그렇게 할 수 있다. 그림 5.4는 다중회귀가 어떻게 그렇게 하는지 보여준다.

그림 5.4
F11:H15 범위의 LINEST()의 결과는 추가적인 예측변수를 처리하기 위해 하나의 열을 더 사용하고 있다.

F11 {=LINEST(C2:C21,A2:B21,,TRUE)}

	A	B	C	D	E	F	G	H	I
1	Diet	Age	LDL		LDL Regressed on Diet			LDL Regressed on Age	
2	1	41	81		11.338	89.878		1.019	90.554
3	2	20	82		4.797	23.865		0.374	20.765
4	5	87	198		0.237	37.938		0.292	36.536
5	8	77	160		5.587	18		7.432	18
6	2	52	115		8041.001	25907.799		9921.076	24027.724
7	4	30	77						
8	5	38	117						
9	4	83	174						
10	4	70	103		Multiple Regression of LDL on Diet and Age				
11	4	40	138			0.789	7.784	66.076	
12	5	45	170			0.384	4.742	24.830	
13	4	61	196			0.389	34.929	#N/A	
14	7	76	174			5.413	17	#N/A	
15	7	78	168			13208.033	20740.767	#N/A	
16	3	39	133						
17	7	28	125						
18	6	71	166						
19	5	20	86						
20	5	22	190						
21	5	44	199						

다중회귀가 무엇인지 이해하는 관점에서, 아마도 그림 5.4의 가장 흥미로운 면은 셀 E4, H4와 F13의 R^2값이 다르다는 점일 것이다. 단지 하나를 사용하는 대신 두 예측변수를 결합하여 사용한, 다중회귀의 셀 F3에 있는 R^2값은 0.389로 각 단일 예측변수 분석보다 그 값이 크다.

단순회귀와 달리 둘 이상의 예측변수를 동시에 사용하기 때문에 다중회귀라고 부른다. 회귀분석에서 예측변수를 추가하면 거의-완전히는 아니다-항상 R^2값이 증가한다. 여기서 Diet의 LDL 회귀에 Age를 추가했다(Age의 LDL에 Diet를 추가한 것과 동일하다). 그 결과 셀 F13의 R^2은 38.9%로 증가했다. Age와 Diet모두를 동일한 회귀분석에 포함하면, Diet만 사용하는 것보다 설명할 수 있는 LDL의 변동성이 15.2% 증가하고(23.7%에서 38.9%), Age만 사용하는 것보다 9.7% 증가한다(29.2%에서 38.9%).

직관적인 관점으로, Diet는 설명하지 못하는 LDL의 변동성-Diet의 LDL 회귀에 포함되지 않는 변동성-의 일정 부분을 Age가 설명한다고 말할 수 있다. 유사하게, Age는 설명하지 못하는 LDL의 변동성-Age의 LDL 회귀에 포함되지 않는 변동성-의 일정 부분을 Diet가 설명한다고 말할 수 있다.

다중회귀를 통해 두 예측변수를 결합하여 사용할 때만, 두 예측변수에 기인하는 모든 LDL의 분산이 분석에 들어간다. 다음 절에서는 어떻게 그렇게 되는지 조금 더 자세히 설명하겠다.

오차제곱의 합의 최소화

그림 5.4에서 Diet가 단일 예측변수로 사용된 회귀계수(셀 E2)와 Age가 단일 예측변수로 사용된 회귀계수(셀 H2)는 서로 다르며, Diet와 Age가 동시에 예측변수로 사용된 회귀계수(셀 G11과 F11)와도 다르다. 회귀분석의 본질적인 특징 중 하나는 사용된 데이터에 대해 추정오차의 제곱의 합을 최소화하는 계수와 절편을 반환한다는 것이다. 다시 말해, 관찰값에 회귀계수를 곱하고 절편을 더하면 예측된 값과 원래 값의 차이의 제곱의 합은 회귀계수가 아닌 다른 어떤 값을 사용했을 때보다 작다.

그러나 이는 특정 관찰값의 셋에서만 사실이다. LINEST()가 반환한 E2:F6의 데이터는 Age 변수가 빠져 있고, LINEST()가 반환한 H2:I6에는 Diet 변수가 빠져 있다. F11:H15의 LINEST() 결과는 두 변수가 사용됐기 때문에 F11:H11의 계수와 절편이 E2:F2 및 H2:I2의 계수 및 절편과 다른 것은 놀라운 일이 아니다. F11:H15의 다중회귀분석은 Age, Diet, LDL이 공유하는 모든 분산으로 계산된다. 이용 가능한 모든 분산을 사용한다는 것은 추정오차의 제곱의 합이 단일 예측 회귀방정식보다 훨씬 더 감소될 수 있음을 의미한다.

그림 5.5에서와 같이 Diet 하나만 사용한 추정오차의 제곱을 일일이 계산한다고 해보자.

그림 5.5의 계산은 다음 순서와 같다.

1. LINEST() 함수는 범위 D2:E6의 다음과 같은 수식으로 배열-입력됐다.

    =LINEST(B2:B21,A2:A21,,TRUE).

2. 셀 G2의 예측되는 값은 다음 수식으로 계산됐다. G2:=A2*$D$2+$E$2. 이 수식은 G3:G21에 복사해 붙여넣기됐다.

3. 추정의 오차, 즉 잔차는 B열의 관찰된 값에서 G열의 추정된 값을 빼서 계산됐다. 관찰값과 추정값의 차이(추정의 오차)는 H열에 있다.

4. 추정오차의 제곱은 I열에 있다. 셀 I2의 식은 =H2^2와 같다.

5. 셀 I23은 다음과 같은 수식을 통해서 추정오차 제곱의 합을 반환한다.

   =SUM(I2:I21)

그림 5.5
최소 제곱이 어디에서 유래됐는지 보여준다.

H2 =B2-G2

	A	B	C	D	E	F	G	H	I
1	Diet	LDL		LDL Regressed on Diet			LDL Estimated from Diet, Using LINEST() Stats	Errors of Estimate	Squared Errors of Estimate
2	1	81		11.338	89.878		101.2	-20.2	408.7
3	2	82		4.797	23.865		112.6	-30.6	933.5
4	5	198		0.237	37.938		146.6	51.4	2645.2
5	8	160		5.587	18		180.6	-20.6	423.6
6	2	115		8041.001	25907.799		112.6	2.4	6.0
7	4	77					135.2	-58.2	3390.8
8	5	117					146.6	-29.6	874.3
9	4	174					135.2	38.8	1503.1
10	4	103					135.2	-32.2	1038.8
11	4	138					135.2	2.8	7.7
12	5	170					146.6	23.4	549.0
13	4	196					135.2	60.8	3693.0
14	7	174					169.2	4.8	22.6
15	7	168					169.2	-1.2	1.5
16	3	133					123.9	9.1	83.0
17	7	125					169.2	-44.2	1957.6
18	6	166					157.9	8.1	65.5
19	5	86					146.6	-60.6	3668.5
20	5	190					146.6	43.4	1886.3
21	5	199					146.6	52.4	2749.1
22									
23								Sum	25907.8
24							Standard Error		37.938

최소제곱least squares의 원리는 그림 5.5의 예제에서 다음과 같은 방법으로 적용된다. 셀 I23의 오차제곱의 합은 회귀계수 또는 절편값으로 다른 어떤 값이 사용된 경우보다 작다.

다시 말해, 회귀는 오차제곱의 합을 최소화한다. LINEST()에 전달된 데이터가 주어지고, 추정의 정확도를 평가에 선택된 방법이 오차제곱의 합으로 주어졌을 때, 회귀계수와 절편으로 계산된 값은 가능한 가장 정확한 추정을 한다.

> **노트** 이전 문장의 마지막 가정이 항상 적절한 것은 아니다. 실제 데이터를 다루는 많은 문제는 다중회귀분석 이외의 분석 방법을 필요로 한다. 일반적인 사례는 "구매"와 "구매하지 않음"과 같이 결과 변수가 두 개의 명목변수인 경우다. 상황에 따라 다르겠지만, 많은 통계 전문가들은 이런 형태의 데이터를 분석할 때는 일반적인 접근 방법인 판별 함수분석(편차 제곱을 기준으로 사용)보다는 로지스틱회귀(오즈(odds) 비율을 기준으로 사용)를 선호한다.

그러나 이항Binomial 결과일 때도, 갖고 있는 데이터를 분석하는 방법으로 회귀가 적절할 때가 있다. 최소제곱 기준은 일반적으로 회귀분석-게다가 일반 회귀 모델과 이론적이 배경이 같은 다른 접근 방법들도-의 정확도를 평가하는 가장 좋은 방법으로 여겨진다. 정확도를 평가하는 다른 방법들이 있지만, 편차의 제곱의 유용한 특성을 가지고 있지 않다. 예를 들면, 추정의 오차는 보통 양수와 음수값을 모두 가지고 있으며, 서로를 무효화시켜 합이 0.0이 된다. 오차를 제곱하면 이 문제를 제거할 수 있다(대신 오차의 절대값을 사용해 중위 회귀선median regression line을 산출할 수도 있다. 이는 회귀의 해석에 있어서 다른 문제들을 야기하는데, 이들 중 상당수가 처리하기 어렵다).

그림 5.6의 데이터와 엑셀의 '해 찾기Solver'를 사용해 회귀분석의 최소제곱의 특성을 직접 증명할 수 있다.

그림 5.6
이 설정은 예측에 사용된 회귀계수와 절편을 무작위로 선택된 두 개의 숫자로 변경한다.

G2 | =A2*$D$8+$E$8

	A	B	C	D	E	F	G	H	I
1	Diet	LDL		LDL Regressed on Diet			LDL Estimated from Diet, Using LINEST() Stats	Errors of Estimate	Squared Errors of Estimate
2	1	81		11.338	89.878		100.0	-19.0	361.0
3	2	82		4.797	23.865		120.0	-38.0	1444.0
4	5	198		0.237	37.938		180.0	18.0	324.0
5	8	160		5.587	18		240.0	-80.0	6400.0
6	2	115		8041.001	25907.799		120.0	-5.0	25.0
7	4	77					160.0	-83.0	6889.0
8	5	117		20	80		180.0	-63.0	3969.0
9	4	174					160.0	14.0	196.0
10	4	103					160.0	-57.0	3249.0
11	4	138					160.0	-22.0	484.0
12	5	170					180.0	-10.0	100.0
13	4	196					160.0	36.0	1296.0
14	7	174					220.0	-46.0	2116.0
15	7	168					220.0	-52.0	2704.0
16	3	133					140.0	-7.0	49.0
17	7	125					220.0	-95.0	9025.0
18	6	166					200.0	-34.0	1156.0
19	5	86					180.0	-94.0	8836.0
20	5	190					180.0	10.0	100.0
21	5	199					180.0	19.0	361.0
22									
23								Sum	49084.0
24								Standard Error	52.220

그림 5.5와 그림 5.6은 두 개의 결정적인 차이가 있다. 그림 5.6에는 셀 D8과 E8에 임의로 두 개의 숫자를 넣었다. 그러고 나서, 이 임의의 두 개의 숫자를 회귀계수와 절편으로 여긴다.

셀 G의 수식을,

=A2*$D$2+$E$2

다음과 같이 바꾸고,

=A2*$D$8+$E$8

이 수식을 셀 G21까지 복사해 넣는다. 편차제곱의 합의 최종 결과는 셀 I23에 있는 49084.0이며, 이 값은 그림 5.5의 25907.8과 비교하면 그 값이 크다.

이제 독자의 순서이다. 그림 5.6의 다운로드 버전이나 아무 비슷한 워크시트를 활성화시켜라. 다음 단계를 따르라.

1. 셀 I23을 선택하라. 또는 오차제곱의 합이 들어 있는 셀을 선택하라.
2. 리본 메뉴의 데이터 탭을 클릭하고, 분석 그룹의 '해 찾기'를 클릭하라(만약 '해 찾기' 링크가 보이지 않으면 엑셀의 파일 탐색 막대에 있는 옵션을 통해 엑셀에 추가 기능에 접근할 수 있도록 해야 한다. 먼저 엑셀에 '해 찾기'를 설치해야 할 수도 있다).
3. '해 찾기' 대화 상자가 나타날 것이다. 그림 5.7을 보라. 목표 설정Set Objective 에디트 박스에 셀 I23이 명시돼 있는 것을 확인하라.
4. 최소Min 라디오 버튼을 선택하라. 여기까지, '해 찾기'에게 셀 I23에 있는 오차제곱의 합을 최소화하도록 지시했다.
5. '변수 셀 변경By Changing Variable Cells' 에디트 박스에, D8과 E8의 위치를 넣는다. '해 찾기'에게 회귀계수로 사용되는 셀 D8의 값과 절편으로 사용되는 셀 E8의 값을 변경하여, 셀 I23의 값을 최소화하도록 지시했다.
6. '해법 선택Select a Solving Method' 드롭다운 메뉴에서 GRG 비선형Nonlinear을 선택하고, '해 찾기Solve'를 클릭하라.

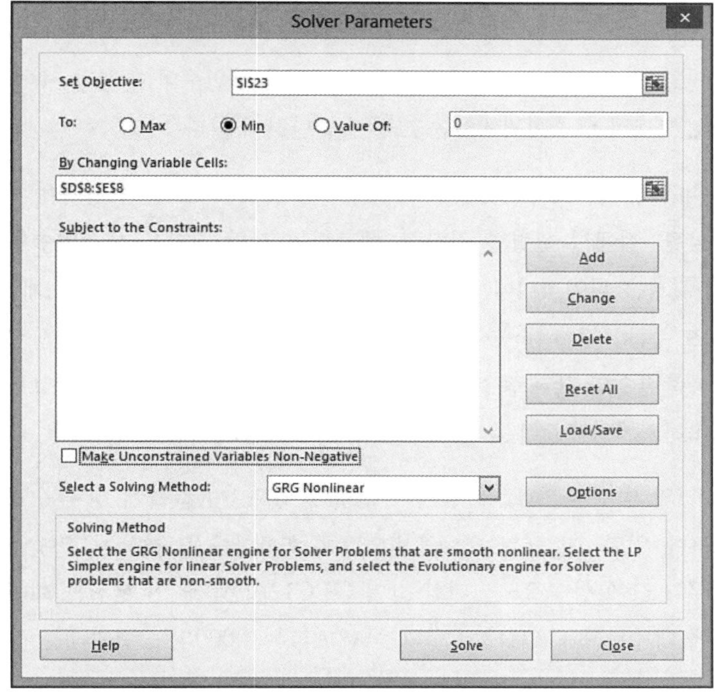

그림 5.7
만약 2013년 이전의 엑셀을 사용하고 있다면, '해 찾기' 대화 상자는 그림에 표시된 것과 모양이 약간 다를 것이다.

그림 5.6에 있는 대로 데이터를 입력하고 1~6단계를 따라 수행했다면, '해 찾기'는 (몇 초 안에) 추정오차 제곱의 합을 최소화하는 값을 찾아 반환한다. 이 값들은 LINEST()가 반환한 셀 D2와 E2의 값과 ('해 찾기' 옵션에서 지정할 수 있는 허용 오차 안에서) 같을 것이다. '해 찾기'는 최대우도maximum likelihood 기법을 사용해, LINEST()가 미분 계산법-또는 2003년부터 QR 분해-을 사용해 도달한 것과 같은 결론에 도달한다.

그림 5.5와 5.6을 마무리하기 전에, 그림 5.5의 셀 I23의 추정오차 제곱의 합이 셀 E6의 값(LINEST() 문서에서의 정확한 용어는 '잔차제곱의 합')과 정확히 동일한 값이라는 것을 강조한다. '해 찾기'가 추정오차 제곱의 합을 최소화한 이후의 그림 5.6에서도 이는 마찬가지이다.

게다가 셀 I24의 값은 I23의 값을 자유도로 나눈 값의 제곱근이다. 이 결과는 정확히 셀 E4의 값(LINEST() 문서의 정확한 용어는 '추정표준오차')과 정확하게 동일하다. 이후의 장에서 이러한 통계량에 대해 더 자세히 설명할 것이다. 다중회귀에 의해 최소화돼 추정오차 제곱의 합이 얼마나 이들과 긴밀하게 연관돼 있는지 볼 수 있을 것이다.

추세선의 이해

단순 단일변수 회귀에서는 예측변수와 예측되는 변수의 추정값 사이에 완벽한 관계가 존재한다. 그러나 다중회귀에서는 그렇게 간단하지 않다.

단순 회귀에서는 예측변숫값에 회귀계수를 곱하고 그 곱셈 결과에 상수를 더한다. 3장의 '부분상관' 절에서 설명한 것처럼, 예측되는 값의 집합은 예측변수와 완벽한 상관관계이며, 이 결과는 필연적이다. 적용된 전부는 원래 예측값에 상수(회귀계수)를 곱하고, 절편(상수라고도 부른다)을 더하는 것뿐이다. 상수를 곱하고 상수를 더하는 상황에서 계산 결과는 원래 예측변수의 값과 동일한 관계를 갖는 예측된 값의 집합을 생성한다. 다중회귀의 상황과 대비하기가 쉬운, 이 효과의 구체적인 예를 살펴보자. 그림 5.8을 보라.

그림 5.8의 범위 A2:A12에 임의의 값들이 있다. 이 값들에 상수 6.5를 곱한 결과가 범위 B2:B21에 있다. 이 행위는 예측변숫값에 회귀계수를 곱하는 것에 대응된다. 그런 다음, B2:B12의 값에 상수 2.3을 더한 값이 C2:C12에 있다. 이 행위는 회귀식에서 절편을 더하는 것에 대응된다. C2:C12의 결과는 A2:A12와 1.000의 상관관계를 갖는다.

어떤 단순한 단일 변수 선형 회귀식이라도 회귀식은 예측값에 상수를 곱하고 또 다른 상수를 더하기 때문에 예측된 변수는 예측변수와 완벽한 상관관계를 갖는다. 이러한 효과는 그 자체로는 특별히 흥미롭거나 유용하지는 않다. 그러나 원래 값에서 예측된 값을 뺐을 때, 예측변수와 상관관계가 0.000인 잔차값의 집합을 얻게 된다.

그림 5.8
상수로 하나의 변수를 변화시키면 같은 분포의 값이 된다.

C2 =B2+2.3

	A	B	C	D
1	Original Data	Multiply by 6.5	Add 2.3	
2	16	104	106.3	
3	17	110.5	112.8	
4	18	117	119.3	
5	15	97.5	99.8	
6	17	110.5	112.8	
7	3	19.5	21.8	
8	30	195	197.3	
9	1	6.5	8.8	
10	15	97.5	99.8	
11	2	13	15.3	
12	19	123.5	125.8	
13				
14			1.0000	=CORREL(A2:A12,C2:C12)

그림 5.8에 증명돼 있는-변수 A를 상수로 곱하고 상수로 더하면 그 값들은 변수 A와 완벽한 상관관계를 가진다-효과는 다중회귀에서는 유지되지 않는다. 비록 다중회귀식이 단 하나의 절편을 가지고 있더라도, 예측변수의 만큼의 여러 개의 회귀계수를 가지고 있기 때문이다. 아주 평범하고 인위적인 상황을 제외한 모든 상황에서 회귀계수가 서로 다를 가능성이 압도적으로 높다. 그러므로 하나의 예측변수는 예측된 값과 완벽하게 상관관계가 없다. 그림 5.9가 그 예를 보여준다.

그림 5.9
개별 예측변수와 다중회귀에 의해 예측된 값 사이의 상관관계는 거의 확실히 불완전하다.

G2 {=TREND(C2:C21,A2:B21)}

	A	B	C	D	E	F	G	H	I	J
1	Diet	Age	LDL		LDL Predicted by Diet Only	LDL Predicted by Age Only	LDL Predicted by Diet and Age		Correlations of Predicted Values with Predictors	
2	1	41	81		101.2	132.3	106.2		1.00	=CORREL(A2:A21,E2:E21)
3	2	20	82		112.6	110.9	97.4		1.00	=CORREL(B2:B21,F2:F21)
4	5	87	198		146.6	179.2	173.7			
5	8	77	160		180.6	169.0	189.1		0.78	=CORREL(A2:A21,G2:G21)
6	2	52	115		112.6	143.5	122.7		0.87	=CORREL(B2:B21,G2:G21)
7	4	30	77		135.2	121.1	120.9			
8	5	38	117		146.6	129.3	135.0			
9	4	83	174		135.2	175.1	162.7		Correlations of Actual with Predicted LDL	
10	4	70	103		135.2	161.8	152.5			
11	4	40	138		135.2	131.3	128.8		0.49	=CORREL(C2:C21,E2:E21)
12	5	45	170		146.6	136.4	140.5		0.54	=CORREL(C2:C21,F2:F21)
13	4	61	196		135.2	152.7	145.4		0.62	=CORREL(C2:C21,G2:G21)
14	7	76	174		169.2	168.0	180.5			
15	7	78	168		169.2	170.0	182.1			
16	3	39	133		123.9	130.3	120.2			
17	7	28	125		169.2	119.1	142.7			
18	6	71	166		157.9	162.9	168.8			
19	5	20	86		146.6	110.9	120.8			
20	5	22	190		146.6	113.0	122.4			
21	5	44	199		146.6	135.4	139.7			

그림 5.9는 5장에서 다룬 몇 가지 요점을 보여준다. Diet와 Age를 예측변수로 하고 LDL을 예측되는 변수로 해 다중회귀분석을 하는 상황이다. 원시 데이터는 열 A, B, C에 있다.

엑셀의 TREND() 함수로 열 E, F, G에 LDL 값을 예측한다. TREND() 함수는 사용자가 지정한 데이터를 기반으로 회귀계수와 절편을 계산하고 예측된 값을 반환한다. 그래서,

- 범위 E2:E21에 있는 Diet 변수 하나만을 기반으로 LDL 수준을 예측하는 배열 수식은 다음과 같다.

  =TREND(C2:C21,A2:A21)

- 범위 F2:F21에 있는 Age 변수 하나만을 기반으로 LDL 수준을 예측하는 배열 수식은 다음과 같다.

  =TREND(C2:C21,B2:B21)

- 범위 G2:G21에 있는 Diet와 Age 변수 모두를 기반으로 LDL 수준을 예측하는 배열 수식은 다음과 같다.

  =TREND(C2:C21,A2:B21)

따라서 열 E와 F는 두 개의 서로 다른 단순 예측변수의 회귀분석의 예측값을 포함하고, 열 G는 다중회귀분석의 예측값을 포함한다.

열 I에는 원시 데이터와 예측된 값 사이에 상관관계가 있고, 열 J는 열 I의 각 상관관계를 계산하는 데 사용되는 수식을 보여준다.

- 셀 I2는 열 A의 Diet 값과 열 E의 Diet로 예측된 LDL 값 사이에 1.0의 완벽한 상관관계가 있는 것을 보여준다.
- 셀 I3은 열 B의 Age 값과 열 F의 Age로 예측된 LDL 값 사이에 1.0의 완벽한 상관관계가 있는 것을 보여준다.

이러한 완벽한 상관관계는 정확히 기대하던 결과다. 예측된 값은 단순한 단일 예측변수 회귀분석의 결과이고 단순히 예측변숫값에 하나의 상수를 곱하고 다른 값을 더해 계산됐다. 예측변수와 예측되는 변수 사이의 완벽한 상관관계는 필연적인 결과다.

- 셀 I5는 열 Diet와 Age를 동시에 사용해 예측된 LDL 값과 Diet 사이에 강하지만 불완전한 상관관계를 보여준다.
- 셀 I6는 열 Diet와 Age를 동시에 사용해 예측된 LDL 값과 Age 사이에 강하지만 불완전한 상관관계를 보여준다. 셀 I6의 값은 셀 I5의 값과 다르다.

실제 상관관계가 반환되진 않아도 셀 I5와 I6의 결과를 예상할 수 있다. 열 G의 예측된 값은 Diet와 Age의 조합을 기반으로 하기 때문에 예측변수 중 단지 하나의 변수와 예측된 값들 사이에 완벽한 상관관계가 있을 거라고 기대할 만한 특별한 이유는 없다. 단순회귀분석에서 예측변수와 예측값 사이의 관계는 다중회귀분석에서는 적용되지 않는다. 다중이기 때문이다.

그렇다면 단순회귀와 비교할 때 다중회귀가 우리에게 주는 것은 무엇일까? 실제로 계산된 통계량이 셀 I11:I13에 있다.

- 셀 I11에 관찰된 LDL과 Diet 변수 하나만 이용해 예측된 LDL 값의 상관관계가 있다.
- 셀 I12에 관찰된 LDL과 Age 변수 하나만 이용해 예측된 LDL 값의 상관관계가 있다.
- 셀 I13에 관찰된 LDL과 Diet와 Age 변수를 조합해 예측된 LDL 값의 상관관계가 있다.

G 열의 다중회귀분석에 의한 예측은 단순회귀분석(셀 I11과 I12)에 의한 예측보다 실제 관찰값과 더 강한(셀 I13) 상관관계가 있다.

비록 예측변수와 예측값 사이의 상관관계가 흥미롭고 유용하지만 (그리고 예측변수를 하나씩 추가하면서 그 효과를 보기 시작하면 더 흥미롭게 되겠지만) 정말로 중요한 문제는 예측의 정확성이다. 이것이 그림 5.9의 셀 I11:I13에서 다뤄지는 문제다. 다중회귀가 단순회귀를 능가하는 성능을 보이는 것은 분명하다.

향상된 성능은 일반적인 결과지만, 이를 해석하려면 약간의 주의가 필요하다. 독자가 스스로 우연히 찾을지도 모른다. 6 장, '회귀분석에 관한 가정과 주의 사항'에서 이 주제를 다루도록 하겠다.

LINEST() 결과를 워크시트에 매핑하기

이제까지 엑셀의 회귀분석 함수와 그 함수들을 지원하는 다른 워크시트 함수의 많은 좋은 점에 대해 이야기해왔다. 6장에서도 계속 같은 방향으로 더 자세히 살펴볼 예정이다.

그러나 LINEST()에 한 가지 정말로 지독한 문제가 있다. 이 문제를 마이크로소프트는 적절하게 고심한 적이 없고 아마도 그렇게 하지 않았을 것이다. 이 문제를 지금까지 지적하지 않고 기다린 이유는 이 문제가 단일 예측변수인 상황에서는 발생하지 않기 때문이다. 단지 다중회귀에서만 발생한다.

통상적인 관점에서 보면 버그가 아니다. 짜증스러운 실수에 가깝다. 그림 5.10을 보라.

LINEST()의 결과 순서에 무슨 일이 일어나고 있는지 좀 더 명확히 하기 위해 Age와 Diet에 세 번째 예측변수인 HDL을 추가했다(또한 열 A부터 C까지의 예측변수와 열 E의 예측되는 변수 LDL 사이에 빈 열을 추가했다).

그림 5.10

회귀계수와 표준오차가 워크시트의 역방향으로 나타난다.

H10 =G2*C2+H2*B2+I2*A2+J2

	A	B	C	D	E	F	G	H	I	J
1	Diet	Age	HDL		LDL		Coefficient for HDL	Coefficient for Age	Coefficient for Diet	Intercept
2	1	41	65		81		-1.823	0.437	12.274	167.287458
3	2	20	55		82		1.016	0.410	5.113	61.011616
4	5	87	40		198		0.492	32.846	#N/A	#N/A
5	8	77	70		160		5.155	16	#N/A	#N/A
6	2	52	45		115		16686.539	17262.261	#N/A	#N/A
7	4	30	64		77					
8	5	38	61		117					
9	4	83	52		174					
10	4	70	45		103		Correct	78.98	=G2*C2+H2*B2+I2*A2+J2	
11	4	40	60		138					
12	5	45	51		170		Incorrect	981.23	=G2*A2+H2*B2+I2*C2+J2	
13	4	61	54		196					
14	7	76	67		174					
15	7	78	56		168					
16	3	39	60		133		TREND()	78.98	=TREND(E2:E21,A2:C21)	
17	7	28	69		125					
18	6	71	61		166					
19	5	20	62		86					
20	5	22	63		190					
21	5	44	42		199					

노트 예측변수에 대한 데이터가 포함된 열과 예측되는 변수가 포함된 열 사이에 원하는 만큼의 열을 추가할 수 있다(추가하지 않아도 된다). 그러나 예측변수들 사이에 열을 추가할 수는 없다. 그림 5.10의 열 A에서 C의 데이터처럼 연속된 열이어야 한다.

문제는 다음과 같다. 범위 A2:C21에 있는 LINEST()에 인자로 사용된 변수의 순서는 왼쪽에서 오른쪽으로 Diet, Age, HDL이다. 그러나 G2:J6의 LINEST()의 결과는 이 순서의 역방향으로 회귀계수를 반환한다. HDL, Age, Diet 순이다. 절편은 항상 LINEST() 결과의 첫 번째 행의 가장 오른쪽 값이기 때문에 위치에 대해서는 걱정할 필요 없다.

또한 LINEST()의 결과 중 세 번째에서 다섯 번째 줄에 있는 보조 통계는 영향을 받지 않는다. LINEST()의 네 번째 인자를 TRUE로 설정하면, R^2, 추정표준오차, F-비, 잔차자유도 그리고 두 개의 제곱의 합을 항상 얻는다. LINEST() 결과에서 이러한 통계량의 위치는 예측변수의 개수나 위치에 상관없이 동일하다.

적어도 회귀계수의 표준오차는 회귀계수 자체와 적절하게 정렬된다. 예를 들어 그림 5.10에서 Diet의 회귀계수는 셀 I2에 있고 Diet 회귀계수의 표준오차는 셀 I3에 있다.

워크시트의 순서의 역전이 그렇게 나쁜 이유는 무엇일까? 무엇보다 회귀계수의 순서를 기본 데이터가 제시되는 순서와 반대로 해서 좋은 점이 하나도 없다는 것이다. 순서를 바꾸는 것이 LINEST() 내부적으로 사용하는 데 필요하지도 않다. 그리고 워크시트에 있는 기본값의 순서를 역방향으로 바꾸는 것은 LINEST()의 결과를 가지고 이후 작업을 할 때도 아무런 도움이 되지 않는다.

더욱이 결과의 순서가 거꾸로 되는 것은 쉽게 오류로 이어질 수 있다. 회귀분석에서 예측값을 얻는 한 가지 방법은 예측변수의 관측값을 관련 회귀계수로 곱하고, 그 결과를 합산하고 절편을 더하는 것이다.

그림 5.10의 셀 H10은 이 과정의 예를 보여준다. 셀 H10에 사용된 수식은 셀 I10에 텍스트로 적혀 있다. 이 수식은 데이터셋의 첫 번째 관찰값에 대한 예측되는 LDL 값으로 올바른 값을 반환한다. TREND() 함수가 반환하는 셀 H16의 값은 셀 H10의 결과를 다시 한 번 확인해준다.

셀 H10에서 사용된 수식을 자세히 보자.

```
=G2*C2+H2*B2+I2*A2+J2
```

이 수식에서 열 C, B, A의 값을 열 G, H, I의 값과 곱한다. 열 G에서 I까지 왼쪽에서 오른쪽 순서로, 열 C에서 A까지 오른쪽에서 왼쪽 순서로 사용한다(그리고 마지막에 셀 J2에 있는 절편을 더했다).

이러한 종류의 양방향 이동은 엑셀에서 수행되는 방식과 완전히 반대다. 엑셀의 리스트와 테이블을 작성해보라. 예를 들어 열 A와 B를 차지하는 두 열 목록에서 셀 A3의 값은 셀 B3의 값과 연관되고 A4는 B4, A5와 B5 값과 관계있다. A3를 B10, A4와 B9, A5와 B8 등이 서로 관계가 있다고 생각하지 않는다. 그러나 그것이 정확히 LINEST()가 이러한 생각지도 못한 디자인을 받아들이도록 사용자에게 요청하는 것이다.

회귀식으로부터 예측되는 변수를 구하기 위한 수식으로 사용자가 기대하고 있는 다음과 같은 모양이어야만 한다.

=G2*A2+H2*B2+I2*C2+J2

그래야만 G에서 H로 I로 이동하고, A에서 B로 C로 이동한다. 그러나 LINEST()를 사용하면, 이 순서는 잘못된 것이며 그림 5.10의 셀 H12와 같이 잘못된 값을 얻게 된다.

그러면 LINEST()를 사용하는 이유는 무엇일까? 왜 대신에 TREND()를 사용하지 않는가? 대부분의 답은 TREND()가 제공하지 않는 LINEST()가 반환하는 정보(R^2, 추정의 표준오차, F-비 등)를 알아야 할 필요가 있기 때문이다. 게다가 표준오차의 평균으로 회귀계수의 유의성을 테스트하기 원할 때는 두 함수의 결과가 필요하다. 엑셀에서 회귀분석을 수행할 때 LINEST()를 사용해야 하는 다른 많은 이유가 있으며 정확하게 수행하기 위해서는 이러한 특이한 점을 처리하는 방법을 배우는 방법밖에 없다.

마이크로소프트는 이 문제를 해결할 수 있는 많은 기회가 있었지만 매번 고치지 않았다. 그리고 앞으로 이 문제가 해결될 것이라고 기대하기 힘들다. 이미 많은 워크시트가 이 문제를 해결하도록 설계돼 있다. 만약 엑셀의 새로운 버전에서 갑자기 회귀계수가 나타나는 순서가 바뀌면, 이 새로운 버전은 LINEST()가 사용된 기존 워크시트에서는 잘못 동작하게 될 것이다.

다중회귀분석을 기초부터 만들어 가기

다중회귀분석이 단순 단일회귀분석과 어떻게 다른지 몇 문장으로 설명하는 건 어려운 일이 아니다. 그러나 단지 차이점을 언급하는 것만으로는 예측변수를 추가했을 때 결과에 주는 영향을 주는지 이해하는 데 큰 도움이 되지 않는다.

5장의 이번 절에서 단일회귀분석에서 사용된 원리와 절차가 어떻게 다중회귀분석을 설명하는 데 쉽게 적용되는지 다루겠다. 나중에 알게 되겠지만 대부분의 적용이 예측변수들이 서로 미치는 영향을 제거하는 과정이다. 그럼 부분상관과 준부분상관을 간단히 리뷰하면서 시작해보자.

변수를 상수로 고정하기

3장, '부분 및 준부분 상관관계'에서는 변수 A와 변수 C 모두에서 변수 B의 효과를 어떻게 제거할 수 있는지 설명했다. 그러고 나서 변수 A와 변수 C의 잔차를 얻을 수 있었다. 이제 두 셋의 잔차 사이의 상관관계를 계산하면, 변수 B를 '상수로 고정'한 변수 A와 변수 C사이의 부분상관을 얻게 된다.

이 기본 개념에 살을 붙여보자. 두 셋의 100개의 병원에 대한 데이터가 있다고 가정하자. 한 셋은 상대적으로 1인당 소득 수준이 높은 지역에 위치하고, 다른 셋은 비교적 가난한 지역에 위치한 곳의 데이터다. 우리는 병원의 전체 사망률이 병원 위치의 사회 · 경제적 지위에 따라 달라지는지에 관심이 있다.

사망률은 간호사 대 환자 비율로 측정되는 병원의 인력 비율과 관련이 있을 수 있으므로, 지역의 1인당 소득과 병원의 사망률 모두에서 간호사 대 환자 비율의 잠재적인 관계를 제거해 '통제'하기로 결정했다. 간호사 대 환자 비율에 대해 각 병원은 사망률과 그 지역의 소득의 회귀를 통해 그렇게 할 수 있다. 그런 다음 실제 사망률에서 예측된 사망률을 빼고 실제 소득에서 예측 소득을 뺀다.

두 개의 잔차 셋을 얻을 수 있는데, 각각은 이론적으로 간호사 대 환자 비율에 대한 영향을 받지 않는다. 이런 방법을 통해서 병원의 인력 정책에 영향을 받지 않고, 지역 소득 수준과 병원의 사망률의 상관관계를 얻을 수 있다. 이 분석을 간호사-대-환자의 수준이 '제어'됐다고 말할 수 있다.

일반적인 접근법인 부분상관은 준부분semipartial과 밀접한 관련이 있다(때로는 파트part상관이라고 부른다). 부분상관은 두 개의 다른 변수 모두에서 세 번째 변수의 영향을 제거한다. 준부분상관은 두 개의 다른 변수 중 하나에서 세 번째 변수의 효과를 제거한다. 나중에 보게 되겠지만, 준부분상관이 남아 있는 두 변수 중 하나에서만 세 번째 변수의 영향을 제거하면, 이 과정은 다중회귀식에 그 예측변수를 추가할지 여부를 결정하는 데 유용하다.

> **노트** 고차원(higher-order)의 부분 및 준부분상관은 모두 실현 가능하고 유용하다. 고차원의 부분 및 준부분상관에서, 하나 이상의 변수의 영향이, 두 개의 다른 변수에서 모두 제거되거나 하나의 변수에서 제거된다.

두 개의 예측변수가 있는 회귀에서의 준부분상관

그림 5.11은 두 개의 예측변수가 있는 가장 단순한 다중회귀분석에서 준부분상관이 어떻게 동작하는지 보여준다.

그림 5.11
더 쉽게 비교하기 위해, LINEST()가 나타내는 회귀계수 순서를 유지했다.

E3 =SLOPE(C2:C21,L2:L21)

	A	B	C	D	E	F	G	H	I	J	K	L	M
1	Diet	Age	LDL		Multiple Regression of LDL on Diet and Age				Age Predicted by Diet	Diet Predicted by Age		Residual Age on Diet	Residual Diet on Age
2	1	41	81						34.66	4.35		6.34	-3.35
3	2	20	82		0.789	7.784	66.076		39.17	3.73		-19.17	-1.73
4	5	87	198						52.68	5.71		34.32	-0.71
5	8	77	160	=LINEST(C2:C21,A2:B21,,TRUE)					66.19	5.41		10.81	2.59
6	2	52	115		0.789	7.784	66.076		39.17	4.68		12.83	-2.68
7	4	30	77		0.384	4.742	24.830		48.17	4.03		-18.17	-0.03
8	5	38	117		0.389	34.929	#N/A		52.68	4.26		-14.68	0.74
9	4	83	174		5.413	17	#N/A		48.17	5.59		34.83	-1.59
10	4	70	103		13208	20741	#N/A		48.17	5.21		21.83	-1.21
11	4	40	138						48.17	4.32		-8.17	-0.32
12	5	45	170						52.68	4.47		-7.68	0.53
13	4	61	196						48.17	4.94		12.83	-0.94
14	7	76	174						61.68	5.38		14.32	1.62
15	7	78	168						61.68	5.44		16.32	1.56
16	3	39	133						43.67	4.29		-4.67	-1.29
17	7	28	125						61.68	3.97		-33.68	3.03
18	6	71	166						57.18	5.24		13.82	0.76
19	5	20	86						52.68	3.73		-32.68	1.27
20	5	22	190						52.68	3.79		-30.68	1.21
21	5	44	199						52.68	4.44		-8.68	0.56
22													
23	4.7	51.1	142.6		Variable Means								

그림 5.11은 이전에 봤던 그림 5.9와 같은 데이터를 사용한다. 그림 5.11은 LINEST()의 결과를 만들기위해 준부분상관의 아이디어를 사용해 접근한다. 물론 실제 문제에서 이러한 과정으로 해결하지는 않을 것이다(그냥 LINEST()를 사용하면 된다). 그러나 다중회귀가 어떻게 동작하는지에 대한 개념적 토대를 마련하는 데 도움이 될 것이다.

예측되는 변수인 LDL은 무시하고, Age와 Diet 두 개의 예측변수에 집중해보자. 범위 I2:I21은 TREND() 함수를 사용해 Diet로 Age를 예측한다. 수식은 다음과 같다.

=TREND(B2:B21,A2:A21)

범위 J2:J21에 반대의 과정이 있다. TREND() 함수를 사용해 Age로 Diet를 예측한다. 수식은 다음과 같다.

=TREND(A2:A21,B2:B21)

I2:I21의 결과는 표본의 Diet와 Age의 관계가 주어졌을 때 기대되는 Age의 값을 알려준다. 비슷하게, J2:J21의 결과는 같은 정보가 주어졌을 때 기대되는 Diet 값을 알려준다.

그런 다음, B2:B21의 원래 나이에서 I2:I21의 예측된 나이를 빼면 L2:L21에 잔차를 구할 수 있다. 열 L의 결과는 Diet의 영향이 제거된 Age이다. 열 A의 원래 Diet 값에서 J2:J21의 예측된 Diet 값을 뺀 M2:M21는 Age의 영향이 제거된 Diet 잔차이다.

이 시점에서 엑셀의 CORREL() 함수를 사용해 (Age에서 Diet의 효과가 제거된) 잔차Age 값과 LDL 관찰값 간의 준부분상관을 얻을 수 있다. 그러나 우리가 관심 있는 것은 다중회귀분석의 문맥에서 Age에 대한 회귀계수이기 때문에 그 값을 얻기 위해 다음 수식을 사용한다.

=SLOPE(C2:C21,L2:L21)

이 수식은 그림 5.11의 셀 E3에 있고, 그 값은 0.789로 LINEST()가 반환한 셀 E6의 값과 정확히 동일하다. SLOPE() 함수는 다중회귀를 위해 만들어지지 않았지만 Age와 Diet가 공유하고 있는 변동성을 제거한 Age의 잔차값을 사용했기 때문에 동작한다. Age의 잔차에 남아 있는 변동성은 Age에 속하며, 일부는 LDL과 관련이 있고, Diet와는 아무 관련이 없다.

> **노트**
>
> 3장에서 논의했던 접근법을 사용할 수도 있다. 그림 3.5를 다룰 때, 단일 예측변수 회귀분석의 기울기를 계산하기 위해 다음 수식을 사용했다.
>
> X에 대해 회귀된 Y의 기울기 = $r_{xy}(s_y/s_x)$
>
> 그러나 지금 다루고 있는 예제는 다중회귀에 관한 것이다. 그렇기 때문에 예측변수들이 공유하고 있는 분산에 대해 고려해야 한다.
>
> 그림 5.11에서 Diet와의 공유되는 분산이 제거된 L2:L21의 잔차Age로 다음과 같은 엑셀 수식을 사용할 수 있다.
>
> =CORREL(C2:C21,L2:L21)*(STDEV.S(C2:C21)/STDEV.S(L2:L21))
>
> 이 수식은 Age의 회귀계수를 반환한다. 이 공식은 입력하는 데 시간이 오래 걸리지만, 회귀계수가 유도되는 과정을 더 잘 설명한다.

유사하게 셀 F3의 다음 수식은 Diet의 회귀계수를 반환한다.

=SLOPE(C2:C21,M2:M21)

그 값은 LINEST()가 반환한 셀 F6의 계수값과 동일하다. SLOPE() 함수에 원래 관찰된 Diet에서 Age의 효과를 제거한 잔차Diet 값과 원래 LDL 값을 인자로 넣었다.

이제까지 작업한 것을 가지고 회귀식의 절편을 계산하는 것은 쉬운 일이다. 그림 5.11의 23행에 세 개의 변수의 원래 값에 대한 평균이 있다. 이 값들과 E3과 F3의 회귀계수를 사용해 다음과 같이 절편을 구할 수 있다.

=C23-E3*B23-F3*A23

각 예측변수의 평균에 대응하는 회귀계수를 곱한다. 이 곱한 값들을 예측되는 변수의 평균값에서 빼면, 절편의 값을 구할 수 있다. 그림 5.11의 셀 G3에 위의 식이 포함돼 있다.

요약하면, Age에서 Diet와 공유하는 변동성을 제외하고 Diet에서 Age와 공유하는 변동성을 제외함으로 하나의 다중회귀 문제를 두 개의 단순회귀 문제로 변환했다.

이러한 과정은 해야 하는 일은 더 많지만, 잔차값으로부터 회귀계수를 얻는 과정은 기초지식을 제공한다.

제곱의 합 구하기

다중회귀분석을 수행하는 다음 단계는 회귀제곱의 합과 잔차제곱의 합을 계산하는 것이다. 그림 5.12를 보라.

그림 5.12
다음 단계는 예측값과 잔차값을 계산하는 것이다.

E7 | =DEVSQ(I2:I21)

	A	B	C	D	E	F	G	H	I	J
1	Diet	Age	LDL		Multiple Regression of LDL on Diet and Age				LDL Predicted by Age and Diet	Residual LDL
2	1	41	81						106.22	-25.22
3	2	20	82		0.789	7.784	66.075599		97.43	-15.43
4	5	87	198						173.66	24.34
5	8	77	160						189.12	-29.12
6	2	52	115						122.68	-7.68
7	4	30	77		13208.03	20740.77			120.89	-43.89
8	5	38	117						134.99	-17.99
9	4	83	174						162.72	11.28
10	4	70	103		=LINEST(C2:C21,A2:B21,,TRUE)				152.46	-49.46
11	4	40	138		0.789	7.784	66.076		128.78	9.22
12	5	45	170		0.384	4.742	24.830		140.51	29.49
13	4	61	196		0.389	34.929	#N/A		145.35	50.65
14	7	76	174		5.413	17	#N/A		180.54	-6.54
15	7	78	168		13208.03	20740.77	#N/A		182.12	-14.12
16	3	39	133						120.21	12.79
17	7	28	125						142.66	-17.66
18	6	71	166						168.81	-2.81
19	5	20	86						120.78	-34.78
20	5	22	190						122.36	67.64
21	5	44	199						139.72	59.28

그림 5.12는 그림 5.11에서 구한 회귀계수와 절편을 사용한다. 범위 I2:I21에는 회귀계수와 절편을 사용해 예측한 LDL 값이 있다. 셀 I2에 사용된 수식은 다음과 같다.

=A2*$F$3+B2*$E$3+$G$3

이 수식은 I21까지 복사됐다. 이 수식은 3행에 있는 회귀계수와 절편을 사용해 각 LDL 예측값을 계산한다.

그런 다음, 관찰된 LDL 값에서 예측된 LDL 값을 빼서 범위 J2:J21에 잔차값들이 계산됐다.

셀 E7에 계산된 회귀제곱의 합은 다음 수식을 사용한다.

=DEVSQ(I2:I21)

엑셀의 DEVSQ()는 인자로 입력된 값들의 평균에서 각 값을 빼고, 각각의 차이를 제한다. 그리고 차이의 제곱을 모두 합한다. 이 경우, 제곱의 합의 결과는 회귀에 대한 것이다.

마지막으로 잔차제곱의 합은 다음 수식을 사용해 셀 F7에 계산됐다.

=DEVSQ(J2:J21)

위의 방법으로 계산된 E7:F7의 값은 LINEST()가 반환한 E15:F15의 값과 동일하다.

이러한 양에 대해 회귀제곱합regression sum of squares과 잔차제곱합sum of squares residual 같은 통계적 약식 용어가 사용된다. 이러한 용어들은 처음엔 신비하게 들릴 수도 있다. 기억해야 할 두 가지 중요한 포인트가 있다.

- 예측변수에 회귀계수를 곱하고 절편을 더해 예측된 값을 얻었다. (Diet가 제거된) Age의 잔차에 대한 LDL의 회귀된 회귀계수의 값과 (Age가 제거된) Diet의 잔차에 대한 LDL의 회귀된 회귀계수의 값을 구했다. 따라서 예측값의 평균으로부터 각 예측값의 편차제곱의 합은 회귀제곱의 합이다.
- 실제 LDL 값에서 예측된 LDL 값을 빼서 잔차값을 계산했다. 이러한 잔차LDL 값(회귀에 의해서 예측된 값을 빼고 남은 값)은 잔차제곱의 합으로 정의된다.

R^2과 추정의 표준오차

그림 5.13은 회귀방정식의 신뢰도를 나타내는 통계를 얻는 방법을 보여준다. 이 값들은 LINEST()가 세 번째와 네 번째 행에서 반환하는 값이다.

그림 5.13

F-비와 R^2은 회귀제곱의 합과 잔차제곱의 합을 기반으로 한다.

E11 {=LINEST(C2:C21,A2:B21,,TRUE)}

	A	B	C	D	E	F	G	H	I	J
1	Diet	Age	LDL		Multiple Regression of LDL on Diet and Age					
2	1	41	81							
3	2	20	82		0.789	7.784	66.076			
4	5	87	198							
5	8	77	160		0.389	34.929			=E7/(E7+F7)	=SQRT(F7/F6)
6	2	52	115		5.413	17			=(E7/G17)/(F7/F6)	=G15-G17-1
7	4	30	77		13208.03	20740.77				
8	5	38	117							
9	4	83	174		0.789	7.784	66.076			
10	4	70	103		0.384	4.742	24.830			
11	4	40	138		0.389	34.929	#N/A			
12	5	45	170		5.413	17	#N/A			
13	4	61	196		13208.03	20740.77	#N/A			
14	7	76	174							
15	7	78	168			Number of cases:	20			
16	3	39	133							
17	7	28	125			Number of predictors:	2			
18	6	71	166							
19	5	20	86							
20	5	22	190							
21	5	44	199							

F-비보다 계산하기가 쉬운 R^2 먼저 시작해보자. R^2은 예측변수의 최선의 조합(원래 관찰값에 대한 회귀계수와 절편을 적용하여 생성된 복합 변수)의 변동성과 공유되는 예측되는 변수의 전체 변동성의 비율을 나타낸다. 이 예에서 LDL은 회귀방정식을 예측변수에 적용해 생성된 복합 변수와의 분산의 38.9%(그림 5.13의 셀 E11 참조)를 공유한다.

단일 또는 다중 예측변수에 상관없이 회귀분석에서 R^2은 다음과 같이 계산된다.

1. 예측된 값의 제곱의 합을 구한다(그림 5.13의 셀 E7의 회귀제곱의 합).
2. 잔차값의 제곱의 합을 구한다(그림 5.13의 셀 F7의 잔차제곱의 합).
3. 예측된 값의 전체제곱의 합을 구한다. 이 값을 구하는 한 가지 방법은 회귀제곱의 합과 잔차제곱의 합을 더하는 것이다. 그림 5.13에서는 다음과 같은 수식을 사용할 수 있다.

   =E7+F7

   전체제곱의 합을 구하는 (아마도 더 만족스러운) 또 다른 방법은 엑셀의 DEVSQ() 함수를 사용해 직접 계산하는 것이다.

=DEVSQ(C2:C21)

4. 1단계에서 구한 회귀제곱의 합과 3단계에서 구한 전체제곱의 합의 비율을 계산한다. 다음과 같은 수식을 사용할 수 있다.

=E7/(E7+F7)

이 접근법이 그림 5.13에서 사용된다. 이 수식은 셀 I5에 텍스트로 다시 표기됐다.

원한다면 R^2값을 다음 수식을 통해서 계산할 수도 있다.

=E7/DEVSQ(C2:C21)

LDL의 전체제곱의 합은 회귀제곱의 합과 잔차제곱의 합을 더한 값과 같기 때문에 위 수식들은 같다.

> **노트** LINEST()를 사용할 때, 3번째 인자인 const를 FALSE로 입력해 절편을 0.0으로 강제하지 않는 이상 위의 동일성은 유지된다. 만약 절편을 0.0으로 강제한다면, LINEST()는 전체제곱의 합의 중심을 관찰된 LDL의 평균이 아닌 0.0으로 사용한다. 그러면, DEVSQ() 함수가 아닌 SUMSQ() 함수를 사용해야 한다.

R^2을 계산하는 것은 쉽다. 잔차제곱의 합을 계산한 이후에는 추정의 표준오차를 계산하는 것도 어렵지 않다.

잔차제곱의 합이 전체제곱의 합에서 회귀제곱의 합을 제한 것이라는 정의를 상기해보면, 잔차제곱의 합은 LDL 값에서 A2:B21의 관찰값을 사용해 예측될 수 없는 변동성을 나타낸다.

그러므로 분산을 계산하는 일반적인 수식을 적용하여, 편차제곱의 합을 자유도로 나누어 예측할 수 없는 분산, 즉, 관찰된 LDL 값의 잔차 비율을 구할 수 있다. 잔차제곱의 합은 이미 계산했다. 자유도는 사례case의 수(여기서는 20)에서 두 개의 예측변수에 대한 제약(2)을 빼고, 전체 평균에 대한 제약(1)을 뺀 값과 같다. 즉, 20-2-1인 17이다. 그림 5.13에서 셀 F12의 LINEST()의 반환한 잔차자유도는17로 값이 일치한다.

잔차제곱의 합을 잔차자유도로 나눈다. 이 계산은 LDL 값의 예측할 수 없는 부분의 분산인 오차의 분산이다. 오차의 분산에 제곱근을 취하면 표준편차를 얻을 수 있다. 이는 추정의 표준오차standard error of estimate라고도 부른다. 이 통계는 예측오차(예측된 LDL 값과 실제 LDL 관찰값의 차이, 즉 추정의 오차)의 표준편차를 나타낸다. 그림 5.13의 셀 F5에 그 결과가 있고 수식은 셀 J5에 텍스트로 표시돼 있다. 셀 F5의 값은 LINEST()에 의해 계산되고 반환되는 셀 F11의 값과 동일하다.

F-비와 잔차자유도

LINEST() 결과의 네 번째 행의 첫 번째 열에 있는 F-비는 R^2과 밀접한 관련이 있다. 그러나 F-비는 R^2보다 약간 더 계산하기가 어렵다. F-비는 R^2과는 조금 다르게, 예측변수와 예측된 변수 간의 관계의 강도뿐만 아니라 LINEST()의 결과의 신뢰성에 대한 문제도 다룬다.

R^2은 전체 변동성에서 회귀와 관련된 비율을 직접 알려준다. 그 값은 회귀제곱의 합을 전체제곱의 합으로 나눈 값이다.

반면 F-비는 회귀에 의한 변동성의 측정값을 잔차 변동성의 측정값으로 나눈다(R^2의 경우처럼 전체 변동성이 아니다). 게다가 F-비를 계산할 때는 제곱의 합을 자유도로 조정한다. 여기까지 진행되면, 모집단 분산에 대한 두 가지 추정치를 갖게 된다. 하나는 회귀로 인한 것이고 나머지 하나는 잔차로 인한 것이다. 실제로 F-비를 검토할 때는 회귀 분산이 잔차분산보다 몇 배나 큰지 보는 것이다. 회귀가 강할수록 F-비는 커지고 그럴수록 F-비를 신뢰할 수 있으며, 실험이 반복돼도 같은 관계를 가질 가능성이 커진다.

우리는 이 관계에 관한 확률적인 진술을 할 수 있다. 예를 들어 "이 표본을 얻은 전체 모집단에 대해 F-비가 1.0임을 가정해보자. 이 경우, 이 크기의 F-비를 얻을 확률은 1% 미만이다. 이것은 일어날 가능성이 거의 없기 때문에 모집단의 F-비가 1.0이라는 가정을 기각한다."

이미 계산한 제곱의 합을 가지고 F-비를 계산하는 방법은 다음과 같다.

1. 회귀에 사용된 예측변수의 수를 센다. 지금 다루고 있는 예제에서는, Age와 Diet 두 개다. 이 값이 회귀제곱의 합에 연관된 자유도의 수다.

2. 회귀제곱의 합을 대응하는 자유도로 나눈다. 이 결과가 F-비의 분자가 되며, 회귀평균제곱이라고도 부른다.

3. 분석에서의 사례의 수를 센다. 지금 다루고 있는 예제에서 이 값은 20이다. 이 값에서 예측변수의 수를 빼고, 추가로 1을 더 뺀다. 추정의 표준오차에서 봤던, 이 값은 20-2-1인 17이다. LINEST()는 이 값을 결과의 4번째 행의 2번째 열에 반환한다.

4. 잔차제곱의 합을 3단계에서 구한 잔차자유도로 나눈다. 이 결과는 잔차평균제곱mean square residual 또는 , 때때로 평균제곱오차mean square error라고 부른다.

5. 'LINEST() 함수'의 'LINEST()의 F-비의 이해' 절에서 F-비에 대해 자세히 다뤘다.

회귀계수의 표준오차 계산

회귀계수와 절편의 표준오차는 다중회귀에서 LINEST() 함수의 결과를 모사하기 위한 마지막 조각이다. 회귀계수의 표준오차부터 시작해보자. 그림 5.14를 보라.

그림 5.14
표준오차에 대한 수식은 LINEST() 결과의 다른 값들보다 훨씬 복잡하다.

E4 =SQRT((F7/F6)/(DEVSQ(B2:B21)*(1-RSQ(A2:A21,B2:B21))))

	A	B	C	D	E	F	G
1	Diet	Age	LDL		Multiple Regression of LDL on Diet and Age		
2	1	41	81				
3	2	20	82		0.789	7.784	66.076
4	5	87	198		0.384	4.742	
5	8	77	160		0.389	34.929	
6	2	52	115		5.413	17	
7	4	30	77		13208.03	20740.77	
8	5	38	117				
9	4	83	174		0.789	7.784	66.076
10	4	70	103		0.384	4.742	24.830
11	4	40	138		0.389	34.929	#N/A
12	5	45	170		5.413	17	#N/A
13	4	61	196		13208.03	20740.77	#N/A
14	7	76	174				
15	7	78	168		=SQRT((F7/F6)/(DEVSQ(B2:B21)*(1-RSQ(A2:A21,B2:B21))))		
16	3	39	133				
17	7	28	125		=SQRT((F7/F6)/(DEVSQ(A2:A21)*(1-RSQ(A2:A21,B2:B21))))		
18	6	71	166				
19	5	20	86				
20	5	22	190				
21	5	44	199				

예측변수 Age에 대한 표준오차를 계산하기 위해 몇 가지 통계량이 필요하다. 이미 계산한 것도 있고 그렇지 않은 것도 있다. 필요한 통계량은 다음과 같다.

- 잔차제곱의 합과 그 자유도
- DEVSQ() 함수를 사용해 계산된 Age 변수에 대한 제곱의 합
- Age와 Diet의 R^2

예를 들어 그림 5.14의 셀 E4의 수식(그림 5.14의 셀 E15에도 있다)은 다음과 같다.

=SQRT((F7/F6)/(DEVSQ(B2:B21)*(1-RSQ(A2:A21,B2:B21))))

이 수식에서, F7/F6 부분은 잔차값들의 분산(Age와 Diet로 예측한 LDL의 오차의 분산)을 반환한다.

분산이 데이터셋의 평균에서 각 값들의 편차의 제곱의 합을 자유도로 나눈 값임을 상기해 보자. F7/F6 부분에서 이뤄지는 일이 정확히 그것이다. F7에 있는 잔차값들의 편차제곱의 합을 F6의 잔차자유도로 나눈다.

(지금 설명하고 있는 것에 집중하라. 하지만 그 외에 중요한 정보가 하나 있다. 잔차오차의 분산은 추정의 표준오차standard error of estimate라고도 부르는 잔차의 표준편차의 제곱이다. 이 값은 셀 F5에 있다. 34.929인 추정의 표준오차는 1220.045인 F7/F6의 제곱근과 같다.)

수식의 다음 부분인 DEVSQ(B2:B21)는 계산하고 있는 표준오차를 가지고 있는 회귀계수의 근거를 이루는 Age 변수의 편차제곱의 합을 반환한다.

DEVSQ(B2:B21)는 Age의 평균으로부터 각 Age 값의 차이를 구하고, 그 차이를 제곱하고 합한다. 이 결과는 Age 예측변수의 변동성을 측정한 값이다.

마지막으로 세 번째 부분은 1-RSQ(A2:A21,B2:B21)이다. RSQ()는 Diet와 Age 값들 사이의 상관계수를 제곱한 R^2을 계산한다. A2:A21의 Diet 값과 B2:B21의 Age 값을 인자로 사용해 Diet의 분산과 공유하는 Age의 분산의 비율을 반환한다. 그런 다음, 그 비율을 1에서 뺀다. 그러면, Diet와 공유하지 않는 Age의 분산의 비율을 얻게 된다.

> **노트** 단지 두 개의 예측변수만 있는 경우, 예를 들어 Age가 Diet와 공유하는 분산의 비율을 계산하는 데 RSQ() 함수를 사용할 수 있다(동일하게 Diet가 Age와 공유하는 분산의 비율). 그러나 RSQ()는 단지 두 개의 변수만을 한 번에 다룰 수 있다. 세 개 이상의 변수를 사용해 하나의 예측변수와 나머지 모든 예측변수 사이의 R^2을 계산하기 위해서는 LINEST()에 의존할 수밖에 없다. A2:A21, B2:B21, C2:C21에 3개의 예측변수가 있다고 가정해보자. 만약 A2:A21에 있는 예측변수의 회귀계수의 표준오차를 계산하고 있다면, 적절한 R^2을 얻기 위해서는 다음 수식을 사용해야 한다.
>
> =INDEX(LINEST(A2:A21,B2:C21,,TRUE),3,1)
>
> 이 수식에서 RSQ()를 사용하지 않고 LINEST()를 사용하는 이유를 이해한다면, 지금 설명하고 있는 것을 이해하고 있는 것이 분명하다.

세 개의 부분을 다시 조합해보자. 두 번째 부분과 세 번째 부분을 곱하면 다음 수식을 얻는다.

(DEVSQ(B2:B21)*(1-RSQ(A2:A21,B2:B21)))

이는 편차제곱의 합으로 계산된 Age의 변동성에 Diet와 공유하고 있지 않은 Age의 변동성의 비율을 곱하는 것이다. 두 부분을 곱한 결괏값은 Diet와 공유하지 않는 Age의 제곱의 합이다.

Diet에 대한 Age의 회귀의 잔차값에 대해 DEVSQ() 함수를 사용하면 같은 결과를 얻게 될 것이다.

이제 첫 번째 부분도 합쳐보자.

(F7/F6)/(DEVSQ(B2:B21)*(1-RSQ(A2:A21,B2:B21)))

식 F7/F6은 잔차의 분산이다. 예측변수에 회귀계수를 곱하는 과정이 잔차값들을 얻을 때 사용되는 것을 상기하자. 많은 표본(그림 5.14에사 사용한 것과 같은)으로부터 계산할 회귀계수의 변동성의 추정치를 찾고 있다. 이런 가상의 표본에는 예측변수와 예측되는 변수에 대해 다른 값들을 포함하는 경우가 있을 것이다. 그런 경우에는 회귀계수의 값이 달라질 것이다.

우리는 잔차의 분산을 취하고 예측변수 그 자체로 인한 변동성을 제거함으로 회귀계수의 다중-표본에서의 변동성을 추정할 수 있다. 회귀방정식에서, 예측된 값에서 예측변수와 회귀계수를 곱한 값을 빼서 잔차를 구한다. 우리는 예측변수에 그 회귀계수를 곱하기 때문에, 곱셈을 뒤집어서 회귀계수의 변동성을 추정할 수 있다. 잔차의 분산을 예측변수의 변동성의 측정값으로 나누면 된다.

이것이 바로 앞의 수식에서 하는 일이다.

- 잔차의 변동성(F7/F6)을
- 예측변수의 변동성(DEVSQ(B2:B21))과
- 예측변수가 다른 예측변수와 공유하고 있지 않은 변동성의 비율(1-RSQ(A2:A21,B2:B21))의 곱으로 나눈다.

이는 회귀계수의 표본 간 변동에 대한 추정치가 된다.

이 변동성의 추정치는 회귀계수의 표본 간 변동에 기인하는 잔차분산의 부분이다. 분산 추정치를 표준편차의 추정치, 즉 회귀계수의 표준오차로 변환하기 위해, 단지 제곱근을 취하면 된다. 이 절의 시작 부분에서 수식을 반복하면 회귀계수의 표준오차는 다음과 같다.

=SQRT((F7/F6)/(DEVSQ(B2:B21)*(1-RSQ(A2:A21,B2:B21))))

Age 예측변수 대신에 Diet예측변수의 표준오차를 계산하려면 세 부분 중에 두 번째 부분만 바뀌면 된다.

- (F7/F6) 부분은 바뀌지 않는다. 어떤 예측변수를 살펴보는지 상관없이, 예측된 값의 잔차값의 분산은 같으며 추정의 표준오차의 제곱도 같게 유지된다.
- 이 식에는 Diet와 Age 단 두 개의 예측변수가 있다. Diet 변수는 Age가 Diet와 공유하고 있는 분산의 비율과 동일한 분산의 비율을 Age와 공유한다. 회귀에 포함된 변수가 두 개가 아닌 세 개 이상이라면 복잡한 문제가 된다.
- 예측변수의 제곱의 합인 수식의 두 번째 부분은, 두 개의 변수를 사용한 분석에서 다른 예측변수에 대해 계산할 때 유일하게 바뀌어야 할 부분이다. DEVSQ(B2:B21)를 DEVSQ(A2:A21)로 치환하면 두 예측변수에 의해 공유되지 않는 분산의 비율을 곱할 때, 어떤 변동성의 원천을 격리할 것인지를 변경하게 된다.

몇 가지 추가 예제

회귀방정식을 계산하는 다른 방법과 부수적인 통계량을 다루기 전에, 여러 상황에서 어떻게 회귀계수의 표준오차가 동작하는지 추가적인 몇 가지 예제를 다루겠다. 먼저 단일 예측 분석으로 돌아가보자. 그림 5.15를 보라.

그림 5.15
단 하나의 예측변수가 있을 때는 다른 예측변수와 분산을 공유할 수 없다.

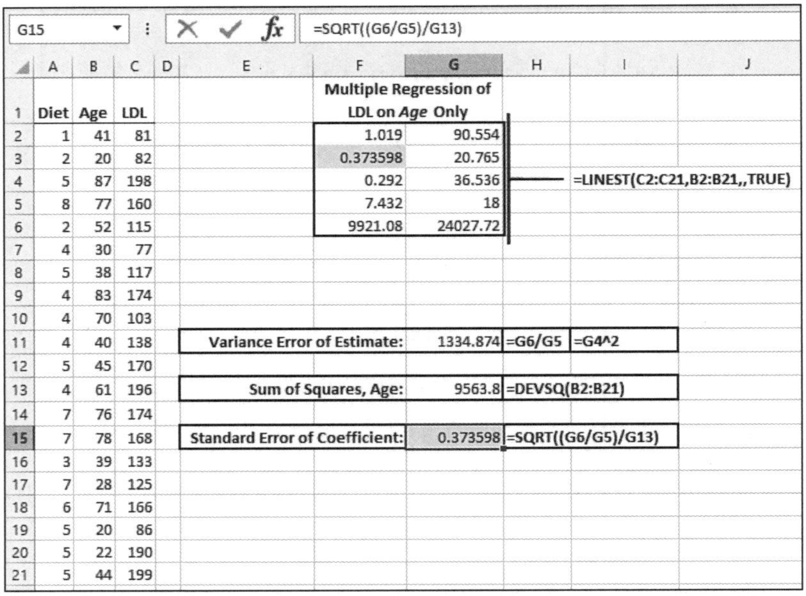

G15 =SQRT((G6/G5)/G13)

	A	B	C	D	E	F	G	H	I	J
1	Diet	Age	LDL			Multiple Regression of LDL on *Age* Only				
2	1	41	81			1.019	90.554			
3	2	20	82			0.373598	20.765			
4	5	87	198			0.292	36.536	=LINEST(C2:C21,B2:B21,,TRUE)		
5	8	77	160			7.432	18			
6	2	52	115			9921.08	24027.72			
7	4	30	77							
8	5	38	117							
9	4	83	174							
10	4	70	103							
11	4	40	138		Variance Error of Estimate:		1334.874	=G6/G5	=G4^2	
12	5	45	170							
13	4	61	196		Sum of Squares, Age:		9563.8	=DEVSQ(B2:B21)		
14	7	76	174							
15	7	78	168		Standard Error of Coefficient:		0.373598	=SQRT((G6/G5)/G13)		
16	3	39	133							
17	7	28	125							
18	6	71	166							
19	5	20	86							
20	5	22	190							
21	5	44	199							

그림 5.15는 5장의 다른 그림에서 사용된 동일한 데이터셋을 계속 사용한다. 그러나 F2:G6 범위의 LINEST() 분석은 Diet 변수를 사용하지 않고 Age만으로 LDL을 예측한다.

이전 절에서 회귀계수의 표준오차를 위한 수식은 예측변수가 다른 예측변수와 공유하는 변동성을 제거하기 위해 분모를 조정한다고 지적했다. 두 개의 예측변수가 있는 경우의 회귀계수의 표준오차를 계산하는 공식을 다시 한 번 보자.

```
DEVSQ(B2:B21)*(1-RSQ(A2:A21,B2:B21))
```

수식에서 RSQ() 함수가 반환하는 두 예측변수가 공유하는 분산의 비율을 볼 수 있다. 1에서 이 값을 빼서 두 예측변수가 공유하지 않는 분산의 비율을 얻는다. 이 비율을 B2:B21에 있는 값들의 제곱의 합에 곱하면, 분모로 표현된 제곱의 합을 해당 예측변수(여기서는 B2:B12의 Age 변수)와 관련된 양으로 제한한다.

그러나 그림 5.15의 분석은 Age 하나의 예측변수만 사용한다. 그러므로 Age와 분산을 공유하는 다른 예측변수가 수식이 들어 있지 않으며, 분모는 (1-RSQ(A2:A21,B2:B21)) 부분이 완전히 제외된 다음과 같이 될 것이다.

DEVSQ(B2:B21)

그러면, 분석에 Diet가 제외된 Age에 대한 회귀계수의 표준오차의 수식은 다음과 같다.

=SQRT((G6/G5)/G13)

이 수식은 그림 5.15의 셀 G15에서 사용된다. LINEST()에 의해서 계산되고 반환된 Age 예측변수에 대한 표준오차인 음영처리된 셀 F3과 비교하기 쉽도록 해당 셀을 음영처리했다. 두 값은 동일하다.

하나의 예측변수가 다른 예측변수와 공유하는 것이 없고 공유하도록 하는 제곱의 합의 조정을 피하는 한 가지 방법은, 하나의 예측변수만 사용하는 것이다. 더 실용적인 방법은 상관관계가 없는 예측변수를 사용하는 것이다. 그룹의 크기가 같은 실험 설계에 대한 결과를 정량화하기 위해 예측변수를 사용할 때, 7장, '회귀분석을 이용한 그룹 평균 간 차이 검정'에서 논의될 코딩 방법 중 하나를 사용할 수 있다. 이 방법을 지금 사용하고 있다. 분석이 Age와 Diet와 같이 피험자에게서 발생하는 변수들을 포함할 때, 예측되는 변수와 상관관계가 있고 예측변수들 간에는 상관이 없는 유용한 예측변수를 찾기는 어렵다. 그러면, 이 절의 앞부분에서 설명한 회귀계수의 표준오차에 대한 수식의 분모에서처럼 고유한 분산을 분리할 필요가 있다.

두 개의 상관없는 예측변수에서는 어떻게 되는지 살펴보는 것은 유용하다. 그림 5.16을 보라.

그림 5.16
상관없는 예측변수는 분산의 원인을 모호하게 한다.

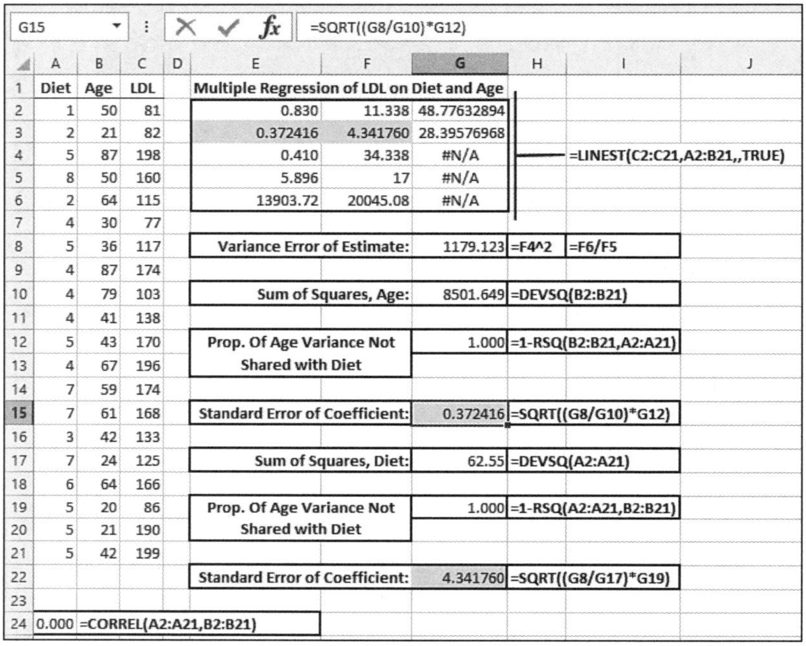

G15 =SQRT((G8/G10)*G12)

	A	B	C	D	E	F	G	H	I	J
1	Diet	Age	LDL		Multiple Regression of LDL on Diet and Age					
2	1	50	81		0.830	11.338	48.77632894			
3	2	21	82		0.372416	4.341760	28.39576968			
4	5	87	198		0.410	34.338	#N/A		=LINEST(C2:C21,A2:B21,,TRUE)	
5	8	50	160		5.896	17	#N/A			
6	2	64	115		13903.72	20045.08	#N/A			
7	4	30	77							
8	5	36	117		Variance Error of Estimate:		1179.123	=F4^2	=F6/F5	
9	4	87	174							
10	4	79	103		Sum of Squares, Age:		8501.649	=DEVSQ(B2:B21)		
11	4	41	138							
12	5	43	170		Prop. Of Age Variance Not		1.000	=1-RSQ(B2:B21,A2:A21)		
13	4	67	196		Shared with Diet					
14	7	59	174							
15	7	61	168		Standard Error of Coefficient:		0.372416	=SQRT((G8/G10)*G12)		
16	3	42	133							
17	7	24	125		Sum of Squares, Diet:		62.55	=DEVSQ(A2:A21)		
18	6	64	166							
19	5	20	86		Prop. Of Age Variance Not		1.000	=1-RSQ(A2:A21,B2:B21)		
20	5	21	190		Shared with Diet					
21	5	42	199							
22					Standard Error of Coefficient:		4.341760	=SQRT((G8/G17)*G19)		
23										
24	0.000	=CORREL(A2:A21,B2:B21)								

그림 5.1에서 회귀방정식의 예측변수로 Diet를 다시 사용했다. 범위 E2:G6의 LINEST() 분석 결과는 LDL을 예측하기 위해 Diet와 Age를 모두 사용한다. 그러나 Age의 값을 바꿔, 다른 예측변수인 Diet와 더 이상 관련이 없게 했다. CORREL() 함수는 Diet와 Age 변수를 인자로 받아 셀 A24에 0.0의 상관관계를 반환한다.

회귀가 두 개의 예측변수를 사용기 때문에 평가해야 하는 계수의 표준오차도 두 개다. Age부터 시작해보자. Age의 제곱의 합은 8501.649로 셀 G10에 있다(이 값은 그림 5.15의 셀 G13에 있는 값과 다르다. 예측변수 사이의 상관관계를 0.0으로 바꾸기 위해 Age 값을 변경했다는 것을 기억하라).

Age의 값에 대한 변경으로 인해 Age와 Diet 사이의 상관관계가 0.0이므로, 두 예측변수는 분산을 공유하지 않는다. 이 경우 다음 부분은,

RSQ(A2:A21,B2:B21)

0.0을 반환하고, 전체 부분은,

1- RSQ(A2:A21,B2:B21)

1.0을 반환한다. Age 예측변수의 표준오차에 대한 분모는 다음과 같다.

=DEVSQ(B2:B21)*(1-RSQ(A2:A21,B2:B21))

별표 뒤에 있는 부분은 1.0으로 계산되므로 Age는 유일한 예측변수로 사용될 때와 마찬가지로 결과는 단순히 Age의 제곱의 합이다.

다시 말하지만 회귀계수의 표준오차의 수식은 잔차분산을 예측변수의 고유한 제곱의 합으로 나눈다. 그림 5.16의 셀 G15에서처럼 잔차분산을 Age의 제곱의 합으로 나누고 제곱근을 취하면, 표준오차를 얻는다. 셀 G15의 값은 LINEST()가 반환한 셀 E3의 값과 동일하다.

Diet 예측변수에 대한 유사한 분석이 그림 5.16의 G17:G22 범위에 있다. 반복하면, 표준오차는 Diet의 제곱의 합에 대한 잔차분산의 비율로 계산된다. 또 반복하면, Age 변수와 Diet 변수는 상관없기 때문에 Diet의 제곱의 합을 Age와 공유하는 분산으로 조정할 필요가 없다. 그러나 예측변숫값들이 균형 잡힌 그룹 크기로 설계된 것을 말해주는 것을 제외하면, 예측변수 사이의 상관관계가 없는 것은 비정상적인 상황이다. 회귀계수의 표준오차의 값과 예측변수 사이의 상관관계 간의 관계에 대한 설명에 도움이 되기 때문에 자세히 다뤘다. 또한 이는 7장에서 논의될 문제의 토대가 된다.

주목할 만한 또 다른 비교는 무엇이 변하고 변하지 않는지에 대한 것이다. 그림 5.17에 두 개의 데이터셋이 있다. 하나는 A2:C21 범위에 있는데 그림 5.11에서 5.15까지의 데이터셋과 동일하다. 다른 하나는 J2:L21의 범위에 있는데 Diet 예측변숫값에 각각 16을 곱한 것을 제외하면 A2:C21의 것과 동일하다.

그림 5.17은 또한 두 개의 LINEST() 결과를 보여준다. 범위 F2:H6은 예측되는 변수로 LDL을 사용한 A2:C21의 데이터를 분석한다. 범위 N2:P6은 예측되는 변수로 LDL을 사용한 J2:L21의 데이터를 분석한다.

그림 5.17
A열의 Diet 값과 J열의 값을 비교해보라.

O2 | {=LINEST(L2:L21,J2:K21,,TRUE)}

	A	B	C	D	E	F	G	H	I	J	K	L	M	N	O	P	Q
1	Diet	Age	LDL			Multiple Regression of LDL on Diet and Age				Diet	Age	LDL		Multiple Regression of LDL on (16 * Diet) and Age			
2	1	41	81			0.789	7.784	66.076		16	41	81		0.789	0.486	66.076	
3	2	20	82			0.384	4.742	24.830		32	20	82		0.384	0.296	24.830	
4	5	87	198			0.389	34.929	#N/A		80	87	198		0.389	34.929	#N/A	
5	8	77	160			5.413	17	#N/A		128	77	160		5.413	17	#N/A	
6	2	52	115			13208.03	20740.77	#N/A		32	52	115		13208.03	20740.77	#N/A	
7	4	30	77							64	30	77					
8	5	38	117							80	38	117					
9	4	83	174			*Diet*	*Age*	*LDL*		64	83	174			*Diet*	*Age*	*LDL*
10	4	70	103		Diet	1				64	70	103		Diet	1		
11	4	40	138		Age	0.364	1			64	40	138		Age	0.364	1	
12	5	45	170		LDL	0.487	0.541	1		80	45	170		LDL	0.487	0.541	1
13	4	61	196							64	61	196					
14	7	76	174							112	76	174					
15	7	78	168							112	78	168					
16	3	39	133							48	39	133					
17	7	28	125							112	28	125					
18	6	71	166							96	71	166					
19	5	20	86							80	20	86					
20	5	22	190							80	22	190					
21	5	44	199							80	44	199					

비록 J열의 Diet 값들은 근본적으로 변경했지만, 다음을 주목하라.

- 두 LINEST() 분석은 동일한 회귀제곱의 합과 동일한 잔차제곱의 합을 반환한다. 셀 F6을 N6와 셀 G6를 O6와 비교해보라.
- 그러므로 두 분석에서 회귀제곱의 합과 잔차제곱의 합과 전제제곱의 합의 관계는 동일하다. 결과적으로 F-비, 잔차자유도, R^2, 추정의 표준오차 모두 동일하다. 이 통계량은 두 분석에서 동일하게 유지돼야 한다. Diet 값의 변경에도 불구하고 제곱의 합이 동일하게 남아 있기 때문이다.
- 게다가 Age의 회귀계수와 표준오차는 두 분석에서 동일하다. H2:H3과 P2:P3에 있는 절편과 절편의 표준오차에 대해서도 마찬가지다.

방금 언급한 통계량 중 어느 것도 바뀌지 않았다. 단순히 예측변수에 상수를 곱하는 (또는 예측변수에 상수를 더하는) 것은 해당 변수와 분석에 사용되는 다른 변수 간의 상관관계에 영향을 주지 않는다. 범위 F10:H12와 범위 O10:Q12의 행렬을 비교 확인할 수 있다.

그러나 Diet의 값에 상수(이 경우 16)를 곱한 것에 따라, Diet의 회귀계수와 해당 표준오차는 모두 바뀌었다. 예측변수의 값이 16배씩 증가하면 회귀계수는 16배 감소한다. 표준오차도 마찬가지이다. 그림 5.17에서 음영 처리된 G2:G3와 O2:O3를 비교하라 .

두 경우 모두 전체회귀분석의 예측되는 값에 대해 동일한 효과를 준다. 예측변수의 값의 크기가 16배 증가하면 회귀계수의 크기가 16배 작아진다. 그 결과 오차의 제곱의 합을 최소화하는 예측된 값에 대해 예측변수의 기여도는 두 경우가 동일하다.

회귀계수의 표준오차 사용

이전 절에서는 회귀계수의 표준오차의 다양한 부분을 면밀히 살펴봤다. 계산 방법, 계산의 의미에 대한 설명, 예측변수와 다른 예측변수와의 관계를 설명했다. 이제 회귀계수의 표준오차를 사용하는 방법을 논의할 필요가 있다.

인간의 나이, 식생활, HDL 수준 LDL 수준, 간의 양적인 관계를 이해하는 것이 흥미로운 관심사여서 수천 명의 연구원이 5장의 예제로 사용된 관측 실험을 반복했다고 가정해보자. 모든 연구자가 같은 수의 피험자를 선택해 동일한 변수를 동일한 방법으로 측정하고 동일한 방식으로 데이터를 분석했다고 가정하자. 간단히 말해 연구가 정확히 같은 방법으로 수행됐다고 해보자 .

이 경우 모든 연구자들이 다른 결과를 얻을지도 모른다. 많은 결과들이 서로 비슷할 것이다. 대부분이 회귀계수, R^2의 값이 서로 근소한 차이만 있을 것이다. 상당한 수의 연구 결과는 다른 대부분의 연구 결과와 크게 다른 결과를 얻을 수도 있다. 만약 모든 연구 결과를 수집하고 비교한다면, 예를 들어 Diet에 대한 회귀계수는 연구마다 다르다는 것을 알 수 있다(물론 Age와 HDL에 대해서도 마찬가지일 것이다). 이 회귀계수의 다름은 단순 표집오차 때문일 것이다. 여기서 특히 흥미로운 점은 서로 다른 표본에서 Diet와 LDL이 양적으로 어떻게 관련돼 있는지다.

이 점을 특히 주목하는 이유는 주로 우리가 알고 싶어 하는 것이 수천 개의 표본이 나온 모집단에서 Diet의 회귀계수가 0.0인지 여부이기 때문이다. 만약 그렇다면, 건강 관리에 영향을 줄 수 있다. 일반적으로 의사들과 사람들은 저밀도 지단백질의 섭취에 대해 덜 걱정하게 될 것이다. 또한 Diet의 진짜 회귀계수가 0.0이면, 인간 활동과 콜레스테롤 수치의 관계를 이해하는 데 중점을 둔 연구자들은 Diet를 방정식에서 제외할 것이다. 적어도 개인적인 특성을 기준으로 콜레스테롤 수치를 예측하거나 설명하는 방정식에서는 제외될 것이다.

어쨌든 Diet의 회귀계수가 0.0이면 회귀방정식이 어떻게 되는지 보자. 다음과 같을 것이다.

LDL=0.437*Age+0.00*Diet−1.823*HDL+Intercept

이 방정식은 Diet 값이 크든 작든 LDL 수치에는 아무런 영향을 미치지 않음을 알려준다. 이 방정식에서 Diet를 남겨둬도 된다.

그러나 우리의 실험 결과가 그림 5.18과 같이 나왔다고 가정해보자.

그림 5.18
Diet의 회귀계수가 0.0에서 멀리 떨어져 있다.

H10 =T.DIST.2T(ABS(H9),$I$5)

	A	B	C	D	E	F	G	H	I	J	K
1	Age	HDL	Diet		LDL			Coefficient for Diet	Coefficient for HDL	Coefficient for Age	Intercept
2	41	65	1		81			12.274	-1.823	0.437	167.287
3	20	55	2		82			5.113	1.016	0.410	61.012
4	87	40	5		198			0.492	32.846	#N/A	#N/A
5	77	70	8		160			5.155	16	#N/A	#N/A
6	52	45	2		115			16686.539	17262.261	#N/A	#N/A
7	30	64	4		77						
8	38	61	5		117			Diet	HDL	Age	
9	83	52	4		174		t-ratio	2.40	-1.80	1.07	
10	70	45	4		103		Probability of t-ratio	0.02888	0.09147	0.30227	
11	40	60	4		138						
12	45	51	5		170						
13	61	54	4		196						
14	76	67	7		174						
15	78	56	7		168						
16	39	60	3		133						
17	28	69	7		125						
18	71	61	6		166						
19	20	62	5		86						
20	22	63	5		190						
21	44	42	5		199						

갖고 있는 표본에 대해 엑셀로 계산한 Diet의 회귀계수가 12.274이다. Diet를 방정식에 남겨둬야 할까 아니면 제외해야 할까? 남겨둬도 아무런 문제가 없다고 생각할 수도 있고 버리면 안 된다고 생각할 수도 있다. 만약 주된 목적이 LDL 수치를 예측하는 것만 이라면 어떨까? 아니면 주된 목적이 LDL 수치의 잠재적 원인을 설명하는 것이라면 어떨까? 이 경우, 실제로 방정식에 속하지 않는 변수를 남겨두는 것은 좋게 생각해도 혼란스럽게 하고 심지어 잘못된 결론으로 오도될 수도 있다. Diet 변수의 회귀계수는 0.0이 아니다. 그렇기 때문에 방정식에서 Diet를 삭제해야 할 명백한 논리가 없다. 그런데 12.274라는 값 자체는 약한가, 강한가?

이제 회귀계수의 표준오차가 나올 차례다. 회귀계수를 해당 표준오차로 나누면, 관찰값이 0.0에서 얼마나 많은 표준오차만큼 떨어졌는지 알려준다. 이 경우 얻을 수 있는 결과는 다음과 같다.

=12.274/5.113

그 값은 2.40이다. 따라서 얻은 12.274의 값은 0.0보다 2.40 표준오차 크다. 표준오차는 표준편차이며, 표준편차에 익숙하다면 2.40 표준편차는 꽤 큰 값이라는 것을 알 것이다. 그것은 아마도 의미 있는 결과일 것이다.

물론 이것도 주관적인 판단이다. 완전히 객관적이진 않지만, 좀 더 객관적인 다른 방법이 있다. 이 방법은 회귀계수의 표준오차에 크게 의존한다. 회귀계수를 표준오차로 나눌 때, 그 결과를 t-비[t-ratio]라고 한다(두 평균 간의 차이를 두 평균 간의 차이의 표준오차로 나누는 것과 같은 상황에서 t-비를 보게 될 수도 있는데, 그것 또한 t-비이다).

엑셀은 모집단의 실제 t-비가 0.0일 때, 주어진 t-비를 얻을 확률을 평가하는 몇 가지 함수를 제공한다. 그림 5.18의 셀 H10:J10에서는 T.DIST.2T() 함수를 회귀분석의 잔차자유도와 함께 사용해 각 회귀계수에 대한 확률을 반환한다. 예를 들어 셀 H10은 다음과 같은 수식을 포함한다.

=T.DIST.2T(H9,$I$5)

셀 H9는 Diet의 회귀계수에 대한 t-비이고, I5는 전체 회귀의 잔차자유도이다. 셀 I5에 대한 참조는 달러 기호를 사용해 고정했기 때문에 위 수식은 I10:J10까지 복사해 붙여 넣을 수 있다.

> **노트** 이어지는 절인 '양쪽꼬리검정'과 '한쪽꼬리검정'에서 T.DIST()와 T.INV() 계열의 함수에 대해 더 자세한 정보를 알 수 있다. 그림 5.18의 셀 I10에서 사용한 수식은 =T.DIST.2T(ABS(I9),$I$5)이다. ABS() 함수는 절대값을 반환하는데, T.DIST.2T() 함수는 첫 번째 인자로 양수가 입력돼야 하기 때문에 이 과정이 필요하다. 양쪽꼬리검정의 요점은 양의 또는 음의 t-비를 사용하는 것이다. 필자는 t-비가 양수인지 음수인지 상관없이 T.DIST.2T() 함수를 사용할 때 ABS 함수를 일상적으로 사용하는 것이 도움이 된다는 것을 알았고 그림 5.18에서 그렇게 사용했다.

그래프를 작성해보면 이 확률의 의미를 쉽게 파악할 수 있다. 우선 20개의 피험자에 대한 연구를 반복한 수천 개의 가상 분석 차트를 살펴보자.

먼저 모집단에서 Diet의 참인 회귀계수가 0.0이라고 가정해보자. 그렇게 되면 피험자의 식습관은 피험자의 LDL을 예측하는 데 아무런 유용한 정보를 주지 않을 것이다. 이 경우 수천 개의 표본에 대한 분석을 차트화하면 그림 5.19의 왼쪽에 있는 곡선처럼 보일 것이다.

이 곡선의 높이는 각 t-비의 값이 발생하는 상대적인 빈도를 나타낸다. 그림 5.19의 차트 수평축은 t-비와 관련된 회귀계수의 값을 표시한다. 정리하면, 그림 5.19의 세로축은 t-비의 상대적인 빈도, 즉 회귀계수의 상대적인 빈도를 보여주고 가로축은 t-비를 계산하는 데 사용된 회귀계수의 값을 보여준다.

그림 5.19(그리고 5장의 이어지는 그림)의 차트의 수평축은 약간의 설명이 더 필요하다. 필자는 수평축을 따라 회귀계수의 가능한 값을 보여주기로 선택했다. 현 시점에서 분석의 주목적이 주어진 회귀계수와 관련된 확률을 평가하는 것이기 때문이다. 차트의 확률은 형식적으로 회귀계수 자체의 속성이 아니라 회귀계수를 사용해 계산한 t-비의 속성이기도 하다. 그러므로 차트와 차트에서 제공하는 확률에 대해 논의할 때, 필자가 하려는 것의 성격에 따라 때로는 회귀계수 자체에 대해, 때로는 그와 관련된 t-비로 언급하려고 한다.

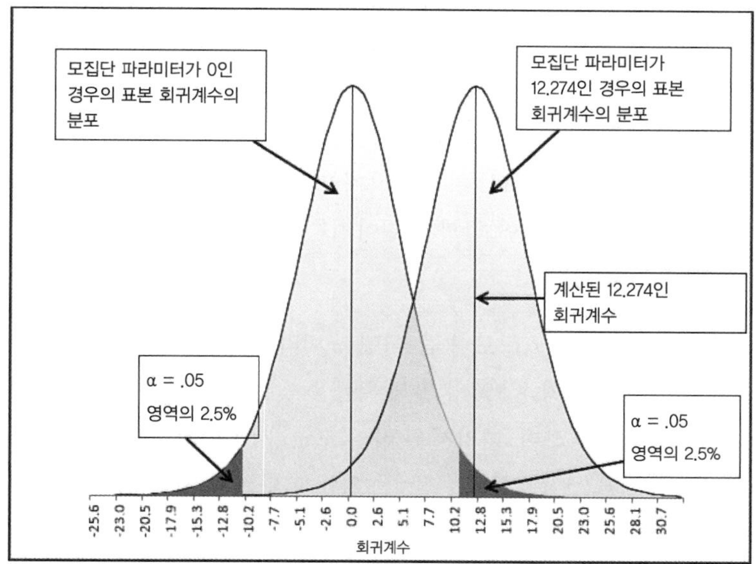

그림 5.19
두 곡선은 서로 다른 현실(realities)을 나타낸다.

회귀계수나 t-비 중 어떤 것에 대해 생각하고 있건 간에 그림 5.19의 왼쪽 곡선의 평균은 0.0이다. 최빈값 또한 0.0이다. 만약 왼쪽 곡선이 현실을 나타낸다면, 즉 모집단에서 Diet의 회귀계수가 0.0이라면, 다른 어떤 값보다 0.0이 자주 나타날 것이다.

모집단의 Diet의 회귀계수가 0.0이 아닐 가능성이 꽤 높지만, 12.274는 그렇지 않다. 어쨌든, 갖고 있는 표본으로 분석한 결과는 그 값이다. 수천 개의 다른 표본과 분석 결과가 그림의 오른쪽 곡선 같았다고 가정해보자(현재 목적을 위해 가정은 필요하지 않지만 결과를 시각화하는 데 도움이 된다).

중심 회귀계수가 0.0인 왼쪽 곡선에서 12.274의 회귀계수가 발생한 위치를 주목하자. 12.274만큼 높은 값은 왼쪽 곡선의 오른쪽 꼬리에 있는 어둡게 음영처리된 쐐기 범위 내에 있다. 그 쐐기는 곡선 아래 면적의 2.5%를 차지한다. 또 다른 2.5%는 동일한 곡선의 왼쪽 꼬리 부분에 표시됐다. 이 두 영역을 합쳐서 알파alpha라고 부른다.

통계적 확률을 평가할 때, 알파라는 용어는 실제 발견된 정보가 주어진 분포에 속하지 않는다고 결정할 확률을 말한다. 이 예에서의 알파는 회귀계수 12.274가 실제로는 왼쪽 분포에서 나오지 않았음을 결정할 확률을 말한다. 필자는 우리가 논의할 수 있는 알파값을 가질 수 있도록 알파값을 관습적인 5%로 책정했다.

이 경우에 전체 분포의 두 꼬리에 알파를 균등하게 배분했다. 각 꼬리에 2.5%를 나누어 주었다(보다시피 알파값은 항상 통제하에 있다. 분석하는 사람이 무엇이 "충분히 특이한"지에 대한 만족할만한 기준을 어떻게 여기는지에 따라 어떤 값으로도 설정할 수 있다).

12.274의 회귀계수와 5.113의 표준오차는 12.274/5.113, 즉 2.40의 t-비가 된다. 실제로 얻은 2.40의 비율은 합치면 알파와 같아지는 두 쐐기의 위치를 정의할 수 있는 가능한 t-비의 범위에 놓여 있다.

-2.13보다 작거나 + 2.12보다 큰 어떤 t-비라도 그 쐐기 내에 있으므로, 모집단 모수가 0.0이라고 가정할 때, 최대 5%의 발생 확률을 갖는다. 수평축의 왼쪽에 위치한 곡선은 평균값이 0.0이라고 가정하며, 따라서 t-비의 모수가 0.0이라는 가정으로 곡선이 만들어진다. 그 가정하에 (그리고 5장이 끝나기 전에 논의할 또 다른 가정), 2.40의 t-비 또는 12.274의 회귀계수와 5.113의 표준오차라는 결과를 20번에 1번씩 얻게 될 것이다. 특이한 표본을 얻는다면 이런 일은 확실히 발생할 것이다. 우연히 완벽히 전형적인 모집단에서 평범하지 않은 결과를 때때로 얻는 경우도 있다. 이 경우, 만약 결정 규칙decision rule이 결과가 다른 모집단에서 나왔다고 말해준다면, 그 결과는 분석 결과를 잘못된 방향으로 이끌 것이다. 그런 값들이 발생할 확률은 선택한 알파값과 같다.

물론 가능한 다른 현실이 있다. 그 가운데 하나는 그림 5.19의 오른쪽에 있는 곡선으로 나타난다. 12.274의 회귀계수가 평균이 0.0인 곡선에서보다 평균이 12.274인 곡선에서 얼마나 더 가능성이 큰지 주목하라.

이제 선택지가 있다. 모집단에서의 Diet의 회귀계수가 0.0이라고 가정할 수 있다. 이 경우, 사람의 식이요법은 그나 그녀의 LDL 수치에 영향을 주지 않기 때문에 회귀에서 Diet를 제외할 수 있다. 이 해석은 또한 5% 미만의 발생 확률을 가진 결과를 매우 이례적인 것으로 간주하지 않음을 의미한다. 대안을 고려할 만큼 확실하게 특이하진 않다는 것을 의미한다.

다른 옵션은 실제 회귀계수가 0.0 인 모집단에서 12.274의 회귀계수를 얻는다는 것은 5% 이하의 가능성으로 드물다고 결정하는 것이다. 모집단에서의 회귀계수가 0.0이라는 가정이 비논리적이라고 결론 내릴 수 있을 만큼 충분히 이상하다고 판단할 수도 있다. 많은 사람들이 5%의 가능성을 충분히 특이하다고 여기지만, 또 다른 많은 사람들이 그것을 단지 약간 이상하다고 여길 수도 있다.

이것이 추론적인 통계 분석의 영역에서 주관성을 유지하고 있는 것이다. 약간 특이한 것과 정말로 특이한 것 사이의 경계는 개인적인 평가다. 일반적인 충고와 좋은 충고는 해당 결정 규칙을 채택이 실수였을 때의 상대적인 비용에 의해 설명될 수 있다. 이것이 유용한 의견이긴 하지만 어떤 시점에서는 누군가가 위험 부담이 아주 큰 것을 결정해야 하고, 결국 주관적인 판단으로 돌아가게 된다.

기준을 더욱 엄격하게 하길 원한다고 가정해보자. 회귀계수가 0.0인 모집단에서 발견한 가능성의 경계를 5% 대신 2%로 사용하길 원한다고 해보자. 그림 5.20의 차트는 그 모습을 보여준다.

그림 5.20과 그림 5.19를 비교해보자. 첫 번째 차이점은 쐐기가 (합쳐서 2%의 알파를 구성하도록) 작아진 것이다. 이는 충분히 이례적이라는 기준을 그림 5.19의 5%에서 그림 5.20의 2%로 정의를 변경했기 때문이다.

그림 5.20

여기서, 알파는 5%가 아닌 2%이다.

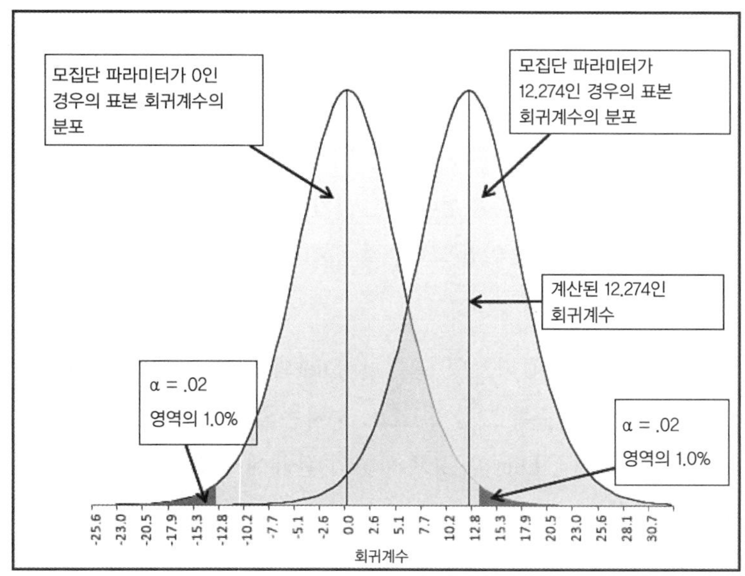

그림 5.19와 그림 5.20의 두 번째 차이점은 그림 5.20에서 갖고 있는 회귀계수가 더 이상 두 개의 쐐기 중 하나에 속하지 않는다는 점이다. 쐐기에 의해 정의된 전체 면적은 2%이고, 만약 이 영역을 충분히 이례적인 것으로 간주한다면, 12.274의 t-비는 Diet의 회귀계수가 실제로 0.0인 모집단으로부터 발생한 결과일 뿐이라는 입장을 유지할 필요가 있다. 그림 5.19에서 했던 모집단의 회귀계수가 0.0이 아닌 다른 대체 현실이 존재한다는 결론을 내릴 수 없다.

노트 필자는 알파라는 용어를 곡선의 꼬리 부분에 있는 두 개의 쐐기에 의해 정의된 곡선 아래 영역을 의미하는 데 사용했다. 이는 표준 사용법이다. 예를 들어 통계학자가 알파값을 2%에서 5%로 변경할 때 알파를 완화(relaxing)한다고 말한다. 알파와 밀접하게 관련된 개념을 '1종 오류(Type I error)'라고 한다. 결정 규칙에 의해 충분히 이례적인 결과는 그림 5.19의 왼쪽 곡선과 같은 분포가 실제로 존재하지 않는다는 증거라고 판단했지만, 실제로 그런 분포일 때 1종 오류라고 한다. 이 경우, 회귀계수가 0.0인 모집단에서 12.274의 회귀계수를 우연히 (알파와 같은 확률에 의해서 우연히) 얻은 경우다. 이것이 1종 오류다. 2종 오류(심지어 3종 오류도 있다)라는 것도 있는데 7장에서 설명할 예정이다.

양쪽꼬리검정

5장 시작 부분에서 예제에서 집중적으로 사용하고 있는 Diet 변수를 실험에 참가한 피험자가 매주 붉은 고기를 먹는 횟수로 정의했다. 비록 필자 개인적으로는 붉은 고기의 소비와 LDL 수준 사이의 관계는 성립된다고 믿어 연구를 진행했지만, 그렇게 생각하지 않는 사람이 있을 수도 있다(나와 같이 붉은 고기를 많이 먹을수록 LDL 콜레스테롤 수준이 높아진다고 믿고 있다면, 몇 단락 동안만 그 믿음을 중지하라. 열린 마음을 가질 때 개념을 이해하는 것이 조금 더 쉬워질 것이다).

이 가상의 연구 조사에 따르면 (측정된) Diet와 LDL은 강한 양의 관계이다. 피험자가 많은 붉은 고기를 섭취할수록 그들의 LDL 수치는 높아진다. 그러나 데이터를 수집하기 전에는 이것에 대해 몰랐다. Diet와 LDL사이의 관계에 대해 아무런 입장을 취하지 않았다. 어쩌면 피험자가 붉은 고기를 많이 먹을수록 그 사람의 LDL이 낮아질 수 있다. 그러면, 회귀계수가 12.247이 아니고 (예를 들어) -12.247이고 회귀계수의 표준오차가 5.113인 가능성을 허용하려고 한다. 이 경우 알파가 배포의 양쪽 끝을 차지하도록 조정해야 한다. 회귀계수는 -12.247 또는 +12.247로 밝혀질 수 있다. 분포의 양 끝에서 쐐기 한계를 정의하는 회귀계수에 대한 기각값critical values을 알 필요가 있다.

그림 5.19에서와 같이 알파를 5%로 설정하고 알파의 절반을 분포의 각 꼬리에 설정하면 기각값은 -10.737과 +10.737이 된다. 얻은 회귀계수와 이 값들은 비교하여 12.247이 10.737보다 크다는 것을 알 수 있다. 그러므로 모집단의 회귀계수가 0.0이라는 가설을 기각하고 Diet 변수를 회귀방정식에 유지한다.

갖고 있는 표본에서 얻은 회귀계수가 +12.247이 아니라 -12.247이면, -12.247은 왼쪽 꼬리 부분의 알파 영역에 들어가므로 여전히 모집단에서 회귀계수가 0.0이라는 가설을 기각할 것이다.

+/-10.737이라는 기각값은 어디서 오는가? 엑셀의 T.INV() 함수가 그 값들을 제공해준다. t-비를 회귀계수와 같은 통계량을 그 통계량의 표준오차로 나눠서 계산했다.

따라서 회귀분석에서, t-비는 다음과 같이 계산된다.

$$t = b / s_b$$

여기서 t는 t-비이고, b는 회귀계수이며, s_b는 회귀계수의 표준오차다. 이 수식을 단순히 재배치하면, 주어인 t-비에 대한 특정 회귀계수를 찾을 수 있다.

$$b = t^* s_b$$

LINEST()는 이미 표준오차인 s_b를 5.113으로 계산했다. 엑셀의 T.INV() 함수 중 하나로부터 기각 t-비를 얻을 수 있다.

> **노트** 엑셀은 t-분포와 F-분포에 대한 정보를 제공하는 워크시트 함수들을 제공한다. T.DIST()와 F.DIST()와 같이 이름에 문자 DIST가 있는 함수는 인자로 t-비 또는 F-비를 취하고, 사용자가 해당 비율을 관찰할 확률을 반환한다. T.INV()와 F.INV()와 같이 이름에 문자 INV가 있는 함수는 인자로 확률을 취하고 해당 확률과 관련된 비율의 값을 반환한다.

분포의 꼬리에 있는 쐐기를 잘라내는 t-분포의 기각값을 찾고 있기 때문에, T.INV() 함수 중 하나에 5%를 전달하고 관련된 t-비의 값을 반환받는다. 이 경우 다음과 같은 수식을 사용할 수 있다.

=T.INV.2T(.05,16)

T.INV.2T 함수를 사용에 대해서는 몇 가지 설명이 필요하다. 먼저, ".2T" 문자가 "T.INV"에 덧붙어 엑셀에 t-비의 양쪽 꼬리 버전으로 바꾼다는 것을 알린다. 우리는 알파 수준을 분포의 두 꼬리에 균등하게 나누기를 원한다.

둘째, 첫 번째 인자는 0.05 또는 5%이다. 이 값은 충분히 이례적인 결과로 받아들이기로 한 확률값이다. 현재 예제에서, 만약 회귀계수가 0.0인 모집단의 가능한 표본의 단 5%에서 나온 t-비를 얻었다면, 현재 모집단의 회귀계수가 0.0이라는 가설을 기꺼이 기각한다(때로는 실제로 회귀계수가 0.0인 모집단에서 이례적인 t-비를 얻게 된다. 이런 경우 우리는 1종 오류를 범하는 것이며, 그 가능성에 대해 보상해야 한다).

셋째, 함수의 두 번째 인자로 16을 넘긴다. 이 값은 자유도다(정규분포와 달리 t-분포와 F-분포는 분포의 기반이 되는 자유도에 따라 모양이 변하는 분포의 계열이다). 지금 하고 있는 것처럼, 회귀계수가 실제로 0.0과 다른지 여부를 검정할 때 전체 회귀에 대한 잔차자유도를 사용한다. 그림 5.18의 셀 I5에서 볼 수 있듯이 현재 예제에서는 16이다. 잔차자유도는 LINEST()의 네 번째 행, 두 번째 열에서 항상 볼 수 있다.

넷째, 양쪽검정에서는 두 개의 절단 포인트(기각값)가 필요하다. 하나는 위쪽 꼬리에 있는 쐐기고 다른 하나는 아래쪽 꼬리에 있는 쐐기다. T.INV2T() 함수는 단지 위쪽 쐐기의 기각값인 양의 값만을 반환한다. 위쪽 쐐기의 기각값에 -1.0을 곱해 아래쪽 꼬리의 기각값을 얻을 수 있다. t-분포가 대칭이기 때문에 하위 기각값은 상위 기각값의 음수다.

방금 주어진 수식은 알파가 5%이고, 자유도가 16이고, 알파를 분포의 양쪽 꼬리에 나누었을 때, t-비에 대한 기각값으로 2.12을 반환한다. t-비에 대한 기각값을 회귀계수에 사용된 지표로 변환하는 작업이 남아 있다.

$b=t^{*}s_b$

이므로,

10.737=2.12*5.113

이 결과는 분포의 오른쪽 꼬리 부분과 그 나머지 부분을 분리하는 기각값이다. 왼쪽 꼬리의 알파 부분의 기각값은 간단히 -10.737이다.

이 절 앞부분에서 언급했듯이 T.INV.2T()에는 사소한 문제가 있다. 양쪽검정에 대한 기각값을 반환하도록 특별히 맞춤 설정됐지만 단지 양의 기각값만 반환한다. 엑셀에서 반환하는 값에 마이너스 기호를 붙여 음의 기각값을 얻는 것을 기억해야 한다.

또 다른 방법이 있다. 기각값을 별도로 계산할 수도 있다. 왼쪽 꼬리 부분에서 알파의 절반, 즉 2.5%를 원한다면 T.INV.2T() 대신 T.INV() 함수를 사용할 수 있다.

=T.INV(.025,16)

이 수식은 -2.12를 반환하며, 같은 함수에 다음과 같이 확률을 조절해 +2.12를 얻을 수 있다.

=T.INV(.975,16)

두 경우 모두 첫 번째 인자는 함수가 반환하는 값의 왼쪽에 놓여 있는 t-분포 아래 영역을 지정한다. 양쪽검정에 알파를 5%로 설정하면, 아래쪽 기각값의 왼쪽 2.5%, 위쪽 기각값의 왼쪽인 97.5%를 원한다.

물론 T.INV.2T() 함수를 한 번만 입력하고, 그 결과를 양의 기각값으로 사용하고 그 값에 -1을 곱해 음의 기각값으로 사용하는 것이 더 쉽다. 그러나5%의 확률로 T.INV.2T()를 사용해보고, 97.5%와 2.5%의 확률로 T.INV()를 사용하고 그 결과를 비교하면 T.INV()와 T.INV.2T() 함수 사이의 관계에 대해 명확해질 수 있다. 양쪽꼬리검정과 한쪽꼬리검정 사이의 관계를 명확히 알 수도 있다.

한쪽꼬리검정

모든 알파 영역을 한쪽 꼬리에 넣고 싶다면 어떻게 해야 할까? 회귀계수가 단지 양수(또는 음수)만 될 수 있다는 사실을 연구를 수행하기 전에 알고 있다고 믿는다면 이런 상황이 올 수 있다. 현재 예제에서, 붉은 고기의 섭취가 LDL과 양의 관계만 될 수 있다고 믿는다면, 모든 알파를 분포의 한쪽 꼬리에 넣을 수 있다. 이는 결과적으로 통계적 검증력을 증가시킨다. 그림 5.21을 보라.

이 연구의 주된 목적이 단순히 LDL 수준을 예측하는 것 외에도 건강하지 못한 LDL 수준의 원인을 설명하는 것이라고 가정해보자. 만약 Diet가 LDL에 영향을 미친다면, Diet를 방정식에 넣으려고 할 것이다. 실험을 수행하기 전에 붉은 고기를 많이 먹을수록 LDL이 높아진다고 믿고 있다면, 그림 5.21의 왼쪽 분포의 오른쪽 꼬리 부분에서의 Diet의 회귀계수의 위치에 초점을 맞추고 싶을 것이다.

그림 5.21과 그림 5.19를 비교해보라. 두 그림 모두 알파를 5%로 설정한다. 두 그림의 차이점은 그림 5.19에서는 알파가 왼쪽 분포의 두 꼬리에 동등하게 나뉘어 있다는 것이다. 알파의 할당은 회귀계수가 양수나 음수가 될 수 있다고 가정한다. 회귀계수가 아닌 t-비로 표시된 기각값 +/-2.12은 각 꼬리에서 2.5%를 잘라낸다. 그것들은 분포의 중앙 부분으로부터 2개의 알파 영역을 분리하는 경계를 형성한다.

만약 실제 실험의 회귀계수가 -2.12보다 작은 음의 t-비를 나타내면, 모집단의 회귀계수가 0과 다를 뿐만 아니라 음수라는 증거로 간주하기로 결정할 것이다. 대신에 얻은 t-비가 양수이고 +2.12보다 크면, 모집단의 회귀계수는 0.0이 아니고 양수사로 결정할 것이다.

그림 5.19와 같이 분포의 두 꼬리 사이에 5%의 알파를 나눔으로 얻은 회귀계수가 음수인지 양수인지를 결정하는 결정 규칙을 마련했다.

이제 그림 5.21에서의 알파의 위치를 생각해보자. 분포의 오른쪽 꼬리 부분에 전체가 할당돼 있다. 양쪽꼬리검정의 윗쪽 부분에서처럼 알파를 나머지 전체 분포와 분리하는 기각값을 결정했다. t-비에 대한 기각값은 다음과 같이 결정된다.

=T.INV(0.95,16)

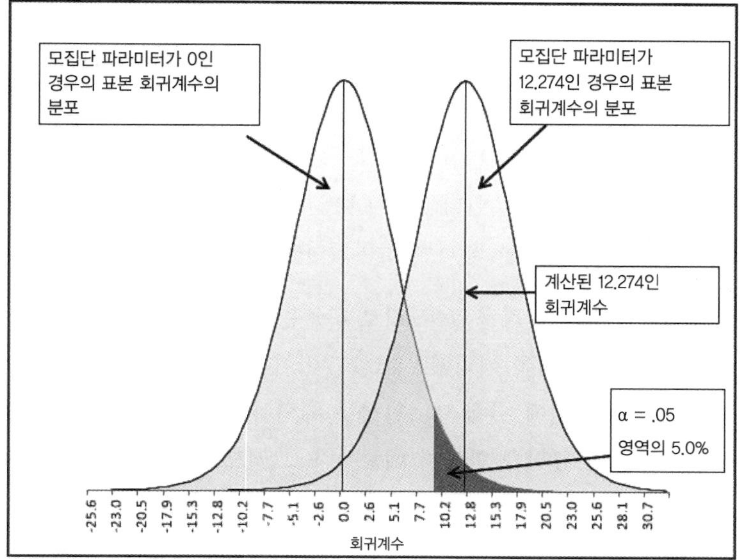

그림 5.21
여기서 알파는 5%지만, 분포의 한쪽 꼬리만 차지하고 있다.

이 수식은 1.746을 반환한다.

> **노트** 이 경우 우리는 한쪽꼬리검정을 하려고 하기 때문에 T.INV.2T() 함수가 아닌 T.INV() 함수를 사용한다.

1.746의 결과에 5.113의 표준오차를 곱해 회귀계수 단위의 기각값을 나타낼 수 있다. 그 값은 8.926이다. 8.926보다 큰 Diet의 회귀계수에 대해 전체 모집단의 회귀계수가 0.0이라는 가설을 기각할 것이다.

분포의 상단 꼬리에 알파를 모두 배치하면, 실험에서 회귀계수가 -200이더라도 모집단의 회귀계수가 0.0이라는 가설과 상충되지 않는다는 입장을 취하게 된다. 모집단의 회귀계수가 0이 아니라면 양수일 가능성만 인정한다. 만약 기각값보다 큰 회귀계수(그림 5.21에서는 8.926)를 얻었다면, 모집단의 회귀계수가 0이 아니므로 방정식에 Diet를 계속 유지할 것이다.

만약 가지고 있는 표본에서 설명하기 힘든 음의 회귀계수를 얻는다 하더라도, 즉 붉은 육류를 많이 섭취할수록 LDL의 수준이 낮아지는 관계가 있더라도 모집단의 회귀계수가 0.0이라는 가설을 기각할 수 없다. 심지어 LINEST()가 LDL에 대한 Diet의 회귀계수가 -200이고 표준오차가 5.11이라고 해도 결정 법칙을 따라야 하며 모집단의 회귀계수가 0.0이라는 가설을 유지해야 한다(그러나 다음 단계로 분석에 사용한 원시 데이터를 다시 확인해야 한다. 만약 모든 것에 문제가 없다면, 기본 가정을 다시 생각해봐야 한다).

그럼에도 불구하고 알파를 두 꼬리로 나누는 대신 한 꼬리에 넣는 것에 대한 강한 이유가 있다. 그림 5.19의 위쪽 기각값은 10.737이지만 그림 5.21의 위쪽 기각값은 8.926이다. 그 이유는 오른쪽 꼬리에 전체 5% 알파를 배치하면 기각값을 왼쪽으로 내리고 한쪽 꼬리에 전체 5%를 위한 공간을 만들기 때문이다. 그러므로 모집단의 회귀계수가 0.0이라는 가설을 기각하기 위해서는 얻은 회귀계수가 10.737(t-비가 2.12인 것과 같음)이 아니라 8.926(t-비가 1.746인 것과 같음)보다 크면 된다. 실제 모집단의 값이 어떻든 간에 1.746의 t-비는 2.12보다 발생하기 쉽다. 실험을 한쪽꼬리 결정 규칙으로 설정하면 실험의 통계적 검증력이 증가한다. 만약 실험에 들어가면서 양의 (또는 음의) 회귀계수를 확신한다면, 한쪽꼬리 검정으로 설정해야 한다. 그렇게 바르게 할 때, 모집단 값이 0.0인 가설을 기각할 가능성이 더 크다.

그런데 통계학자들은 한쪽꼬리검정one-tailed test에 대해 방향검정directional test, 양쪽꼬리검정two-tailed test에 대해 비방향검정nondirectional test이라고 부르는 것을 선호한다. 만약 알파를 t-분포의 한쪽 꼬리에 위치시키면, 실제 실험 결과가 양이나 음수임을 기대하고 있고, 이것이 방향검정이다. 만약 분포의 양쪽 꼬리로 알파를 나누면 결과의 위치를 취하는 것을 피하며 이는 비방향검정이다.

이것은 단지 용어적인 유난스러움은 아니다. 이 번 장이 끝나기 전에 다루게 될 F-분포는 t-분포처럼 두 개의 꼬리를 가지고 있다. 그러나 F-검정은 언제나 분포의 오른쪽에만 초점이 맞춰져 있다. 그렇기 때문에 한쪽꼬리나 양쪽꼬리라는 용어는 혼란을 줄 수가 있다. 방향과 비방향은 분포 꼬리의 특성보다는 가설의 타입을 강조하기 때문에 선호되는 용어이다.

예측변수를 평가하기 위한 모델 비교 접근법 사용

앞의 두 절에서는 회귀방정식에서 주어진 예측변수의 영향을 측정하기위해 t-분포를 사용하는 것에 대해 논의했다. 아이디어는 얻은 회귀계수와 방정식의 예측값에 아무런 영향을 주지 않는 0.0의 회귀계수 사이의 표준오차의 수를 결정하는 것이다.

t-비와 자유도는 모집단의 계수값이 0.0일 때 표집오차에 의해 해당 회귀계수를 얻을 가능성을 알려준다. 그 가능성이 작으면 그 변수를 방정식에 유지한다. 그 가능성이 크다면 방정식과 변수가 상호작용하는 방식에 대한 이론에서 그 변수를 제외한다.

같은 결론을 도출할 수 있는 다른 방법이 있다. t-분포 대신 F를 사용하는 모델 비교models comparison라고 부르는 접근법이다. 실제로 작업을 점검하는 것에 대해 특이하게 꼼꼼한 것이 아니라면, t-비와 모델 비교 두 방법을 모두 사용하는 경우는 많지 않다. 7장에서는 모델 비교 접근법을 광범위하게 사용할 것이다. 게다가 모델 비교 접근법은 전체 회귀분석의 광범위한 맥락에서 회귀계수에 대한 t-검정을 사용한다. 따라서 실제로 모델 비교를 사용하지 않더라도 잘 알고 있으면 좋다.

일반적으로 회귀분석과 엑셀의 LINEST() 함수는 회귀방정식이 모집단의 특징을 나타내는지 알아보기 위해 방정식의 R^2이나 F-비(아마도 다소 엄격하게 하여)를 사용한다. LINEST()나 다른 선형회귀 응용프로그램을 표본에 적용하게 될 것이다. 독자들은 다른 문제들보다, 다른 표본들에서 얻은 결과도 이전과 비슷한 결과를 기대할 수 있는지 알고 싶을 것이다.

모델 비교 접근법의 아이디어는 회귀방정식을 적어도 두 번 유도하는 것이다. 한 번은 (예를 들면) Diet, Age, HDL을 예측변수로하고, 다른 한 번은 (예를 들면) Age, HDL만을 예측변수로 하여 회귀방정식을 유도한다. 한 모델에는 Diet를 포함하고 다른 모델에는 Diet가 포함되지 않는다. 두 개의 모델의 결과를 비교해 R^2의 변화를 측정할 수 있다. 또한 그 변화의 통계적 유의성도 평가할 수 있다. 만약 증가량이 통계적으로 유의하면, 방정식에서 해당 변수(예제에서는 Diet)는 예측되는 변수(LDL)에 대한 정보의 의미 있는 증가에 기여한다고 결론 내릴 수 있다. 그렇기 때문에 모델 비교라고 부른다.

모델 통계량 얻기

이제까지 사용했던 예제 데이터를 사용해 모델 비교 접근법이 어떻게 동작하는지 살펴보자. 그림 5.22의 회귀분석은 Diet 변수의 회귀방정식에 대한 기여를 검정한다.

그림 5.22
모델 비교 접근법은 두 모델의 결과의 차이를 비교한다.

L16 =F.DIST.RT(K16,I16,I17)

	A	B	C	D	E	F	G	H	I	J	K	L
1	Age	HDL	Diet		LDL			Coefficient for Diet	Coefficient for HDL	Coefficient for Age	Intercept	
2	41	65	1		81			12.274	-1.823	0.437	167.287	
3	20	55	2		82			5.113	1.016	0.410	61.012	
4	87	40	5		198			0.492	32.846	#N/A	#N/A	
5	77	70	8		160			5.155	16	#N/A	#N/A	
6	52	45	2		115			16686.539	17262.261	#N/A	#N/A	
7	30	64	4		77							
8	38	61	5		117			HDL	Age			
9	83	52	4		174			-0.631	0.943	130.462		
10	70	45	4		103			1.002	0.399	66.815		
11	40	60	4		138			0.308	37.164	#N/A		
12	45	51	5		170			3.790	17	#N/A		
13	61	54	4		196			10468.543	23480.257	#N/A		
14	76	67	7		174							
15	78	56	7		168		Source	R^2	df	MS	F	Prob of F
16	39	60	3		133		Difference	0.183	1	0.183	5.763	0.02888
17	28	69	7		125		Residual	0.508	16	0.032		
18	71	61	6		166							
19	20	62	5		86			Diet	HDL	Age		
20	22	63	5		190		t-ratio	2.40	-1.80	1.07		
21	44	42	5		199		Probability of t-ratio	0.02888	0.05	0.30		

H2:K6에 있는 LINEST() 결과는 완전모델full model이라고 부르게 될 것이다. Diet, Age, HDL에 대한 LDL의 회귀다. 이 분석 결과에 대해서는 그림 5.18에서도 본 적 있다. 다음과 같은 배열 수식을 사용한다.

=LINEST(E2:E21,A2:C21,,TRUE)

현재 목적을 위해, 우리의 관심은 회귀방정식에 대한 Diet 변수의 기여에 중점을 둔다. 모델 비교를 사용해 LDL에 대한 Diet의 영향을 분리하는 첫 번째 단계는 Diet를 제외하고 Age와 HDL만을 예측변수로 사용해 LINEST()를 다시 한 번 사용하는 것이다. 이 모델을 제한모델restricted model이라고 부를 것이다. H9:J13에 있는 결과는 다음 배열 수식을 사용한다.

=LINEST(E2:E21,A2:B21,,TRUE)

그림 5.22에 있는 두 개의 LINEST()의 유일한 차이점은 H2:K6 분석은 Diet를 예측변수로 사용했고 H9:J13 분석에는 그렇지 않은 것이다. 그러므로 분석 결과의 차이를 Diet가 예측변수로 존재하거나 부재한 결과로 볼 수 있다.

이러한 상황에서 필자는 분산의 비율을 제곱의 합보다 우선적으로 사용하는 것을 선호한다. R^2가 0.492라는 것을 알았을 때, 그것이 의미하는 바를 정확하게 알고 있다. 합성 예측변수는 예측되는 변수와 거의 분산의 반을 공유한다는 것을 알려준다. 반면 일반적인 분산분석은 보통 제곱의 합으로 시작한다. 회귀로 인한 제곱의 합이 16686.539라는 사실은 아무런 정보도 알려주지 않는다.

회귀분석은 예측되는 변수에 대한 전체 편차제곱의 합을 회귀에 의한 제곱의 합과 잔차에 의한 제곱의 합으로 분리한다. 회귀제곱의 합을 전체제곱의 합으로 나누면 R^2이 된다. 그러므로 R^2을 회귀제곱의 합의 측정값으로 사용할 수 있고, $1-R^2$은 잔차제곱의 합의 값으로 사용할 수 있다.

셀 H4의 R^2값은 0.492다. LDL의 변동성의 절반보다 약간 적은 부분이 회귀계수에 의해 결정된 세 예측변수의 최상의 조합과 공유된다.

이 결과를 H11의 R^2값인 0.308과 비교해보라. LDL의 변동성의 3분의 1은 Age와 LDL의 최상의 조합과 관련이 있다. R^2값의 0.492와 0.308의 차이를 가져올 수 있는 유일한 변경은 Diet 변수의 유무이다. 우리는 이 변수의 유무가 통계적으로 의미가 있는지 검증할 수 있다.

완전모델의 R^2인 0.492는 Age, Diet, HDL, 예측되는 변수인 LDL에 의해 공유되는 분산의 정도로 구성된다. 제한모델의 R^2인 0.308에는 Diet 변수가 모델에 없기 때문에 Age, Diet, HDL, 예측되는 변수인 LDL가 공유하는 분산이 없다. 두 R^2값의 차이는 Diet와 Age, HDL, LDL이 공유하는 분산 때문임이 분명하다.

완전모델의 R^2에서 제한모델의 R^2을 빼는 것으로 시작해보자. 이 결과는 LDL의 분산의 추가적인 비율으로 모델에서 Diet의 존재에 의해 기인한 것이다. 그림 5.22의 셀 H16에서 이를 수행한다.

```
=H4-H11
```

모델에서 Diet를 제외함으로 손실되는 R^2은 0.183이다.

Diet에 의한 R^2의 양 이외에, 방정식의 변수에 의해서 설명되지 않는 잔차 변동성을 나타내는 양이 필요하다. 증가량에 대한 통계적 검정을 하기 위해 이 값이 필요하며, 1.0에서 전체 모델의 R^2을 빼서 얻을 수 있다. 셀 H17의 수식은 다음과 같다.

=1-H4

이 수식은 0.508을 반환한다. 이 값은 완전모델에서 예측변수들이 설명하지 못한 LDL의 변동성의 비율이다.

R^2의 차이에 대한 자유도를 얻기 위해 빼기를 사용한다. 완전모델의 회귀자유도는 예측변수의 수인 3이다. 제한모델에서는 예측변수의 수인 2다. 셀 I16에 차이에 대한 자유도로 1이 남아 있다.

모델 비교 검정에 대한 분산의 잔차 비율을 얻기 위해 1 - R^2을 사용한다(완전모델의 잔차제곱의 합을 전체제곱의 합으로 나눠 계산할 수도 있다). 그러므로 완전모델의 잔차자유도인 16은 모델 비교 검증의 잔차 성분으로 사용될 수 있다.

셀 J16:J17은 H16:H17의 R^2값을 셀 I16:I17의 자유도로 나눈 값이다. 이 결과는 J15에 MS로 표시됐지만 진정한 의미의 평균제곱은 아니다. 하지만 제곱의 합 대신 분산의 비율을 이용하는 분석에서는 평균제곱을 대신한다.

마지막으로 F-비는 셀 J16의 MS Difference를 셀 J17의 MS Residual 로 나눔으로 셀 K16에서 계산된다. 5.763의 이 결과를 엑셀의 F.DIST.RT() 함수를 사용해 평가할 수 있다. 이것은 셀 L16에서 다음 공식을 사용해 수행된다.

=F.DIST.RT(K16, I16, I17)

F.DIST.RT() 함수는 첫 번째 인자값(셀 K16의 5.763)의 오른쪽에 있는 F-분포 아래 영역의 비율을 반환한다. 반대로 F.DIST() 함수는 F-비의 왼쪽에 있는 F-분포 아래 영역의 비율을 반환한다. 따라서 다음과 같은 수식을 사용할 수도 있다.

=1-F.DIST(K16, I16, I17, TRUE)

F.DIST() 함수의 결과를 1에서 빼기 때문에 F16 분포는 셀 K16의 값 오른쪽에 있는 F-분포 아래 영역의 비율을 반환한다.

1-F.DIST()와 F.DIST.RT() 모두 0.02888을 확률로 반환한다. 이 확률은 실제 F-비가 1.0인 모집단에서 5.763의 F-비를 얻을 가능성을 나타낸다. 이 모집단은 F-비의 분모인 회귀에 의한 분산과 F-비의 분자인 잔차분산이 같으며 회귀는 잔차분산 이상의 유용한 정보를 제공하지 않는다.

F.DIST.RT() 함수에 의해 반환된 확률 0.02888을 그림 5.18의 셀10의 T.DIST.2T() 함수가 반환한 확률과 비교해보자. 두 확률은 소수점 이하 15자리까지 동일하다.

그림 5.18에서는 Diet의 회귀계수를 표준오차로 나눈 t-비 2.40을 회귀계수가 0.0인 모집단에서 얻을 가능성을 계산했다. 그림 5.22에서는 방정식에 Diet의 존재 유무와 관련된 LDL 분산의 0.183을 LDL과 Diet가 공유하는 분산의 비율이 0.0인 모집단에서 얻을 가능성을 검증한다.

이것들은 같은 질문을 하는 두 가지 다른 방법일 뿐이다. 시간이 조금 걸리겠지만 그들이 같은 대답을 제공하는 이유를 알아보자.

회귀계수에 t-비를 사용하거나 증분 분산에 F-비를 사용하는 두 방법 중 하나는 남아 있는 예측변수와 공유하는 분산을 제거해 특정 예측변수의 검정을 조정한다는 점을 유의해야 한다. t-비 접근법이 그렇다. 5장의 예에서 회귀계수의 표준오차에서 Age와 HDL로 Diet를 회귀하여 얻은 공유 분산을 제거한다.

F-비 접근법은 완전모델의 R^2에서 Age와 HDL로 인한 R^2을 빼서 유일하게 Diet에 의한 R^2의 부분만 남겨 놓는다. 7장에서 이 주제를 다시 다룰 예정이다.

R^2 대신 제곱의 합을 사용

변동성의 비율인 R^2을 기반으로 한 이전 절의 분석이 제곱의 합의 실제 값을 기반으로 한 일반적인 분석과 동일한 결과를 증명함으로 이 논의를 마치도록 하자. 그림 5.23을 보라.

그림 5.23
분산의 비율을 사용하든 제곱의 합을 사용하든 결과의 차이는 없다.

H16	=H6-H13											
	A	B	C	D	E	F	G	H	I	J	K	L
1	Age	HDL	Diet		LDL			Coefficient for Diet	Coefficient for HDL	Coefficient for Age	Intercept	
2	41	65	1		81			12.274	-1.823	0.437	167.287	
3	20	55	2		82			5.113	1.016	0.410	61.012	
4	87	40	5		198			0.492	32.846	#N/A	#N/A	
5	77	70	8		160			5.155	16	#N/A	#N/A	
6	52	45	2		115			16686.539	17262.261	#N/A	#N/A	
7	30	64	4		77							
8	38	61	5		117			HDL	Age			
9	83	52	4		174			-0.631	0.943	130.462		
10	70	45	4		103			1.002	0.399	66.815		
11	40	60	4		138			0.308	37.164	#N/A		
12	45	51	5		170			3.790	17	#N/A		
13	61	54	4		196			10468.543	23480.257	#N/A		
14	76	67	7		174							
15	78	56	7		168		Source	SS	df	MS	F	Prob of F
16	39	60	3		133		Difference	6217.996	1	6217.996	5.763	0.02888
17	28	69	7		125		Residual	17262.261	16	1078.891		
18	71	61	6		166							
19	20	62	5		86			Diet	HDL	Age		
20	22	63	5		190		t-ratio	2.40	-1.80	1.07		
21	44	42	5		199		Probability of t-ratio	0.02888	0.05	0.30		

그림 5.23의 모든 수식과 값은 다음과 같은 예외적인 부분을 제외하고 그림 5.22의 수식과 값이 동일하다.

- 그림 5.22의 셀 H16과 셀 H17의 분산의 비율은 그림 5.23에서 제곱의 합으로 교체됐다. 그림 5.23의 셀 H16에 있는 두 모델 사이의 차이점에 대한 제곱의 합은 셀 H6의 완전모델의 회귀제곱의 합과 셀 H13의 제한모델의 회귀제곱의 합의 차이다.
- 셀 J16과 셀 J17의 평균제곱은 진정한 제곱의 합이며, 제곱의 합을 관련된 자유도로 나눈 값이다.

결과적인 F-비와 그 발생 확률은 그림 5.22에서 계산된 것과 동일하다. 모델 비교에 대한 두 가지 접근 방식은 완전히 동등하다. 다시 한 번, 필자는 분산의 비율 접근법이 더 유용함을 확인했다. 전체제곱의 합의 비율로 작업하면, 0.750이라는 값은 예측되는 변수의 전체 변동의 3/4를 의미한다는 것을 알 수 있다. 만약 제곱의 합으로 작업했다면, 92848.62가 의미하는 바를 알 수가 없을 것이다.

R^2의 축소 추정

회귀분석의 전체적인 아이디어에는 고유한 문제가 있다. 이 문제는 데이터셋의 관찰값의 개수와 회귀방정식의 예측변수의 개수에 관한 것이다.

잠재 고객이 50명이고 예측변수가 5개인 무작위 표본이 있다고 가정해보자. 예측변수를 사용해 각 고객이 특정 웹사이트에서 지출할 금액을 예측한다고 해보자. 회귀분석을 통해서 5개의 회귀계수(상수)와 0.49의 R^2이 산출됐다.

이제 다른 50명의 무작위 표본을 가져와서 동일한 5가지 변수를 측정한다. 앞의 회귀계수를 새 표본에 적용하고 예측값과 관측값 사이의 R^2을 계산하면 새 R^2이 0.43에 불과하다는 걸 알았다.

이것은 매우 전형적인 결과다. 한 표본에서 계산된 계수를 다른 표본에 적용할 때 더 낮은 R^2을 얻는 것이 일반적이다. 사실 이는 매우 전형적인 결과라 R^2 축소shrinkage라는 이름도 갖고 있다. 다음과 같은 일이 발생한다.

회귀분석의 토대가 되는 수학은 변수 Y의 실제 값과 예측값이 공유하는 분산의 비율인 R^2을 최대화하도록 설계됐다는 것이다. 회귀분석은 표본의 변수 간의 개별 상관관계(각 예측변수와 예측되는 변수 간, 각 예측변수와 다른 예측변수 간)가 모집단과 동일한 것처럼 수행한다. 그러나 표본의 통계가 모집단의 모수와 같은 경우는 매우 드물며, 그렇다 하더라도 우연한 결과다.

표본 상관관계의 거의 피할 수 없는 오차와 R^2을 최대화하는 과정의 방식 때문에 회귀는 우연을 이용한다. 첫 번째 표본에서 얻은 회귀계수로 두 번째 표본에 대해 실험을 반복하면, 두 번째 표본에는 없는 첫 번째 표본에 존재하는 오차를 기반으로 하는 회귀계수를 사용하는 것이다. 그 결과 두 번째 표본의 R^2은 첫 번째 표본의 R^2보다 작아지는 강한 경향이 있다. 모집단의 표준편차의 추정값인 표본의 표준편차가 음으로 편향된 것처럼 R^2 통계량은 실제로 양으로 편향돼 있다(비록 두 통계량의 편향된 이유는 매우 다르지만).

가장 믿음직한 해결책은 표본의 크기를 늘리는 것이다. 모든 통계량의 경우와 마찬가지로 통계량이 기반하는 사례의 개수가 많을수록 통계량은 모집단의 모수와 가까워진다.

변수의 개수와 사례의 개수 사이의 관계는 편향의 정도를 결정하는 데 도움이 된다. 회귀분석이 포함된 많은 통계 패키지에서 제공하는 축소 공식shrinkage formula이라고 부르는 공식은 가지고 있는 표본에 기반한 R^2에 얼마나 많은 편향이 존재하는지 감지할 수 있게 해준다.

$$1-(1-R^2)(N-1)/(N-k-1)$$

여기서 N은 R^2을 계산하는 데 사용된 표본의 크기고 k는 회귀방정식의 예측변수의 개수다. 이 공식의 결과는 표본이 대신 모집단에서 R^2이 계산됐을 때의 추정치다.

표본 크기와 예측변수의 개수를 변경하면서 축소 공식의 결과가 어떤 변화가 있는지 살펴볼 가치가 있다. 표본의 크기가 커질수록 수축이 적어지고, 예측변수의 개수가 많아질수록 수축은 커진다.

R^2 통계량의 변동성을 검증하는 다른 방법으로 재표집resampling이 있다. 비록 여기서 그 방법들을 다룰 수는 없지만 잭나이프jackknife와 부트스트래핑bootstrapping과 같은 기법들을 찾아보라. 또한 큰 데이터셋에 접근이 가능한 지금은 학습 데이터와 확인validation 데이터가 포함된 크로스-밸리데이션cross-validation도 자주 사용되는 훌륭한 아이디어다.

회귀분석에는 많은 통계학자들이 의견이 일치하는 많은 단순한 부분들이 있다. 하지만 이 회귀분석을 적절히 다루기 위해 경험과 올바른 판단이 필요한 몇몇 부분들이 있다. 6장, '회귀분석에 관한 가정과 주의 사항'에서 이 가운데 몇 가지 부분을 다루겠다.

회귀분석에 관한 가정과 주의 사항

6

이 책 전체를 읽고 있거나 혹은 몇몇 장만 읽고 있더라도, 분석의 결과가 신뢰할 만한 것이 되려면 데이터가 가정들assumptions에 부합해야 한다고 이따금 언급한 것을 볼 수 있을 것이다. 회귀분석을 다루는 (정말 뛰어난) 몇몇 자료에서조차 이 가정들에 대해 아주 조금 다룬다. 나머지 자료들에서는 어떻게 그리고 왜 무사히 가정을 어길 수 있는지에 대한 설명 없이 가정을 어기는 것에 대한 경고를 여러 페이지에 걸쳐 다룬다.

이 문제의 진실은 회귀분석에서의 가정은 복잡한 문제라는 것이다. 가정들이 존재하는 이유와 따르지 않았을 때 숫자들이 어떻게 변하는지 이해한다면, 가정에 부합하지 않았을 때의 영향에 대해 더 잘 이해할 수 있을 것이다. 6장은 이런 것들을 다룰 것이다.

가정에 관하여

필자가 회귀분석에 대해 배우기 시작했을 때, 특히 다중회귀분석에 대해 배우기 시작했을 때, 시작도 전에 거의 포기할 뻔했다. 회귀분석이 정말 많은 가정에 기반한 것처럼 보였기 때문이다. 가정이 너무나 많아서 그것들 전부를 따르는 것은 불가능해보였다("안 돼! 나쁜 괴짜들!").

그래서 가능한 한, 실험 설계에 다중회귀를 포함시켜야만 하는 작업은 피하고, 단순하고 가정이 적은 분석이라고 생각했던 공분산분석 같은 분석 작업을 하려고 했다. 물론 아이러니하게도 공분산분석은 다중회귀분석이다.

결국 회귀분석에 관한 좋은 설명 자료를 보게 되면서, 양질의 연구 결과를 도출하기 위해 모든 가정들에 꼭 부합할 필요가 없음을 알게 됐다. 게다가 가정들 중 아무것도 회귀분석을 수행하는 것을 막지 못한다. 상관관계, 표준오차, R^2값 그리고 회귀분석의 다른 값들에 대해 계산하지 못하게 하는 가정은 없다. 비록 몇몇 자료에서 그것들을 가정으로 연결하고 피해야 할 트랩으로 더 정교하게 특징짓는다고 해도, 당신은 데이터의 근본적인 양상을 확인하고 싶을 수도 있다.

필자는 이 책을 집필할 준비를 하면서 몇몇 자료를 리뷰했다. 회귀분석에 대해 다루고 있는 지난 30년 동안 출판물과 지난 10년 동안 회귀분석에 대해 논하고 있는 약간의 웹사이트를 살펴봤다. 이런 말을 하는 것이 유감이지만 많은 글쓴이와 전문가들이 회귀분석을 논의할 때 여전히 그런디 부인의 손가락 가로젓기finger-wagging[1] 접근법을 채용하고 있다.

기대할 만한 예를 하나 보여주겠다. 출처가 어딘지 숨기기 위해 몇몇 용어를 바꿨지만, 글의 톤이나 느낌을 수정하진 않았다.

만약 이 가정들-예를 들어 예측변수와 예측되는 변수 사이의 관계가 곡선 관계거나, 잔차 값들이 상관관계에 있거나, 예측변수의 값들에 분산이 고르지 않거나, 예측되는 변수가 정규분포가 아니거나-중에 어느 것이라도 어긴다면, 예측되는 값들, 신뢰 구간, 추론은 최상의 경우 아무런 정보가 될 수 없고 최악의 경우 편향될 것이다.

1 '그런디 부인(Mrs. Grundy)'은 극도로 관습적이거나 융통성이 없는 사람을 부르는 비유적인 이름이다. 저자는 많은 전문가들이 굉장히 보수적인 접근법을 취하고 있는 것을 그런디 부인이 손가락을 가로젓는 모습으로 표현했다. 참조: https//en.m.wikipedia.org/wiki/Mrs–Grundy – 옮긴이

꽤 무섭게 들린다. 그렇지 않은가? 우리도 마찬가지로 플러그를 뽑고, 찻잎들이 무슨 말을 해야 하는지 바라봐야 할지도 모른다.

한 가지 문제는 회귀분석에 관한 문헌에서 가정이라는 용어가 느슨하게 사용된다는 것이다. 가정은 강하거나 약할 수 있으며, 강한 가정과 약한 가정이 있는 단순한 상황만이 있는 게 아닌 연속적인 것이다.

다른 문제는 서로 다른 자료에서 다른 가정들에 대해 언급하고 있는 것이다. 그러나 대부분의 자료에서 다음 것들을 언급하고 있다.

- Y 변수의 잔차들은 회귀선의 모든 X에 대해 정규분포여야 한다.
- Y값들은 X값들과 선형관계여야 한다. 이는 Y값이 대응되는 X값에 대해 정확히 직선이 돼야 한다는 것을 의미하진 않는다. 이 가정은 잔차들은 모든 X에 대해 0의 평균을 가져야 한다는 것이다. 그림 6.1은 이 개념에 대해 보여준다(그러나 평균들의 그림이 직선이 아닌 곡선을 그린다면, 해결책으로 단순히 제곱한 예측변수를 추가하기도 한다).
- 잔차들의 분산은 모든 X에 대해 같아야 한다. 이 가정에 대해 등분산성 즉, 균등퍼짐이라는 용어를 보게 될 것이다. 6장에서는 고르게 퍼짐의 가정에 대해 특별히 자세히 다룰 텐데, 그 이유는 평균 간의 차이를 검증할 때 중요하기 때문이다(이 가정이 충족되지 않은 경우에는 선택 사항이 없다).
- 잔차들은 서로 독립적이어야 한다. 이 가정의 원리는 잔차들 사이의 의존성이 모집단에의 변동성의 추정량을 바꿀 수도 있다는 데서 온다. 양의 잔차 상관관계는 추정치를 거짓으로 감소시킬 수 있다. 이 경우, 회귀 효과는 실제보다 더 강해 보일 수 있다. 특히 통계적인 추론과 확률의 관점에서 이는 중요한 가정이다. 만약 데이터가 이것을 충족시키지 못한다면, 데이터에 의존성이 있는 것들은 고려하고 처리하기 위해 특별히 설계된 다른 분석 방법을 고려하는 것이 좋다. 예를 들어 박스-젠킨스Box-Jenkin분석과 시계열분석에서 흔히 발생하는 잔차 간의 연속 상관관계를 예측하고 관리하는 다양한 유형의 지수평활exponential smoothing이 있다.

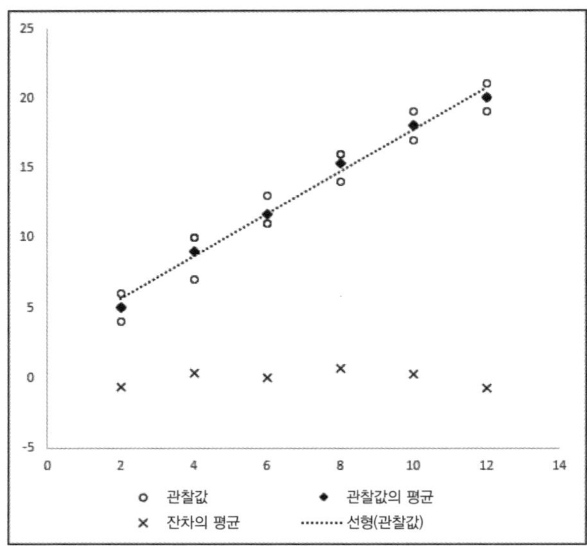

그림 6.1
Y값의 평균은 회귀선에 근접해 있으며, 잔차의 평균은 모두 0.0에 가깝다. 선형 가정에 부합한다.

마지막 가정은 잔차들의 독립성에 대한 가정으로 특별히 중요하고 강한 가정이다. 회귀분석에서 일반적으로 강한 가정이라고 하면 그 가정을 어겼을 때 통계적인 추론에 크게 영향을 줄 수 있는 것을 말한다. 잔차들 사이에 의존성이 존재하는 경우 다른 방법이 사용돼야 한다. 엑셀을 이용해 쉽게 잔차를 계산할 수 있고 차트로 그릴 수 있기 때문에 각 예측변수에 대해 실제 값과 잔차를 도표화하지 않을 이유가 없다. 만약 시계열 데이터로 경과 시간에 대한 미래 값을 예측하는 작업을 하고 있다면, 자기상관autocorrelation 함수나 부분partial 자기상관함수 같은 상관오류 검정이 유용할 것이다. 이 책의 나머지 부분에서 간간히 잔차들의 독립성 가정에 대해 언급할 것이다.

그러나 모든 가정들이 문제가 되진 않는다. 그것은 사실이 아니다. 예를 들면, Y값이 X의 변수의 다른 포인트마다 다른 분산을 갖는 것은 회귀분석의 어느 부분도 무효화하지 못한다. 회귀분석을 사용해 그룹간의 평균의 차이를 검정하려고 할 때, 균등퍼짐equal spread의 가정을 어겨도 결과에 아무런 차이가 없는 상황이 빈번히 일어난다. 회귀는 균등퍼짐 가정의 위반에 관해 강건robust하다고 말할 수 있다. 비록 우리가 가정을 만들었지만, 위반 사실을 테스트하고 필요한 경우 이를 관리할 수 있다는 사실을 알고 있다.

게다가 가정이라는 용어는 우리가 원하는 만큼 정확하지 않다. 단어 그 자체가 사용되는 방법은, 만약 가정이 충족되지 않으면 전체 분석이 적어도 의심스럽고 아마도 완전히 무효하다는 것을 암시한다. 비록 가정을 위반하는 것이 중요한 차이를 만드는 경우가 있지만, 이것은 사실이 아니다. 선형성linearity 가정이 좋은 예를 제공한다. 6장 뒷부분인 '비선형과 기타 문제 분포 대응'에서 이 문제에 대해 더 자세히 알 수 있다.

그래서 우리는 서로 다른 중요도를 갖는 일련의 가정들이 있으며, 이것들을 예방하는 방법은 단지 정당한 주의를 기울이는 것이다.

가정들은 대략 몇 가지 유형으로 분류되며, 이후 절에서 논의할 것이다.

강건성: 문제가 되지 않을 수도 있다

일부 가정들은 회귀분석의 기본 방정식을 도출하기 위해 만들어졌다. 그러나 실제로 분석을 수행할 때는 그것들은 문제가 되지 않는다고 알려졌다. 문제는 단지 몇몇 극단적인 상황에서만 발생한다. 통계학자들은 이러한 경우 그 분석이 가정 위반에 관해 강건하다고 말한다. 이러한 결론에 도달하게 한 연구의 단체를 종합적으로 간겅성 연구robustness studies라고 부른다.

예를 들어 균등퍼짐의 가정은 X 변수의 각 수치에 대해 Y값이 동일한 분산을 가짐을 말한다. 키에 대한 몸무게를 회귀할 때, 키가 60인치인 모든 사람들의 몸무게의 분산은 키가 61인치, 62인치 등등인 모든 사람들의 몸무게의 분산과 같다고 가정하는 것이다.

그러나 이 가정은 날조된fudge 요소가 내장돼 있다. 첫째, 우리는 모든 X값에 대한 Y의 분산이 동일할 가능성이 극도로 낮다는 것을 인식하고 있다(특히 작은 크기의 표본에서). 따라서 X값에 대한 Y값을 도표화하고, 다른 X의 값에 대해 Y의 매우 불일치하는 분산의 증거를 찾는 것이 일반적이다. X가 키, 나이, 온도와 같은 간격변수일 때, 일반적으로 분산의 적당한 차이에 대해서는 크게 걱정할 필요가 없다. 그러나 추정의 표준오차가 실제로 표준이 아닐 수도 있음은 기억해야 한다. 회귀선 위에 신뢰구간을 배치해 특정 X값에 대해 모이게 되는 Y값의 95%를 표시하려는 경우, Y의 분산이 작은 경우 간격이 너무 클 수 있으며 Y의 분산이 큰 경우 간격이 너무 작을 수 있다.

X가 간격변수가 아니라 명목변수일 때도 같은 문제가 있다. 예를 들어 예측변수 X에 대해 1은 '처치 그룹'을 의미하고 0은 '대조 그룹'을 의미할 때다. 이제는 두 그룹의 Y의 분산이 매우 다를 가능성에 대해 세심한 주의가 필요하다. 이것은 직접적인 비교다. 그리고 그룹의 크기가 동일하다면, 분산에 큰 차이가 있더라도 그 분석이 견고함을 알 수 있다. 심지어 분산과 그룹의 크기가 다르더라도 통계적 검증을 수정해 믿을 만한 확률적인 결론을 얻을 수 있다.

특히 회귀분석을 사용해 그룹 평균의 차이를 검정할 때 Y값-그리고 잔차가-정규분포라는 가정은 크게 중요하지 않다. 평균 차이를 비교하는 검정은 정규성 가정을 위반하는 것에 대해 강건하다.

그렇더라도 데이터를 도표화하여 살펴보는 것은 중요하다. 분석 도구 추가 기능add-in에 회귀도구Regression tool가 있다. 필자는 이 도구를 자주 사용하지는 않는데, 분석의 결과가 정적인 값들만 반환하기 때문이다. 그러나 회귀도구는 분위수그림quantile plot이라고도 하는 정규확률그림normal probability plot의 합리적인 근사값을 제공한다. 그림 6.2는 그 예이다.

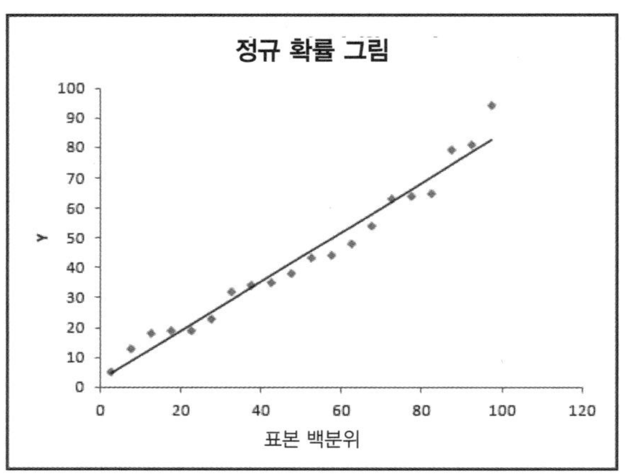

그림 6.2
개별 관측치가 회귀 직선에 가까울수록 데이터의 분포는 정규분포에 가까워진다.

데이터 분석 추가 기능의 회귀도구에서 제공하는 정규확률 그림에는 추세선이 포함되지 않는다. 추세선을 얻으려면 차트 위의 데이터를 마우스 오른쪽 버튼으로 클릭하고 바로가기 메뉴에서 '추세선 추가'를 선택하면 된다. 기본 추세선은 선형이다.

그림 6.2의 관측치는 정규분포에서 나온 것이다. 도표화된 점들이 시그마 패턴으로 추세선에서 다소 떨어진 데이터셋을 발견하는 것은 드문 일이 아니다. 보통은 너무 걱정할 필요 없다. 그러나 그림 6.3은 1과 0 두 값만 갖는 Y 변수에 최소제곱 회귀분석을 적용한 경우 정규확률 그림이 어떤 모습인지 보여준다.

그림 6.3
두 값만 가지는 Y 변수의 정규확률그림

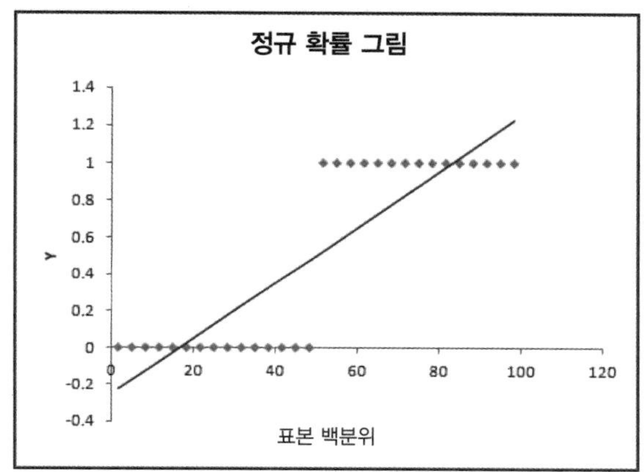

그림 6.3은 그림 6.2의 모습과 큰 차이가 있다. 통계학자들이 종종 좋은 이유를 들어 예측되는 변수가 정규분포에서 적당히 벗어난 것을 무시하는 것은 사실이다. 그러나 그림 6.3에서 보이는 것은 원천 데이터가 정규분포에서 적당히 이탈했다는 것을 나타내지 않는다. 이 책에서 다루고 있는 최소제곱 회귀분석은 종 모양(정규분포)과 하나도 닮지 않은 Y값을 분석하는 데 적합한 방법이 아니다. 흔히 그렇듯이 문제를 일으키는 것은 회귀분석 방법 자체가 아니다. 우리가 회귀분석을 하기 위해 가져오는 데이터의 특성이 분석의 특성을 바꾼다.

6장 뒷부분에 있는 '비선형과 기타 분포 다루기' 절에서 이 문제를 매우 자세히 설명하겠다.

가정과 통계적 추론

회귀에 관한 가정 중 일부는 통계적 추론을 사용하려는 상황에만 관련된다. 즉, 모집단에서 임의로 피험자를 선택하고 다시 한 번 임의로 처치 그룹과 대조 그룹에 할당했다고 해보자. t-검정을 수행하기 위해 정량화된 처치 결과 데이터를 모으고 회귀분석을 수행했다.

t-검정은 추론검정이다. 이 예제에서, t-검정은 표본 대신 전체 모집단에 적용했을 때, 대조 그룹과 비교해 처치에 효과가 없는 경우 해당 t-비를 얻을 가능성을 말해준다. t-검정으로 정확한 확률 결정을 위해 t-검정의 가정을 충족할 필요가 있다.

그런 경우가 아니면, 이러한 가정들을 충족시킬 필요는 없다. 두 그룹의 분산이 동일하다는 t-검정의 가정을 충족시키지 못했다면, 귀무가설이 틀릴 확률을 계산하기 전에 추가적인 검사를 수행해야 한다. 만약 처치 그룹과 대조 그룹이 같은 모집단에 있을 때의 해당 t-비를 얻게 될 확률에 대해 관심이 없다면, LINEST()의 F-비를 무시하면 된다. 그 값이 정확한 값일 수도 있지만 분석의 목적에 따라 추론통계와 무관한 것을 찾으려고 할 수도 있으며 기술적인descriptive 지표로서 R^2보다 덜 유용하다. 분석의 나머지 부분 또한 정확하고 매우 유용할 가능성이 높다.

허수아비

온라인상의 블로그나 통계 소프트웨어의 후원을 받아 작성된 에세이에서 자주 볼 수 있는 일들은 저자의 명확한 기술적인 설명 없이 많은 글들이 작성된다는 것이다. 다음은 그 예다.

한 블로그는 더 선호할 만한 회귀분석이 나오도록 하는 것에 대해 논의한다. 그것은 높은 R^2값과 그 블로그 용어로 '낮은 P값'이다. 그 블로그는 '낮은 P값'이라는 용어로 회귀계수의 t-검정에 의해 반환된 확률을 의미했다. t-검정을 수행하기 위해서는 회귀계수를 해당 표준오차로 나누면 된다(5장, '다중회귀분석'에서 이와 같은 검정을 자세히 다룬다). 모집단의 회귀계수를 0.0으로 가정한다. 이 경우 가지고 있는 표본에서 큰 t-비를 얻을 확률은 매우 낮다. 그래서 저자는 '낮은 p값'이라고 불렀다.

그 블로그는 큰 R^2(예측변수와 예측되는 변수 사이의 강한 관계를 의미)와 낮은 p값("통계적으로 유의한" 회귀계수를 의미)은 서로 붙어 다니는 것처럼 보인다고 말했다. 그것은 R^2이 약하고 회귀계수의 통계적 유의성이 강한 분석을 만나게 되면 우리는 입을 크게 벌리고 놀라야 한다는 것을 의미한다. 그림 6.4와 6.5에 있는 차트는 "유의한 변수와 작은 R^2이 함께할 수 있다는 것을 받아들이는 데" 도움이 된다!

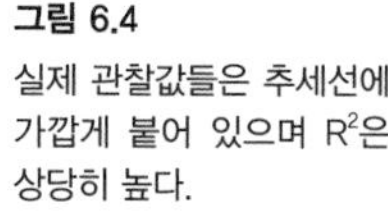

그림 6.4
실제 관찰값들은 추세선에 가깝게 붙어 있으며 R^2은 상당히 높다.

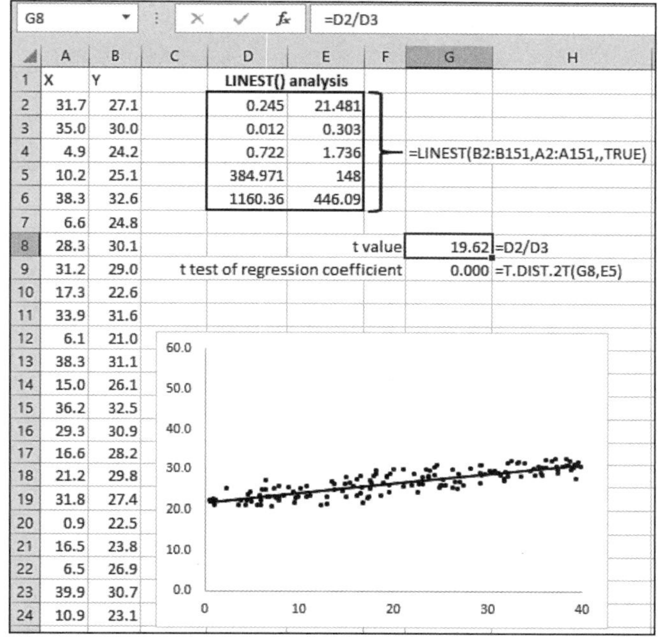

G8 =D2/D3

	A	B	C	D	E	F	G	H
1	X	Y		LINEST() analysis				
2	31.7	27.1		0.245	21.481			
3	35.0	30.0		0.012	0.303			
4	4.9	24.2		0.722	1.736		=LINEST(B2:B151,A2:A151,,TRUE)	
5	10.2	25.1		384.971	148			
6	38.3	32.6		1160.36	446.09			
7	6.6	24.8						
8	28.3	30.1				t value	19.62	=D2/D3
9	31.2	29.0				t test of regression coefficient	0.000	=T.DIST.2T(G8,E5)
10	17.3	22.6						
11	33.9	31.6						
12	6.1	21.0						
13	38.3	31.1						
14	15.0	26.1						
15	36.2	32.5						
16	29.3	30.9						
17	16.6	28.2						
18	21.2	29.8						
19	31.8	27.4						
20	0.9	22.5						
21	16.5	23.8						
22	6.5	26.9						
23	39.9	30.7						
24	10.9	23.1						

이 블로그는 예측변수와 예측되는 변수 사이의 관계가 강할 때 그림 6.4는 일반적인 상황를 나타낸다고 제안했다. 관찰된 값은 모두 추세선에 가깝게 있다. 게다가 회귀계수는 표준오차의 관점에서 0.0에서 약간 떨어져 있다. .245의 회귀계수를 해당 표준오차인 0.12로 나눈 t-비는 19.62이다. 회귀계수는 0보다 거의 20 표준오차 크다.

대조적으로 그림 6.5에 묘사된 상황은 상대적으로 낮은 R^2과 회귀계수가 쌍을 이룬다. 모집단의 값이 0.0이라고 한다면 회귀계수는 여전히 가능해 보이지 않을 정도로 크다.

그 블로그는 작은 R^2의 값(0.067, 그림 6.5의 셀 D4)과 0에서 큰 차이가 나는 회귀계수가 동일한 분석에서 발견하는 것은 놀랄 만한 일이라고 말했다. t-비의 검정이 가장 합리적인 사람들이 통계적으로 유의하다고 여기는 개념을 충족시키는 확률을 반환하는 것은 확실한 사실이다.

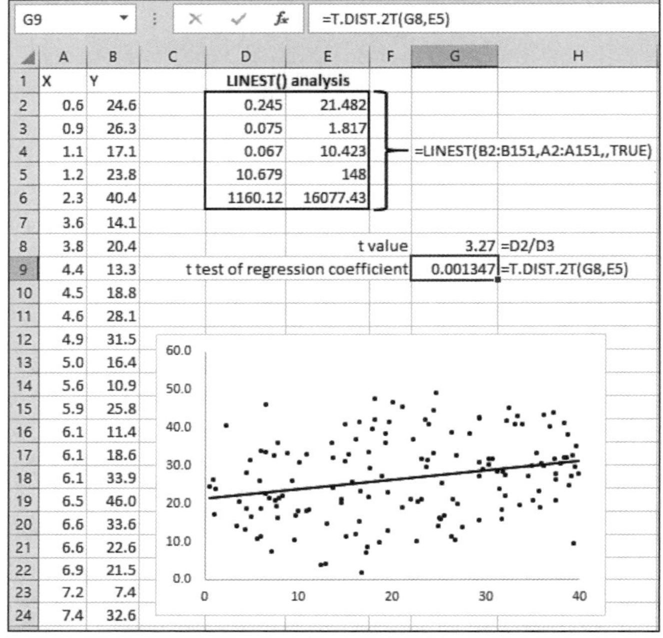

G9 =T.DIST.2T(G8,E5)

	A	B	C	D	E	F	G	H
1	X	Y		LINEST() analysis				
2	0.6	24.6		0.245	21.482			
3	0.9	26.3		0.075	1.817			
4	1.1	17.1		0.067	10.423		=LINEST(B2:B151,A2:A151,,TRUE)	
5	1.2	23.8		10.679	148			
6	2.3	40.4		1160.12	16077.43			
7	3.6	14.1						
8	3.8	20.4				t value	3.27	=D2/D3
9	4.4	13.3				t test of regression coefficient	0.001347	=T.DIST.2T(G8,E5)
10	4.5	18.8						
11	4.6	28.1						
12	4.9	31.5						
13	5.0	16.4						
14	5.6	10.9						
15	5.9	25.8						
16	6.1	11.4						
17	6.1	18.6						
18	6.1	33.9						
19	6.5	46.0						
20	6.6	33.6						
21	6.6	22.6						
22	6.9	21.5						
23	7.2	7.4						
24	7.4	32.6						

그림 6.5
실제 관찰값들은 추세선에서 멀리 떨어져 있으며 R^2은 낮다.

자유도가 148인 t-분포의 99.8% 이상이 3.0의 t-비의 왼쪽에 놓여 있고, t-비가 19.0인 경우에는 더 많은 부분이 왼쪽에 놓여 있음을 기억하라. 따라서 모집단의 회귀계수가 실제로 0.0이라면, 19.62(그림 6.4의 셀 G8)이나 3.27(그림 6.5의 셀 G8)의 t-비는 1,000번의 표본에 최대 1번 우연히 일어난다. 이는 그림 6.4와 6.5의 셀 G9에서 T.DIST.2T() 함수를 사용해 보여진다(6장 뒷부분에서 이 함수에 대해 논의할 것이다. 뿐만 아니라 밀접하게 관련 있는 T.DIST()도 다룰 것이다).

그럼에도 불구하고 그림 6.5를 보면, 어떻게 동일한 데이터에서 R^2이 단지 0.067이라는 분석 결과와 회귀계수가 0이 아니라는 강력한 증거를 얻을 수 있는가? 음, 통계적으로 유의미한 회귀계수가 특별히 큰 R^2을 가질 필요는 없다. 두 개의 통계량은 완전히 다른 것을 측정한다. 지금 이야기하고 있는 블로그는 "약한 R^2과 통계적으로 유의미한 회귀계수의 명백한 모순된 쌍"이라는 허수아비를 세우고, "작은 R^2값은 정확한 예측이 필요할 때 문제가 될 수 있다"와 같은 조언으로 쓰러뜨리려고 한다(부정확한 예측이 필요한 시점은 정확히 언제인가?).

R^2의 정의부터 자세히 생각해보자. 회귀분석은 전체제곱의 합을 두 개의 가산적인 요소로 나눈다. 회귀제곱의 합과 잔차제곱의 합이다. R^2은 전체제곱의 합에 대한 회귀제곱의 합의 비율이므로 전체에서 차지하는 부분 즉 백분율로 생각할 수 있다. 예측된 값이 실제 관찰값에 가까워질수록 회귀제곱의 합은 커지고, 잔차제곱의 합은 작아지고, R^2은 커진다.

그림 6.4의 차트와 그림 6.5의 차트를 비교해보라. 그림 6.4의 관찰값은 그림 6.5의 관찰값보다 회귀선에 훨씬 가깝게 있다. 이 차이는 각 그림의 셀 E6에 있는 잔차제곱의 합의 수치로 확인된다. 회귀제곱의 합은 1160이 살짝 넘는 수치로 두 그림에서 비슷하다(셀 D6 참조). 그러나 잔차제곱의 합은 그림 6.4에서는 446.09이고 그림 6.5에서는 16077.43이다(셀 E6 참조). 잔차제곱의 합의 증가가 그림 6.4에서 그림 6.5로의 R^2의 감소를 야기했다.

동시에 회귀계수의 값은 두 그림에서 동일하다(셀 D2 참조). 이 예는 회귀계수의 값이 변하지 않아도 R^2이 약해지는 것이 전적으로 가능하다는 것을 보여준다. 그렇다. 이는 일반적인 상황은 아니다. 그러나 회귀계수의 값의 변화 없이 회귀방정식의 예측값의 정확도가 크게 약화될 수 있다는 점을 강조하기 위해 흔치 않은 상황을 만들었다.

이제 회귀계수의 통계적 유의성에 대한 문제들을 자세히 살펴보자. 앞서 언급했듯이, 그림 6.4에서 6.5 간에 잔차제곱의 합이 증가해도 회귀계수는 변하지 않는다. 그러나 잔차제곱의 합의 증가는 회귀계수의 표준오차에 영향을 미친다. 셀 D3의 표준오차는 그림 6.4의 0.012에서 그림 6.5의 0.075로 6배 이상 증가했다.

> **노트** 추정의 분산오차는 추정의 표준오차의 제곱으로 두 그림의 셀 E4에 있다. 추정의 분산오차는 실제 관찰값과 예측된 값 사이의 편차의 제곱의 평균과 같다. 이 값은 또한 회귀계수의 표준오차의 분자다. 그러므로 다른 것들이 동일하다면, 추정의 분산오차가 증가하는 경우는 R^2이 작아지거나 회귀계수의 표준오차가 커질 때다.

따라서 그림 6.4에서 그림 6.5까지 잔차제곱의 합을 증가시키는 과정에서, 회귀계수의 표준오차를 증가시켰고, t-비는 감소했다. 그림 6.4의 셀 G8에서 t-비는 19.62로 엄청나다. 회귀계수는 0.0보다 거의 20 표준오차가 크다. 그림 6.5의 셀 G8에서 t-비는 3.27이다. df가 148일 때 여전히 크지만, 엄청난 정도는 아니다.

자유도 148의 19.62인 t-비는 실제 회귀계수의 값이 0.0인 모집단에서 우연히 발생하기엔 헤아릴 수 없을 정도로 작은 비율이다. 동일한 모집단에서의 3.27의 t-비는 비록 여전히 매우 드물기는 하지만 측정 가능한 범위에 있으며 1,000번에 1번 꼴로 발생한다.

다소 부정직하게, 내가 이야기하고 있는 그 블로그는 잔차제곱의 합의 증가가 R2을 감소시킬 뿐만 아니라 추정 t-비를 19.62에서 3.27로 감소시킨다고 언급하지 않았다. 그것은 상당한 차이이다. 하지만 그것은 'p값'이 0.001보다 작거나 같다는 구변 좋은 문장에 숨어 있다.

이번 절은 약한 R^2과 통계적으로 유의미한 회귀계수의 쌍이 모순될 게 없다는 점을 언급하면서 시작됐다. 이 두 통계량은 회귀분석의 다른 측면을 측정하며, 그림 6.5에서처럼 문제없이 공존한다. 그러나 여전히, 회귀계수와 R^2에 의해서 측정되는 것이 무엇인지 더 자세히 살펴볼 가치가 있다.

R^2은 명확하게 기술적인 통계량이다. 추론적인 통계량과는 다르다. R^2은 예측변수와 공유되는 예측되는 변수의 변동성의 비율이다(설명을 간단히 하기 위해 하나의 예측변수를 사용한다고 가정하지만 다중회귀분석에서도 같은 논증이 적용된다).

회귀계수도 또한 기술적인 통계량이지만-특히 다중 예측변수 상황에서 단일계수가 기울기로 간주될 수 없다-예측의 정확성에 기여하는 것으로 더 유용하다고 여겨진다. 이 경우, 문제는 변수가 예측에 신뢰성 있게 기여하는지 여부다. 만약 수백 회 반복된 실험에서 변수의 회귀계수가 0.0에 가깝게 유지된다면 도움이 되지 않는 변수다. 이것을 검정하는 한 가지 방법은 계수를 표준오차로 나누어 t-비를 계산하는 것이다. 그 결과를 알려진 t-비의 분포와 비교할 수 있다. 그렇게 함으로 후속 가설 연구에서 반복됐을 때 단일 연구 결과가 반복될 수 있는지 여부를 알 수 있다.

동일한 평가를 수행하는 또 다른 방법은 F 검정이다. 이 검정은 R^2을 구성하는 일부 구성요소를 재배열해 설정할 수 있다. LINEST()는 F-비를 직접 제공하며 이것은 매우 유용하지만 F-비가 무엇인지 이해하는 덴 별로 도움이 되지 않는다(반대로, R^2값은 사실상 직관적인 의미를 갖고 있다). 7장과 8장에서는 회귀분석에서의 F-비를 좀 더 자세히 살펴볼 예정이다. 그러나 지금은 F-비가 어떻게 회귀분석의 신뢰도의 척도가 되는지 알아보자.

알고 있듯이 F-비는 분자와 분모가 있다. 분자는 그 자체로도 비율이다.

MS Regression(회귀평균제곱)=SS Regression(회귀제곱의 합)/df Regression(회귀자유도)

MS는 평균제곱mean square의 약어이다. 그것은 예측된 값들과 그 평균 간의 편차제곱의 합에 근거한 모집단 분산의 추정치이다. 회귀평균제곱MS regression은 회귀식의 예측변수의 수만큼의 자유도를 가진다. 이 경우 단일 예측변수 회귀이므로 회귀평균제곱의 자유도는 1이다. 그림 6.5의 분석에서, 회귀평균제곱은 1160.12의 회귀제곱의 합(셀 D6)을 1로 나눈 1160.12이다.

F-비의 분모는 또 다른 비율이다.

MS Residual(잔차평균제곱)=SS Residual(잔차제곱의 합)/df Residual(잔차자유도)

그림 6.5에서 잔차제곱의 합은 16077.43(셀 E6)이다. 잔차자유도는 다음과 같은 공식으로 계산된다.

df Residual=$n-k-1$

여기서 n은 관찰값의 수이고 k는 예측변수의 수다. 따라서 그림 6.4와 6.5에서 잔차자유도 150-1-1인 148이다. LINEST()는 이 값을 네 번째 행의 두 번째 열에 제공한다. 두 그림의 셀 E5 에서 볼 수 있다.

그림 6.5의 LINEST()가 반환하는 회귀평균제곱과 잔차평균제곱의 결과는 다음 수식에 따라 계산된다.

MS Regression=SS Regression/df Regression=1160.12/1=1160.12
MS Residual=SS Residual/df Residual=16077.43/148=108.63

LINEST() 결과에서 두 개의 평균제곱값을 찾을 수 없을 것이다. LINEST()는 그 값들을 반환하지 않는다. 그러나 F-비의 계산 결과를 LINEST()가 반환한다. F-비는 잔차평균제곱에 대한 회귀평균제곱의 비율로 다루고 있는 예제의 경우 다음과 같다.

1160.12/108.63=10.679

이 값은 그림 6.5의 셀 D5에 LINEST()가 반환한 값과 동일하다. LINEST()는 항상 전체 회귀분석에 대한 F-비를 네 번째 행의 첫 번째 열에 반환한다.

F-비를 평가하는 것이 남아 있다. 예측변수와 예측되는 변수 사이의 관계가 모집단에서 단순히 무작위일 때, 1과 148의 자유도에서 10.679만큼 큰 F-비의 값을 얻을 확률을 계산하는 것이 남아 있다.

그림 6.6은 예측변수와 예측되는 변수 간의 관계가 무작위인 경우 1과 148의 자유도에서 F-비의 도수분포를 보여준다. 표집오차로 인해, 예측값과 예측되는 값들 사이의 무작위 관계에 대한 근본적인 가설이 잘못된 것인지 궁금하게 생각할 정도로 충분히 큰 F-비를 얻는 경우가 때때로 발생한다.

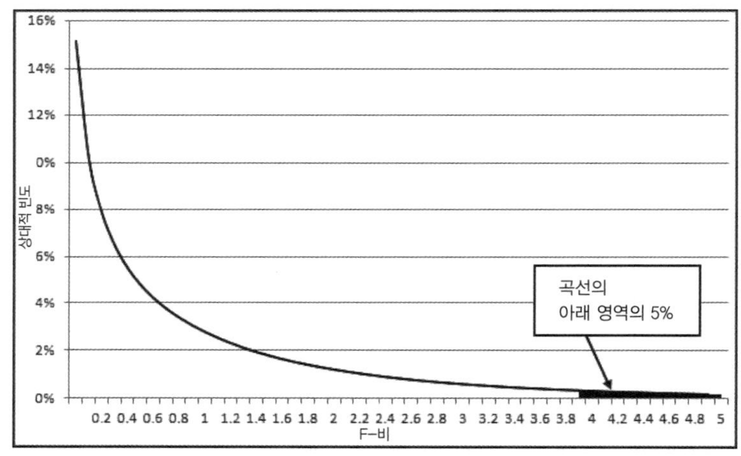

그림 6.6
그림에 보여지는 분포를 중심F-분포라고 부른다. 이 분포는 회귀평균제곱과 잔차평균제곱이 같은 모집단에서 나온 표본들의 분포를 나타낸다.

> **노트**
>
> 만약 회귀평균제곱과 잔차평균제곱이라는 용어가 새롭게 느껴진다면, 분산이 무엇인지 생각해보는 것이 도움이 된다. 분산은 편차제곱의 평균이다. 평균제곱이라는 용어는 '편차 제곱의 평균'의 줄임말일 뿐이다. 그러면, 회귀평균제곱이라는 용어는 단지 "예측된 값과 그 값들의 평균 간의 차이에 기반한 예측되는 변수의 전체분산의 추정량"이다.
>
> 어떤 값을 도출할 것인가는 문맥에 달려 있다. 예를 들어 잔차평균제곱을 계산하고 있다면, 실제 값에서 예측된 값을 빼고 그 결과를 제곱한다. 표본의 분산을 계산하고 있다면, 각 관찰값으로부터 표본의 평균을 빼고 늘 그렇듯이 그 결과를 제곱한다.

그 관계가 무작위일 때, 회귀평균제곱과 잔차평균제곱은 동일한 양(예측되는 변수의 단순한 분산)을 추정한다.

회귀방정식에 하나의 예측변수만 있다면, 그 회귀계수의 유의성을 검정하는 것이 회귀방정식 자체의 유의성과 동일하다고 알려져 있다. 이 경우 회귀계수가 모집단에서 0.0인지 여부를 검정한다. 다른 경우에는 방정식의 R^2이 모집단에서 0.0인지 여부를 검정한다.

단 하나의 예측변수가 있을 때, 회귀계수에 부여되는 확률은 회귀식의 R^2에 부여되는 확률과 동일하다. 하나 이상의 예측변수가 있는 경우에는 이 확률값들이 다른데 그 이유는 R^2은 하나 이상의 예측변수에 기반하기 때문이다.

그림 6.7은 회귀계수의 t-검정에서 나온 추정확률이 회귀방정식의 F-검정에서 나온 추정확률과 어떻게 동일한지 보여준다.

그림 6.7
단 하나의 예측변수에서는 t-검정과 F-검정은 필연적으로 동일한 확률 추정값에 도달한다.

G8 =1-F8

	A	B	C	D	E	F	G	H
1		Regression Coefficient	Standard Error of Regression Coefficient	df	t value	T.DIST()	1 - T.DIST()	2 * (1- T.DIST())
2								
3		0.245	0.075	148	3.27	0.99933	0.00067	0.00135
4								
5								
6		SS Regression	SS Residual	df	F value	F.DIST()	1 - F.DIST()	
7								
8		1160.12	16077.43	148	10.679	0.998653	0.00135	

그림 6.7에서 사용된 값들은 그림 6.5의 LINEST()가 분석한 값들을 가져왔다. 다음 두 가지 포인트를 특히 유념하라.

- t-비의 값은 F-비의 제곱근이다. 예측변수가 하나인 회귀방정식에 대한 검정에서 이는 항상 참이며, ANOVA 즉, 두 그룹 평균 사이의 차이에 대한 t-검정과 동일하다.
- 셀 H3의 비방향성nondirectional t-검정에 의해 반환되는 확률은 셀 G8의 F-검정에 의해 반환되는 확률과 동일하다(지금 문맥에서의 "비방향"의 의미에 대한 설명은, 6장 뒷부분에 있는 'T.DIST() 함수들 간의 차이 이해' 절을 참조하라).

비선형과 기타 분포 다루기

6장 앞쪽의 '강건성: 문제가 되지 않을 수도 있다' 절에서 회귀분석은 흔히 우리가 사용하는 데이터의 특성에 의존해 작동한다고 언급했다. 그중 하나는 잔차의 분포다. 정규분포 가정은 (Y 변수에 대한 실제 값과 예측된 Y값들 간의 차이인) 잔차들이 각 X 변수의 값에 대해 그들 자체로 정규분포여야 한다는 것이다.

선형 가정은 직선회귀선을 따라 각 점에서의 잔차의 평균이 0이라는 것이다. 선형회귀에서 예측되는 값들은 정확히 회귀선 위에 있다. 그래서 X가 5일 때나 X가 17.4일 때나 상관없이 잔차들의 평균은 0이라고 가정한다.

만약 데이터가 이 가정들을 따르지 않는다면, 선형회귀분석 이외의 접근법들을 사용할 수 있다. 그중 하나는 X 변수의 값을 2차, 3차 그 이상의 차수로 높이는 곡선회귀분석이다. 이 접근법은 다중회귀분석의 전체적인 구조에서 종종 아름답게 잘 맞는다. 7장, '회귀분석을 이용한 그룹 평균 간 차이 검정'에서 자세히 다루고 있다.

그러나 특히 예측변수의 관측 한계 때문에 곡선회귀에서도 문제가 발생할 수 있다. 그림 6.8은 이 문제를 설명한다.

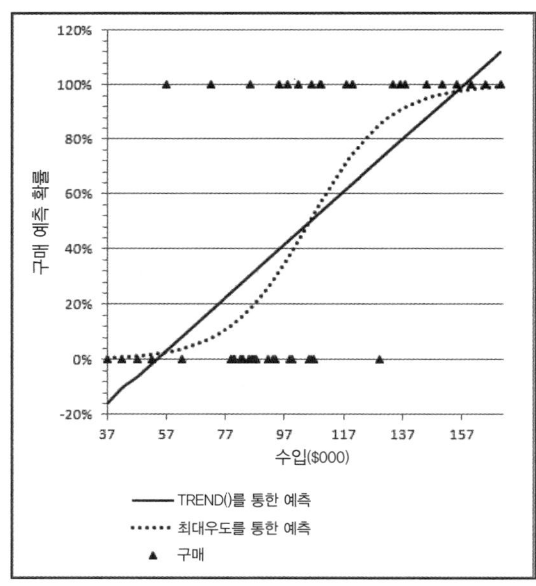

그림 6.8
상위 및 하위 한계점에서 선형회귀로 예측된 값들은 비현실적이다.

그림 6.8은 연간 소득과 주택 구입 확률 사이의 관계에 관한 (허구의) 데이터를 두 가지 방법으로 분석한 결과를 보여준다. 그림을 그릴 필요도 없이 명백하게 소득이 증가할수록 구매할 가능성likelihood이 증가한다. 이 차트는 선형회귀분석을 통해 주택을 구입할 확률을 예측한 결과와 다른 접근법으로 예측한 결과 사이의 차이점을 명확히 보여준다. 이 경우, 그림 6.8은 선형회귀와 로지스틱회귀를 대조한다.

상관관계는 선형(및 곡선)회귀분석에 대한 기초를 형성한다. 오즈odds와 오즈비odds ratios는 로지스틱회귀의 기초를 형성한다. 두 방법이 모두 회귀라는 단어를 그 방법의 이름에 사용하고 있음에도 불구하고 이 두 가지 접근법은 매우 다르다. 이러한 차이점 중 하나는 로지스틱회귀는 선형회귀처럼 직선 회귀선을 생성할 필요가 없다는 것이다. 로지스틱회귀의 그러한 측면은 그림 6.8의 S자 모양sigmoid-shaped의 일련의 점으로 표시된 최대우도선maximun likelihood line이 X값의 연속체(여기서는 소득)를 가로질러 움직임에 따라 그것의 기울기를 조정한다는 것을 의미한다.

그러므로 로지스틱회귀는 소득수준의 최저 수입의 척도scale에서 음의 구매 확률을 갖거나 최상위권에서 100%보다 높은 구매 확률을 갖지 않는다. 로지스틱회귀는 선형회귀와 비교해 여러 장점이 있지만, 척도 부분은 그중 확실한 장점이다.

그림 6.8은 선형회귀분석과 로지스틱회귀분석을 구성하는 각각의 구매에 대한 관찰값의 1.0과 0.0의 실제 확률을 보여준다. 그 값들이 소득값 전역에서 정규분포되지 않은 것은 분명하다. 또한 각 소득값에 대해 잔차가 정규분포될 수 없다는 것도 분명하다. 따라서 이 경우, 사용 가능한 관찰값의 본질 때문에 선형회귀에 의한 두 가지 가정은 충족되지 않는다.

그림 6.9는 선형회귀를 X 변수의 차수를 높여 곡선회귀로 바꿀 수 있음을 보여준다. 2는 이차quadratic의 관계이고, 3은 세제곱cubic의 관계이다.

차트에 있는 원래 데이터값을 마우스 오른쪽 버튼으로 클릭하고, 바로가기 메뉴에서 추세선 추가를 선택하고, 다항식Polynomial 옵션을 선택 후 차수를 3, 2 등등 중 하나를 선택하면 쉽게 3차 성분(또는 2차식의 비선형 성분)으로 변경할 수 있다.

2차 또는 3차 성분을 추가해 회귀 예측의 정확성과 신뢰성을 향상시킬 수 있는 사례가 많이 있지만, 그림 6.8과 6.9의 상황은 그중 하나가 아니다. 3차 성분이 소득 척도의 하단에서 위로 올라가고, 상단의 끝에서 내려가는 것에 주목하라. 그 결과는 우리가 소득과 구매 행동 사이의 관계에 대해 알고 있는 것과 일치하지 않는다.

이러한 상황은 일반적으로 Y 변수로 명목 즉 질적 변수가 사용되고 X 변수로 간격변수가 사용되는 상황에서 나타난다. 로지스틱회귀 이외에, 판별discriminant함수 분석은 이러한 데이터를 분석하는 또 다른 믿을 만한 방법이다. 하지만 최근에는 많은 통계학자들이 판별함수에서 로지스틱회귀로 옮겨 가고 있다.

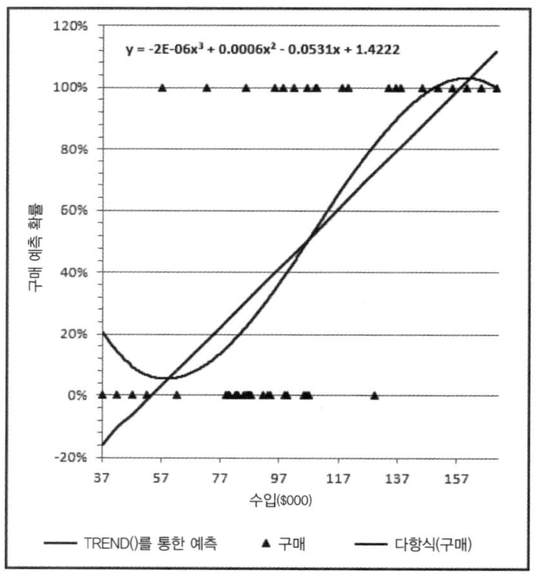

그림 6.9 방향에 두 개의 변경이 가해진 3차 성분은 로지스틱회귀의 최대우도 추세선을 대략적으로 근사할 수 있다.

정규분포의와 선형성의 문제는 매우 엄정한 기준을 제시하지 않는다는 점을 강조하면서 이번 절을 마치겠다. '구매'와 '비구매'와 같은 이분법보다 정규곡선에서 더 멀리 떨어진 자연적으로 발생하는 분포를 찾는 것은 쉽지 않다. 그리고 이번 절에서는 이 같은 경우에는 선형회귀가 아닌 다른 옵션을 고려해야 한다고 제안했다.

그럼에도 불구하고 가정의 장황한 표현은 회색빛을 띠고 있다. 비록 그림 6.9에서 보여진 곡선의 해결 방법은 이상적이진 않더라도, 선형의 가정을 벗어나 곡선의 예측변수를 제공하는 방법으로 실제로 꽤 괜찮은 결과를 제공한다.

균등퍼짐 가정

회귀분석의 가정 가운데 하나는 등분산성homoscedasticity이다. 일반적으로 균등퍼짐equal spread이라고 부르는데, 그 이유를 여기서 알게 될 것이다. 여기서 명확히 하기 위해, 예측변수(또는 다중회귀에서는 예측변수들의 최소제곱의 조합)를 X 변수로 예측되는 변수를 Y 변수라고 부를 것이다.

균등퍼짐 가정은 X 변수로 정의된 연속체를 따라 모든 점에서 Y 변수의 분산이 일정하다는 것을 말한다. 다른 말로 표현하면, X 변수의 값이 5.5인 경우 Y 변수의 분산이 31이라고 가정해보자. 이 Y의 분산에 대한 가정은 X가 92일 때에도 Y의 변수의 분산이 31을 가져야 한다고 가정한다. X 변수의 값이 42인 경우와 X 변수의 값이 3.1416인 경우도 마찬가지 가정이 적용된다. 모든 Y의 하위 집합의 분산은 31이라고 가정한다.

그림 6.10은 이 가정을 보여준다.

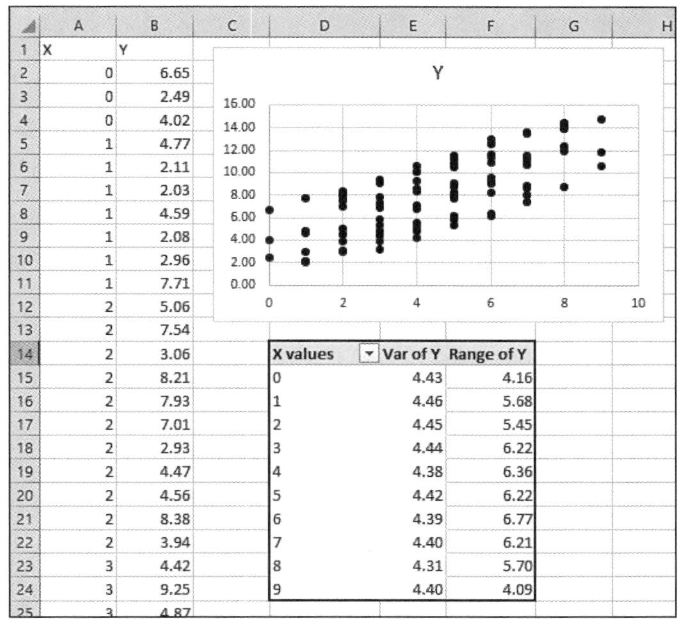

X	Y
0	6.65
0	2.49
0	4.02
1	4.77
1	2.11
1	2.03
1	4.59
1	2.08
1	2.96
1	7.71
2	5.06
2	7.54
2	3.06
2	8.21
2	7.93
2	7.01
2	2.93
2	4.47
2	4.56
2	8.38
2	3.94
3	4.42
3	9.25
3	4.87

X values	Var of Y	Range of Y
0	4.43	4.16
1	4.46	5.68
2	4.45	5.45
3	4.44	6.22
4	4.38	6.36
5	4.42	6.22
6	4.39	6.77
7	4.40	6.21
8	4.31	5.70
9	4.40	4.09

그림 6.10
각 X의 포인트에 대한 Y의 분산은 거의 모두 같다.

그림 6.10의 데이터는 균등퍼짐 가정을 따른다. 차트에서 각 X값에 대한 Y값의 퍼짐이 꽤 유사한 것을 볼 수 있다. 셀 D14의 피봇테이블에서는 필요한 값이 자세히 나와 있다. 그 테이블에는 각 포인트의 분산이 계산돼 있으며, 서로 0.16 이상 차이가 나는 분산은 없다.

다음 사항들을 기억하고 있으면 유용하다.

- 균등퍼짐 가정은 분산들이 모두 정확하게 서로 같은 것을 요구하진 않는다. 그러한 종류의 가정은 너무 제한적이라 회귀분석 기술을 완전히 실행 불가능한 것으로 만든다. 가능하면 분산들은 서로 꽤 비슷해야 한다. 하지만 분산들이 상당한 차이가 있는 상황을 다루는 방법이 존재한다(6장에서 이러한 방법들에 대해 논의한다). 그림 6.10의 데이터는 분산들이 "꽤 비슷하다"고 확실히 여길 수 있다.
- 그림 6.10에 있는 것과 비슷한 차트를 볼 때, 값들이 시가 담배 모양cigar-shaped으로 흩어진 경우를 종종 볼 수 있다. 이는 그림 6.10의 경우와 아주 비슷하다. 여기서는 산포의 중심이 꼬리보다 두껍다. 하지만 당신의 눈은 값들의 범위에 반응하고 있으며, 가정은 그들의 분산과 관련이 있다. 범위는 관찰값의 수에 민감하지만 분산은 그렇지 않다. 분산은 편차 제곱의 평균이다. 따라서 분산형도표의 꼬리가 중심보다 얇은 경향이 있다는 것을 알게 되더라도, 이 경우 중요한 통계량은 범위가 아니라 분산이라는 것을 명심해야 한다.

균등퍼짐 가정에 대해 이론적 근거를 명확히 하기 위해, 7장의 내용 중 일부를 앞당겨야만 했다. 다음 절에서는 그 사용법에 대한 간단한 개요를 제공한다.

더미코딩 사용

이 책의 마지막 두 개의 장에서는 t-검정, 분산분석ANOVA, 공분산분석ANCOVA 같은 기존의 분석보다 더 뛰어나고 많은 정보를 주는 분석 기술로서 회귀분석을 사용하는 방법에 대해 자세히 설명한다. 회귀분석을 사용해 t-검정, ANOVA, ANCOVA를 사용했을 때와 동일한 결론에 도달하면서, 변수들 사이의 관계에 대한 추가적인 통찰을 얻을 수 있다.

t-검정의 (유일한 목적이 아닌) 일반적인 목적은, 표본이 취해진 모집단에서 평균 간의 차이가 없다고 가정할 때, 표본에서 얻은 두 개의 평균값 간의 차이를 얻을 확률을 평가하는 것

이다. 일반적인 방법에서는 데이터를 분리하는 게 필요하다. 하나의 그룹에 대해 평균과 분산을 계산하고, 다른 그룹에 대해 동일한 작업을 수행해야 한다. 그룹마다 계산을 별도로 수행해야 하며 그룹의 분리를 유지해야 한다.

ANOVA의 경우도 마찬가지지만, 일반적으로 다뤄야 하는 그룹이 두 개 이상 있으므로 계산 수가 증가한다. 두 그룹으로 수행한 t-검정은 그룹의 평균을 "유의미하게 다르다"고 간주할 수 있는지 여부를 알려준다. ANOVA에서 수행하는 F-검정은 종종 옴니버스omnibus F-검정이라고 부른다. 그 이유는 F-검정은 셋 이상의 비교에서 어느 두 평균 사이에 유의미한 차이가 있는지 알려주기 때문이다.

t-검정(2개 그룹) 또는 ANOVA(3개 이상의 그룹)을 수행하려고 했던 동일한 데이터에 대해 회귀분석은 다른 방향을 취한다. 고려해야 하는 그룹이 단지 두 개의 평균이라고 가정하자. 그림 6.11은 엑셀의 분석 도구 추가 기능에 있는 't-Test: Two-Sample Assuming Equal Variances' 도구를 사용해 분석한 결과다.

그림 6.11
데이터가 두 개의 분리된 리스트에 놓여 있다.

	A	B	C	D	E	F
1	Treatment	Control		t-Test: Two-Sample Assuming Equal Variances		
2	125	95				
3	94	116			*Treatment*	*Control*
4	113	111		Mean	107.944	98.667
5	92	105		Variance	190.291	191.647
6	95	103		Observations	18	18
7	121	89		Pooled Variance	190.969	
8	100	117		Hypothesized Mean Difference	0	
9	109	103		df	34	
10	124	80		t Stat	2.014	
11	86	86		P(T<=t) one-tail	0.026	
12	112	76		t Critical one-tail	1.691	
13	118	105		P(T<=t) two-tail	0.052	
14	101	104		t Critical two-tail	2.032	
15	106	86				
16	117	102		Mean Difference	9.278	=AVERAGE(A2:A19)-AVERAGE(B2:B19)
17	84	97		Pooled Variance	190.969	=(DEVSQ(A2:A19)+DEVSQ(B2:B19))/(E6+F6-2)
18	128	123		Variance Error of the Mean Diff.	21.219	=E17*(1/E6+1/F6)
19	118	78		Standard Error of the Mean Diff.	4.606	=SQRT(E18)
20				t-ratio	2.014	=E16/E19

분석될 데이터는 범위 A2:B19에 두 개의 열로 그룹이 분리돼 있다. t-검정 도구의 수행 결과는 범위 D1:F14에 있다. (t-검정 도구에 의해서 계산된) 셀 E10과 (셀 E16:20에서 간단한 수식들로 계산된) 셀 E20의 t-비의 값을 특히 주목하라.

> **노트** 엑셀의 분석 도구 추가 기능이 독자의 컴퓨터에 설치돼 있다고 가정하면, 리본(Ribbon)의 '데이터' 탭에서 '데이터 분석' 그룹을 찾을 수 있다. 리본의 '파일' 탭을 클릭하고 네비게이션 바 위의 '옵션'을 클릭하고 추가 기능 항목을 선택해, 엑셀에서 데이터 분석 추가 기능을 사용할 수 있도록 해야 할 수도 있다. 관리 드롭다운에서 엑셀 추가 기능을 선택하고 '이동'을 클릭하라.

회귀분석을 통해 이 데이터를 분석하기 위해서는 매우 다른 접근법을 취한다. 피험자가 어느 그룹에 속하는지에 관한 정보를 포함하는 새로운 변수를 만드는 것부터 시작한다. 예를 들어 피험자가 처치Treatment 그룹에 속해 있다면 Group 변수를 1로, 대조Control 그룹에 속한 경우에는 0으로 코딩할 수 있다(이러한 코딩 방식을 더미코딩dummy coding이라고 한다). 그림 6.12를 보라.

그림 6.12
그룹 맴버십에 관한 정보는 A열에 있다.

H15 | =SQRT(H14)

	A	B	C	D	E	F	G	H	I	J
1	Treatment Vector	Outcome Measure								
2	1	125								
3	1	94								
4	1	113		9.278	98.667					
5	1	92		4.606	3.257					
6	1	95		0.107	13.819		=LINEST(B2:B37,A2:A37,,TRUE)			
7	1	121		4.057	34					
8	1	100		774.694	6492.944					
9	1	109								
10	1	124					t-ratio:	2.014	=D4/D5	
11	1	86								
12	1	112						190.969	=E6^2	
13	1	118						9.000	=DEVSQ(A2:A37)	
14	1	101						21.219	=H12/H13	
15	1	106		Standard error of regression coefficient:				4.606	=SQRT(H14)	

그림 6.12에서 그룹 맴버십에 관한 정보 벡터가 A2:A37 범위에 있다. 실험 결과를 정량화한 결과는 처치 그룹이나 대조 그룹 모두 B2:B37에 있다. 결괏값의 위치를 바꾼 것 이외에는 데이터는 그림 6.11과 완전히 동일하다.

> **노트** 공간상의 이유로 그림 6.12의 A와 B열의 마지막 20열의 데이터는 생략했다. 엑셀 워크시트의 전체 데이터는 출판사의 웹사이트에서 이용 가능하다.

LINESET()는 이제 A2:A27에 있는 그룹 맴버십을 예측변수로 다룰 수 있으며, B2:B37의 측정값을 예측되는 변수로 사용한다. LINEST()가 반환하는 결과는 D4:E8에서 볼 수 있다.

LINEST()는 t-비를 직접적으로 계산하지 않는다. 하지만 쉽게 계산할 수 있다. 단순히 회귀계수를 그 계수의 표준오차로 나누면 된다. 그것은 그림 6.12의 셀 H10에서 수행됐다. 그림 6.11의 셀 E10과 셀 E20의 t-비와 값이 정확히 일치한다.

회귀 접근법과 t-검정 접근법 비교

어떻게 그런 결과를 얻게 됐을까? 먼저 그림 6.12의 셀 D4에서 LINEST()가 반환한 회귀계수를 주목하라. 그 값은 9.278로, 그림 6.11의 셀에 E16 표시된 두 그룹 평균의 차이와 동일하다. 회귀계수를 해석하는 한 가지 방법은 X값의 한 단위의 변화에 수반되는 Y값의 변화, 즉 "거리 분에 오름"을 의미한다. 따라서 그림 6.12에서 Group 코드가 0에서 1로 이동하면 결괏값은 98.667에서 107.944로 9.278 단위 이동한다.

둘째, 그림 6.12의 셀 D5에서 4.606의 회귀계수의 표준오차는 그림 6.11의 셀 E19에 표시된 평균차이의 표준오차와 동일하다는 점을 주목하라. 그림 6.11에서와 같이 일반적인 t-검정 접근법을 사용하든가 또는 그림 6.12에서 보여준 회귀 접근법을 사용하든 간에, 두 그룹간의 평균의 차이를 두 평균 차이의 표준오차로 나누어 마무리 짓는다.

동일한 표준오차로 이어지는 서로 다른 두 가지 경로를 살펴보자.

평균차이의 표준오차

관련된 계산은 그림 6.11의 셀 E16:E19에 나와 있다(세 개의 셀에 대한 각 수식은 F16:F19에 텍스트로 표시된다). 셀 E17에서 A2:A19와 B2:B19에 있는 (DEVSQ() 함수에 의해 반환된) 두 그룹의 제곱의 합을 더하여 분산을 모은 다음 각각의 자유도로 나눈다. 그런 다음, 셀 E18은 합동분산pooled variance을 평균 차이의 분산오차로 변환한다. 이는 합동분산에 두 그룹 크기의 역수의 합을 곱하여 계산된다. 평균 분산의 분산오차를 계산할 때, 그룹의 분산을 그룹의 관찰값의 개수로 나누는 것과 비슷하다(4장, 'LINSET() 함수'의 '분산분석에서의 F-비'

절을 보라). 마지막으로 평균의 분산오차는 제곱근을 취하여 셀 E19의 평균의 표준오차로 변환된다. 평균 차이의 표준오차는 현재 모집단으로부터 두 개의 표본을 반복적으로 추출해 각 표본의 평균을 계산하고, 두 평균의 차이를 얻어 낸 후 평균 차이의 표준편차를 계산한 결과이다.

회귀계수의 표준오차

방금 우리는 두 평균 차이의 표준오차를 계산했고, 이제는 회귀계수의 표준오차를 계산하려고 한다. 조금 전에 9.278의 회귀계수는 관찰된 평균 차이인 9.278와 동일함을 입증했다. 다시 한 번 말하지만 우리는 동일한 양에 대해 다른 방법으로 계산하고 있다.

5장의 '회귀계수의 표준오차의 계산' 절에서 회귀계수의 표준오차를 어떻게 계산하는지 자세히 설명했다. 여기서는 간략하게 요약해보겠다. 발상은 추정의 표준오차(실제 값과 예측된 Y값 사이의 차이의 표준오차)를 계산하고 제곱하는 것이다. 그 결과는 추정의 분산오차다. 그림 6.12의 셀 H12에서 이를 수행한다. 셀 H12의 추정의 분산오차가 그림 6.11, 셀 E7과 E17의 합동분산과 동일하다는 점은 흥미롭다.

추정의 표준오차의 크기는 부분적으로 예측변수의 변동성의 함수이다. 다음 단계는 추정의 분산오차에서 그 영향을 제거하는 것이다. 예측변수의 편차제곱의 합으로 나누어 수행된다. 이 과정은 셀 H13(편차제곱의 합을 계산)과 셀 H14(추정의 분산오차에서 나눔)에서 수행된다.

이것이 다중회귀분석인 경우, 또한 $1-R^2$으로 나누어야 한다. 여기서 R^2은 관심 있는 예측변수와 다른 예측변수들에 의해서 공유되는 분산의 비율을 나타낸다. 그러나 이 예에서는 단 하나의 예측변수만 사용하므로 이 단계를 건너뛴다.

마지막으로 셀 H15는 셀 H14의 값의 제곱근을 취하며, 그 결과는 그림 6.11의 셀 E19에서 계산된 평균 차이의 표준오차와 동일한 회귀계수의 표준오차가 된다.

같은 목적지를 향하는 두 개의 경로

이 계산의 세부 사항들은 이번 절에서 배울 중요한 점은 아니다(비록 여러 가지 중간 결과가 두 가지 접근법에서 동일하다는 점을 알 수 있지만 말이다). 이 문제들과 균등퍼점 가정의 관계에 대해 다루기 전에, 한 발짝 뒤로 물러나 좀 더 긴 시각을 갖는 것이 도움이 된다.

t-검정 접근법은 평균과 분산을 직접적으로 이용한다. 한 그룹의 평균을 다른 그룹의 평균과 따로 계산하고, 한 그룹의 분산을 다른 그룹의 분산과 따로 계산한다. 계산된 분산들은 평균 내 모아지고, 계산된 평균들은 빼샘을 통해 대조된다. 평균 차이는 평균 간 차이의 표준오차의 면에서 평가되고 그 결과인 t-비는 준거분포(주어진 자유도에 대해 모집단 평균 차이가 0.0인 t-분포)와 비교된다.

회귀분석은 계산 중에 그룹을 구분하지 않는다. 회귀분석은 더미코딩된 벡터의 값(이 예에서는 0과 1)을 사용한 하나 이상의 그룹으로 작업한다는 사실을 유의해야 한다. 회귀분석은 회귀계수를 결정하기 위해 X와 Y 변수 사이의 상관관계를 이용한다(회귀계수의 수치 값은 t-검정에 의해 계산된 평균 차이와 같다는 점을 상기하자). 회귀분석은 또한 Y 변수의 분산과 추정의 분산오차를 직접적으로 이용한다. 그룹을 분해하지 않았으므로 그룹 분산을 모으는 작업이 필요하지 않다.

그러나 두 접근법은 동일한 결과를 낸다. 근본적인 이유는 두 접근법이 일반선형모델에 의존하기 때문이다. 일반선형모델은 결과 변수 즉, 예측되는 변수의 각 관찰값에 다음 세 가지 구성 요소가 필요하다(추가적인 예측변수를 포함할 때는 3개 이상이 필요).

- 결과 변수의 관찰값들의 전체 평균
- 만약 두 개 이상의 그룹이 있다면 결과 변수의 전체 평균에서의 편차로 표현된, 각 그룹의 평균
- 관찰 그룹의 평균으로부터 편차 또는 단지 하나의 그룹만 있다면 결과 변수의 전체 평균에서의 편차로 표현된, 개별 관찰값들(만약 검증 목적이 그룹의 평균이 특정 상수와 다른지 알아보는 것이라면 단지 하나의 그룹을 가질 수도 있다).

회귀와 t-검정 (그리고 ANOVA와 ANCOVA) 모두 일반선형모델을 그 계산의 기저로 삼고 있으며, 그렇기 때문에 두 접근법이 동일한 결과를 갖는 게 크게 놀라운 일은 아니다.

그러나 두 접근법에는 중요한 차이가 있다. 다중회귀분석을 포함하면서 정확하게 계산이 수행된 모든 실험은 다음과 같은 사항들의 완전한 분석을 제공한다.

- 모든 변수들이 간격척도로 측정됐을 때, 하나 또는 그 이상의 예측변수와 예측되는 변수 사이의 관계. 예를 들어 나이와 심혈관 활동이 콜레스테롤 수준에 미치는 영향.
- 두 그룹의 평균의 차이(독립 그룹과 종속 그룹의 t-검증)
- 두 그룹 이상의 평균의 차이(ANOVA)
- 둘 이상의 요소(예를 들어 성별과 인종)와 요인 간의 상호작용이 있을 때의 그룹들 간 평균의 차이
- 편향bias을 제거하고 하나 이상의 공변량을 포함해 통계적 검증력 높인 둘 이상의 그룹의 평균의 차이(ANCOVA)
- 둘 이상의 변수들 사이의 곡선curvilinear의 관계 평가

반면 t-검정은 두 그룹의 평균값 사이의 차이를 평가하는 것으로 제한된다(서로 독립적이거나 두 그룹이 형제를 비교하는 것과 같이 종속적일 수 있다).

엑셀의 경우 LINEST()는 각 예측변수의 회귀계수와 표준오차를 반환하며, 추정의 표준오차인 R^2, F-비, 잔차자유도, 회귀제곱의 합, 잔차제곱의 합의 값들도 반환한다. 이 간단한 통계량들로 LINEST()는 방금 나열한 여섯 개의 분석의 모든 변형에 대해 다룰 수 있다.

어떻게 예측변수를 LINEST()에 넣는지는 이미 다뤘다. 5장에서 두 개 이상의 간격변수를 예측변수로 혼합하는 방법을 이미 살펴봤다. 이 책의 마지막 장에서 처치와 비교 그룹 같은 명목 예측변수의 분석에 관해 더 많이 보게 될 것이다.

이번 절에서 더미코딩의 사용과 t-검정에 대해 다음 질문에 대답하기 위해 충분히 다뤘다. 불균등한 분산이 모집단에 대한 확률 진술을 어떻게 수정하게 만들까?

불균등 분산과 표본 크기

그룹의 평균 간 차이를 분석하기 위해 LINEST()와 같은 회귀 유틸리티를 사용할 때, 불균형한 분산의 영향은 간격척도로 측정된 X 변수와 Y 변수 사이의 관계를 분석할 때와는 다르다.

이 책에서 나이와 식이요법으로 콜레스테롤 수준을 예측하는 예제를 몇 번 사용했다. 이 예를 여기서 한 번 더 사용하겠다. 수천 명의 피험자 데이터를 가지고 있지 않는 한, 완전히 동일한 나이와 완전히 동일한 일별 지방의 소비량을 가진 둘 이상의 피험자 데이터를 갖기는 매우 어렵다.

그러므로 t-검정에 대한 이전 절에서 논의된 종류의 그룹을 가질 가능성은 거의 없다. 다루고 있는 표본에 정확하게 29년 3주의 나이이고 매주 5g의 지방을 섭취하는 두 명 이상의 "그룹"이 있을 가능성은 거의 없다. 그런 사람이 한 명 있을 수 있지만, 두 명 이상이 나이와 지방 소비에 대해 동일한 값을 갖기는 어렵다. 이 경우 불균형 분산은 여전히 문제가 되지만 성별, 인종, 직업, 치료 방법에 차이가 있는 둘 이상의 그룹을 다루고 있을 때와는 문제가 다르다. 후자의 경우, 20명의 남자와 대조를 이룬 20명의 여성이 있고 절반은 고기를 먹고 절반은 채식주의자일 때, 각 그룹의 분산을 계산할 수 있으며 Y 변수에 대한 분산이 걱정할 정도로 충분한 차이가 있는지 판단할 수 있다. 이와 같은 실험은 X 변수가 온스ounces와 같은 간격척도로 측정될 때는 실현 가능하지 않다.

그러나 X축의 다른 지점에서의 분산의 차이는 여전히 중요하다. 다음 두 절에서는 먼저 명목척도의 X값을 사용한 그룹을 가지고 작업을 할 때 서로 다른 분산의 문제에 대해 논의한다. 다음으로, X가 간격척도일 때 동일한 문제에 대해 논의한다.

불균등퍼짐: 보수적 검정

두 개의 인접한 토지에서 자라는 브로콜리 두 그룹이 있다고 가정해보자. 테스트를 위해 상대적으로 비싼 유기농 비료를 한 토지의 식물에 사용하고, 덜 비싼 무기질 비료를 다른 토지의 식물에 사용한다. 연구가설은 비싼 유기농 비료가 저렴한 무기질 비료보다 더 높은 수확량을 얻을 수 있다는 것이다. 귀무가설은 모집단에서 유기농 비료와 무기질 비료의 평균 수확량의 차이가 없다는 것이다.

각 토지에 20개의 식물을 가지고 실험을 시작했다. 안타깝게도 모든 브로콜리를 수확하기 전에 트럭 한 대가 하나의 토지의 10개의 식물을 밟아버렸다. 당신이 염두에 두고 있는 통계적 검정은 각 그룹에 대해 같은 수의 관찰값을 필요로 하지 않는다는 것을 알고 있기 때문에, 당신은 프로젝트를 계속 유지했다.

브로콜리를 수확하고 각 식물의 수확량의 무게를 측정했다. 그 결과는 그림 6.13의 A열과 B열에 있다.

그림 6.13
유기농 그룹은 무기질 그룹보다 두 배 많은 관찰값을 가지고 있다.

H23 =G17/G18

	A	B	C	D	E	F	G	H	I
1	Organic	Inorganic		Group	Score		t-Test: Two-Sample Assuming Equal Variances		
2	129	95		1	129				
3	87	117		1	87			*Organic*	*Inorganic*
4	111	111		1	111		Mean	104.25	100.2
5	87	104		1	87		Variance	247.671	154.622
6	90	101		1	90		Observations	20	10
7	121	89		1	121		Pooled Variance	217.763	
8	96	115		1	96		Hypothesized Mean Difference	0	
9	106	103		1	106		df	28	
10	120	79		1	120		t Stat	0.709	
11	81	88		1	81		P(T<=t) one-tail	0.242	
12	109			1	109		t Critical one-tail	1.701	
13	116			1	116		P(T<=t) two-tail	0.484	
14	98			1	98		t Critical two-tail	2.048	
15	102			1	102				
16	115			1	115				
17	76			1	76		4.05	100.2	
18	129			1	129		5.715	4.667	
19	116			1	116		0.018	14.757	
20	107			1	107		0.502	28	
21	89			1	89		109.35	6097.35	
22				0	95				
23				0	117		t ratio:	0.709	

엑셀의 분석 도구 추가 기능에 't-test: Two-Sample Assuming Equal Variances'라고 이름 붙은 도구가 있다. 그 도구를 열고, 제공하는 옵션을 선택하라(기본적으로 어떤 데이터를 사용해서 어디에 결과를 쓸 것인지), 그러면 그림 6.13의 G1:I14 범위에 보이는 결과를 얻을 수 있다. 결과를 살펴보면, 문제가 하나 있는 걸 볼 수 있다.

우선 두 그룹의 브로콜리 개수가 다르다. 검정을 수행하기 전에 불균등한 n을 다룰 것을 알고 있었지만, 그 차이는 적용한 비료의 특성과는 상관없이 발생됐기 때문에 불균형한 n에 대해서는 걱정할 필요가 없다.

> **노트** 만약 중도 탈락률(dropout rate)의 차이를 도입하여 처치 방법이 그룹 크기의 차이를 유발할 수 있는 경우 다른 이야기가 된다(실험 설계의 특수 용어로 사망(mortality)이라고도 함). 이 문제에 대해서는 7장, '회귀분석을 이용한 그룹 평균 간 차이 검정'에서 다룰 예정이다.

문제는 불균등 그룹 분산과 불균등 그룹 크기가 결합해 발생한다. 그룹 평균이 같은 모집단에서 0.709의 표본 t-비를 얻을 확률은 셀 H11의 0.242와 같다. 그렇기 때문에 얻은 t-비는 전혀 드물지가 않다. 전체의 약 25%에 우연히 발생할 수 있다. 대부분의 사람들에게 이 값은 모집단의 평균에 차이가 없다는 귀무가설을 기각할 만큼 충분히 드물게 일어나는 일이 아니다.

그러나 거기에는 불균형 분산과 불균형 n의 문제가 남아 있다. 더 큰 그룹이 더 큰 분산을 가질수록, 통계적 검정은 통계학자들 용어로 보수적conservative이 된다고 알려져 있다. 그로 인해, 참true인 귀무가설을 기대하는 것보다 덜less 기각할 것이라는 걸 의미한다.

통계 전문 용어로는 참인 귀무가설을 기각하는 것을 제1종 오류Type I error라고 한다. 지금 다루고 있는 예제에 이 용어를 사용하면, 귀무가설이 참이며 두 비료 사이의 평균 수확량의 차이가 없다고 가정하라. 이 경우 만약 실험에서 반환한 결과에 충분한 차이가 있다고 판단돼 실제 차이가 있다고 결론짓게 되면 제1종 오류를 범하는 것이다. 알파를 일정 수준, 예를 들면 0.05로 설정하여 제1종 오류의 확률을 제어할 것이라고 기대한다.

그러나 이 예제에서 설명한 상황에서는, 생각하는 것보다 통계적 검정이 더 엄격하고 더 보수적이다. 가지고 있는 결정 규칙으로 제1종 오류의 리스크가 0.05라고 생각하겠지만 실제로는 0.03이 될 수 있다.

큰 그룹이 더 작은 분산을 가지는 반대의 경우에는 통계적 검정이 진보liberal적이다. 예상하는 것보다 더 자주 참인 귀무가설을 기각하게 된다. 표본의 크기가 같을 때, 검정은 균등 분산의 가정의 위반에 강건하다. 표본의 크기가 같으면 이 가정에 대한 위반이 귀무가설을 기각해야 할지 유지해야 할지에 대한 결정을 이끄는 확률 진술에 거의 영향을 미치지 않는다.

그림 6.13의 결과는 더 큰 표본이 더 큰 분산을 갖는 보수적인 검정으로, 얻은 t-비의 실제 확률은 t-분포의 숫자가 가리키는 것보다 작다는 것을 의미한다. 그림 6.13의 셀 H11에 표

시된 것처럼 계산된 확률은 0.242(즉, 24.2%)이다. 균등퍼짐의 가정을 따르지 않고 표본 크기가 다르기 때문에 자유도 28의 0.709의 t-비의 실제 확률은 0.242보다 약간 작을 것이다. 아마도 0.050 즉 5% 정도 낮을 수도 있다.

t-검정이 반환한 수치들에 대해 보수적으로 판단하고 있는 것이다. 표본 평균이 귀무가설을 기각하는 것을 정당화할 만큼 충분히 떨어져 있지 않기 때문에, 모집단에서 평균의 차이가 없다는 귀무가설을 계속해서 옹호할 수 있다. 차이의 확률에 대한 t-검정의 평가가 표본분산과 표본 크기의 차이의 조합으로 비스듬히 놓여졌기 때문일 수도 있다.

어떤 일이 벌어지고 있는지 숫자들을 자세히 살펴보자. 그림 6.14는 더 큰 그룹이 더 큰 분산을 가지는 보수적인 상황에 대한 자세한 분석을 보여준다.

그림 6.14는 많은 설명이 필요하다. 일단 피봇테이블만 보여주고 있다. 이는 피봇테이블에 사용되는 자료들이 너무 많아 한두 페이지로 표시할 수 없기 때문이다. 6장과 함께 제공되는 엑셀 워크북에는 모든 데이터가 포함돼 있지만, 관련 정보의 출처를 아는 것이 도움이 될 것이다.

그림 6.14
피봇테이블은 극단적인 t-비에 대해 예상하는 것보다 더 적은 사례를 얻는 것을 보여준다.

T2 =T.DIST(S2,28,TRUE)

	S	T	U	V	W	X	Y
1	t value	Prob of t		Prob Range for t	Count of Prob of t		
2	-0.741646	0.232		0-0.025	9		
3	1.0188859	0.842		0.025-0.05	8		
4	0.4513095	0.672		0.05-0.075	11		
5	-0.95158	0.175		0.075-0.1	13		
6	1.0828871	0.856		0.1-0.125	15		
7	-0.52714	0.301		0.125-0.15	39		
8	-0.470325	0.321		0.15-0.175	27		
9	0.3539203	0.637		0.175-0.2	23		
10	0.1390924	0.555		0.2-0.225	27		
11	1.2991104	0.898		0.225-0.25	31		12행부터 31행까지는 지면 관계상 생략
32	0.394155	0.652		0.75-0.775	27		
33	0.363766	0.641		0.775-0.8	27		
34	-0.474589	0.319		0.8-0.825	26		
35	-0.546371	0.295		0.825-0.85	12		
36	0.1969179	0.577		0.85-0.875	21		
37	-1.025316	0.157		0.875-0.9	16		
38	-0.663251	0.256		0.9-0.925	15		
39	-0.447402	0.329		0.925-0.95	19		
40	0.9173693	0.817		0.95-0.975	8		
41	-0.843068	0.203		0.975-1	2		
42	-0.180175	0.429		**Grand Total**	**1000**		

1,000개의 대체로 무작위 수로 이루어진 두 개의 모집단을 만드는 것으로 시작하겠다. 다음 세 가지 제약이 있기 때문에 "대체로 무작위"라고 말했다.

- 두 모집단은 모두 정규분포를 따른다.
- 두 모집단은 모두 0.022의 평균을 갖고 있다.
- 한 모집단의 분산은 0.944이고, 다른 하나의 분산은 9.98이다.

> **노트** 엑셀의 분석 도구 추가 기능에 사용자가 특정 분포의 모양(예를 들어 정규, 이항, 포아송), 평균, 표준편차를 지정하여 임의의 숫자를 생성하는 손쉬운 도구가 있다.

그런 다음 두 모집단으로부터 각각 1,000개의 표본을 만들어내기 위해 VBA 매크로를 작성했다(6장의 워크북에서 비주얼 베이직 에디터를 사용한 것을 볼 수 있다). 매크로는 다음 작업들을 1,000회 반복해 수행 완료한다.

1. 1,000개의 임의의 값을 각 1,000개의 구성원을 가진 모집단 옆에 생성한다.
2. 각 모집단을 1단계에서 생성된 임의의 수를 정렬 키로 사용해 정렬한다.
3. 큰 분산을 가진 집단의 모집단에서 처음 20개의 숫자를 취하고, 작은 분산을 가진 모집단에서 처음 10개의 숫자를 취한다.
4. 각 표본의 평균과 제곱의 합(엑셀의 DEVSQ() 함수를 사용)을 계산하고, 워크시트에 그 값을 기록한다.
5. 다음 1,000개의 표본을 추출한다.

첫 번째 사례의 두 표본 평균, 두 표본 제곱의 합, 두 표본의 크기를 사용해 직접 수식을 입력해 합동분산, 두 평균 간의 차이의 분산오차, 차이의 표준오차, 마지막으로 두 개의 표본의 t-비를 계산한다. 이 수식을 나머지 999개의 표본에 대해 복사해 같은 계산을 하고 t-비의 값을 워크시트에 저장한다.

첫 번째 표본의 t-비와 자유도를 가지고 엑셀의 T.DIST() 함수를 사용해 해당 자유도를 가지는 중심t-분포에서 그 t-비의 확률을 계산한다. 이 T.DIST() 수식도 나머지 999개의 표본에도 적용한다.

이 모는 것을 하는 이유는 계산된 t-비의 분포가 실제로 이론적인 분포를 따르는지 여부를 테스트하는 것이다. 만약 이론적인 분포를 따른다면, 1,000개의 표본 중 25개의 표본이 .025(2.5%) 이하의 확률을 가지는 t-비를 가질 것이다. 그러나 그림 6.14에서 보이는 것은 그와 다르다. 1,000개 가운데 25개를 얻어야 하는 2.5%로 일어나는 확률의 표본을 1,000개의 표본 중 단지 9개만 찾을 수 있다.

이것은 척도의 반대쪽 끝에서도 마찬가지다. 다시 말하지만 0.975에서 1.00의 확률 범위 사이에는 25개의 표본을 기대한다. 그러나 단지 2개의 표본을 얻었다(그림 6.14의 셀 W14를 보라).

요약하면 그룹 분산이 불균등(10배)하고, 표본의 크기가 불균등(2배)하고, 큰 표본이 더 큰 분산을 가지고 있기 때문에, 표본이 관찰된 t-분포의 꼬리 부분에 기대했던 것보다 적은 수의 표본을 보게 됐다.

만약 5%보다 작은 확률로 발생하는 t-비를 얻게 되면, 모집단 평균에 차이가 없다는 귀무가설을 기각하겠다고 미리 결정했다고 가정해보자. 비방향성 연구가설을 사용하면 일반적으로 5%의 알파를 t-분포의 양쪽 꼬리 사이에 나눈다.

트럭이 브로콜리 위를 지나간 후에, 30개의 식물이 남고 다음 두 엑셀 수식을 가지고 있다.

```
=T.INV(0.025,28)
```

와

```
=T.INV(.975,28)
```

이 수식은 각각 -2.048과 2.048을 반환한다. 이것들은 28의 자유도의 t-분포를 중앙 95%에서 아래쪽과 위쪽 2.5%로 분리하는 t-비이다. 따라서 가지고 있는 결정 규칙은 -2.048보다 작거나 2.048보다 큰 t-비를 얻게 되면, 모집단에서 평균의 차이가 없다는 귀무가설을 기각하는 것이다.

그러나 이 꼬리 부분에는 예상보다 적은 표본들이 있다. 이는 분산을 모으는 과정에서 더 많은 수의 관찰값을 가지는 표본에 더 큰 가중치를 부여하고 이 경우에는 그 표본이 더 큰 분산을 갖기 때문이다. 이는 t-비의 분모를 부풀리고 t-비가 0.0에 가깝도록 만든다. 균등 분산을 가정한 이론적인 t-분포는 t-비가 +/-2.048 바깥쪽에는 5%가 있을 것으로 기대한다. 불균등한 그룹 분산을 사용해 유도된, 모조의 t-분포는 그 한계를 벗어나는 표본이 단지 1.1%에 불과하다. 그러므로 생각하는 것(이론상 5%)보다 덜 자주-최적 추정: 1.1%-귀무가설을 기각하게 되는 것이다. 이것이 보수적인 검정conservative test이라는 용어가 의미하는 것이다.

불균등퍼짐 : 진보적인 검정

큰 그룹이 더 큰 분산 대신 더 작은 분산을 가진 반대의 경우는 어떨까? 이제 원하는 명목 확률nominal probability보다 더 많이 귀무가설을 기각하게 되는 진보적인liberal 검정의 영역에 와 있다.

그림 6.15는 그림 6.14와 같은 종류의 시뮬레이션 결과다.

그림 6.15
피봇테이블은 예상하는 것보다 극단적인 t-비의 사례를 더 얻게 되는 것을 보여준다.

T2 =T.DIST(S2,28,TRUE)

	S	T	U	V	W
1	t value	Prob of t		Row Labels	Count of Prob of t
2	-4.829928	0.000		0-0.025	79
3	-4.197762	0.000		0.025-0.05	34
4	-3.893567	0.000		0.05-0.075	37
5	-3.875705	0.000		0.075-0.1	29
6	-3.676022	0.000		0.1-0.125	30
7	-3.650906	0.001		0.125-0.15	23
8	-3.622838	0.001		0.15-0.175	23
9	-3.608259	0.001		0.175-0.2	20
10	-3.553559	0.001		0.2-0.225	18
11	-3.518568	0.001		0.225-0.25	23
32	-2.776462	0.005		0.75-0.775	18
33	-2.771838	0.005		0.775-0.8	17
34	-2.756682	0.005		0.8-0.825	17
35	-2.754943	0.005		0.825-0.85	19
36	-2.701514	0.006		0.85-0.875	28
37	-2.683152	0.006		0.875-0.9	29
38	-2.66983	0.006		0.9-0.925	23
39	-2.646577	0.007		0.925-0.95	35
40	-2.646087	0.007		0.95-0.975	34
41	-2.645469	0.007		0.975-1	71
42	-2.633004	0.007		Grand Total	1000

12행부터 31행까지는 지면 관계상 생략

그림 6.15의 피봇테이블은 더 큰 표본 크기를 가진 표본이 더 작은 분산을 가진 모집단에서 나온 데이터에서 계산된 t-비와 그 확률을 기반으로 만들어졌다. 그림 6.14에 묘사된 상황인 더 큰 표본 크기와 더 큰 분산이 결합되어 보수적인 검정으로 이어지는 것과는 대조적으로, 이 조합은 좀 더 진보적인 검정으로 이어진다.

> **노트** 그림 6.14에서 사용한 것과 똑같은 두 개의 모집단을 그림 6.15에 사용했다. 그룹 크기와 분산의 크기 사이의 관계에 초점을 맞추기 위해, 그림 6.15에서의 표본 추출의 유일한 차이점은 분산이 큰 모집단에서는 10개의 값을, 분산이 작은 모집단에서는 20개의 값을 표집한 것이다.

그림 6.15의 피봇테이블은 1,000개의 확률 중 가장 낮은 2.5%가 79개의 표본(셀 W2)으로 구성되고 가장 높은 2.5%는 71개의 표본(셀 W41)으로 구성됨을 보여준다. 이 시뮬레이션을 기반으로 하면, 79+71 즉, 150개의 표본은 2.5%+2.5% 즉, 5%의 명목확률을 갖는 t-비를 가지고 있다.

이 150개의 표본은 -2.048 이하 또는 2.048 이상의 t-비를 갖는다. 엑셀이나 다른 통계 분석 도구를 사용하는 경우 해당 t-비 중 하나를 평가(예를 들어 =T.DIST(2.1,28,TRUE)는 0.022를 반환)하면, 28의 자유도를 가진 t-분포의 하위 2.5% 또는 상위 2.5%에서의 명목확률을 얻을 수 있다. 1,000 개의 표본에 대해 왼쪽 꼬리 부분에 25개, 오른쪽 꼬리 부분에 25개가 있어 총 50개가 될 것으로 예상된다. 그러나 예상보다 세 배나 많은 150개가 있다. 귀무가설을 세 배나 많이 기각하게 될 것이다.

그 이유는 물론 보수적인 검정의 이유와 반대다. 크기가 큰 표본이 작은 분산을 가지면, 합동분산에 본래 기여해야 하는 것보다 더 많은 기여를 한다. 그러므로 큰 표본이 큰 분산을 가질 때보다 작은 제곱의 합으로 구성된다.

물론 전체제곱의 합을 자유도로 나누어 모아진 분산을 계산하지만 모집단 분산 사이의 불일치를 완전히 바로잡지는 못한다. 그 영향은 다음과 같다.

- 관찰값의 수가 많은 표본이 더 큰 분산을 가진 경우. 다른 조건이 같다면, 큰 분산이 증가할수록 최종 t-검정은 보수적이게 된다.

- 관찰값의 수가 많은 표본이 더 작은 분산을 가진 경우. 다른 조건이 같다면, 작은 분산이 감소할수록 최종 t-검정은 진보적이게 된다.

불균등퍼짐과 균등 표본 크기

보수적인 그리고 진보적인 검정에 관한 앞의 내용과 맥락을 이어, 동일한 표본 크기를 가진 표본에 대해 모집단의 분산이 다른 경우의 영향에 대해 생각해보자. 이런 경우, 명목확률은 실제 확률과 같다(또는 매우 근접하다). 심지어 모집단의 분산의 차이가 크더라도 그렇다.

그림 6.16은 이전 두 절에서 논의된 시뮬레이션 결과를 보여주며, 모집단 분산의 크기는 10배 다르지만, 각 표본에는 20개의 관찰값이 있다.

그림 6.16에서 모집단의 분산은 보수적이고 진보적인 사례와 동일하지만 각 그룹의 표본 크기가 20으로 동일하다. 결과는 동일한 표본 크기의 경우 t-검정이 균등 분산 가정의 위반에 강건함을 보여준다.

그림 6.16
실제 분포는 기대했던 명목 분포와 매우 유사하다.

T2 | =T.DIST(S2,28,TRUE)

	S	T	U	V	W
1	t value	Prob of t		Row Labels	Count of Prob of t
2	-3.69058	0.000		0-0.025	25
3	-3.44799	0.001		0.025-0.05	30
4	-3.056285	0.002		0.05-0.075	23
5	-2.990417	0.003		0.075-0.1	19
6	-2.965237	0.003		0.1-0.125	29
7	-2.954137	0.003		0.125-0.15	25
8	-2.629818	0.007		0.15-0.175	25
9	-2.595319	0.007		0.175-0.2	20
10	-2.507527	0.009		0.2-0.225	19
11	-2.497077	0.009		0.225-0.25	22
32	-1.964107	0.030		0.75-0.775	27
33	-1.96182	0.030		0.775-0.8	24
34	-1.959436	0.030		0.8-0.825	33
35	-1.952598	0.030		0.825-0.85	24
36	-1.931002	0.032		0.85-0.875	25
37	-1.912502	0.033		0.875-0.9	26
38	-1.912187	0.033		0.9-0.925	24
39	-1.868779	0.036		0.925-0.95	25
40	-1.86679	0.036		0.95-0.975	26
41	-1.865531	0.036		0.975-1	23
42	-1.85257	0.037		Grand Total	1000

12행부터 31행까지는 지면 관계상 생략

분포의 가장 낮은 2.5%의 확률의 t-비에 25개의 표본이 나타난(셀 W2) 실제 결과와 예상이 정확히 일치한다. 또한 분포의 최대 2.5%를 23개의 표본이 차지한다(셀 W41). 따라서 전반적인 내용은 표본 크기가 같을 때는 동등한 분산에 대해 걱정할 필요가 없다는 것이다. 귀무가설과 실험가설을 세우고, 알파 수준을 선택하고, 일반적인 t-검정을 수행하거나 LINEST()에 데이터를 넣어라. 귀무가설이 사실인지 t-비의 확률을 체크하고, 그에 따라서 귀무가설을 기각할지 유지할지 결정하라.

그림 6.17은 이 과정을 보여준다. 단계를 간단히 살펴보자.

귀무가설은 두 비료의 사용에 따른 브로콜리 작물 수확량의 모집단 평균에 차이가 없다는 것이다. 연구가설은 가격이 비싼 유기농 비료가 무기질 비료에 비해 많은 수확을 가져올 것이라는 것이다. 이 가설은 방향성 가설이다. 만약 어떤 비료가 더 잘 작동할 것인가에 대한 의견이 없다면 ('특정 비료가 더 많은 수확량을 가져올 것이다'보다) 두 비료의 수확량이 다르다는 비방향성 가설을 세울 수도 있다.

귀무가설을 기각하는 기준으로 관습적인 알파 수준인 0.05를 사용하기로 결정했다. 알파를 통계적 검증력과 비료의 상대적인 비용 사이의 트레이드오프tradeoffs와 같은 실질적인 근거에 의해서 선택하는 편이 좋지만, 이 책의 7장과 8장을 아직 읽지 않았기 때문에 0.05의 알파로 설정한다.

그림 6.17

표본 크기가 동일하면 불균등 분산에 대한 걱정 없이 분석을 진행할 수 있다.

E21 =T.DIST.RT(E20,E9)

	A	B	C	D	E	F
1	Organic	Inorganic		t-Test: Two-Sample Assuming Equal Variances		
2	132	95				
3	90	116			Organic	Inorganic
4	114	111		Mean	107.944	98.667
5	90	105		Variance	262.173	191.647
6	93	103		Observations	18	18
7	124	89		Pooled Variance	226.910	
8	99	117		Hypothesized Mean Difference	0	
9	109	103		df	34	
10	123	80		t Stat	1.848	
11	84	86		P(T<=t) one-tail	0.037	
12	112	76		t Critical one-tail	1.691	
13	119	105		P(T<=t) two-tail	0.073	
14	101	104		t Critical two-tail	2.032	
15	105	86				
16	118	102		Mean Difference	9.278	=E4-F4
17	79	97		Pooled Variance	226.910	=(DEVSQ(A2:A19)+DEVSQ(B2:B19))/((18-1)+(18-1))
18	132	123		Variance Error of the Mean Diff.	25.212	=E17*(1/18+1/18)
19	119	78		Standard Error of the Mean Diff.	5.021	=SQRT(E18)
20				t-ratio	1.848	=E16/E19
21				Probability of t-ratio if null is true	0.037	=T.DIST.RT(E20,E9)

폭주한 트럭를 피해서 재배 기간이 끝날 때 각 표본에 같은 수의 브로콜리를 얻었다고 해 보자. 두 표본은 다른 분산을 갖지만, 두 표본이 같은 수의 n을 가지므로 분산에 대해서는 걱정할 필요가 없다. 그림 6.17의 A2:B19 범위에 각 식물의 크기를 입력했다.

엑셀의 리본Ribbon에서 데이터 탭을 클릭하고 분석 그룹에서 '데이터 분석'을 선택한다. 사용 가능한 도구의 목록 박스를 스크롤해 't-Test: Two Sample Assuming Equal Variances' 도구를 선택한다. 그림 6.18과 같이 분석을 정의할 수 있는 대화상자가 나타난다.

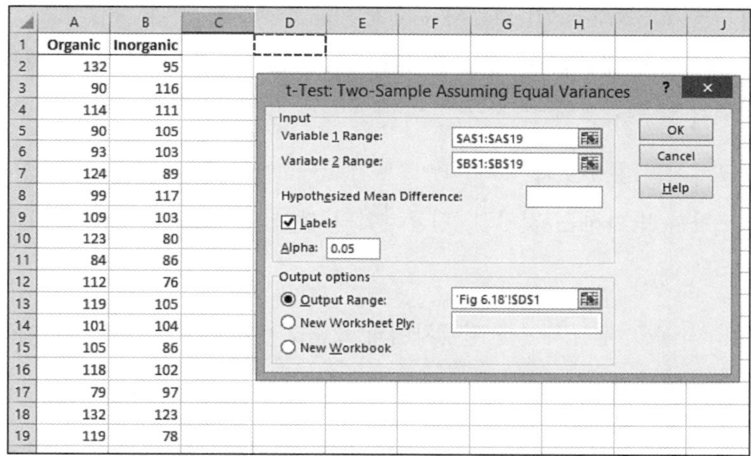

	A	B
1	Organic	Inorganic
2	132	95
3	90	116
4	114	111
5	90	105
6	93	103
7	124	89
8	99	117
9	109	103
10	123	80
11	84	86
12	112	76
13	119	105
14	101	104
15	105	86
16	118	102
17	79	97
18	132	123
19	119	78

그림 6.18
이 데이터 분석 도구는 약간의 문제가 있지만, 편리하다.

'Variable 1 Range'에 A1:A19를 입력하고 'Variable 2 Range'에 B1:B19를 입력한다. 'Labels' 체크박스를 체크하여 엑셀이 A1과 B1을 데이터가 아닌 헤더로 처리하게 만든다. 'Alpha' 에디트박스에 0.05가 보이지 않는다면 채워 넣는다. 'Output Range' 옵션 버튼을 클릭하고, 관련 에디트박스를 클릭한다. 셀 D1을 클릭하거나 그 주소를 입력해 결과 셀의 왼쪽 상위 부분을 지정한다. 'OK'를 클릭해 분석을 시작한다.

그림 6.17의 D1:F14 범위에 보이는 결과를 얻게 될 것이다. 완벽히 하기 위해 몇 가지 추가적인 계산 결과를 더했다. 대부분의 엑셀의 분석 도구 추가 기능이 제공하는 결과의 단점 중 하나는 수식이 아닌 정적인 값으로만 제공된다는 것이다. 그러므로 기본 데이터를 편집하거나 관찰값을 추가하거나 삭제하고 나면, 도구를 다시 실행해 결과를 다시 계산해야 한다. 중간 결과물이 어떻게 얻어지는지 문서화하는 것이 유용할 수 있다. 그렇기 때문에 그림 6.17의 D16:F21의 범위에 표시된 것과 같이 레이블과 수식을 추가했다.

평균차이Mean Difference: 검정하고 있는 두 그룹의 평균 간의 차이

합동분산Pooled Variance: 두 그룹 분산 모두 모집단 분산의 비편향 추정치다. 각 그룹 분산은 그룹 제곱의 합을 자유도(표본 크기에서 1을 뺀 값)으로 나눈 비율이다. 그들의 제곱의 합을 더하고 전체자유도로 나눠서 그룹 분산을 모을 수 있다. 모아진 합동분산은 각 그룹 분산 자체보다 모집단 분산의 좀 더 정확한 추정치다.

평균차이의 분산오차Variance Error of the Mean Difference: 이 과정은 그룹의 분산을 그룹의 관찰값의 수인 n으로 나누어 평균의 분산오차를 추정하는 것과 직접적으로 유사하다. 매우 유사한 표본에서 계산된 두 평균 사이의 차이의 분산을 추정하기 위해 합동분산에 표본 크기의 역수의 합을 곱한다.

평균차이의 표준오차Standard Error of the Mean Difference: 평균의 분산오차의 제곱근이 평균의 표준오차를 반환하는 것처럼, 평균차이의 분산의 제곱근은 평균차이의 표준오차를 반환한다.

t-비(t-ratio): 평균차이를 평균차이의 표준오차로 나누면 t-비가 된다.

귀무가설이 참일 경우 t-비의 확률Probability of t-ratio if null is true: t-비와 자유도를 T.DIST() 함수에 넣어 두 평균의 차이가 실제로 0.0인 모집단에서 해당 t-비가 나올 이론적인 확률을 얻을 수 있다. 방향성 연구가설을 세웠기 때문에 얻어진 t-비의 오른쪽에 놓여 있는 곡선 아래의 영역을 원한다. 그러므로 유기농 비료의 브로콜리의 평균이 일반 비료의 브로콜리의 평균보다 더 클 확률을 알기를 원한다.

얻어진 t-비의 오른쪽 영역을 얻기 위해 다음과 같은 수식을 사용할 수 있다.

```
=T.DIST.RT(E20,E9)
```

여기서 RT는 t-분포에서 단지 오른쪽 꼬리만 보겠다는 것을 명시한다. 다음과 같은 수식도 사용할 수 있다.

```
=1-T.DIST(E20,E9,TRUE)
```

E20의 t-비의 왼쪽 곡선의 아래 영역의 비율을 얻고 나서, 그 비율을 1.0에서 빼면 t-비의 오른쪽 비율을 얻을 수 있다(TRUE 인자는 곡선에서 t-비의 높이 대신 t-비 왼쪽의 곡선 아래 영역을 반환하게 한다. T.DIST.RT() 함수는 세 번째 인자를 받지 않는다).

분석 도구 대신 LINEST() 사용

필자는 일반적으로 분석 도구 추가 기능보다 LINEST()를 사용해 데이터를 분석하는 것을 선호한다. 수식을 사용하면 추가 기능이 반환하는 정적인 값과 달리 휘발성volatile이 데이터를 변경하면 즉각적으로 다시 계산된다는 점이 좋다. 만약 관찰값을 추가하거나 제거해야 하는 경우, 다음 두 가지 옵션 중 하나를 사용할 수 있다.

- 만약 근본적인 데이터가 엑셀 리스트라면, 단지 관찰값을 리스트에서 더하거나 삭제한 이후에 LINEST() 수식의 X와 Y의 주소를 맞춰 수정하면 된다.
- 만약 근본적인 데이터가 엑셀 테이블이라면, 관찰값들 테이블에서 더하거나 뺀다. LINEST() 수식은 자동으로 더해지거나 삭제된 관찰값에 대응해 자동으로 업데이트할 것이다.

휘발성 함수가 자동으로 업데이트된다는 사실 외에도, t-검정은 제공하지 않는 LINEST()가 반환하는 통계량(예를 들어 R^2과 추정의 표준오차)은 유용하다. 이 두 통계량은 간격척도로 측정된 변수가 포함된 분석의 맥락에서보다 명목형 그룹으로 측정된 t-검정의 맥락에서는 덜 유용한 것은 사실이다. 그러나 7장과 8장에서 보게 되겠지만, R^2과 추정의 표준오차는 좀 더 복잡한 분석을 지원한다.

6장의 '회귀 접근법과 t-검정 접근법 비교' 절에서 설명했듯이, t-비의 분모를 LINEST()의 결과에서 직접 얻을 수 있다. 회귀계수의 표준오차다. 그림 6.19를 보라.

그림 6.17에 나와 있는 절차에 따라 두 표본 평균의 차이를 검정할 때, 실제로는 모집단 평균의 차이가 0.0인지 여부를 테스트하고 있는 것이다. 이는 그림 6.19에서도 이루어진다.

그림 6.19
LINEST()는 t-검정 도구가 알려주는 것보다 많은 것을 알려주지만, 여전히 보완이 필요하다.

F12 =T.DIST.RT(F11,F6)

	A	B	C	D	E	F	G
1	Group	Score					
2	1	132			=LINEST(B2:B37,A2:A37,,TRUE)		
3	1	90			9.278	98.667	
4	1	114			5.021	3.551	
5	1	90			0.091	15.064	
6	1	93			3.414	34	
7	1	124			774.694	7714.944	
8	1	99					
9	1	109			Mean Difference	9.278	=E3
10	1	123			Standard Error of the Mean Difference	5.021	=E4
11	1	84			t-ratio	1.848	=F9/F10
12	1	112			Probability of t-ratio if null is true	0.037	=T.DIST.RT(F11,F6)
13	1	119					

그림 6.19의 셀 E4에 있는 LINEST()가 반환한 값과 그림 6.17의 셀 E19에 있는 "Standard Error of the Mean Difference(평균차이의 표준오차)"라고 붙여진 값을 비교해보라. 그림 6.17에서는 데이터 분석 도구가 명시적으로 그 값을 보여주지 않기 때문에, 값을 계산하기 위해 그룹 분산을 모으고, 모아진 분산을 평균차이의 분산오차로 변환하고, 이 분산오차를 평균차이의 표준오차로 변환해야 했다.

LINEST()를 사용할 때는 그림 6.19의 셀 F11에 표시된 t-비와 셀 F12에 표시된 t-비의 확률을 계산해야 한다. LINEST()에 의해 반환된 통계량이 주어졌을 때, t-비를 계산하는 것은 분명 쉽다. 엑셀의 T.DIST() 함수 중 하나를 사용해 확률을 계산하는 것은 조금 더 어렵다. 이는 주로 기본 T.DIST() 함수의 네 가지 다른 버전 가운데 하나를 선택해야 하기 때문이다.

T.DIST() 함수들 간의 차이 이해

엑셀 2010 이후부터 주어진 t-비의 왼쪽/오른쪽의 t-분포의 비율을 알려주는 세 가지 다른 형태의 함수를 사용할 수 있게 됐다. 이 함수들은 T.DIST(), T.DIST.RT(), T.DIST.2T()이다. 또 다른 함수인 T.TEST()는 엑셀 2010 이전부터 사용이 가능했다. T.TEST()는 6장 뒷부분에서 설명할 예정이다. 이 함수의 주된 용도는 불균등 그룹 분산과 불균등 그룹 크기와 관련이 있고 곡선 아래의 영역의 비율을 배치하는 것이 아니기 때문이다.

T.DIST() 함수를 사용하기 위해, 평가하고 싶은 t-비를 반드시 입력해야 한다. 또한 자유도도 반드시 입력해야 한다. 간단히 말하면 자유도는 두 그룹의 관찰값의 개수에서 1의 자유도를 빼고 합한 값이다. t-분포의 모양은 자유도에 따라 다르므로 엑셀이 해당 분포를 적절히 평가할 수 있도록 그 값을 입력해야 한다.

T.DIST() 함수는 입력한 t-비의 왼쪽에 놓여 있는 곡선의 아래 영역의 비율을 반환한다. 예를 들어 LINEST()나 데이터 분석 도구가 반환한 t-비가 -1.69라고 해보자.

> **노트** 음수의 t-비는 데이터 분석 도구가 작은 평균에서 큰 평균을 빼거나 LINEST()에 평균이 큰 그룹을 0으로 코드화하고 평균이 작은 그룹을 1로 코드화했을 때 발생한다.

36개의 관찰값을 가지고 있다고 가정해보자. 따라서 이 분석에 대한 자유도는 34다. 이 경우 다음과 같은 수식을 사용한다.

=T.DIST(-1.69,34,TRUE)

이 수식은 0.05 즉 5%를 반환한다. 그림 6.20은 5%의 영역을 보여준다.

> **노트** T.DIST()의 세 번째 인자는 TRUE나 FALSE이다. TRUE면 함수는 t-비의 왼쪽의 곡선 아래의 누적 영역을 비율로 반환한다. FALSE면 함수는 t-비의 포인트의 곡선의 상대적인 높이를 반환한다. T.DIST()의 다른 버전인 T.DIST.RT()와 T.DIST.2T()는 세 번째 인자를 갖고 있지 않으며, 단지 t-비와 자유도만 입력받는다.

그림 6.20에서 보여주는 상황은 음수의 t-비로 작은 평균에서 큰 평균을 뺄 때 발생한다. 이는 데이터 분석 도구의 Variable 1에 평균이 큰 값들이 아닌 평균이 작은 값들을 넣으면 발생한다(그림 6.17에서는 평균이 큰 값들을 Variable 1에 입력했다). 또는 LINEST() 경우라면, 작은 평균을 갖는 값들이 아닌 큰 평균을 갖는 값들에 0의 코드를 할당하면 발생할 수 있다(그림 6.19에서는 평균이 작은 값들을 0으로 코드화했다). 이 두 경우 음의 t-비를 얻을 수 있으며, 곡선 아래 영역의 비율은 그림 6.20의 모양과 비슷할 것이다.

그림 6.20

곡선의 왼쪽 꼬리의 어둡게 음영 처리된 부분은 T.DIST() 함수에 의해 반환된 확률에 해당한다.

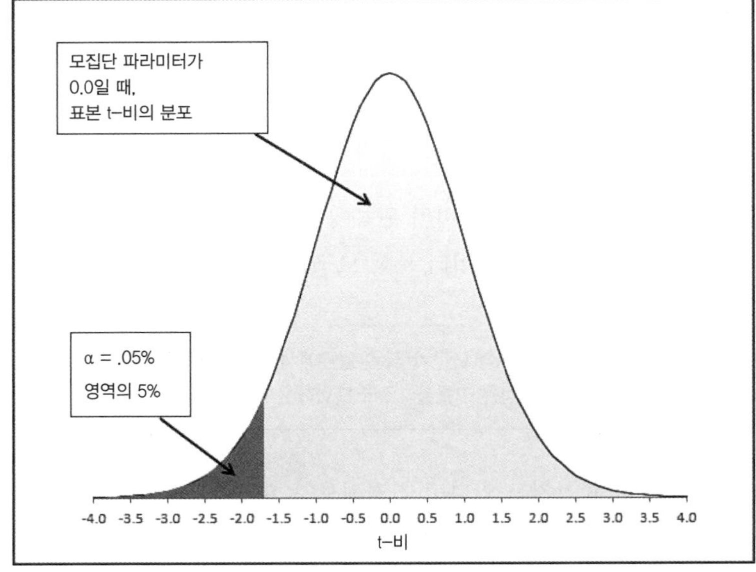

그림 6.21

어둡게 음영 처리된 부분은 크고 양수인 t-비의 왼쪽 곡선의 비율에 해당한다.

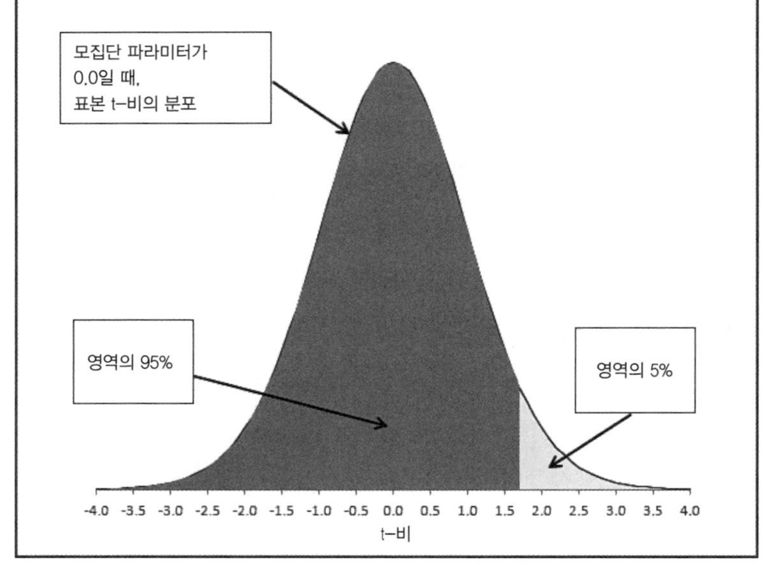

양의 t-비나 음의 t-비를 얻는 것은 흔히 기본 데이터의 배치나 코드를 선택하는 방법의 문제다. 다양한 이유로, 배치나 코드를 조정해서 양의 t-비의 결과를 내는 것이 일반적이다. 만약 양의 t-비를 얻었다면 다음과 같이 T.DIST() 함수를 사용할 수 있다.

=T.DIST(1.69,34,TRUE)

이는 0.95를 반환할 것이다. 34의 자유도에서 -1.69의 t-비의 왼쪽 곡선 아래의 영역은 단지 5%다. 1.69의 t-비의 왼쪽 곡선 아래 영역은 95%다. 그림 6.21을 보라.

그러나 대부분의 경우 그 95%에는 관심이 없다. 모집단의 t-비가 0.0일 때 1.69와 같은 큰 t-비를 얻을 확률에 관심이 있을 것이다. 그 확률은 0.05 즉, 5%다. 그림 6.22는 우리가 찾고 있는 것을 보여준다.

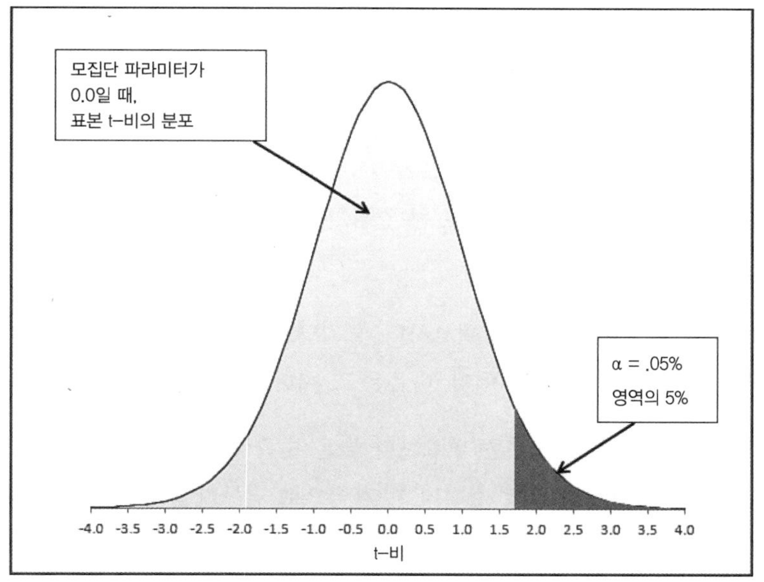

그림 6.22
어둡게 음영 처리된 부분은 t-비의 오른쪽인 곡선의 5%에 해당한다.

t-비의 오른쪽에 있는 곡선의 5%(또는 어떤 비율이든)를 반환하는 T.DIST() 함수를 사용하는 가장 직접적인 방법은 다음 수식 중 하나를 사용하는 것이다.

=1-T.DIST(1.69,34,TRUE)

또는 T.DIST.RT() 함수를 이용한다.

=T.DIST.RT(1.69,34)

곡선 아래 영역은 100%이므로, 함수에서 반환된 t-비의 왼쪽에 있는 비율을 뺀 값은 t-비의 오른쪽의 비율이다.

T.DIST.RT() 함수를 사용해 그 비율을 직접적으로 얻는 것을 선호할 수도 있다. RT는 '오른쪽' 또는 '오른쪽 꼬리'를 의미한다. T.DIST.RT() 함수는 누적-영역 인자인 세 번째 인자를 가지고 있지 않다(세 번째 인자를 포함시킨다고 해도 아무런 해를 끼치지 않는다. 단지 엑셀은 불만을 제기하고 편집 모드로 되돌린다).

T.DIST() 또는 T.DIST.RT()를 사용한다는 것은 우리가 방향 연구가설을 세웠음을 암시한다. 브로콜리 예제로 돌아가면, 기존 비료보다 유기농 비료에서 더 많은 수확량을 얻을 것이라는 가설을 세울 수 있다. 이것은 방향성 가설인데 그 이유는 특정 하나의 방법이 다른 하나보다 수치적으로 큰 결과가 나올 것이라고 가정하기 때문이다.

만약 연구가설이 덜 구체적이고 두 가지 유형의 비료에서 다른 수확량을 얻는다고만 언급하면, 특정 방법이 수치적으로 큰 결과가 가질 것이라는 것을 더 이상 기대하지 않는 것이다. 단지 결과가 다를 뿐이다.

두 경우 모두 결정 규칙이 필요하다. 모집단에 차이가 없다는 귀무가설을 기각할지 유지할지 여부를 알려주는 기준이다. 다음은 그 예다.

"나는 유기농 비료가 기존 비료보다 높은 수확량의 결과를 보인다면 모집단에 차이가 없다는 귀무가설을 기각할 것이다. 추가적으로 귀무가설을 잘못 기각할 확률을 최대 5%로 하고 싶다."

이 결정 규칙은 방향성 가설을 포함한다. 유기농 비료의 수확량이 기존 비료의 수확량을 초과해야 한다. 단지 다르기만 하면 안 된다. 그리고 알파를 5%로 설정한다. 긍정오류false positive의 확률은 5%를 초과하지 않아야 한다. 만약 얻은 t-비의 확률이 6%일지라도 적어도 당분간은 귀무가설을 유지하게 된다.

방향성 연구가설과 알파를 5%로 설정하는 조합은 전체 5%를 분포의 오른쪽 꼬리에 둔다는 것과 t-비를 얻기 위해 유기농 비료의 수확량 평균에서 기존 비료의 수확량의 평균을 뺀다는 것을 의미한다. 얻은 t-비의 확률이 5% 이하인 경우에만 귀무가설을 기각한다.

-3.5와 같이 크고 음의 t-비가 나오게 되면 어떨까? 만약 모집단의 평균이 동일하다면 매우 희박한 결과이며 귀무가설을 기각하려는 유혹에 빠질 수도 있다. 그러나 유기농 비료가 기존 비료보다 뛰어나다면 귀무가설을 기각하겠다고 이미 지정했으므로 그 입장에 관해서 윤리적으로 고수해야 한다. 유기농 비료를 선호하는 방향성 연구가설을 세웠다. 기존 비료가 더 좋다는 강력한 증거가 있지만 기존에 세운 연구가설을 기각할 수는 없다. 엄청나게 희박한 결과가 있더라도 결정 규칙과 귀무가설 모두를 지키고, 다음 실험 계획을 세워야 한다(단, 데이터가 올바르게 입력됐는지 확인해야만 한다).

> **노트** 7장까지지는 이론적 근거가 명확하지 않지만 방금 설명한 것과 같은 방향성 가설은 더 민감한 통계적 검정 결과를 준다(더 큰 민감도는 더 큰 통계적 검증력(statistical power)이 있다고도 말한다).

반면 아마도 다음과 같은 결정 규칙을 세울 수도 있다.

"나는 유기농 비료와 기존 비료의 수확량이 다르면, 모집단에 차이가 없다는 귀무가설을 기각할 것이다. 추가적으로 귀무가설을 잘못 기각할 확률을 최대 5%로 하고 싶다."

알파는 여전히 5%로 남아 있다. 하지만 그 분포는 방향성 연구가설과 비방향성 연구가설에서 다르다. 두 가지 결과-유기농 비료가 더 좋거나 기존 비료가 더 좋음-를 허용해야 하기 때문에 긍정오류 확률을 분포의 꼬리 양쪽에 나눠 분배해야 한다. 그림 6.23과 같이 알파를 양쪽 꼬리에 분배하는 것이 보통이다.

그림 6.23과 같이 알파를 나누는 것은 다음 두 가지 가능성을 허용한다. 유기농 비료가 더 좋거나 기존 비료가 더 좋다. 이것은 당신을 자유롭게 해준다. 어떤 비료가 더 좋을지 예상해 지정할 필요가 없으며, 방향성 연구가설과 부합하지 않는 매우 드물게 나오는 결과를 감수할 필요가 없다(반면 이전 노트에서 예상했겠지만, 실험의 통계적 검증력은 낮아질 것이다).

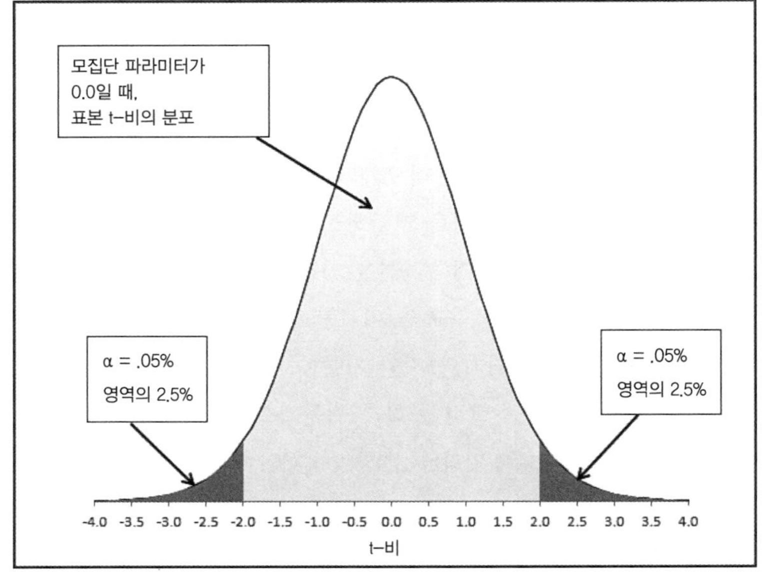

그림 6.23
여기서 5%의 알파는 두 개의 2.5% 조각으로 나눠졌다.

엑셀의 T.DIST.2T() 함수가 여기에서 도움이 될 수 있다. 함수 이름의 "2T" 부분은 "두 꼬리"를 의미한다. 이전 예와 동일한 t-비와 자유도를 사용하면 수식은 다음과 같다.

=T.DIST.2T(1.69,34)

이 수식은 0.100 즉, 10%를 반환한다. T.DIST.2T() 함수는 t-비의 오른쪽 곡선의 부분과 음의 t-비의 왼쪽 곡선의 부분을 합해 보여준다. 다르게 표현하면 T.DIST.2T()는 이 수식의 결과를 반환한다.

=T.DIST(-1.69,34,TRUE)+T.DIST.RT(1.69,34)

또는 다음 수식의 결과를 반환한다.

=2*T.DIST(-1.69,34,TRUE)

> **노트** 특별한 이론적인 이유 없이, T.DIST.2T() 함수의 첫 번째 인자로 음의 t-비를 입력하면 #NUM!의 오류값을 반환한다.

그러므로 비방향성 연구가설을 세웠다면, 1.69 또는 -1.69의 계산된 t-비는 0.05의 알파로는 귀무가설을 기각하지 않게 한다. 10%의 확률로 발생하는 t-비가 모집단의 t-비가 0.0이라는 귀무가설을 기각할 만큼 충분히 가능성이 낮다고 말할지도 모른다. 그러나 이미 10%가 아니라 5%의 긍정오류 비율이 필요하다고 명시했다.

비방향성 연구가설을 사용할 때는 결정 규칙의 기준을 조정해야 한다. 방향성 연구가설을 사용하면, 현재 예에서 적어도 1.69의 t-비가 귀무가설이 사실인 경우가 약 5%가 된다는 것을 보여준다. 비방향성 가설의 경우 1.69 이상이거나 -1.69 이하인 t-비가 10% 차지한다. 5%의 알파 수준을 유지하기 위해 전체 분포의 2.5%를 각 꼬리에서 절단해야 한다. 그림 6.23은 이러한 컷오프[cutoffs]를 보여준다.

자유도가 34인 경우 비방향성 검정의 긍정오류 비률을 5%로 제한하기 위해서는 +/-2.03의 t-비가 필요하다. -2.03의 왼쪽에 있는 곡선의 2.5%와 2.03 오른쪽에 있는 2.5%를 찾는다. 분명히 +/-2.03은 +/-1.69보다 분포의 중간에서 멀리 떨어져 있다. 따라서 귀무가설을 기각하기 위해서는 비방향성 가설은 방향성 가설보다 분포의 중앙에서 더 멀리 떨어진 t-비를 얻어야 한다. t-분포의 꼬리쪽에 있는 더 멀리 있는 값일수록 발생하는 것이 더 힘들어지며, 이는 방향성 검정이 비방향성 검정보다 더 큰 통계적 검증력을 갖는 이유의 힌트가 된다.

> **노트** 기준 t-비를 결정하기 위해 T.DIST() 함수의 사촌격인 T.INV()를 사용할 수 있다. T.DIST()은 t-비의 확률을 결정해준다. T.INV()는 확률에 대한 t-비를 알려준다. 예를 들어 T.INV(0.95,34)는 1.69를 반환하며 이 값은 자유도 34의 곡선의 95%를 왼쪽에 5%를 오른쪽에 갖는 t-비이다. 엑셀에서 DIST와 INV와 동일한 관계가 F와 카이-제곱(chi-square)분포에도 있다. 예를 들어 F.DIST() 와 F.INV(), CHISQ.DIST()와 CHISQ.INV()가 있다.

이 절에서는 다양한 T.DIST() 함수 사이의 차이점을 설명하기 위해 많은 부분을 할당했다. 이 함수들은 이번 절의 주요 주제인 서로 다른 그룹이나 X축의 다른 값들에 대한 분산의 동등성에 대해서는 직접적으로 아무런 관련이 없다. 다음 절에서 다룰 주제를 위해 이 함수들을 소개했다. 다음 절에서는 분석 도구 추가 기능을 사용해 그룹 크기가 꽤 다를 때에도 불균등한 분산을 다루는 방법을 소개한다.

웰치의 보정 사용

불균등 그룹 분산과 불균등 그룹 크기의 조합을 완전히 만족스러운 해결책은 존재하지 않는다. 그러나 웰치Welch라는 이름의 통계학자가 개발한 접근법이 아마도 이러한 조건의 t-비를 올바른 확률로 근사하는 방법으로 가장 빈번히 사용될 것이다.

이 방법은 표준 t-검정 접근법의 두 가지 부분을 수정한다.

- 준t 통계량quasi t statistic이라고 부르는 것을 계산해, 두 평균 간의 차이의 일반적인 표준오차에 대한 평균의 분산오차의 합의 제곱근을 대치한다. 이 준t의 분포는 일반적인 t-분포와 비슷하다(평균의 분산오차는 평균의 표준오차의 제곱이다).
- 두 분산의 비율을 위한 자유도를 조정한다. 일반 t-검정이 보수적이면 더 많은 자유도를 갖게 하고, 일반 t-검정이 진보적이면 더 적은 자유도를 갖도록 자유도를 조정한다.

그림 6.24를 보면서 이것이 어떻게 작동하는지 몇 가지 예를 살펴보자.

그림 6.24
불균등 분산과 불균등 표본 크기의 데이터를 분산이 동일한 것처럼 분석했다.

I24 =T.DIST.RT(I23,I20)

	A	B	C	D	E	F	G	H	I	J
1		Organic	Inorganic		Group	Score		t-Test: Two-Sample Assuming Equal Variances		
2		129	95		1	129				
3		87	117		1	87			Organic	Inorganic
4		111	111		1	111		Mean	104.250	94.800
5		87	84		1	87		Variance	247.671	166.400
6		90	101		1	90		Observations	20	10
7		121	89		1	121		Pooled Variance	221.548	
8		96	81		1	96		Hypothesized Mean Difference	0	
9		106	103		1	106		df	28	
10		120	79		1	120		t Stat	1.639	
11		81	88		1	81		P(T<=t) one-tail	0.056	
12		109			1	109		t Critical one-tail	1.701	
13		116			1	116		P(T<=t) two-tail	0.112	
14		98			1	98		t Critical two-tail	2.048	
15		102			1	102				
16		115			1	115		=LINEST(E2:E31,D2:D31,,TRUE)		
17		76			1	76		9.450	94.800	
18		129			1	129		5.765	4.707	
19		116			1	116		0.088	14.884	
20		107			1	107		2.687	28	
21		89			1	89		595.350	6203.350	
22					0	95				
23					0	117		t ratio:	1.639	
24					0	111		Probability of t	0.056	

그림 6.24는 준t 접근법에 대해 좀 더 명확하게 설명하기 위해 6장 앞부분에서 사용된 데이터와 다소 다른 두 가지 데이터셋을 보여준다. 열 A와 B의 데이터는 보수적인 t-검정을 따른다. 표본의 크기가 큰 A열이 더 큰 분산을 가진다(셀 I5:J5와 I6:J6을 보라). 동일한 두 개의 표본이 Group 코드와 함께 E와 F열에 나타나며 회귀분석을 위해 그림 6.13의 예제와 같이 배치됐다.

범위 H1:J14, 특히 셀 I11에 표시된 분석은, 방향성 연구가설과 알파를 0.05로 설정했다면, 모집단 평균에 차이가 없다는 귀무가설을 유지retain할 것임을 보여준다. 1.639의 t-비를 얻을 확률은 설정한 0.05의 알파보다 약간 크다.

범위 H17:I21의 LINEST() 결과는 데이터 분석 도구의 t-test 도구와 결과를 비교할 목적으로 표시했다. LINEST() 결과에서 계산된 셀 I23의 t-비와 LINEST() 결과를 T.DIST.RT()로 계산한 셀 I24의 확률을 보라.

이제 그림 6.24과 그림 6.25의 정보를 비교해보자.

그림 6.24와 그림 6.25의 주요 차이점은 서로 다른 데이터 분석 도구를 사용한다는 것이다. 그림 6.24에서는 't-Test: Two Sample Assuming Equal Variances'라는 도구를 사용한다. 그림 6.25는 't-Test: Two Sample Assuming Unequal Variances'라는 도구를 사용한다. 후자의 도구가 자유도에 웰치의 보정을 사용하고 기존의 비율 대신 준t-비를 계산한다.

't-Test: Two Sample Assuming Unequal Variances' 도구는 't-Test: Two Sample Assuming Equal Variances' 도구를 실행하는 것과 똑같이 실행할 수 있다. 데이터탭의 분석 그룹에 있는 데이터 분석 링크를 클릭하면 두 도구 모두 목록 상자에 나타난다. 'Equal Variances(균등 분산)' 버전을 사용할 때와 마찬가지로 상자를 채우고 대화상자에서 옵션을 선택하면 된다.

그림 6.25의 세 개의 셀은 그림 6.24의 셀과 비교할 만한 가치가 있다.

- 그림 6.24의 셀 I9의 자유도는 28이다. 그림 6.25의 셀 F8의 자유도는 22이다(이 절의 후반부에서 자유도를 조정하는 방법을 설명할 것이다).

- 그림 6.24의 셀 I10의 t-비는 1.639이다. 그림 6.25의 셀 F9의 t-비는 1.754이다(마찬가지로 이 공식을 나중에 다루도록 하겠다).
- 그림 6.24는 얻은 t-비에 대한 확률로 셀 I11에 0.056을 반환한다. 그림 6.25는 셀 F10에 0.047의 확률을 반환한다.

그림 6.25
웰치의 보정을 사용해 불균등 분산과 불균등 표본 크기를 처리한다.

G24 | =T.DIST.RT(G23,ROUND(G20,0))

	A	B	C	D	E	F	G	H	I
1		**Organic**	**Inorganic**		t-Test: Two-Sample Assuming Unequal Variances				
2		129	95						
3		87	117			*Organic*	*Inorganic*		
4		111	111		Mean	104.250	94.800		
5		87	84		Variance	247.671	166.400		
6		90	101		Observations	20	10		
7		121	89		Hypothesized Mean Difference	0			
8		96	81		df	22			
9		106	103		t Stat	1.754			
10		120	79		P(T<=t) one-tail	0.047			
11		81	88		t Critical one-tail	1.717			
12		109			P(T<=t) two-tail	0.093			
13		116			t Critical two-tail	2.074			
14		98							
15		102			Variance error of the mean, Organic		12.384	=B24/20	
16		115			Variance error of the mean, Inorganic		16.640	=C24/10	
17		76			Degrees of freedom, Organic		19	19	
18		129			Degrees of freedom, Inorganic		9	9	
19		116			Correction factor		0.427	=G15/(G15+G16)	
20		107			Corrected degrees of freedom		21.690		
21		89			Mean Difference		9.450	=G17*G18/(G18*G19^2+G17*(1-G19)^2)	
22					Estimate of standard error of mean difference		5.387	=SQRT(G15+G16)	
23	Mean	104.250	94.800			t ratio	1.754	=G21/G22	
24	Variance	247.671	166.400		Probability of t		0.047	=T.DIST.RT(G23,ROUND(G20,0))	
25									
26					Probability of t from TTEST()		0.047	=TTEST(B2:B21,C2:C11,1,3)	

'Unequal Variances' 도구는 자유도를 28에서 22로 조정한다. 이는 일반적으로 검정를 더 보수적으로 만드는 변경이다(자유도를 줄이면 평균의 표준오차의 크기가 증가한다. 평균의 표준오차 즉, 평균차이의 표준오차는 t-비의 분모이기 때문에 평균의 표준오차가 커지면 t-비는 작아진다. 그러므로 더 보수적인 t-검정이 된다).

그러나 'Unequal Variances' 도구는 t-비의 크기도 또한 증가시켜, 검정를 더 진보적으로 만든다. 이 경우, 자유도의 변화와 t-비의 변화의 순[net] 효과는 검정을 더 진보적으로 만든다. 'Equal Variances' 도구로 분석된 데이터는 큰 표본의 분산이 크기 때문에 보수적인 결과를 가져온다.

'Equal Variances' 도구에서 반환되는 확률인 5.6%는 처음에 지정한 알파인 5% 기준을 충족하지 못한다. 반면 보수적인 검정에 대한 조정으로 4.7%의 준t-비의 확률로 계산되며, 이 값은 명시한 한도 내에 있기 때문에 모집단에 차이가 없다는 귀무가설을 기각할 수 있게 한다.

그림 6.26과 6.27은 명목확률보다 더 진보적인 것으로 알려진 검정을 보다 보수적으로 만든다는 것의 반대의 효과를 보여준다.

그림 6.26

더 큰 표본이 더 작은 분산을 가지면, 기존의 t-검정은 명목확률보다 더 진보적으로 된다.

I24 =T.DIST.RT(I23,I20)

	A	B	C	D	E	F	G	H	I	J
1		Organic	Inorganic		Group	Score		t-Test: Two-Sample Assuming Equal Variances		
2		109	88		1	109				
3		87	110		1	87			*Organic*	*Inorganic*
4		111	104		1	111		Mean	102.750	92.800
5		87	77		1	87		Variance	193.461	271.956
6		90	114		1	90		Observations	20	10
7		121	112		1	121		Pooled Variance	218.691	
8		96	74		1	96		Hypothesized Mean Difference	0	
9		106	96		1	106		df	28	
10		120	72		1	120		t Stat	1.737	
11		81	81		1	81		P(T<=t) one-tail	0.047	
12		109			1	109		t Critical one-tail	1.701	
13		116			1	116		P(T<=t) two-tail	0.093	
14		98			1	98		t Critical two-tail	2.048	
15		102			1	102				
16		115			1	115		=LINEST(E2:E31,D2:D31,,TRUE)		
17		76			1	76		9.950	92.800	
18		119			1	119		5.727	4.676	
19		116			1	116		0.097	14.788	
20		107			1	107		3.018	28	
21		89			1	89		660.017	6123.350	
22					0	88				
23	Mean	102.750	92.800		0	110		t ratio:	1.737	
24	Variance	193.461	271.956		0	104		Probability of t	0.047	

그림 6.26과 6.27의 데이터는 그림 6.24와 6.25에서 사용된 데이터와 다르다. 더 큰 표본이 더 작은 분산을 가지고 있다. 범위 I5:J5와 I6:J6에서 데이터의 구성을 확인할 수 있다. 그림 6.26은 균등분산을 가정하는 데이터 분석 도구의 결과를 보여준다. 그림 6.27은 준t-검정과 자유도의 교정의 결과를 반환하는 도구의 결과를 보여준다.

다시 한 번, 불균등 분산과 표본 크기에 대한 조정의 효과를 보기 위해, 그림 6.26에 있는 자유도, t-비, 방향성 연구가설과 관련된 확률을 그림 6.27과 비교하라.

그림 6.27

그림 6.26에서 보인 진보적인 검정은 웰치의 보정과 준t비율을 적용하여 좀 더 보수적이 됐다.

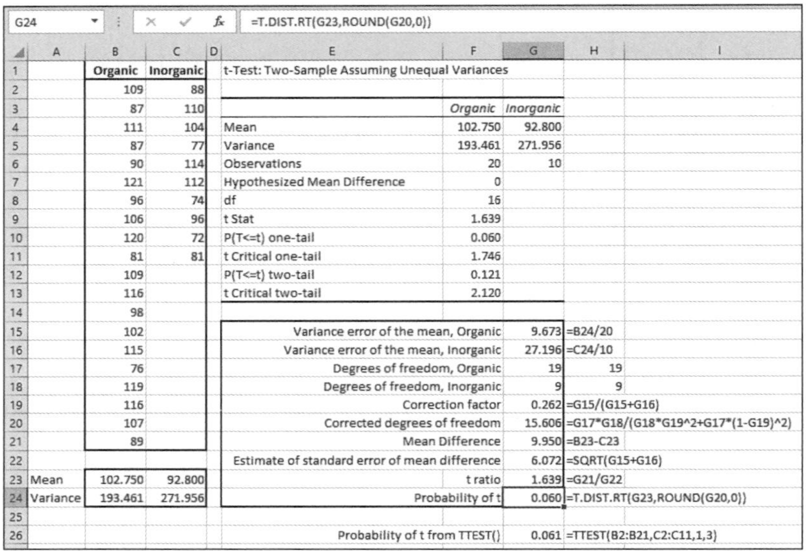

G24 =T.DIST.RT(G23,ROUND(G20,0))

	A	B	C	D	E	F	G	H	I
1		Organic	Inorganic		t-Test: Two-Sample Assuming Unequal Variances				
2		109	88						
3		87	110			Organic	Inorganic		
4		111	104		Mean	102.750	92.800		
5		87	77		Variance	193.461	271.956		
6		90	114		Observations	20	10		
7		121	112		Hypothesized Mean Difference	0			
8		96	74		df	16			
9		106	96		t Stat	1.639			
10		120	72		P(T<=t) one-tail	0.060			
11		81	81		t Critical one-tail	1.746			
12		109			P(T<=t) two-tail	0.121			
13		116			t Critical two-tail	2.120			
14		98							
15		102			Variance error of the mean, Organic		9.673	=B24/20	
16		115			Variance error of the mean, Inorganic		27.196	=C24/10	
17		76			Degrees of freedom, Organic		19	19	
18		119			Degrees of freedom, Inorganic		9	9	
19		116			Correction factor		0.262	=G15/(G15+G16)	
20		107			Corrected degrees of freedom		15.606	=G17*G18/(G18*G19^2+G17*(1-G19)^2)	
21		89			Mean Difference		9.950	=B23-C23	
22					Estimate of standard error of mean difference		6.072	=SQRT(G15+G16)	
23	Mean	102.750	92.800		t ratio		1.639	=G21/G22	
24	Variance	193.461	271.956		Probability of t		0.060	=T.DIST.RT(G23,ROUND(G20,0))	
25									
26					Probability of t from TTEST()		0.061	=TTEST(B2:B21,C2:C11,1,3)	

그림 6.27의 F8 셀에 표시된 자유도는 28(그림 6.26의 셀 I9)에서 16으로 줄어, 원래 진보적이었던 검정을 보수적으로 만든다. 게다가 그림 6.26에서 1.737이 었던 t-비는 1.639로 줄어든다. 순 효과는 확률 진술을 그림 6.26(0.047) 보다 그림 6.27(0.060)에서 더 보수적으로 표현하게 만든다. 따라서 초기에 알파를 0.05로 설정했다면, 그림 6.27의 준t검정의 결과는 모집단의 평균 차이가 없다는 귀무가설을 유지할 수 있게 한다.

> **노트** 그림 6.24에서 6.27까지의 보여준 예에서 귀무가설을 유지하거나 기각하는 결정은 칼날 위에 서 있는 형국이다. 통계적 검정을 일반적인 t-검정에서 준t-검정으로 바꾸는 것이 어떻게 결과를 뒤바꿀 수 있는지 보여주기 위해 그랬다. 동시에, 0.047에서 0.060 사이의 확률 차이는 매우 작다. 잘못된 결정에 대한 비용이 크다면, 가벼운 근거에 잠재적으로 재난이 될 수 있는 결정을 내리는 것보다는 새로운 데이터로 실험을 반복하는 것이 좋다.

이번 절을 마치기 전에, 준t-비율을 계산하는 방법과 불균등한 표본 크기를 조정하기 위해 검정의 자유도를 수정하는 방법을 살펴보자.

t-비율의 분자는 준t-비율에서도 바뀌지 않는다. 그 값은 단순히 두 평균의 차이다. 만약 기본 통계량을 얻기 위해 일반적인 t-검정 대신 LINEST()를 사용한다며, t-비는 여전히 회귀계수이며, 숫자적으로 표본 평균 간의 차이와 동일하다.

기존 t-비에서 분모를 얻기 위해 두 그룹에 대한 모아진 분산을 계산하는 것부터 시작한다. 편차제곱의 합이 합하고, 그 합을 두 자유도의 합으로 나눈다.

그 결과가 합동분산이다. 이 값에 자유도의 역수의 합을 곱한다. 그 결과가 평균 간의 차이의 분산오차다. 그리고 이 값의 제곱근은 평균 간의 차이의 표준오차가 된다. 정리하면,

합동분산Pooled Variance $=(\sum x_1^2 + \sum x_2^2)/(df_1 + df_2)$

평균차이의 분산오차Variance Error =Pooled Variance*$(1/n_1+1/n_2)$

평균차이의 표준오차Standard Error $=\sqrt{\text{Variance Error}}$

그리고,

t-ratio$=(\overline{X}_1 - \overline{X}_2)/\textit{Standard Error}$

반면 준t-비율을 얻기 위해서는 평균 간 차이의 표준오차를 각 그룹의 평균의 분산오차의 합의 제곱근으로 대치하면 된다. 정리하면,

$$S_{\overline{X}_1}^2 = S_{X_1}^2/n_1$$

그리고,

$$S_{\overline{X}_2}^2 = S_{X_2}^2/n_2$$

그러면

Quasi t-ratio(준t비율)$=(\overline{X}_1 - \overline{X}_2)/\sqrt{S_{\overline{X}_1}^2 + S_{\overline{X}_2}^2}$

이것은 그림 6.27의 엑셀 워크시트에서 다음과 같이 작동한다.

- 유기농그룹Organic의 분산은 다음 수식을 사용해 셀 B24에서 계산된다.

  =VAR.S(B2:B21)

- 무기농그룹Inorganic의 분산은 다음 공식을 사용해 셀 C24에서 계산된다.

  =VAR.S(C2:C11)

VAR() 함수는 빈 셀을 무시하므로 이 수식을 다음과 같이 사용할 수도 있다.

=VAR.S(C2:C21)

이는 편리할 수는 있지만, 길 잃은 숫자가 어떻게든 C12:C21 범위에 들어가면 문제를 일으킬 수도 있다.

- 각 그룹의 평균의 분산오차는 다음 공식을 사용해 G15와 G16 셀에 계산된다.

  =B24/20
  =C24/10

  이 값은 각 그룹의 분산을 간 그룹의 관찰값의 수로 나눈 값이다.

- 두 평균의 차이의 표준오차의 추정치는 평균의 두 표준오차의 합의 제곱근이다. 셀 G22에는 다음 수식이 포함된다.

  =SQRT(G15+G16)

그룹 평균 간의 차이는 셀 G21에 있다. 그래서 셀 G23의 1.639의 준t비율은 다음 수식을 통해 계산할 수 있다.

=G21/G22

실제 t-비가 0.0인 모집단에서 1.639의 준t-비를 얻을 확률을 계산하기 전에, 검정을 위한 자유도를 조정할 필요가 있다. 이는 준t-비의 분모를 저정하는 것보다 아주 약간 복잡하다. 다음 수식을 이용해 보정계수 c를 계산하는 것부터 시작해보자.

c = $c = S^2_{\bar{X}_1}/(S^2_{\bar{X}_1} + S^2_{\bar{X}_2})$

보정계수는 다음 수식을 이용하여 셀 G19에 계산됐다.

=G15/(G15+G16)

그런 다음 준t-검정의 자유도는 다음 수식을 사용해 계산된다.

$$v = v_1 v_2 / [v_2 c^2 + v_1(1-c)^2]$$

여기에서

- v는 준t-검정의 자유도다.
- v_1은 첫 번째 그룹의 자유도다.
- v_2는 두 번째 그룹의 자유도다.
- c^2은 보정계수의 제곱이다.

이 수식은 다음 엑셀 구문을 사용해 G20에 사용된다.

```
=G17*G18/(G18*G19^2+G17*(1-G19)^2)
```

자유도를 바르게 유지하라. 만약 보정계수를 계산할 때 v_1을 분자로 했다면, 조정된 자유도에서 그 값에 $(1-c)^2$를 곱해야 한다(그룹 1과 그룹 2 중 어떤 그룹이 큰 분산을 가지거나 더 큰 관찰값의 수를 가졌는지 여부는 결과에 아무런 차이를 주지 않는다).

보정된 자유도를 계산했을 때 소수값이 나올 가능성이 크다. 그림 6.27의 셀 G20에서의 이 값은 15.606이다. 비록 T.DIST.RT() 함수는 아무런 불만없이 소수의 자유도를 허용하지만 인자를 명확하게 하는 것이 가장 좋다. 필자는 엑셀의 ROUND() 함수를 사용해 자유도에 가장 가까운 정수를 구한다. 그림 6.27의 셀 G24에 있는 수식은 다음과 같다.

```
=T.DIST.RT(G23,ROUND(G20,0))
```

데이터 분석 도구 't-Test: Two Sample Assuming Unequal Variances'는 이번 절에서 기술한 수식과 동일한 t-비와 해당 비율의 확률을 반환한다. 분석 도구는 t-비의 조정된 분모를 반환하지 않으며 자유도를 조정하는 방법도 보여주지 않지만, 이번 절에서 제공한 수식을 검토하여 그 값들을 구하는 방법을 확인할 수 있다. 최종 결과는 동일하다.

TTEST() 함수

만약 이번 절에서 초점을 맞추고 있는 불균등 분산과 불균등 표본 크기의 상황에 직면한 경우, 최종 확률진술에 이르기까지 'Unequal Variances' 도구를 사용하거나 방금 설명한 것처럼 처음부터 수식을 입력해 구하는 방법보다 훨씬 빠른 방법이 있다는 것을 알아야 한다. 엑셀의 TTEST() 함수는 준t-비의 확률을 반환한다.

그림 6.25와 6.27의 셀 G26에 TTEST() 함수를 두었다. 데이터 분석 도구에서 제공한 셀 F10의 결과와 실제 수식으로 계산한 G24의 결과를 이 값과 비교해보라. 그렇게 하면 TTEST() 결과가 다른 결과와 소수점 1/1000자리에서 약간 다르다는 것을 알 수 있다.

이 함수를 사용해야 하는 마땅한 이유를 생각할 수 없다. 비밀스러운 방법에 의해서 반환된 결과는 뚜렷한 이유없이 다른 결과를 보이며, 평균, 그룹 수, 분산과 같은 뒷받침하는 데이터 없이 오직 확률만 알려준다는 것만 언급하도록 하겠다.

TTEST()는 2010년 이래로 엑셀이 "호환성" 함수라고 부르는 함수 중 하나다. 호환성 함수는 응용프로그램에 남아 있는 함수로 오래된 통합 문서도 새로운 버전의 엑셀에서도 해석될 수 있다. 이 함수의 전체 문법은 다음과 같다.

TTEST(array_1,array_2,tails,type)

여기서,

- array_1은 첫 번째 그룹의 관찰값의 워크시트에서의 위치이고, array_2는 두 번째 그룹에 대한 위치다.
- tails(1 또는 2)는 분포의 한쪽 또는 양쪽 꼬리에서 t-비의 확률을 보고할지 여부를 나타낸다.
- type(1, 2, 또는 3)은 (1) 형제와 같이 쌍의 구성원의 그룹에 대한 t-검정, (2) 균등 그룹 분산을 가정하는 t-검정, (3) 불균등 분산을 가정한 준t-검정의 사용 여부를 나타낸다.

TTEST()가 지원하는 세 가지 유형의 검정 중 첫 번째 검정은 종속그룹 t-검정dependent groups t-test이라고도 부른다. 이것에 대해서는 다음 두 가지 이유로 6장에서는 더 이상 논의하지 않을 것이다.

- 종속그룹 t-검정에서 한 그룹의 각 관찰값은 다른 그룹의 한 관찰값과 쌍을 이룬다. 예를 들어 10쌍의 쌍둥이이면, 한 그룹은 쌍둥이 중 한 명이, 다른 그룹은 쌍둥이 중 다른 한 명으로 구성된다. 이 경우, 그룹 크기는 동일해야 하며, 앞에서 살펴본 것처럼 t-검정은 표본의 크기가 같을 때 균등분산의 가정의 위배에 대해 강건하다.
- 종속그룹 t-검정은 실제로 공분산분석의 단순한 형태이며, 이는 8장의 주제다.

그럼 먼저, 6장에서 설명한 단순한 두 그룹 설계의 코딩 기술의 사용을 7장에서는 셋 이상의 요소 수준으로 확장해보자.

회귀분석을 이용한 그룹 평균 간 차이 검정

7

이 책은 회귀분석에 관한 책이다. 그렇지만 7장에서는 측정척도에 대해 논의하면서 시작할 것이다. 회귀분석을 사용할 때, 예측되는(결과 또는 종속) 변수는 거의 항상 간격이나 비율척도로 측정되며, 이 값들은 수적 양을 갖는다. 예측(독립 또는 회귀변수) 변수는 또한 빈번히 수의 척도로 측정된다.

그러나 예측변수는 명목형이나 범주형 척도로 표현될 수 있다. 엑셀의 LINEST() 같은 함수는 직접적으로 예측변수에 STATIN, PLACEBO, REPUBLICAN, DEMOCRAT과 같은 값들을 사용할 수 없기 때문에, LINEST()에서 사용하기 위해서는 이러한 명목형 값들을 숫자 값으로 변환하는 체계가 필요하다.

어떠한 체계를 선택하는지는 분석으로 얻을 정보에 중요한 영향을 미친다. 그렇기 때문에 각 체계가 가지고 있는 근본적인 이슈들에 대해 자세히 살펴볼 것이다.

또한 본격적인 내용으로 넘어가기 전에 몇 가지 용어 문제를 다루는 것이 도움이 될 것이다. 앞선 6개 장에서는 회귀분석을 사용해 간격 또는 비율척도로 측정된 변수 간의 관계만을 다뤘다. 거기에는 다음과 같은 두 가지 이유가 있다.

- 간격변수에 대해서만 논의하면 이제 소개하려는 회귀분석을 사용해 그룹간 차이를 평가하는 약간 많이 복잡한 부분들에 대해 설명을 미룰 수 있었다.
- 회귀분석에 대해 들어본 대부분의 사람들이라면 예측과 설명의 연결에 대해 들어봤을 것이다. 예를 들어 알고 있는 키로부터 체중을 예측한다. 이런 종류의 사용은 예측되는 변수와 예측변수 모두가 구간 또는 비율 변수임을 암시하는 경향이 있다.

7장에서는 회귀분석을 사용해 명목변수(예: 자동차 제조사 또는 치료 유형)가 간격변수(예: 연비 또는 혈액 검사의 지표)에 미치는 영향을 분석한다. 이러한 종류의 평가는 그룹 구성원의 결과를 정량화하는 변수에 대해 다른 그룹에 속하는 것이 미치는 효과에 초점을 둔다(다른 자동차 제조사에 대한 연비, 다른 치료법에 대한 콜레스테롤 수치).

8장, '공분산분석'에서 간격변수의 효과로 되돌아간다. 그러나 8장에서는 7장에서 예측되는 변수predicted variables라고 부르던 것을 결과 변수outcome variables라고 부르고 예측변수predictor variables를 요인factors으로 부를 것이다. 많은 이론가들과 작가들은 결과 변수보다는 다른 용어를 선호한다. 결과 변수라는 용어는 인과관계를 암시하기 때문이며, 그런 종류의 상황은 통계적 분석이 아니라 실험 설계에 의해 결정되기 때문이다. 그러나 그것을 이해하고 있다면, 필자는 결과 변수라는 용어를 사용할 수 있다고 생각한다. 적어도 다른 용어에 비해 과장이 덜 심하다.

더미코딩

아마도 명목변수를 코딩하는 가장 간단한 방법은 더미코딩이라고 할 수 있다. "가장 간단한"이라는 단어를 이 방법이 강력하지 않거나 단순하다는 의미로 사용하지 않았다. 예를 들어 필자는 로지스틱회귀에서 더미코딩을 선호하는데, 더미코딩 방법을 사용하면 회귀계수의 해석을 명확히 할 수 있기 때문이다.

더미코딩은 하나 이상의 처치 그룹을 서로 비교하거나 대조control그룹과 비교하려는 경우 표준선형회귀분석에서도 유용하게 사용할 수 있다.

더미코딩의 예

그림 7.1과 7.2는 작은 실험의 데이터가 일반적인 분산분석 즉 ANOVA에 적용되기 위해 어떻게 배치돼야 하는지 보여준다.

ANOVA 용어에서는 피험자가 노출되는 여러 조건의 값을 구성하는 변수를 요인factor이라고 한다. 이 예에서 요인은 Treatment(처치 방법)이다. Treatment 요인이 취할 수 있는 서로 다른 값들을 수준levels이라고 한다. Treatment의 수준에는 세 가지 치료 방법이 있다. Medication(약물 치료), Diet(식이요법), Placebo(플라시보)가 혈액 내의 바람직하지 않은 성분의 양을 낮추는 수단으로 사용된다.

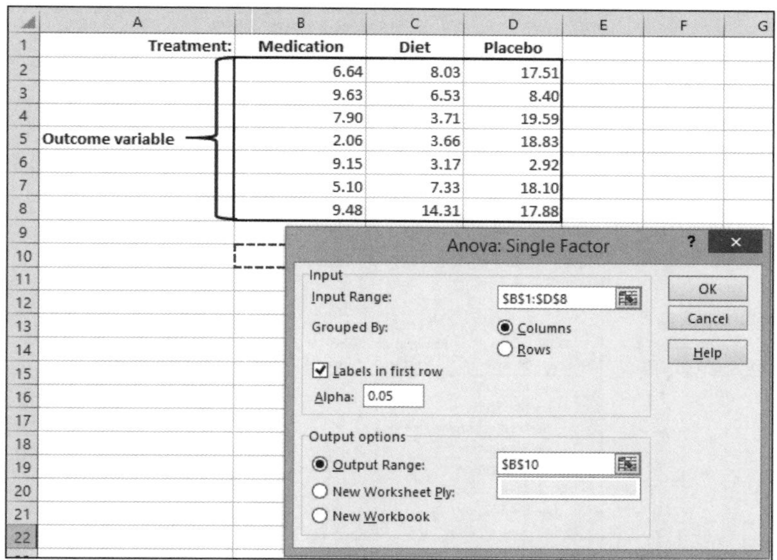

그림 7.1
데이터 분석 도구를 사용하려면 요소 수준들이 다른 열이나 행에 위치하고 있어야 한다.

엑셀의 분석 도구 추가 기능에는 'ANOVA: Single Factor'라는 도구가 포함돼 있다. 올바르게 작동시키려면 데이터셋을 그림 7.2의 B2:C8 범위와 같이 배열해야 한다(또는 다른 요인 수준이 다른 열에 위치하고, 다른 피험자가 다른 열에 위치하도록 90도 회전시켜도 된다). 그림과 같이 데이터가 배치되면 'ANOVA: Single Factor' 도구를 실행할 수 있으며, 범위 A12:H23에 표시된 결과 반환한다. 데이터 분석 도구는 B14:F16에 나와 있는 유용한 기술 통계량을 제공한다.

그림 7.2

만약 다이얼로그에서 "첫 열은 레이블(Labels Frist Row)"을 선택했다면, 요약 통계량에 관련 레이블이 붙어서 나온다.

	A	B	C	D	E	F	G	H
1	Treatment:	Medication	Diet	Placebo				
2		6.64	8.03	17.51				
3		9.63	6.53	8.40				
4		7.90	3.71	19.59				
5	Outcome variable	2.06	3.66	18.83				
6		9.15	3.17	2.92				
7		5.10	7.33	18.10				
8		9.48	14.31	17.88				
9								
10		Anova: Single Factor						
11								
12		SUMMARY						
13		*Groups*	*Count*	*Sum*	*Average*	*Variance*		
14		Medication	7	49.98	7.14	7.76		
15		Diet	7	46.75	6.68	15.12		
16		Placebo	7	103.23	14.75	41.49		
17								
18		ANOVA						
19		*Source of Variation*	*SS*	*df*	*MS*	*F*	*P-value*	*F crit*
20		Between Groups	287.448	2	143.724	6.699	0.007	3.555
21		Within Groups	386.197	18	21.455			
22								
23		Total	673.645	20				

그림 7.3에는 회귀분석으로 동일한 데이터셋을 분석하기 위해 더미코딩을 사용해 설정하는 방법에 대한 예가 나와 있다.

그림 7.3

회귀접근법을 선호하는 한 가지 작은 이유는 표준 엑셀 레이아웃으로 데이터를 배치한다는 것이다.

L12 =I12-I14

	A	B	C	D	E	F	G	H	I	J	K	L
1	Out-come	Treatment	Medication Vector	Diet Vector		Diet Coefficient	Medication Coefficient					
2	6.64	Medication	1	0		-8.069	-7.608	14.75				
3	9.63	Medication	1	0		2.476	2.476	1.751				
4	7.90	Medication	1	0		0.427	4.632	#N/A	=LINEST(A2:A22,C2:D22,,TRUE)			
5	2.06	Medication	1	0		6.699	18	#N/A				
6	9.15	Medication	1	0		287.448	386.197	#N/A				
7	5.10	Medication	1	0								
8	9.48	Medication	1	0		Anova: Single Factor						
9	8.03	Diet	0	1								
10	6.53	Diet	0	1		SUMMARY						
11	3.71	Diet	0	1		*Groups*	*Count*	*Sum*	*Average*	*Variance*		
12	3.66	Diet	0	1		Medication	7	49.98	7.14	7.76		-7.608
13	3.17	Diet	0	1		Diet	7	46.75	6.68	15.12		-8.069
14	7.33	Diet	0	1		Placebo	7	103.23	14.75	41.49		
15	14.31	Diet	0	1								
16	17.51	Placebo	0	0					=F.DIST.RT(F5,2,G5)		0.007	
17	8.40	Placebo	0	0		ANOVA						
18	19.59	Placebo	0	0		*Source of Variation*	*SS*	*df*	*MS*	*F*	*P-value*	*F crit*
19	18.83	Placebo	0	0		Between Groups	287.448	2	143.724	6.699	0.007	3.555
20	2.92	Placebo	0	0		Within Groups	386.197	18	21.455			
21	18.10	Placebo	0	0								
22	17.88	Placebo	0	0		Total	673.645	20				

어떤 종류의 코딩 방법을 사용하더라도 따라야 할 몇 가지 규칙이 있다. 더미코딩에 적용되는 규칙은 다음과 같다.

- 요소 수준의 수 빼기 1만큼의 새 데이터 열이 필요하다. 이것은 요소의 자유도의 수와 동일하다. 지금 다루고 있는 예와 같이 3개의 수준이면, 3-1 즉 2이다. 이러한 열들을 벡터vector라고 부르도록 하겠다.
- 각 벡터는 요소의 한 수준을 나타낸다. 그림 7.3에서 첫 번째 Vector는 Medication을 나타내므로 약물을 받는 모든 피험자는 Medication Vector의 값이 1이 되고, 다른 모든 피험자는 0이 된다. 마찬가지로, Diet로 치료받는 사람들은 두 번째 벡터인 Diet Vector가 1이 되고 이 피험자들을 제외한 모든 피험자는 0이 된다.
- 하나의 수준을 이루고 있는 대조 그룹의 피험자들은 모든 벡터가 0이 된다. 그림 7.3에서는 플라시보를 받는 경우다.

그림 7.3의 범위 A2:D22에 표시된 대로 데이터를 배치한 다음, F2:H6과 같이 5행과 3열의 빈 범위를 선택하고 다음과 같이 LINEST() 함수에 배열을 입력하라.

=LINEST(A2:A22,C2:D22,,TRUE)

배열로 입력하기 위해 Ctrl+Shift+Enter 키 조합을 사용해 수식 입력하는 것을 잊지 마라. 인자들은 다음과 같다.

- 첫 번째 인자인 범위 A2:A22는 결과 변수가 있는 위치다(이 연구의 서술은 진true, 통제controlled 실험을 제안하기 때문에, 혈액의 수치를 원인과 결과를 암시하기는 결과 변수라고 언급해도 오용하는 것이 아니다).
- 두 번째 인자인 범위 C2:D22는 피험자가 속한 요소의 수준을 나타내는 벡터가 있는 위치다. 다른 실험 환경에서는 이러한 변수들을 예측변수라고 말한다.
- 세 번째 인자는 생략돼 있다. 그 사이에 아무것도 없는 연속된 쉼표는 생략을 의미한다. 이 인자가 TRUE이거나 생략되면, 엑셀은 회귀방정식의 상수를 일반적으로 계산한다. 이 인자가 FALSE이면, 엑셀은 상수(절편)를 0.0으로 고정하고 계산한다.

- 네 번째 인자인 TRUE는 엑셀이 회귀방정식의 신뢰성에 대한 요약 정보가 들어 있는 결과를 세 번째에서 다섯 번째 행에 계산하여 반환하도록 한다.

그림 7.3에서는 두 분석의 결과를 쉽게 비교하기 위해 그림 7.2의 기존 ANOVA 결과를 반복했다. 다음 사항을 유의하라.

- LINEST()가 반환한 셀 F6과 G6의 회귀제곱의 합과 잔차제곱의 합은 데이터 분석 추가 기능이 반환한 셀 G19와 G20의 그룹간제곱합과 그룹내제곱합과 동일하다.
- 셀 G5의 잔차자유도는 셀 H20의 그룹내 자유도와 동일하다. 제곱의 합과 요인 수준의 수가 있기 때문에, 원하는 경우 그룹간평균제곱과 그룹내평균제곱을 계산할 수 있다.
- LINEST()에 의해 반환된 셀 F5의 F-비는 분석 도구 추가 기능이 반환한 셀 J19의 F-비와 동일하다.
- LINEST()에 의해 반환된 셀 H2의 상수(절편이라고도 함)는 벡터 전체에 걸쳐 코드가 0으로 할당된 그룹의 평균과 동일하다. 이 경우는 Placebo 그룹이다. 셀 H2의 상숫값과 셀 I14의 Placebo 그룹 평균을 비교해보라(상수가 0으로 코드된 그룹과 동일하다는 것은 더미코딩에만 해당된다. 7장의 뒷부분에서 설명하는 효과코딩, 직교코딩에서는 해당되지 않는다).

셀 F2와 G2의 회귀계수는 6장의 t-검정과 마찬가지로 그룹 평균 간의 차이를 나타낸다. 더미코딩의 경우, 그 차이는 1의 코드가 할당된 그룹과 완전히 0으로 코드가 할당된 그룹 간의 차이다.

예를 들어 Medication 그룹과 Placebo 그룹의 평균의 차이는 7.14 - 14.75다(셀 I12와 I14를 보라). 이 차이는 -7.608이고, 셀 L12에서 계산됐다. 이 값이 셀 G2에 LINEST()가 반환한 Medication Vector의 회귀계수이다. 이 Vector는 Medication 그룹을 1로 식별한다.

마찬가지로, Diet 그룹과 Placebo 그룹의 평균의 차이는 6.68-14.75다(셀 I13과 I14를 보라). 이 차이는 셀 L13에서 계산된 -8.069와 같으며, 두 번째 벡터인 Diet Vector의 회귀계수이기도 하다.

> **노트** 여기서 회귀계수가 보이는 순서에 대한 LINEST()의 특성이 다시 나타난다. 예측변수 A, B, C가 워크시트의 왼쪽에서 오른쪽 순서로 있는 경우, LINEST() 결과에서는 왼쪽에서 오른쪽 순서대로 C, B, A가 표시된다.
>
> 그림 7.3에서 Medication을 나타내는 벡터는 C열에 있고 Diet를 나타내는 벡터는 그 오른쪽인 D열에 있다. 그러나 LINEST()는 Medication에 대한 회귀계수를 셀 G2의 Diet에 대한 회귀계수의 왼쪽에 있는 셀 F2에 반환한다. 이는 혼동 가능성이 있으며, LINEST() 결과의 열에 레이블을 지정해 각 계수가 참조하는 변수를 표시하는 것이 좋다.

LINEST()가 제공하지 않는 정보 중 하나는 회귀방정식의 통계적 유의성이다. 그룹 평균 간의 차이를 평가하는 ANOVA의 맥락에서, 통계적 유의성의 검정은 모집단에서 평균에 차이가 없다는 귀무가설을 기각할 만큼 평균의 차이가 충분히 큰지 여부를 묻는다. F-비에서는 회귀자유도 그리고 잔차자유도와 협력해 이 질문에 대한 답을 알려준다.

엑셀의 F.DIST.RT() 함수를 사용해 귀무가설이 참일 때 주어진 F-비를 관찰할 확률을 알 수가 있다. 이 경우, 다음 방법을 사용한다(셀 K16에서 볼 수 있다).

```
=F.DIST.RT(F5,2,G5)
```

이 수식은 0.007을 반환하는데, 이 값은 분석 도구 추가 기능의 'ANOVA: Single Factor' 도구가 반환한 셀 K19의 값과 동일하다. 모집단에서 약물 치료medication를 받은 환자, 식이요법diet을 받은 환자, 플라시보placebo를 받은 환자 집단의 평균에 차이가 없다면, 6.699의 F-비를 관찰할 기회는 1,000 중에 7번이다. 귀무가설을 기각할 만큼 충분히 드문 일인지 결정하는 것은 독자에게 달려 있다. 대부분의 사람들은 충분히 드문 일이라고 생각할 것이다. 하지만 21개의 표본은 매우 작은 표본이며 발견한 결과를 일반화하기 어렵게 한다. 즉, 21명의 환자에서 전체 대상 모집단까지 관찰된 결과를 얼마나 자신 있게 일반화할 수 있는가에 대한 문제다.

벡터 자동으로 채우기

그래서 이게 어떤 이득이 있는가? 회귀분석을 사용해 ANOVA를 하는 것이 충분한 이점이 있을까? 특히 LINEST()와 관련된 추가 작업을 정당화할 만한 이유가 있을까?

필자는 그렇게 생각하지만 결정은 각자의 몫이다. 먼저, 분석 도구 추가 기능을 사용하기 위해 데이터를 준비하는 데는 어떤 과정이 필요할까? 그리고 회귀분석을 준비하는 데는 어떤 과정이 필요할까?

분석 도구의 ANOVA: Single Factor 도구를 실행하려면, 그림 7.2의 B1:D8에 표시된 것과 같이 데이터를 배치해야 한다. 이러한 배치 형태는 실제 데이터베이스나 엑셀에서 자연스럽게 배치된 데이터는 아니다. 그림 7.3의 A1:D22에 보이는 리스트 또는 테이블 구조가 훨씬 더 일반적이며, 더미 0/1 코드에 대해 C와 D열을 제공하기만 하면 LINEST()를 사용할 준비가 된다.

회귀분석을 준비하려면 적절한 행과 열에 0과 1을 입력해야 한다. 수동으로 0과 1을 하나씩 입력해야 하는 문제가 아니다. 또한 값을 복사하여 붙여 넣거나 Ctrl+Enter를 사용해 여러 항목을 한 번에 선택하지 않아도 된다. 코딩된 벡터를 채우는 가장 빠르고 정확한 방법은 엑셀의 VLOOKUP() 함수를 사용하는 것이다. 그림 7.4를 보라.

자동으로 채우는 작업을 하기 위해 우선은 그림 7.4의 A2:C4 범위에 있는 것과 같은 키key를 입력하라. 이 키는 요인이 가지고 있는 수준 만큼의 열과 행을 가져야 한다. 이 경우, 요인에는 3가지 수준(Medication, Diet, Placebo)이 있으므로 키에는 세 개의 열이 있고 각 수준에는 한 개의 행이 있다. 그림 7.4의 A1:C1 범위에서 보이는 것처럼 헤더header를 표시하는 것은 유용하다. 하지만 꼭 필요로 하는 작업은 아니다.

첫 번째 열(이 경우, A2:A4)에는 다양한 요인의 수준을 식별하는데 사용되는 레이블이 있어야 한다. 이 경우, 각 피험자에 대한 해당 수준은 F2:F22 범위에 표시된다.

키가 시작하는 첫 번째 행과 두 번째 열(B2:C4)의 범위의 셀을 선택하고, 0을 입력하고 Ctrl 키를 누른 상태에서 Enter 키를 누르면 선택한 모든 셀에 0이 채워지기 때문에 시간을 조금 줄일 수 있다.

열의 레이블과 수준의 레이블이 같은 행에 1을 입력한다. 그림 7.4에서 B열은 Medication 수준을 나타내기 때문에 B2는 1이 되고, C열은 Diet 수준을 나타내므로 C3은 1이 된다. Placebo는 대조 그룹으로 취급되기 때문에 1로 표현되지 않고 모든 열의 값이 0이다.

그림 7.4
VLOOKUP() 함수를 사용하면 장기간에 걸쳐 상당한 시간을 절약할 수 있다.

G2 =VLOOKUP($F2,$A$2:$C$4,2,0)

	A	B	C	D	E	F	G	H
1	Treatment	Medication Vector	Diet Vector		Out-come	Treatment	Medication Vector	Diet Vector
2	Medication	1	0		6.64	Medication	1	0
3	Diet	0	1		9.63	Medication	1	0
4	Placebo	0	0		7.90	Medication	1	0
5					2.06	Medication	1	0
6					9.15	Medication	1	0
7					5.10	Medication	1	0
8					9.48	Medication	1	0
9					8.03	Diet	0	1
10					6.53	Diet	0	1
11					3.71	Diet	0	1
12					3.66	Diet	0	1
13					3.17	Diet	0	1
14					7.33	Diet	0	1
15					14.31	Diet	0	1
16					17.51	Placebo	0	0
17					8.40	Placebo	0	0
18					19.59	Placebo	0	0
19					18.83	Placebo	0	0
20					2.92	Placebo	0	0
21					18.10	Placebo	0	0
22					17.88	Placebo	0	0

그림 7.4의 A2:C4와 같이 정해진 키를 사용해 0과 1의 행렬을 만들려고 하는 첫 번째 행의 첫 번째 열을 선택한다. 그림 7.4에서는 셀 G2다. 다음 수식을 입력하라.

```
=VLOOKUP($F2,$A$2:$C$4,2,0)
```

여기서,

- $F2는 1 또는 0으로 나타내려는 레이블이다.
- $A$2:$C$4에는 키가 들어 있다(엑셀 용어로는 테이블 검색table lookup이다).
- 2는 반환하려는 키의 열을 식별한다.
- 0은 레이블의 정확한 일치가 필요하고, 키의 첫 번째 열에 있는 레이블이 반드시 정렬돼 있을 필요는 없다는 것을 지정한다.

수식에 필요한 곳에 달러 기호를 추가해 키의 위치와 수준의 레이블이 있는 열에 대한 참조에 문제가 생기지 않고 수식을 다른 열과 행에 복사할 수 있게 했다.

이제 셀 G2를 복사하여 H2에 붙여 넣어라(셀의 오른쪽 하단의 선택 핸들을 사용해 드래그해도 된다). H2 셀의 수식을 VLOOKUP()의 세 번째 인자에 2가 아닌 3이 되도록 수식을 편집한다. 이는 엑셀에 키의 세 번째 열에서 값을 찾도록 한다.

마지막으로 셀 G2와 H2를 다중 선택하고, G3:H22로 드래그한다. 그러면 각 레코드가 속하는 요소 수준에 맞게 G열과 H열이 0과 1로 채워질 것이다.

이제 A6:C10과 같은 범위를 선택하고, 다음 수식을 배열 입력하여 전체 LINEST() 분석 결과를 얻을 수 있다.

```
=LINEST(E2:E22,G2:H22,,TRUE)
```

그런데 그림 7.4의 열 E와 F의 내용을 서로 바꾸는 것이 더 편리할 수도 있다. 예에서는 더미코드와 레이블의 비교를 쉽게 하기 위해 F열에 레이블을 두었다. 만약 E열과 F열의 위치가 바뀌면, LINEST() 수식을 좀 더 쉽게 다룰 수 있다. 또한 다음과 같이 첫 번째 VLOOKUP() 수식을 변경해야 한다.

```
=VLOOKUP($F2,$A$2:$C$4,2,0)
```

위 수식은 다음과 같이 변경될 것이다.

```
=VLOOKUP($E2,$A$2:$C$4,2,0)
```

던네트 다중비교 과정

기존 ANOVA 방법이나 회귀분석 방법을 사용하던 간에, 3개 이상의 그룹의 평균 차이의 검정을 완료한 후에, 우리는 모집단의 어느 한 그룹의 평균과 모집단의 다른 어느 평균과 다를 확률을 알게 된다. 어떤 평균이나 평균들과 서로 다른지는 알지는 못했다.

통계학자들은 20세기 중반에 이 주제에 대해 많은 연구를 했고, 포괄적인 문헌을 썼다. 그들이 개발한 절차는 다중비교multiple comparisons라고 알려져 있다. 이 방법의 종류는 세는 방법에 따라 서로 다른 절차가 약 10개는 된다. 이 절차들은 오차가 포함되는 성격(예를 들어 비교마다 또는 실험마다), 참조분포(F, t, q), 사전계획(a priori) 또는 사후사실(post hoc) 등 여러 측면에 대해 서로 다르다.

회귀분석에서 더미코딩을 사용하도록 선택한 경우, 다른 코딩 방법보다 우선적으로 잘될 것이다. 모든 그룹을 비교하는 걸 원하는 게 아니라 하나의 그룹을 나머지 그룹과 비교하길 원하기 때문이다. 이러한 접근법은 두 개 이상의 처치 그룹의 결과를 대조 그룹과 비교하길 원하는 실험의 전형이다. 더미코딩의 문맥에서 대조 그룹은 그룹의 구성원을 나타내는 벡터 전체가 0으로 돼 있는 그룹이다. 앞에서 본 것처럼 더미코딩의 결과 중 하나는 특정 그룹의 회귀계수는 해당 그룹의 평균과 대조 그룹의 평균과의 차이와 동일하다는 것이다.

이러한 절차들은 방법을 개발한 통계학자들의 이름을 따라 명명되는 경향이 있으며, 그중 하나는 던네트Dunnett 다중비교 절차라고 부른다. 이 방법은 t-비 수식을 약간 수정한다. 또한 기준 t-분포도 수정해야 한다. 이러한 수정 대신에 던네트는 두 개 이상의 처치 그룹과 대조 그룹을 비교하려는 실험을 하려고 할 때, 다른 다중비교 절차보다 강력한 통계적인 검증력을 제공한다.

앞으로 보게 되겠지만, LINEST() 워크시트 함수를 사용하면 t-비를 계산하기가 특히 쉽다. 던네트 t-비를 위한 기준 분포에 접근하는 것은 좀 더 복잡하다. 엑셀은 t-분포나 F-분포를 T.DIST(), T.INV(), F.DIST(), F.INV() 함수와 이 함수들의 RT와 2T 태그가 붙은 파생 함수들을 통해 직접 접근할 수 있는 방법을 제공한다. 그러나 엑셀에는 t나 F처럼 분포의 아래 영역의 95%, 99% 또는 다른 퍼센트의 t-비를 알려주는 DUNNETT()와 같은 함수가 없다.

> **노트** 던네트 방법을 사용해 일반적인 방법으로 t-비를 계산할 수 없으며, 그 값을 T.DIST()나 T.INV() 함수가 반환하는 표준 t-분포와 비교할 수 없다. 던네트t-분포는 표준t-분포와 다른 모양을 하고 있다.

비록 던네트의 값을 엑셀에서 직접 사용할 수는 없지만, 다양한 온라인 사이트에서 사용이 가능하다. 던네트 테이블을 다운로드하고 인쇄하는 것도 쉬운 일이다(두 페이지 정도 된다). "Dunnett", "multiple comparison", "table"과 같은 키워드를 사용해 검색하면, 원하는 많은 사이트들을 찾을 수 있고, 거기서 필요한 테이블을 찾을 수 있다. 또한 이 테이블은 대부분의 중간 수준의 통계 교과서의 부록 부분에서도 볼 수 있다.

그럼 ANOVA: Single Factor 분석 도구를 실행한 후 던네트 다중비교를 수행하는 방법을 살펴보자. 그림 7.5를 보라.

그림 7.5
그림에서와 같이 그룹 크기가 같을 때, 모든 비교의 t-비는 동일한 분모를 가진다.

I2 =SQRT(D22*(1/B13+1/B14))

	A	B	C	D	E	F	G	H	I
1		Treatment							
2	Control	Med 1	Med 2	Med 3		Denominator of t-ratio			11.05
3	164	153	165	150					
4	141	191	168	132		t-ratio, Med 1 vs. Control			1.52
5	144	192	175	123		t-ratio, Med 2 vs. Control			2.52
6	138	126	189	155		t-ratio, Med 3 vs. Control			-0.38
7	153	162	182	159					
8							Critical value		2.23
9	Anova: Single Factor								
10									
11	SUMMARY								
12	*Groups*	*Count*	*Sum*	*Average*	*Variance*				
13	Control	5	740	148.0	111.5				
14	Med 1	5	824	164.8	769.7				
15	Med 2	5	879	175.8	97.7				
16	Med 3	5	719	143.8	241.7				
17									
18									
19	ANOVA								
20	*Source of Variation*	*SS*	*df*	*MS*	*F*	*P-value*	*F crit*		
21	Between Groups	3323.4	3	1107.8	3.63	0.04	3.2389		
22	Within Groups	4882.4	16	305.15					
23									
24	Total	8205.8	19						

분석 도구에 사용될 데이터는 A2:D7에 배치된다. 분석 도구 추가 기능의 ANOVA: Single Factor 도구는 A11:G24 범위에 표시된 결과를 반환한다. 그룹 평균, ANOVA 테이블의 평균제곱오차Mean Square Error, 그룹의 수가 필요할 것이다.

첫 번째 단계는 t-비의 분모를 계산하는 것이다. 그룹의 크기가 동일한 경우, 각 t-비에 동일한 분모가 사용된다. 분모를 계산하는 공식은 다음과 같다.

$$\sqrt{MSE\left(\frac{1}{n_1}+\frac{1}{n_2}\right)}$$

여기서 MSE는 ANOVA 테이블의 평균제곱오차이며 그림 7.5의 셀 D22에 나와 있다(단순히 평균제곱오차mean square error는 그룹내평균제곱mean square within 또는 잔차평균제곱의 또 다른 용어다).

여기에서처럼 그룹 크기가 동일할 때, 다음과 같은 산술적으로 동일한 공식을 사용할 수도 있다.

$$\sqrt{2MSE/n}$$

이 예제에서 t-비에 대한 분모는 셀 I2에 주어지며, 다음 수식을 사용한다.

```
=SQRT(D22*(1/B13+1/B14))
```

셀 D22는 평균제곱오차이고 셀 B13 및 B14는 그룹 수이다. 모든 그룹이 같은 크기이므로, 수식에 어떤 그룹의 수를 사용하든 문제가 되지 않는다. 앞에서 제안한 것처럼 동일한 그룹 크기라면 엑셀 수식을 다음과 같이 사용할 수도 있다.

```
=SQRT((2*D22)/B13)
```

다음 단계는 각 처치 그룹의 평균과 대조 그룹의 평균 사이의 차이를 찾고, 그 차이를 분모로 나누는 것이다. 그 결과는 하나 이상의 t-비다. 예를 들어 그림 7.5의 셀 I4에는 다음과 같은 수식이 있다.

```
=(D14-D13)/I2
```

이 수식은 Med 1 그룹의 평균(셀 D14)과 Control 그룹의 평균(셀 D13)을 t-비의 분모(셀 I2)로 나눈다. 셀 I5 및 I6의 수식은 다음과 같은 패턴을 따른다.

```
I5: =(D15-D13)/I2
I6: =(D16-D13)/I2
```

이 시점에서 던네트 테이블을 찾아 다음 세 조건에 대응하는 값을 찾는다.

- ANOVA 테이블에서 그룹내 자유도(그림 7.5의 셀 C22의 값 16)
- 대조 그룹을 포함한 총 그룹의 수
- 실험에서 데이터를 보기 전에 선택한 알파값

대부분의 인쇄된 표는 0.05와 0.01 중에서 선택할 수 있다. 그것은 제한적이다. 물론 엑셀은 카이-제곱, 이항, t, F를 포함한 다양한 분포에 대해 제시한 어떠한 확률 수준에 대해서도 정확한 확률을 제공한다.

현재 데이터셋의 경우, 인쇄된 던네트 테이블은 네 개의 그룹과 16의 그룹내 자유도 0.05의 알파 수준에 대해 2.23의 기각값을 준다. 0.01의 알파 수준에 대해서는 3.05의 기각값을 준다.

Med 2와 대조 그룹을 비교한 셀 I5의 t-비가 유일하게 2.23의 기각값을 초과하는 경우이기 때문에, .05의 신뢰 수준에서 모집단에서 두 그룹의 평균에 차이가 없다는 귀무가설을 기각할 수 있다. 신뢰 수준이 0.01인 경우에는 t-비가 3.05를 초과하지 않으므로 귀무가설을 기각할 수 없다.

이 모든 것을 그림 7.6과 비교해보라.

셀 G2, H2, I2의 Med 3 Vector, Med 2 Vector, Med 1 Vector에 대한 회귀계수를 보라(이 순서대로). 이 값들은 처치 그룹과 대조 그룹의 평균의 차이를 나타낸다.

그림 7.6
회귀분석을 통해 데이터를 분석할 때는 훨씬 적은 계산이 필요하다.

J8 =I2/I3

	A	B	C	D	E	F	G	H	I	J
1	Treatment	Outcome	Med 1 Vector	Med 2 Vector	Med 3 Vector		=LINEST(B2:B21,C2:E21,,TRUE)			
2	Control	164	0	0	0		-4.2	27.8	16.8	148
3	Control	141	0	0	0		11.05	11.05	11.05	7.81
4	Control	144	0	0	0		0.41	17.47	#N/A	#N/A
5	Control	138	0	0	0		3.63	16	#N/A	#N/A
6	Control	153	0	0	0		3323.4	4882.4	#N/A	#N/A
7	Med 1	153	1	0	0					
8	Med 1	191	1	0	0		t-ratio, Med 1 vs. Control			1.52
9	Med 1	192	1	0	0		t-ratio, Med 2 vs. Control			2.52
10	Med 1	126	1	0	0		t-ratio, Med 3 vs. Control			-0.38
11	Med 1	162	1	0	0					
12	Med 2	165	0	1	0			Critical value		2.23
13	Med 2	168	0	1	0					
14	Med 2	175	0	1	0					
15	Med 2	189	0	1	0					
16	Med 2	182	0	1	0					
17	Med 3	150	0	0	1					
18	Med 3	132	0	0	1					
19	Med 3	123	0	0	1					
20	Med 3	155	0	0	1					
21	Med 3	159	0	0	1					

예를 들어 셀 H2의 회귀계수(27.8)는 Med 2 평균(175.8, 그림 7.5의 셀 D15)과 대조평균(148.0, 그림 7.5의 셀 D13) 간의 차이다. 그렇기 때문에 이러한 차이에 대해 따로 계산할 필요가 없다(계산해도 되지만, 셀 J2의 회귀방정식의 상수에서 대조 그룹의 평균을 찾을 수 있다).

이제 셀 G3, H3, I3에 있는 회귀계수의 표준오차를 보자. 이 값들은 모두 똑같이 11.05이며, 더미코딩을 사용하는 동일한-셀-크기의 상황에서 표준오차는 모두 동일한 값을 갖는다. 이 값은 그림 7.5의 평균제곱오차와 그룹크기로부터 계산된 값이기도 하다(그림 7.5의 셀 I2).

따라서 LINEST()를 사용해 데이터 분석을 시작했다면, 회귀계수를 표준오차로 나누어 던네트 절차에 해당하는 t-비를 얻을 수 있다. 셀 J8, J9, J10의 t-비는 그림 7.5의 셀 I4, I5, I6에서 계산된 값과 동일하다.

이제 그룹들이 다른 피험자의 수를 가지고 있는 조금 더 복잡한 상황을 살펴보자. 그림 7.7을 보라.

그림 7.7

그룹 크기가 다른 데이터에 기존 ANOVA를 사용하면, 각 t-비에 대해 다른 분모를 계산해야 한다.

I4 =SQRT($D$22*(1/B13+1/B14))

	A	B	C	D	E	F	G	H	I	J
1		Treatment								
2	Control	Med 1	Med 2	Med 3					Denominator	
3	164	153	165	160					of t-ratio	t-ratio
4	141	191	168	132		t-ratio, Med 1 vs. Control			11.13	1.62
5	144	192	175	123		t-ratio, Med 2 vs. Control			10.71	2.79
6	138	126	189	155		t-ratio, Med 3 vs. Control			10.40	-0.13
7		162	182	149						
8			181	147					Med 1 vs. Control	18.05
9				152					Med 2 vs. Control	29.92
10	Anova: Single Factor								Med 3 vs. Control	-1.32
11	SUMMARY									
12	*Groups*	*Count*	*Sum*	*Average*	*Variance*				Critical value, 0.05	2.21
13	Control	4	587	146.75	138.25				Critical value, 0.01	3.01
14	Med 1	5	824	164.8	769.7					
15	Med 2	6	1060	176.6667	82.66667					
16	Med 3	7	1018	145.4286	174.2857					
17										
18										
19	ANOVA									
20	*Source of Variation*	*SS*	*df*	*MS*	*F*	*P-value*	*F crit*			
21	Between Groups	3926.721	3	1308.907	4.757	0.013	3.1599			
22	Within Groups	4952.598	18	275.1443						
23										
24	Total	8879.318	21							

그림 7.7의 기본적인 계산은 동일하지만 그림 7.5와 같이 하나의 분모만 사용(그룹의 수가 모두 같기 때문에)하는 대신 그룹 크기가 다르기 때문에 세 개의 분모가 필요하다. 세 개의 분모는 I4:I6 범위에서 볼 수 있으며 앞에서 설명한 다음 공식을 사용한다.

$$\sqrt{MSE\left(\frac{1}{n_1}+\frac{1}{n_2}\right)}$$

그래서, t-비의 분모를 반환하는 수식은 다음과 같다.

I4: =SQRT($D$22*(1/B13+1/B14))
I5: =SQRT($D$22*(1/B13+1/B15))
I6: =SQRT($D$22*(1/B13+1/B16))

위 수식 간의 유일한 차이점은 Med 1, Med 2, Med 3 그룹의 관찰값의 수가 5에서 6과 7로 증가함에 따라, B14에서 B15와 B16으로 참조가 변경된다는 것이다. 각 처치 그룹의 관찰값의 수를 선택하기 위해 분석 도구 추가 기능이 반환한 그룹 수를 수식에 사용했다.

처치 그룹 평균과 대조 그룹 평균 간의 차이는 J8:J10의 범위에 표시된다. t-비의 분모는 I4:I6의 범위에 있다. 각 t-비는 다음과 같이 두 그룹의 평균의 차이를 관련 분모로 나눈 결과다.

J4: =J8/I4
J5: =J9/I5
J6: =J10/I6

요약하면, 그룹 크기가 동일하지 않은 경우 일반적인 방법을 사용하면 모든 그룹 평균을 대조하는 각 t-비에 대해 서로 다른 분모를 계산해야 한다(여기서는 Med 1, Med 2, Med 3과 대조 그룹). 그런 다음 평균의 각 쌍에 대해 평균 차이를 계산하고, 그 쌍의 분모로 나눈다.

이제 t-비의 값과 던네트 테이블의 값을 비교하기를 원할 것이다. 이 경우에는 18의 그룹 내 자유도(ANOVA 테이블의 셀 C22)와 4개의 그룹과 연관된 값을 찾아야 한다. 테이블에서의 이 값들의 교차점은 0.05의 알파 수준에 대해서는 2.21이고 0.01의 알파 수준에 대해서는 3.01이다(그림 7.7의 셀 J12와 J13을 보라). 그러므로 Med 2와 Control 간의 차이만이 2.79의 t-비로 던네트 분포의 5%의 컷오프를 벗어나며, 분포의 1%의 컷오프는 초과하지는 않는다. Med 2대 Control의 경우 5%의 신뢰 수준에서 귀무가설을 기각할 수 있지만 1% 수준에서는 그럴 수 없다. 다른 두 개의 대조에 대해서는 5%의 신뢰 수준에서도 귀무가설을 기각할 수 없다.

ANOVA 테이블의 셀 E21의 4.757의 F-비는 3과 18의 자유도의 중심F-분포에서 단지 1.3%만 발생한다(ANOVA의 맥락에서 중심F-분포는 그룹 평균 간 차이로 인한 모집단 분산의 추정치는 그룹내 분산 평균으로 인한 모집단 분산의 추정치와 동일하다). 따라서 ANOVA는 만약 모집단 평균이 서로 같다면 3과 18의 자유도에서 4.757의 F-비가 우연히 발생할 가능성이 낮음을 알려준다.

1.3%의 가능성은 Med 2 그룹과 Control 그룹의 대조 결과를 반영한다. 그 대조에 대한 2.79의 t-비는 던네트 분포의 5%에 대한 기각값을 넘어서지만 1%에 대한 기각값을 넘어서지는 못한다. 따라서 다중비교 절차의 목적은 ANOVA의 F-비가 반드시 존재한다고 알려주는 평균의 차이를 정확하게 찾아내기 위함이다.

ANOVA 대신 LINEST()를 사용하면 상황이 훨씬 원활해진다. 그림 7.8을 보라.

그림 7.8은 그림 7.7과 동일한 기본 데이터를 가지고 있다. 네 개의 그룹은 서로 다른 피험자의 수를 가지고 있다(그룹 맴버십 벡터는 그림 7.6에서 보여준 것처럼 VLOOKUP()을 사용했다. 하지만 공간을 절약하기 위해 그림의 수식을 값으로 변환하고 키는 삭제했다).

G2:J6의 범위에 배열 입력된 LINEST() 수식은 다음과 같다.

```
=LINEST(B2:B23,C2:E23,,TRUE)
```

셀 G2, H2, I2의 회귀계수를 그림 7.7(J8:J10)에 표시된 평균 차이와 비교해보라. 그림 7.5와 7.6에서 그랬던 것처럼 회귀계수는 벡터에 1을 갖는 그룹과 벡터 전체에 0을 갖는 그룹 간의 평균 차이와 정확하게 같다. 따라서 평균 차이를 명시적으로 따로 계산할 필요가 없다.

그림 7.8

LINEST()는 평균 차이와 t-비의 분모를 계산해준다.

J15 =F.DIST.RT(G5,3,H5)

	A	B	C	D	E	F	G	H	I	J	K
1	Treatment	Outcome	Med 1 Vector	Med 2 Vector	Med 3 Vector		=LINEST(B2:B23,C2:E23,,TRUE)				
2	Control	164	0	0	0		-1.32	29.92	18.05	146.75	
3	Control	141	0	0	0		10.40	10.71	11.13	8.29	
4	Control	144	0	0	0		0.44	16.59	#N/A	#N/A	
5	Control	138	0	0	0		4.76	18	#N/A	#N/A	
6	Med 1	153	1	0	0		3926.721	4952.6	#N/A	#N/A	
7	Med 1	191	1	0	0						
8	Med 1	192	1	0	0		t-ratio, Med 1 vs. Control			1.62	=I2/I3
9	Med 1	126	1	0	0		t-ratio, Med 2 vs. Control			2.79	=H2/H3
10	Med 1	162	1	0	0		t-ratio, Med 3 vs. Control			-0.13	=G2/G3
11	Med 2	165	0	1	0						
12	Med 2	168	0	1	0		Critical value, 0.05			2.21	
13	Med 2	175	0	1	0		Critical value, 0.01			3.01	
14	Med 2	189	0	1	0						
15	Med 2	182	0	1	0		Probability of F-ratio			0.013	
16	Med 2	181	0	1	0						
17	Med 3	160	0	0	1						
18	Med 3	132	0	0	1						
19	Med 3	123	0	0	1						
20	Med 3	155	0	0	1						
21	Med 3	149	0	0	1						
22	Med 3	147	0	0	1						
23	Med 3	152	0	0	1						

그림 7.8의 회귀계수의 표준오차는 그림 7.7의 t-비의 분모(I4:I6 범위)와 동일하다. LINEST()는 자동으로 그룹 크기의 차이를 고려한다. 남은 일은 J8:J10 범위에서 수행된 것처럼 회귀계수를 표준오차로 나누는 일이다. 해당 셀의 수식은 K8:K10에 텍스트로 제공된다. 각 t-비에 어떤 두 평균이 관여하고 있는지 레이블을 지정할 때, LINEST()가 회귀계수와 표준오차를 역순으로 반환하는 것을 잊지 마라. Med 3대 Control은 G2:G3, Med 2대 Control은 H2:H3에 Med 1대 Control은 I2:I3에 있다.

그림 7.8의 J12와 J13에 그룹내 자유도가 18(LINEST() 결과의 셀 H5)이고 4그룹에 대한 0.05와 0.01의 컷오프의 기각 던네트 값을 반복해 적었다. 결과는 물론 동일하다. 회귀분석 또는 기존의 ANOVA를 어떤 것을 사용해도 다중비교 절차의 결과에는 아무런 차이가 없다.

마지막으로 앞서 언급한 것처럼, LINEST() 함수는 전체회귀의 R^2와 관련된 F-비의 확률을 반환하지 않는다. 이 수치는 셀 J15에 다음과 같은 수식으로 반환된다.

=F.DIST.RT(G5,3,H5)

여기서 G5는 F-비를 포함하고 H5는 그룹내(또는 "잔차") 자유도를 포함한다. 두 번째 인자(여기서는 3)는 그룹의 수에서 1을 뺀 값(LINEST()의 두 번째 인자인 C2:E23에 있는 백터의 수와 같다)으로 ANOVA에서는 그룹간자유도라고 하고 LINEST()에서는 회귀자유도라고 한다.

효과코딩

효과코딩effect coding이라고 하는 또 다른 유형의 코딩은 ANOVA를 따르는 각 그룹의 평균과 모든 관찰값의 전체 평균을 대조한다.

> **노트** 좀 더 정확하게 말하면 효과코딩은 각 그룹 평균을 모든 그룹 평균과 대조한다. 각 그룹의 관찰값 수가 동일할 때, 모든 관측값의 전체 평균은 그룹 평균의 평균과 같다. 그룹 크기가 다른 경우, 두 값은 동등하지 않다. 두 경우 모두 효과코딩은 각 그룹의 평균을 그룹 평균의 평균과 대조한다.

효과코딩의 이러한 측면-그룹 평균을 더미코딩에서처럼 특정 그룹과 대조하지 않고 전체 평균과 대조하는-은 코드화된 백터 전체에 걸쳐 같은 코드를 갖는 그룹의 코드로 0 대신 -1을 사용하기 때문이다. 대조가 전체 평균과 이뤄지기 때문에, 각 대조는 특정 그룹에 속하는 것에 대한 효과를 나타낸다.

0 대신 -1로 코딩

효과코딩의 세부 사항을 설명하기 전에 예제를 살펴보자. 그림 7.9를 보라.

그림 7.9는 그림 7.6과 같은 데이터이지만, Control 그룹은 세 개의 코딩된 벡터 값으로 더미코딩에서처럼 0을 갖는 대신 전부 -1의 값을 갖는다. 따라서 LINEST() 결과 중 일부는 그림 7.6과 다르다. 그림 7.9의 회귀계수는 그림 7.6과 다르며, 표준오차도 마찬가지로 다르다. 나머지 모든 값은 동일하다. R^2, 추정의 표준오차, F-비, 잔차자유도, 회귀와 잔차제곱의 합 모든 값이 그대로 남아 있다. 7장에서 세 번째 방법으로 소개할 예정인 직교코딩도 마찬가지다.

그림 7.9
LINEST()의 계수는 각 그룹의 전체 평균에서의 거리와 같다.

L5 =J2-SUM(G2:I2)

	A	B	C	D	E	F	G	H	I	J	K	L	M
1	Treat-ment	Out-come	Med 1 Vector	Med 2 Vector	Med 3 Vector		=LINEST(B2:B21,C2:E21,,TRUE)					Group Mean	
2	Med 1	153	1	0	0		-14.3	17.7	6.7	158.1		164.8	=J2+I2
3	Med 1	191	1	0	0		6.77	6.77	6.77	3.91		175.8	=J2+H2
4	Med 1	192	1	0	0		0.41	17.47	#N/A	#N/A		143.8	=J2+G2
5	Med 1	126	1	0	0		3.63	16	#N/A	#N/A		148.0	=J2-SUM(G2:I2)
6	Med 1	162	1	0	0		3323.4	4882.4	#N/A	#N/A			
7	Med 2	165	0	1	0								
8	Med 2	168	0	1	0		Anova: Single Factor						
9	Med 2	175	0	1	0								
10	Med 2	189	0	1	0		SUMMARY						
11	Med 2	182	0	1	0		*Groups*	*Count*	*Sum*	*Average*	*Variance*		
12	Med 3	150	0	0	1		Med 1	5	824	164.8	769.7		
13	Med 3	132	0	0	1		Med 2	5	879	175.8	97.7		
14	Med 3	123	0	0	1		Med 3	5	719	143.8	241.7		
15	Med 3	155	0	0	1		Control	5	740	148.0	111.5		
16	Med 3	159	0	0	1								
17	Control	164	-1	-1	-1								
18	Control	141	-1	-1	-1		ANOVA						
19	Control	144	-1	-1	-1		*Source of Variation*	*SS*	*df*	*MS*	*F*	*P-value*	*F crit*
20	Control	138	-1	-1	-1		Between Groups	3323.4	3	1107.8	3.63	0.04	3.238871517
21	Control	153	-1	-1	-1		Within Groups	4882.4	16	305.15			
22													
23							Total	8205.8	19				

더미코딩에서 LINEST()가 반환하는 상수는 코딩된 벡터 전체가 0으로 할당된 그룹의 평균이다. 일반적으로 대조 그룹이다. 효과코딩에서 상수는 전체 평균이다. 이 상수는 찾기 쉽다. LINEST() 결과의 첫 번째 열(회귀계수들이 있는)의 가장 오른쪽 열에 있는 값이다.

상수가 전체 평균과 같기 때문에, 상수로부터의 그룹의 평균과 회귀계수를 쉽게 계산할 수 있다. 이번 절의 시작 부분에서 언급했듯이, 각 회귀계수는 해당 그룹의 평균과 전체 평균 간의 차이를 나타낸다. 따라서 그룹 평균을 계산하려면 상수에 회귀계수를 더하면 된다. 이는 그림 7.9의 L2:L4 범위에서 이뤄졌다. 사용된 수식은 M2:M4에 텍스트로 표시돼 있다.

세 개의 수식은 상수(전체 평균)에 회귀계수-해당 그룹에 속한 효과의 측정값, 전체 평균의 위 또는 아래로의 그룹 평균과의 차이-를 더했다. L5에 있는 네 번째 수식은 -1로 코드 된 그룹에 해당하며, 이 그룹의 평균을 계산하기 위해서는 전체 평균에서 다른 회귀계수들을 빼면 된다.

또한 L2:L5의 수식 결과는 분석 도구 추가 기능의 ANOVA: Single Factor 도구의 J12:J15 범위에 반환된 그룹 평균과 같다. F-비, 잔차자유도, 회귀제곱의 합, 잔차제곱의 합이 H20:K21 범위의 도구가 반환한 결과와 같은 것을 확인할 수 있다.

일반선형모델과의 관계

일반선형모델은 결과 변수에 대한 값의 구성 요소를 개념화하는 유용한 방법이다. 일반선형모델이라는 이름은 실제 이것이 무언지 아는 데 도움이 되지 못한다. 다음은 가장 간단한 형태의 일반선형모델이다.

$$Y_{ij} = \mu + \alpha_j + \varepsilon_{ij}$$

이 공식은 로마 문자 대신 그리스 문자를 사용했다. 관찰값들이 표집되는 모집단을 언급하는 것을 강조하기 위함이다. 모집단에서 추출된 표본을 언급할 때는 다음과 같이 사용한다.

$$Y_{ij} = \overline{Y} + a_j + e_{ij}$$

아이디어는 각 관찰값 Y_{ij}가 세 가지 구성 요소의 합으로 간주될 수 있다는 것이다.

- 전체 평균, μ
- 처리 j의 효과, j, α_j
- ε_{ij}는 전체 평균과 j번째 처리 효과의 조합으로부터 개별 점수 Y_{ij}의 편차의 양을 나타낸다.

워크시트에서 예를 볼 수 있다. 그림 7.10을 보라.

그림 7.10에서 그림 7.9의 20개의 관찰값들은 일반선형모델의 세 가지 구성 요소로 분해됐다. D2:D21 범위의 전체 평균, E2:E21에 각 처리 그룹의 효과, 그리고 각 개별 관찰값에 관련된 "오차"다.

> **노트** 오차(error)라는 용어는 특별히 내세울 만한 역사적인 이유 없이 사용되며, 평균제곱오차(mean square error)나 심지어 ∈ 기호와 같은 다른 용어로도 사용된다. 이 값들에는 잘못된 것들이 없다. 잔차(residuals)는 오해의 소지가 없는 완벽한 기술적인 용어지만, 통계적 용어로는 오차가 선호되는 경향이 있다.

그림 7.10
관찰값들은 일반선형모델의 구성 요소로 분해됐다.

H2 =SUMSQ(F2:F21)

	A	B	C	D	E	F	G	H
1	Treat-ment	Outcome		Grand Mean	Treatment Effect	Error		Sum of Squared Errors
2	Med 1	153		158.1	6.7	-11.8		4882.4
3	Med 1	191		158.1	6.7	26.2		
4	Med 1	192		158.1	6.7	27.2		
5	Med 1	126		158.1	6.7	-38.8		
6	Med 1	162		158.1	6.7	-2.8		
7	Med 2	165		158.1	17.7	-10.8		
8	Med 2	168		158.1	17.7	-7.8		
9	Med 2	175		158.1	17.7	-0.8		
10	Med 2	189		158.1	17.7	13.2		
11	Med 2	182		158.1	17.7	6.2		
12	Med 3	150		158.1	-14.3	6.2		
13	Med 3	132		158.1	-14.3	-11.8		
14	Med 3	123		158.1	-14.3	-20.8		
15	Med 3	155		158.1	-14.3	11.2		
16	Med 3	159		158.1	-14.3	15.2		
17	Control	164		158.1	-10.1	16.0		
18	Control	141		158.1	-10.1	-7.0		
19	Control	144		158.1	-10.1	-4.0		
20	Control	138		158.1	-10.1	-10.0		
21	Control	153		158.1	-10.1	5.0		

하나 이상의 처치가 처치를 받고 있는 피험자에게 영향을 미칠 것이라고 기대하고 있지 않다면, 특정 관찰값에 대한 최선의 추정치는 전체 평균-이 경우, 158.1-이 될 것이다.

그러나 처치의 효과가 처치를 받는 피험자의 관찰값을 전체 평균보다 높이거나 낮출 것이라고 기대한다고 가정해보자. 이 경우, 주어진 관찰값의 최선의 추정치는 전체 평균에서 관련 처치의 효과(양수든 음수든)를 더하는 것이 될 것이다. 예를 들어 그림 7.10의 5행에 있는 관찰값의 경우, 기대값은 158.1+6.7 즉 164.8이 된다. 이 문제에 대해 잠시 생각을 하면, 왜 164.8이라는 숫자가 Med 1 그룹의 평균 결과 점수여야만 하는지 알 수 있을 것이다.

비록 각 그룹의 평균이 그룹 안의 모든 구성원에 대한 최선의 기대값이지만, 그룹의 대부분(보통은 전부)의 구성원은 그룹의 평균과는 다른 결괏값을 가지고 있을 것이다. 이러한 양들-차이, 편차, 잔차, 오차 또는 독자가 선호하는 이름-은 실제 관찰값에서 그룹의 효과와 전체 평균을 뺀 결과로 범위 F2:F21에서 볼 수 있다. 예를 들어 셀 F2의 값은 다음 수식을 통해 반환된다.

=B2-D2-E2

회귀방정식의 목적은 이러한 오차의 제곱의 합을 최소화하는 것이다. 그것이 완료되면 최소화된 결과는 회귀분석의 맥락에서 잔차제곱의 합, ANOVA의 맥락에서는 그룹내제곱의 합이라고 부른다.

셀 H2의 오차제곱의 합을 보라. 다음 수식에 의해서 반환된다.

=SUMSQ(F2:F21)

SUMSQ() 함수는 인자의 값들을 제곱하고 전부 합한다. 이 값은 그림 7.9에서 볼 수 있다. 셀 H21의 ANOVA의 Sum of Squares Within Groups와 셀 H6의 LINEST()의 잔차제곱의 합과 같다. 그림 7.10에서 볼 수 있듯이, 제곱의 합은 전체 평균으로부터 그룹 평균의 편차와 그룹 평균으로부터 개별값의 편차를 기반으로 한다.

더미코딩에서 효과코딩으로 변경하는 것은 매우 간단하다. 하나의 특정 그룹의 코딩 벡터를 전부 0으로 할당하는 대신, 한 그룹-꼭 대조 그룹일 필요가 없다-의 코딩벡터를 전부 -1의 코드로 할당하면 된다. VLOOKUP()를 사용해 키 범위를 수행하는 경우, 키 범위의 셀만 수정하면 된다. 그림 7.9에서 C17:E21의 범위에서 이것이 수행됐음을 볼 수 있다. 해당 범위의 값은 0이 아닌 -1이다. 대조 그룹에 -1을 할당했는데, 꼭 그럴 필요가 있어서 그렇게 한 것이 아니라 그림 7.6의 더미코딩과 비교하기 위해서다.

일반적인 ANOVA와 마찬가지로, 단일 요소factor와 효과코딩을 사용하는 회귀분석은 불균등 그룹 크기를 정확하게 처리할 수 있다. 그림 7.11은 그룹 크기가 동일하지 않은 데이터의 분석을 보여준다.

회귀방정식은 각 처리 그룹에 속하는 것의 효과로 회귀계수를 반환한다. 범위 L2:L5에서 전체 평균(회귀방정식의 상수)과 각 회귀계수를 더하여 각 그룹의 실제 평균을 반환한다. 그 결과를 분석 도구 추가 기능이 반환한 J11:J14 범위의 평균값과 비교해보라.

전체 평균은 개별 관찰값들의 평균인 158.6이 아니라 그룹 평균의 평균인 158.41이다. 이러한 상황은 그룹의 관찰값의 수가 다를 때 보이는 전형적인 형태다.

그림 7.11

ANOVA: Single Factor 도구는 H11:H14에 그룹 수를 반환한다.

L5 =J2-SUM(G2:I2)

	A	B	C	D	E	F	G	H	I	J	K	L	M
1	Treat-ment	Out-come	Med 1 Vector	Med 2 Vector	Med 3 Vector		=LINEST(B2:B23,C2:E23,,TRUE)					Group Mean	
2	Med 1	153	1	0	0		-12.98	18.26	6.39	158.41		164.80	=J2+I2
3	Med 1	191	1	0	0		5.72	6.00	6.37	3.61		176.67	=J2+H2
4	Med 1	192	1	0	0		0.44	16.59	#N/A	#N/A		145.43	=J2+G2
5	Med 1	126	1	0	0		4.76	18	#N/A	#N/A		146.75	=J2-SUM(G2:I2)
6	Med 1	162	1	0	0		3926.7	4952.6	#N/A	#N/A			
7	Med 2	165	0	1	0								
8	Med 2	168	0	1	0		Anova: Single Factor						
9	Med 2	175	0	1	0		SUMMARY						
10	Med 2	189	0	1	0		*Groups*	*Count*	*Sum*	*Average*	*Variance*		
11	Med 2	182	0	1	0		Med 1	5	824	164.80	769.70		
12	Med 2	181	0	1	0		Med 2	6	1060	176.67	82.67		
13	Med 3	160	0	0	1		Med 3	7	1018	145.43	174.29		
14	Med 3	132	0	0	1		Control	4	587	146.75	138.25		
15	Med 3	123	0	0	1								
16	Med 3	155	0	0	1								
17	Med 3	149	0	0	1		ANOVA						
18	Med 3	147	0	0	1		*Source of Variation*	*SS*	*df*	*MS*	*F*	*P-value*	*F crit*
19	Med 3	152	0	0	1		Between Groups	3926.7	3	1308.907	4.757	0.013	3.16
20	Control	164	-1	-1	-1		Within Groups	4952.6	18	275.1443			
21	Control	141	-1	-1	-1								
22	Control	144	-1	-1	-1		Total	8879.3	21				
23	Control	138	-1	-1	-1								

일반적인 ANOVA 접근 방식과 회귀 접근 방식 모두 동일하지 않은 그룹 크기의 상황을 효과적으로 처리한다. 그러나 만약 그룹의 관찰값의 수가 매우 다르고 동시에 분산이 매우 다르다면, 6장에서 논의한 이것들의 조합이 확률 추정에 미치는 영향에 대해 염두에 두어야 한다. 큰 그룹이 큰 분산을 가질수록, 검정은 보수적인 경향을 보인다. 큰 그룹이 작은 분산을 가질수록, 검정은 진보적인 경향을 보인다.

효과코딩으로 다중비교

더미코딩은 주로 흥미 있어 하는 비교에 대해 정의한다. 코딩 방법으로 더미코딩을 선택했다는 사실은 특정 그룹 평균(주로 대조 그룹)과 데이터셋의 다른 그룹의 평균을 비교하기 원한다는 것을 암시한다. 던네트 다중비교 방법은 더미코딩을 사용할 때 자주 선택되는 방법이다.

좀 더 유연한 다중비교 방법으로 쉐페Scheffe 방법이 있다. 이 방법은 사후post hoc 방법으로, 전체 분석 결과를 본 이후 사용할 수 있다. 이는 어떤 것을 비교할지 미리 계획을 세울 필요가 없다는 것을 의미한다. 쉐페 방법은 두 그룹의 평균과 다른 세 그룹의 평균을 비교하는 것과 같은 복잡한 대조를 가능하게 한다.

이러한 유연성에는 대가가 있다. 통계적 검증력이 그 대가다. 쉐페 방법은 다른 방법과 비교해 통계적으로 유의미한 비교를 선언하지 않는다. 이것은 문제가 될 수 있으며 계획된 직교대비(7장 후반에 설명함)와 같은 다른 방법을 고려하게 하는 이유가 될 수 있다.

쉐페 방법을 사용하려면 원하는 대비를 정의하는 매트릭스를 설정해야 한다. 그림 7.12를 보라.

그림 7.12의 I2:I6 범위의 Contrast A를 보자. 셀 I3은 1이고 셀 I4는 -1이다. I2:I6의 나머지 셀은 0의 값을 가지고 있다. 매트릭스에 있는 값을 대비계수contrast coefficients라고 부른다. 각 대비계수를 자신이 속한 그룹의 평균에 곱한다. 따라서 I2:I6은 Med 2(-1의 계수)의 평균을 Med 1(1의 계수)의 평균에서 빼고 나머지 그룹들은 대비에 포함시키지 않는 대비를 정의한다.

마찬가지로, J2:J6의 Contrast B에는 1과 -1이 포함돼 있지만 이번에는 Med 3과 Med 4 간의 차이가 검정된다.

그림 7.12
대비 매트릭스는 각 그룹에 얼만큼의 가중치를 줄 것인지를 정의한다.

L17 =SUMPRODUCT(I2:I6,I15:I19)

	A	B	C	D	E	F	G	H	I	J	K	L	M
1	Out-come	Treat-ment	Vector 1	Vector 2	Vector 3	Vector 4		Contrast	A	B	C	D	
2	29	Control	-1	-1	-1	-1		Control	0	0	0	1	
3	39	Control	-1	-1	-1	-1		Med 1	1	0	0.5	-0.25	
4	34	Control	-1	-1	-1	-1		Med 2	-1	0	0.5	-0.25	
5	31	Control	-1	-1	-1	-1		Med 3	0	1	-0.5	-0.25	
6	38	Control	-1	-1	-1	-1		Med 4	0	-1	-0.5	-0.25	
7	38	Control	-1	-1	-1	-1							
8	41	Control	-1	-1	-1	-1		=LINEST(A2:A51,C2:F51,,TRUE)					
9	42	Control	-1	-1	-1	-1		-2.96	3.94	0.14	5.44	43.26	
10	42	Control	-1	-1	-1	-1		1.52	1.52	1.52	1.52	0.76	
11	33	Control	-1	-1	-1	-1		0.43	5.38	#N/A	#N/A	#N/A	
12	47	Med 1	1	0	0	0		8.39	45	#N/A	#N/A	#N/A	
13	44	Med 1	1	0	0	0		969.32	1300.30	#N/A	#N/A	#N/A	
14	38	Med 1	1	0	0	0							
15	54	Med 1	1	0	0	0		Control	36.7				Critical
16	53	Med 1	1	0	0	0		Med 1	48.7		Contrast	Value	Value
17	52	Med 1	1	0	0	0		Med 2	43.4		A, Med 1 vs Med 2	5.3	7.7
18	54	Med 1	1	0	0	0		Med 3	47.2		B, Med 3 vs Med 4	6.9	7.7
19	40	Med 1	1	0	0	0		Med 4	40.3		C, 1 & 2 vs 3 & 4	2.3	5.46
20	53	Med 1	1	0	0	0					D, Control vs Meds	-8.2	6.10

물론 더 복잡한 대비도 가능하다. Contrast C는 Med 1과 Med 2의 평균을 Med 3과 Med 4의 평균과 비교하며, Contrast D는 네 개의 약물 치료 그룹의 평균을 대조 그룹과 비교한다.

효과코딩된 데이터 A2:F51의 회귀분석 결과가 H9:L13에 있다. 전체회귀(0.0에서 H11의 R^2의 편차를 검정한 것과 동일함)의 F-비는 다음 수식으로 다룰 수 있다.

```
=F.DIST.RT(H12,4,I12)
```

이 수식은 0.00004를 반환하며, 모집단의 평균의 차이가 없다면 8.39 이상의 F-비율은 이 실험을 100,000번 반복했을 때 4번 발생할 것이다. 이렇게 큰 F-비를 가져오는 차이를 정확히 집어내기 위해 다중비교 절차로 넘어갈 수 있다.

LINEST()가 셀 L9에 반환한 상수-효과코딩에서 상수는 그룹 평균의 평균이다-와 개별 회귀계수를 결합해 그룹 평균을 계산할 수 있다. 예를 들어 Med 1 그룹의 평균은 다음과 같은 수식으로 셀 I16에 반환된다.

```
=K9+$L$9
```

코딩 매트릭스 전체에 -1이 할당된 그룹의 평균을 계산하는 수식은 조금 더 복잡하다. 전체 평균에서 나머지 회귀계수의 합을 빼야 한다. 셀 I15의 대조 그룹의 평균의 수식은 다음과 같다.

```
=$L$9-SUM(H9:K9)
```

범위 I15:I19에 계산된 다섯 개의 그룹 평균을 사용해 범위 I2:L6에서 정의한 대비를 적용할 수 있다. 각 그룹 평균을 관련된 대비계수와 곱하면 된다. 엑셀의 SUMPRODUCT() 함수는 이러한 작업을 편하게 해준다. 이 함수는 두 개의 배열의 대응하는 요소를 곱하고, 이 곱의 합을 반환한다. 따라서 셀 L17의 수식은 다음과 같다.

```
=SUMPRODUCT(I2:I6,I15:I19)
```

위 수는 다음과 같은 효과가 있다.

```
=I2*I15+I3*I16+I4*I17+I5*I18+I6*I19
```

이 결과는 5.3이다. 셀 L18의 수식은 대비 매트릭스에서 한 열을 오른쪽으로 이동한다.

```
=SUMPRODUCT(J2:J6,I15:I19)
```

같은 방법으로 네 번째 대비까지 계속한다.

쉐페 방법의 마지막 단계는 L17:L20의 대비값이 반드시 특정 값보다 커야 통계적으로 유의미하다고 여길 수 있는 기각값을 결정하는 일이다. 다음이 그 수식이다. 엑셀 문법에서는 약간 금지된 것처럼 보이는 수식이다.

```
=SQRT((5-1)*F.INV(0.95,4,I12))*SQRT(($I$13/$I$12)
*(J2^2/10+J3^2/10+J4^2/10+J5^2/10+J6^2/10))
```

다음은 좀 더 일반적인 표기다.

$$\sqrt{(k\ -\ 1)F_{df1,df2}}\sqrt{MSR\sum C_j^2/n_j}$$

여기서,

- k는 그룹 수다.
- $F_{df1,df2}$는 0.05나 0.01 같이 선택한 알파 수준에서의 F-분포값이다. 방금 주어진 엑셀 버전의 수식에서 알파를 .05 수준을 선택하고 F.INV() 함수의 인자로 0.95를 사용했다. 이 함수는 분포의 0.95를 왼쪽에 갖는 F-비를 반환하기 때문이다. 동일한 값을 반환하는 F.INV.RT(0.05,4,I12)를 대신 사용할 수도 있다.
- MSR은 LINEST() 결과의 잔차평균제곱이며 잔차제곱의 합을 잔차자유도로 나눠 얻어진다.
- C는 대비계수다. 각 대비계수는 제곱돼 그룹의 관찰값의 수인 n_j로 나눠진다. 나눠진 결과들은 합해진다.

기각값은 대비의 계수에 따라 변한다. 절차를 완료하려면, 각 대비값과 기각값을 비교하면 된다. 만약 대비값의 절대값이 기각값을 초과하면, 대비는 기각값을 계산하는 수식에서 F값에 대해 선택한 수준에서 유의미하다고 간주된다.

그림 7.12에서 기각값은 M17:M20 범위에 표시된다. 단지 하나의 대비만이 관련된 기각값을 초과하는 절대값을 가진다. Contrast D의 대비는 대조 그룹의 평균과 나머지 네 개의 그룹의 평균의 평균을 비교한다.

이번 절의 시작 부분에서 쉐페 방법은 다중비교방법 중 통계적으로 검증력이 가장 약하며 가장 유연한 방법이라고 언급했다. 7장에서 도출된 결과를 다음 절에서 다룰 계획된planned 직교대비 결과와 비교해보는 것이 좋다. 계획된 직교대비는 다중비교 방법 중 통계적으로 검증력이 가장 강력하며 가장 덜 유연한 방법이다. 다음 절에서 다중비교를 하면서 동일한 데이터에 대해 매우 다른 결과가 반환되는 것을 볼 수 있을 것이다.

직교코딩

더미코딩과 효과코딩 이외에 세 번째 유용한 코딩 유형은 직교코딩orthogonal coding이다. 직교코딩은 계획된 상황과 사후 상황 모두에서 사용할 수 있다. 여기서는 계획된 직교코딩(계획된 직교대비contrasts라고도 한다)을 다룰 것이다. 이미 변수가 어떻게 작동하는지 어느 정도 알고 있을 때 그리고 그렇기 때문에 어떤 것을 비교해야 할지 미리 지정할 수 있는 상황일 때 이 접근법이 가중 유용하기 때문이다.

대비 설정하기

직교코딩(직교라는 용어는 짧게 설명할 예정이다)은 비교하기를 원하는 대비를 정의하는 값의 행렬에 달려 있다. 예를 들어 네 개의 처치 그룹과 한 개의 대조 그룹의 다섯 개의 그룹이 있다고 가정해보자. 관심 있는 대비를 정의하기 위해 그림 7.13과 같은 매트릭스를 설정해야 한다.

그림 7.13

G9:G14의 곱의 합은 직교성의 조건을 만족시킨다.

D11 =D2*D5

	A	B	C	D	E	F	G
1	Contrast	Control	Med 1	Med 2	Med 3	Med 4	
2	A	0	1	-1	0	0	
3	B	0	0	0	1	-1	
4	C	0	0.5	0.5	-0.5	-0.5	
5	D	1	-0.25	-0.25	-0.25	-0.25	
6							
7							
8	Contrast Pair	Products of Coefficients					Sum of Products
9	AB	0	0	0	0	0	0
10	AC	0	0.5	-0.5	0	0	0
11	AD	0	-0.25	0.25	0	0	0
12	BC	0	0	0	-0.5	0.5	0
13	BD	0	0	0	-0.25	0.25	0
14	CD	0	-0.125	-0.125	0.125	0.125	0

직교코딩에서 단지 대비를 정의하는 것만으로는 충분하지 않다. 대비가 서로 직교하는지 확인하는 것도 필요하다. 이를 검증하는 꽤 귀찮은 방법은 그림 7.13에 나와 있다. 범위 B9:F14에는 B2:F5에 정의된 대비의 각 쌍에 해당하는 계수의 곱이 들어 있다. 따라서 10행은 Contrast A와 Contrast C를 검정하며, 2행의 계수와 4행의 계수가 곱해진 값이 10행에 있다. 예를 들어 셀 C10의 수식은 다음과 같다.

=C2*C4

11행에서는 Contrast A와 Contrast D를 검정하며, 셀 D11의 수식은 다음과 같다.

=D2*D5

마지막으로 계수 곱의 매트릭스의 각 행의 셀들의 값을 합한다. 만약 그 합이 0이면, 해당 두 대비는 서로 직교다. 이것은 범위 G9:G14에서 수행된다. 해당 범위의 모든 합계가 0이므로 B2:F5에 정의된 각 대비는 서로 직교한다.

ANOVA를 통한 계획된 직교대비

그림 7.14는 대비계수가 ANOVA의 문맥에서 어떻게 사용되는지 보여준다. 회귀 접근법이 이 모든 것을 얼마나 쉽게 만들어주는지 더 크게 느끼기 위해 이것을 꼭 보기를 바란다.

그림 7.14
t-비의 계산에 그룹 평균과 수, 그룹내평균제곱, 대비계수가 필요하다.

C23 =T.DIST.2T(ABS(B23),$J$15)

	A	B	C	D	E	F	G	H	I	J	K	L	M	N
1		Control	Med 1	Med 2	Med 3	Med 4		Anova: Single Factor						
2		48	66	59	64	58								
3		58	63	60	74	60		SUMMARY						
4		53	57	58	76	57		*Groups*	*Count*	*Sum*	*Average*	*Variance*		
5		50	73	63	69	69		Control	10	557	55.7	21.8		
6		57	72	61	59	52		Med 1	10	677	67.7	36.7		
7		57	71	74	63	62		Med 2	10	624	62.4	29.2		
8		60	73	70	62	59		Med 3	10	662	66.2	29.7		
9		61	59	62	68	55		Med 4	10	593	59.3	27.1		
10		61	72	59	64	66								
11		52	71	58	63	55								
12								ANOVA						
13	Contrast	Control	Med 1	Med 2	Med 3	Med 4		*Source of Variation*	*SS*	*df*	*MS*	*F*	*P-value*	*F crit*
14	A	0	1	-1	0	0		Between Groups	969.32	4	242.33	8.4	3.83E-05	2.58
15	B	0	0	0	1	-1		Within Groups	1300.3	45	28.89556			
16	C	0	0.5	0.5	-0.5	-0.5								
17	D	1	-0.25	-0.25	-0.25	-0.25		Total	2269.62	49				
18														
19	Contrast	t-ratio	Prob of t-ratio											
20	A	2.20	0.03263											
21	B	2.87	0.00623											
22	C	1.35	0.18280											
23	D	-4.31	0.00009											

그림 7.14는 ANOVA: Single Factor 도구를 이용한 분석을 위해 배치된 새로운 데이터셋을 보여준다. 이 도구를 통한 결과는 H1:N17에 표시된다. 대비계수의 매트릭스는 이미 직교성에 대한 테스트는 완료됐으며 B14:F17 범위에 있다. 이 값들은 각 대비에서 설정된 차이의 유의성을 검정하는 t-비를 계산하는 데 필요하다.

t-비를 계산하는 수식은 복잡하다. Med 1 그룹과 Med 2 그룹의 평균의 차이를 검정하는 Contrast A인 첫 번째 대비의 수식은 다음과 같다.

```
=SUMPRODUCT(B14:F14,TRANSPOSE($K$5:$K$9))/
 SQRT($K$15*SUM(B14:F14^2/TRANSPOSE($I$5:$I$9)))
```

이 수식은 반드시 Ctrl+Shift+Enter를 통해서 배열 입력돼야 한다. 다음은 서메이션 표기를 사용하는 일반적인 형태의 수식이다.

$$t = \sum C_j \overline{X}_j / \sqrt{MSE \sum C_j^2 / n_j}$$

여기서

- C_j는 j번째 평균의 대비계수다.

- $\overline{X}_j$은 j번째 표본 평균이다.
- MSE는 ANOVA 테이블의 평균제곱오차다. 만약 ANOVA를 수행하길 원하지 않는다면, 표본 그룹의 분산의 평균을 구하면 된다. 이 경우, MSE는 데이터 분석 도구로부터 계산된 셀 K15의 값을 사용했다.
- n_j는 j번째 표본의 관찰값의 수이다 .

엑셀 수식과 서메이션 문법의 앞의 두 공식은 필요 이상으로 복잡하다. 이 수식은 불균등한 표본 크기를 허용한다. 다음 절에서 보게 되겠지만, 불균등 표본 크기는 일반적으로-항상 그런 것은 아니다-비직교적인 대비를 초래한다. 만약 동일한 표본의 크기를 가진 경우 위 수식은 표본 크기를 상수로 취급해 단순하게 바꿀 수 있다.

그림 7.14로 돌아가서, 범위 B20:C23에서 t-비와 관련 확률 수준을 확인하라. 각 t-비는 방금 주어진 엑셀 배열 공식-다른 대비를 위한 대비계수를 집어내기 위해 조정된-을 사용해 계산됐다.

확률값들은 T.DIST.2T() 함수에 의해서 반환됐으며, t-검정의 비향성 버전이다. 확률은 자유도가 45인 t-분포 아래의 얼마나 많은 영역이 Contrast A의 경우 -2.20의 왼쪽에 +2.20의 오른쪽에 있는지 알려준다. 데이터를 보기 전에 알파를 0.01로 지정한 경우, 모집단에서 Contrast B와 Contrast D가 아무런 차이가 없다는 귀무가설을 기각할 수 있다. 관련 t-비가 중심t-분포에서 우연히 발생할 확률은 설정한 알파 수준보다 낮다. Contrast A와 Contrast C의 확률은 알파보다 높으며 연관된 귀무가설을 유지해야만 한다.

LINEST()를 사용한 계획된 직교대비

필자가 생각하기로는 일반적인 ANOVA를 사용해 계획된 직교대조에는 많은 작업(그만큼 실수할 가능성이 높다) 과정이 필요하다. 그림 7.15는 회귀를 사용하면 그 작업이 얼마나 쉬워지는지를 보여준다. LINEST()를 사용한 엑셀 워크시트를 보라.

회귀분석을 사용하더라도 여전히 직교대비와 대비계수를 만들어야 한다. 그러나 그것들은 ANOVA 접근법에서 필요로 했던 것과 똑같다. 그림 7.15의 I1:M6 범위에 그림 7.14에서 했던 작업의 전치[transposed]된 결과가 있다.

그림 7.15
직교코딩의 경우, 회귀계수와 표준오차로 대부분의 작업을 할 수 있다.

I18 | =T.DIST.2T(ABS(I17),$J$13)

	A	B	C	D	E	F	G	H	I	J	K	L	M
1	Out-come	Treat-ment	V1	V2	V3	V4			Contrast	A	B	C	D
2	29	Control	0	0	0	1			Control	0	0	0	1
3	39	Control	0	0	0	1			Med 1	1	0	0.5	-0.25
4	34	Control	0	0	0	1			Med 2	-1	0	0.5	-0.25
5	31	Control	0	0	0	1			Med 3	0	1	-0.5	-0.25
6	38	Control	0	0	0	1			Med 4	0	-1	-0.5	-0.25
7	38	Control	0	0	0	1							
8	41	Control	0	0	0	1			=LINEST(A2:A51,C2:F51,,TRUE)				
9	42	Control	0	0	0	1		Contrast:	D	C	B	A	
10	42	Control	0	0	0	1			-6.56	2.3	3.45	2.65	43.26
11	33	Control	0	0	0	1			1.52	1.70	1.20	1.20	0.76
12	47	Med 1	1	0	0.5	-0.25			0.43	5.38	#N/A	#N/A	#N/A
13	44	Med 1	1	0	0.5	-0.25			8.39	45	#N/A	#N/A	#N/A
14	38	Med 1	1	0	0.5	-0.25			969.32	1300.30	#N/A	#N/A	#N/A
15	54	Med 1	1	0	0.5	-0.25							
16	53	Med 1	1	0	0.5	-0.25		Contrast:	D	C	B	A	
17	52	Med 1	1	0	0.5	-0.25		t-ratios	-4.31	1.35	2.87	2.20	
18	54	Med 1	1	0	0.5	-0.25		Prob	0.00009	0.18280	0.00623	0.03263	
19	40	Med 1	1	0	0.5	-0.25							
20	53	Med 1	1	0	0.5	-0.25			*V1*	*V2*	*V3*	*V4*	
21	52	Med 1	1	0	0.5	-0.25		V1	1.00				
22	40	Med 2	-1	0	0.5	-0.25		V2	0.00	1.00			
23	41	Med 2	-1	0	0.5	-0.25		V3	0.00	0.00	1.00		
24	39	Med 2	-1	0	0.5	-0.25		V4	0.00	0.00	0.00	1.00	

그림 7.14의 일반적인 ANOVA 접근법과 구분되는 직교코딩과 회귀의 차이점은 더미코딩(1과 0)과 효과코딩(1과 0과 -1)에서 했던 것처럼 계수를 사용해 벡터를 생성하는 것이다. 각 벡터는 대비를 나타내며 백터의 값은 서로 다른 그룹과 연관된 대비의 계수다.

따라서 그림 7.15의 C열에 있는 Vector 1은 Control 그룹에 대해 0, Med 1에 1, Med 2에 -1의 값을 가지며, 그림에서 볼 수는 없지만 Med 3 및 Med 4는 0을 갖는다. Contrast A를 위한 값들은 J2:J6 범위에 있다. 비슷한 작업이 벡터 2에서 4까지 적용된다. 벡터는 대비계수를 분석의 공식적인 부분으로 만든다.

회귀 접근법은 또한 직교성이라는 개념에 대해 다른 기울기를 허용한다. I21:L24 범위의 값 행렬을 보라. 이것은 C열에서 F열까지 각 벡터의 쌍 사이의 상관관계를 보여주는 행렬이다. 각 벡터는 다른 벡터와 각각 0.0의 상관관계가 있다. 그들은 서로 독립적이다. 다른 말로 하면, 만약 그것들을 그려보면 축이 서로 직각을 이룰 것이다(직교orthogonal는 직각right angled을 의미한다).

노트 그림 7.15의 워크시트의 열 A에서 F에 있는 그룹 중 하나 이상의 그룹에 적어도 하나의 사례를 추가해 보는 실험을 해보는 것을 추천한다(7장을 위한 워크북은 quepublishing.com/title/9780789756558에서 다운로드할 수 있다). 예를 들어 대조 그룹에 하나의 사례를 추가하기 위해 A12:F12에 셀을 추가하고 C12:E12에는 0을 넣고 F12에는 1을 넣는다. 그런 다음 셀 I21에서 시작하는 상관행렬을 CORREL() 함수를 사용하거나 분석 도구 추가 기능의 상관관계 도구를 사용해 다시 만든다. 그룹 수를 변경한 벡터를 포함하는 상관관계는 더는 0.0이 아니다. 더 이상 직교가 아니다.

이러한 효과는 두 개 이상의 요소와 불균등한 그룹 빈도가 있는 설계에 영향을 미친다. 처치가 불균등한 빈도와 인과 관계가 있을 수 있는 상황(처치에 의한 차별적인 실험 사망률)과 처치와 관련 없는 원인으로 인해 그룹 수의 불평등한 상황은 구별된다.

계획된 직교대조는 다른 어떤 다중비교 방법보다 가장 큰 통계적 검증력이 있다. 이는 계획된 직교대조가 던네트나 쉐페와 같은 다른 방법보다 실제 모집단의 차이를 식별할 가능성이 높다는 것을 의미한다. 그러나 실험 전에 대비의 형태로 가설을 지정할 수 있어야 하며, 동일한 그룹 크기를 얻을 수 있어야 한다. 만약 그룹 중 어느 하나에 하나의 관찰값이라도 추가된다면, 벡터 간의 상관관계는 더 이상 0.0이 아니므로 직교성을 잃게 된다. 그렇게 되면 (아마도) 계획된 비직교대비에 의존해야 하며, 이는 다른 부분은 동등하지만 덜 강력하다.

7장의 앞부분에서 설명한 일반적인 VLOOKUP() 접근 방식을 사용해 벡터를 쉽게 설정할 수 있다. 예를 들어 Vector 1을 채우는 수식은 다음과 같다.

```
=VLOOKUP($B2,$I$2:$M$6,2,0)
```

이 수식은 셀 C2에 입력되고 D열에서 F열까지 복사해 붙여 넣을 수 있다(세 번째 인자는 2에서 3, 4, 5로 조정해야 한다). 그런 다음 C2:F2를 다중선택해 결괏값의 끝까지 아래로 드래그한다.

벡터가 설정되면, 다음 LINEST() 수식을 5행 5열의 범위에 배열로 입력하라.

```
=LINEST(A2:A51,C2:F51,,TRUE)
```

이제 회귀계수와 표준오차를 얻게 된다. 그림 7.14의 B20:B23 범위에 있는 것과 동일한 t-비를 회귀계수에서 해당 표준오차로 나눠 계산할 수 있다. 따라서 그림 7.15의 셀 L17의 t-비는 다음 수식으로 계산된다.

=L10/L11

LINEST()가 반환하는 계수와 표준오차는 사용자가 입력한 역순으로 반환된다. 따라서 t-비도 역순이다. 그러나 그림 7.14의 t-비의 값과 비교하면 그 값이 정확히 동일하다는 것을 알 수 있다.

그림 7.14와 같이 처음에 지정한 연구 가설(방향성 또는 비방향성)에 적합한 T.DIST() 함수를 사용해 t-비와 연관된 확률을 계산한다.

요인분석

분산분석의 발전이 데이터 분석 과학에서 중요한 진보임을 나타내는 이유 중 하나는 결과 변수에 대해 둘 이상의 요인이 동시에 미치는 영향을 연구할 수 있게 해줬다는 것이다. 피셔Fisher가 ANOVA로 수행한 기초 작업 이전에는, 연구원의 연구는 한 번에 하나의 변수에 대해, 요소의 두 가지 수준에 대한 연구로 제한됐다.

이러한 상황은 연구원들이 둘 이상의 요소의 결합joint 효과를 조사할 수 없음을 의미했다. 예를 들어 정치인에 대한 남성의 태도는 50세 이전과 이후가 다를 수 있다. 또한 여성들의 정치인에 대한 태도는 나이에 상관없이 변하지 않을 수도 있다. 만약 성별과 나이를 분리해 개별적으로 연구해야 한다면, 공동 효과(통계적 용어로 상호작용interaction이라고 부른다)가 존재하는지 판단할 수가 없다.

그러나 우리는 ANOVA에서 하나 이상의 요소를 다룰 수 있다. 물론 회귀분석에서도 마찬가지다. 두 개 이상의 요인이 결과 변수와 어떤 관련이 있는지 동시에 분석할 때, 요인분석factorial analysis을 사용한다고 한다.

한 번에 하나 이상의 변수의 효과를 연구하고 분석할 수 있다면 노력에 비해 큰 가치를 얻을 수 있다. 하나의 변수를 연구하는 것과 변수를 추가해 연구하는 데 필요한 실험 비용의 차이는 크지 않다.

또한 단일 요인 ANOVA에 하나 이상의 요인을 추가하면 통계적 검증력이 증가할 수 있다. 단일 요인 ANOVA에서 요인에 기인할 수 없는 결과 변수의 변동은 잔차평균제곱으로 보내진다. 그러한 변동은 다른 요인(즉, 8장에서 보게 될 공변량). 그 변동은 평균제곱오차에서 제거될 수 있다. 해당 변동이 줄어들면 분석에서 F-비의 값을 증가시켜 검정의 통계적 검증력을 향상시킨다.

엑셀의 분석 도구 추가 기능에는 두 요소를 한 번에 처리할 수 있는 도구가 포함돼 있지만 단점이 있다. 앞서 여러 번 언급한 수식을 반환하지 않고 정적인 값만 반환한다는 문제 이외에도 ANOVA: Two-Factor with Replication 도구를 사용하려면 데이터를 매우 기이한 방법으로 배치해야 하며, 불균등 그룹 크기의 데이터를 수용하지 않으며, 두 개보다 많은 요소를 처리할 수 없다. 공변량은 없다.

대신 회귀분석을 사용하면 이러한 한계에 얽매일 필요가 없다. 비교 근거를 제공하기 위해 ANOVA: Two-Factor with Replication 도구의 결과를 살펴보자.

노트 엑셀의 분석 도구 추가 기능은 ANOVA: Two-Factor with Replication이라고 부르는 도구를 제공한다. 이는 반복측정설계(repeated measures design)라고 하는 매우 오래된 방식의 접근법이다. 이 책에서 이 용어를 사용하는 것은 이게 마지막이다.

그림 7.16에서 사용한 ANOVA 도구는 설계의 각 그룹에 대한 결과 변수의 평균과 분산 및 개수를 반환한다는 점에서 유용하다. 필자는 피봇테이블을 사용해 이러한 기술 통계량을 보는 것을 선호한다. 그것은 라이브 분석이며 ANOVA 도구에서 반환된 테이블은 (다시 한 번 말하지만) 정적인 값이기 때문이다. 피봇테이블을 사용하면 관측값을 추가, 삭제, 수정하면 피봇테이블이 업데이트된다. 정적값을 사용하게 되면 ANOVA 도구를 다시 실행시켜야 한다.

분석 결과의 끝에 있는 ANOVA 테이블에는 분석 도구 추가 기능의 Single Factor 버전에서는 표시되지 않았던 몇 가지 숫자들을 볼 수 있다. 27행과 28행에는 변동 요인[Source of Varation]으로 Sample과 Column이 보인다. 변동의 요인인 Column은 성별을 나타낸다. 남성에 대한 값은 B열에, 여성에 대한 값은 C열에 있다. Sample 요인은 다른 행을 차지하는 변수를 나타낸다. 그림 7.16에서 Med 1의 값은 2행에서 6행, Med 2의 값은 7행에서 11행, Med 3은 12행에서 16행에 있다.

그림 7.16

ANOVA:Two-Factor with Replication 도구는 서로 다른 그룹이 다른 관찰값의 수를 가지고 있다면 실행되지 않을 것이다.

	A	B	C	D	E	F	G	H	I	J	K
1		Male	Female		Anova: Two-Factor With Replication						
2	Med 1	12	17								
3		15	16		SUMMARY	Male	Female	Total			
4		19	13		*Med 1*						
5		16	19		Count	5	5	10			
6		11	18		Sum	73	83	156			
7	Med 2	16	22		Average	14.6	16.6	15.6			
8		15	20		Variance	10.3	5.3	8.0			
9		17	22		*Med 2*						
10		22	16		Count	5	5	10			
11		18	16		Sum	88	96	184			
12	Med 3	18	24		Average	17.6	19.2	18.4			
13		24	23		Variance	7.3	9.2	8.0			
14		21	21		*Med 3*						
15		16	21		Count	5	5	10			
16		23	22		Sum	102	111	213			
17					Average	20.4	22.2	21.3			
18					Variance	11.3	1.7	6.7			
19					*Total*						
20					Count	15	15				
21					Sum	263	290				
22					Average	17.5	19.3				
23					Variance	14.3	10.2				
24											
25					ANOVA						
26					*Source of Variation*	*SS*	*df*	*MS*	*F*	*P-value*	*F crit*
27					Sample	162.47	2	81.23	10.81	0.000	3.403
28					Columns	24.3	1	24.3	3.23	0.085	4.260
29					Interaction	0.2	2	0.1	0.01	0.987	3.403
30					Within	180.4	24	7.52			
31											
32					Total	367.37	29				

(데이터 분석 도구에서 필수적으로 요구되는) 데이터 레이아웃의 편의성과 ANOVA 테이블의 요인 레이블에 관한 자신만의 결론을 도출하고자 할 것이다.

주요 요점은 두 요인, 성별(셀 E28의 Columns로 표시)과 약물 치료(셀 E27의 Sample로 표시)가 ANOVA 테이블의 변동 요인으로 모두 존재한다는 것이다. 남성의 평균은 여성의 평균과 다르며, 그것이 변동 요인이 된다. 세 가지 종류의 약물 또한 서로 다른 평균을 가지고 있으며 또 다른 변동 요인이 된다.

또한 Interaction(상호작용)이라고 이름 붙여진 세 번째 요인이 있는데, 성별와 약물 치료 변수의 결합 영향을 나타낸다. 상호작용 수준에서 그룹들은 주 요인의 수준의 조합을 구성하는 것으로 간주된다. 예를 들어 Med 2를 받은 Males는 한 그룹을 구성하고 Med 1을 받은 Females는 한 그룹을 구성한다. 주 효과의 결합으로 인한 차이(Males와 Females의 차이, Med 1과 Med 3의 차이가 아닌)는 총괄적으로 Interaction으로 다뤄진다(지금 예제에서는 성별과 처치).

그림 7.16의 ANOVA는 성별의 영향을 0.05 수준에서 유의미하지 않은 것으로 평가한다(셀 J28 참조, 모집단에 차이가 없는 경우 1과 24 자유도에서 F-비가 3.2일 확률은 8.5%로 반환한다). 유사하게 성별과 처치 방법의 상호작용에 의한 유의한 차이도 없다. 6개의 설계 셀의 평균 간의 차이는 6개 그룹간에 차이가 없다는 귀무가설을 기각하기에 충분하지 않다. 오직 처치의 주 영향만 통계적으로 유의하다. 만약 처음부터 계획된 직교대비를 사용해 특정 방법들 간의 차이를 검정하려고 했다면, 이제 진행할 수 있으며 통계적 검증력을 즐길 수 있게 해준다. 그런 계획이 없었다면, 대비 계획을 세우지 않은 패널티로 쉐페 과정을 사용해야 하며, 너무 많은 통계적 검증력을 잃지 않기를 기대할 수밖에 없다.

직교코딩을 사용한 요소분석

벡터에 직교계수를 사용하지 못할 이유는 없다. 그러나 결과를 보기 전에 비교를 선택해야 하기 때문에, 사후적으로 통계적 검증력을 높이기 위해 그렇게 할 수 없다. 그러나 그룹의 크기가 동일하다면 직교코드를 사용해 일부 계산을 좀 더 편리하게 할 수 있다. 그림 7.17은 그림 7.16의 데이터를 성별 및 치료 변수를 나타내는 벡터로 나열한 것이다.

그림 7.17의 데이터셋은 Sex 변수를 나타내기 위해 D열에 하나의 벡터가 있다. 그 요인은 단지 두 개의 수준을 갖기 때문에, 하나의 벡터로 충분히 표현할 수 있다. 데이터셋은 Treatment 요인을 나타내기 위해 열 E와 F에 두 개의 벡터가 있다. 이 요인은 세 개의 수준을 갖기 때문에 두 개의 벡터가 필요하다. 마지막으로 Sex와 Treatment 사이의 상호작용을 나타내는 두 개의 벡터가 열 G와 H를 차지한다.

상호작용 벡터는 주 효과 벡터를 곱해 쉽게 채워진다. 열 G의 벡터는 Sex 벡터와 Treatment 1 벡터를 곱한 결과다. H의 벡터는 Sex 벡터와 Treatment 2 벡터의 곱으로부터 나온 것이다.

그림 7.17

그림 7.16의 이요인(two-factor) 문제가 회귀분석을 위해 배치됐다.

	A	B	C	D	E	F	G	H
1	Sex	Treat-ment	Out-come	Sex Vector	Treatment Vector 1	Treatment Vector 2	Sex by Treatment 1	Sex by Treatment 2
2	Male	Med 1	12	1	1	1	1	1
3	Male	Med 1	15	1	1	1	1	1
4	Male	Med 1	19	1	1	1	1	1
5	Male	Med 1	16	1	1	1	1	1
6	Male	Med 1	11	1	1	1	1	1
7	Male	Med 2	16	1	-1	1	-1	1
8	Male	Med 2	15	1	-1	1	-1	1
9	Male	Med 2	17	1	-1	1	-1	1
10	Male	Med 2	22	1	-1	1	-1	1
11	Male	Med 2	18	1	-1	1	-1	1
12	Male	Med 3	18	1	0	-2	0	-2
13	Male	Med 3	24	1	0	-2	0	-2
14	Male	Med 3	21	1	0	-2	0	-2
15	Male	Med 3	16	1	0	-2	0	-2
16	Male	Med 3	23	1	0	-2	0	-2
17	Female	Med 1	17	-1	1	1	-1	-1
18	Female	Med 1	16	-1	1	1	-1	-1
19	Female	Med 1	13	-1	1	1	-1	-1
20	Female	Med 1	19	-1	1	1	-1	-1
21	Female	Med 1	18	-1	1	1	-1	-1
22	Female	Med 2	22	-1	-1	1	1	-1
23	Female	Med 2	20	-1	-1	1	1	-1

Sex와 Treatment의 코드 선택은 모든 벡터가 상호 직교할 수 있도록 만들어진다. 이것이 그림 7.15에서 사용된 것과 다른 이유다. 그림 7.15에서는 특정한 이론적인 관심사에 의해 대비를 명시했다. 특정 그룹의 평균, 그룹 평균의 조합 등을 명시하여 독립변수들이 함께 동작해 종속변수의 관찰된 결과에 어떤 것을 야기하는지 지정한다.

그러나 그림 7.17에서 코드는 후속 분석을 보다 쉽게 만들기 위함이기 때문에 벡터를 서로 직교하도록 단순하게 선택한다. 가장 간단한 방법은 다음과 같다.

1. 첫 번째 벡터에 요인의 첫 번째 수준과 두 번째 수준이 대비되도록 코드를 넣고 다른 수준은 무시한다. 그림 7.17에서 첫 번째 요인은 단지 두 개의 수준만 가지고 있으므로 단 하나의 벡터만 필요로 하며, 두 수준이 요인의 정보를 소모한다. 그러므로 Sex의 한 수준에 1의 코드를 부여하고 다른 수준에는 -1의 코드를 부여한다.

2. 두 번째 요인의 첫 수준에 대해서는 같은 방법을 취한다. 이 경우, Med 1은 첫 번째 벡터에 1을, Med 2는 -1을, Med 3은 0을 부여한다. 이것은 1단계의 Sex 벡터에 했던 것과 일치한다.

3. 주어진 요인에 대한 두 번째 (및 후속) 벡터에는 첫 번째 두 수준을 세 번째 수준과 대조하는 코드를 입력한다(또는 첫 번째 세 번째를 네 번째와, 첫 번째 네 번째를 다섯 번째와 등등 계속). 이것은 두 번째 Treatment 변수에서 Med 1과 Med 2에 코드 1을 Med 3에 -2를 할당해 수행된다. 이는 첫 번째 두 수준과 세 번째 수준을 대조한다. 벡터에 다른 수준이 있다면 0으로 할당한다.

상호작용 벡터는 이전 단계에서 설명한 대로 주 효과 벡터를 곱해 얻을 수 있다. 그림 7.18은 이 데이터셋의 분석을 보여준다.

그림 7.18
직교벡터의 모든 상관관계는 서로 0.0이다.

P18 =SUM(K18:O18)

	I	J	K	L	M	N	O	P
1			*Sex Vector*	*Treatment Vector 1*	*Treatment Vector 2*	*Sex by Treatment 1*	*Sex by Treatment 2*	
2		Sex Vector	1.0					
3		Treatment Vector 1	0.0	1.0				
4		Treatment Vector 2	0.0	0.0	1.0			
5		Sex by Tratment 1	0.0	0.0	0.0	1.0		
6		Sex by Treatment 2	0.0	0.0	0.0	0.0	1.0	
7								
8			=LINEST(C2:C31,D2:H31,,TRUE)					
9		0.00	-0.10	-1.43	-1.40	-0.90	18.43	
10		0.35	0.61	0.35	0.61	0.50	0.50	
11		0.51	2.74	#N/A	#N/A	#N/A	#N/A	
12		4.97	24	#N/A	#N/A	#N/A	#N/A	
13		186.97	180.40	#N/A	#N/A	#N/A	#N/A	
14								
15		Significance of F for full regression			0.005			
16								
17			**Sex Vector**	**Treatment Vector 1**	**Treatment Vector 2**	**Sex by Treatment 1**	**Sex by Treatment 2**	**Total R Squared**
18		R squared with Outcome	0.0661	0.1067	0.3355	0.0005	0.0000	0.51

그림 7.18에서 K2:O6 범위의 상관행렬은 각 벡터 쌍 간의 상관관계가 0.0임을 보여준다.

팁 분석 도구 추가 기능의 Correlation 도구를 사용하면 K2:O6에 있는 행렬을 쉽게 만들 수 있다.

벡터 간의 모든 상관관계가 0.0이라는 사실은 벡터가 분산을 공유하지 않는다는 것을 의미한다. 분산을 공유하지 않기 때문에 결과 변수가 있는 두 벡터의 관계가 겹칠 수 없다. 결과 변수가 공유하는 모든 분산, 즉 첫 번째 Treatment 벡터는 해당 Treatment 벡터에 고유하다. 모든 벡터가 서로 직교할 때, 결과 변수와 공유되는 분산을 어디에 할당할 것인가에 대한 모호성은 없다.

그림 7.18의 범위 J9:O13에서 그림 7.17의 데이터를 LINEST()가 반환한 결과를 볼 수 있다. 지금 중요한 문제는 아니지만, 전체회귀의 통계적 유의성은 F.DIST.RT() 함수를 사용해 셀 M15에 보여진다. 더 적절한 것은 셀 J11에서 볼 수 있는 0.51의 값을 갖는 회귀의 R^2이다.

범위 K18:O18에는 결과 변수에 대한 각 코딩된 벡터의 R^2값이 있다. 엑셀은 두 변수 사이의 상관관계의 제곱을 반환하는 함수인 RSQ()를 제공한다. 셀 K18의 수식은 다음과 같다.

=RSQ($C$2:$C$31,D2:D31)

셀 P18은 5 개의 R^2값의 합계를 보여준다. 그 합은 0.51로 셀 J11의 LINEST()가 반환한 전체 회귀방정식의 R^2과 동일하다. 이제 전체 방정식에 대한 R^2을 5개의 구성 요소로 분할했다.

그림 7.19는 회귀분석 결과를 그림 7.16의 이요인 ANOVA의 결과와 같이 보여준다.

그림 7.19에서 그림 7.18의 범위 K18:P18에서 코딩된 벡터에 대한 R^2값과 전체 회귀 R^2을 가져왔다. 이 R^2값은 실제로 각 벡터와 관련된 결과 변수에서 전체 분산의 비율을 측정한 것이다. 따라서 코딩된 벡터에 의해 설명되는 분산의 총량은 51%이고, 그렇기 때문에 49%의 전체 분산은 설명되지 않는 상태로 남는다. 이 분산의 49%는 F-비의 분모인 잔차평균제곱(또는 그룹내평균제곱이나 평균제곱오차)을 나타낸다.

그림 7.19에서 취할 세 가지 요점에 대해 설명하겠다.

그림 7.19
제곱의 합과 분산의비율을 사용한 결과를 비교해보라.

D8 | =C7+C8

	A	B	C	D	E	F	G	H
1								
2		Treatment Vector 1	Treatment Vector 2	Sex Vector	Sex by Treatment 1	Sex by Treatment 2	Total R Squared	
3	R^2 with Outcome	0.1067	0.3355	0.0661	0.0005	0.0000	0.51	
4								
5								
6			R^2	Factor Total R^2	df	MS	F	
7		Treatment Vector 1	0.1067					
8		Treatment Vector 2	0.3355	0.4422	2	0.2211	10.81	
9		Sex Vector	0.0661	0.0661	1	0.0661	3.23	
10		Sex by Treatment 1	0.0005					
11		Sex by Treatment 2	0.0000	0.0005	2	0.0003	0.01	
12		Within	0.4911	0.4911	24	0.0205		
13								
14		ANOVA						
15		*Source of Variation*		*SS*	*df*	*MS*	*F*	*P-value*
16		Sample		162.47	2	81.23	10.81	0.000
17		Columns		24.3	1	24.3	3.23	0.085
18		Interaction		0.2	2	0.1	0.01	0.987
19		Within		180.4	24	7.52		
20								
21		Total		367.37	29			

분산의 고유한 비율

각 벡터에 대한 개별 R^2값은 단순히 합쳐져 전체 회귀방정식에 대한 R^2이 된다. 벡터가 서로 직교하기 때문에 단순한 합계는 정확하다. 각 벡터는 결과 분산의 고유한 비율을 나타낸다. 그러므로 벡터가 서로 상관관계가 있을 때처럼 두 번 계산되는 분산은 없다. 개별 R^2의 합은 전체회귀의 R^2과 같다.

분산의 비율은 제곱의 합과 동일하다

분산 비율에서 유도된 C7:G12 범위의 분석의 F-비와 제곱의 합에서 유도된 B15:H21의 ANOVA에서 얻은 F-비를 비교해보라. F-비는 동일하며, 유일한 유의한 차이는 치료법으로 인한 것이며 성별이나 성별과 치료법의 상호작용에 의한 차이는 없다는 각 분석의 결론도 동일하다.

분산의 비율들의 관계는 제곱의 합들의 관계와 동일하다. 놀라운 일은 아니다. 사실상 각 분산의 비율은 각 구성 요소의 제곱의 합을 전체제곱의 합(상수)으로 나눈 값이기 때문이다. 잔차평균제곱과 관련된 분산을 포함해 모든 분산의 비율을 합하면 1.0이므로, 셀 D8의

0.4422와 같은 개별 분산의 비율을 전체제곱의 합(셀 D21의 367.37)과 곱하면 해당 구성 요소의 제곱의 합(셀 D16의 162.47)을 얻을 수 있다. 일반적으로 분산의 비율은 그 자체에 대해 알려주지만, 제곱의 합은 그렇지 않다. 결과 변수의 분산의 44.22%가 처치로 인한 것이라고 말하면, 그 처치 방법이 어느 정도 중요한지 즉각 알 수 있다. 처치로 인한 제곱의 합이 162.47이라고 말하면, 이해할 수가 없다.

성분 효과 합하기

그림 7.19의 B15:H21에 나와 있는 일반적인 ANOVA는 각 비교에 대한 추론 정보를 제공하지 않는다. 제곱의 합, 평균제곱, F-비는 전체 요인에 대한 값이다. 일반적인 방법에서는 구분하지 못한다. 예를 들어 Med 1과 Med 2의 효과 Med 2와 Med 3의 효과와 구별할 수 없다. 이것이 다중비교가 하려는 것이다.

그러나 회귀분석에서는 각 벡터에 대해 R^2을 얻을 수 있다. 예를 들어 셀 C7과 C8의 R^2값은 0.1067과 0.3355이다. 이러한 분산의 비율은 각각의 벡터에서 코드에 의해 암시된 대비가 그 원인이다. 그림 7.17에 코드된 것처럼, Treatment Vector 1은 Med 1과 Med 2를 비교하고 Treatment Vector 2는 Med 1과 Med 2의 평균을 Med 3과 비교한다. 만약 두 분산의 비율을 더하고 367.37의 전체제곱의 합을 곱하면, 일반적인 ANOVA에서 반환한 셀 D16의 처리 요인과 관련된 제곱의 합을 얻을 수 있다.

개별 벡터는 집합 벡터와 동일한 방법으로 검정될 수 있다(각 주요 효과마다 하나씩 그리고 상호작용에 하나씩). 그림 7.20은 좀 더 세분화된 분석을 보여준다.

그림 7.20
벡터의 F-비에 의해서 어떤 것을 검정할지는 벡터를 어떻게 코드화하는지에 달려 있다.

F7 =E7/$E$12

	A	B	C	D	E	F	G
1							
2		Treatment Vector 1	Treatment Vector 2	Sex Vector	Sex by Treatment 1	Sex by Treatment 2	Total R Squared
3	R^2 with Outcome	0.1067	0.3355	0.0661	0.0005	0.0000	0.51
4							
5							
6			R^2	df	MS	F	Prob of F
7		Treatment Vector 1	0.1067	1	0.1067	5.22	0.032
8		Treatment Vector 2	0.3355	1	0.3355	16.40	0.000
9		Sex Vector	0.0661	1	0.0661	3.23	0.085
10		Sex by Treatment 1	0.0005	1	0.0005	0.03	0.872
11		Sex by Treatment 2	0.0000	1	0.0000	0.00	1.000
12		Within	0.4911	24	0.0205		

그림 7.20의 G7:G11 범위의 확률은 벡터의 코드로 정의된 평균의 차이가 모집단에서 모두 0.0인 경우 F7:F11의 F-비만큼 큰 F-비를 얻을 가능성을 가리킨다. 따라서 0.05의 알파를 설정했다면 Treatment Vector 1(Med 1대 Med 2)와 Treatment Vector 2 (Med 1과 Med 2대 Med 3의 평균)에 대한 귀무가설을 기각할 수 있다. 그러나 0.01의 알파를 선택했다면 Treatment Vector 2의 비교에 대해서만 귀무가설을 기각할 수 있다.

효과코딩으로 요인분석

3장, '부분상관과 준부분상관'에서 세 번째 변수의 효과를 다른 두 변수 간의 상관관계에서 통계적으로 제거하는 방법을 설명했다. 세 번째 변수의 효과는 나머지 두 변수 모두로부터 제거될 수도 있고(부분상관), 단지 두 변수 중 하나의 변수에서만 제거될 수도 있다(준부분상관). 이번 절에서는 준부분상관(실제로는 준부분상관의 제곱의 합)을 사용할 것이다. 이 기술은 또한 그룹마다 관찰값의 개수가 불균등한 상황에서도 폭넓게 사용된다.

그림 7.21은 그림 7.18에서 7.20에 사용된 그림 7.17의 직교코딩이 어떻게 효과코딩으로 변경됐는지 보여준다.

그림 7.21
효과코딩의 벡터는 전체적으로 직교하지 않는다.

	A	B	C	D	E	F	G	H
1	Sex	Treat-ment	Out-come	Sex Vector	Treatment Vector 1	Treatment Vector 2	Sex by Treatment 1	Sex by Treatment 2
2	Male	Med 1	12	1	1	0	1	0
3	Male	Med 1	15	1	1	0	1	0
4	Male	Med 1	19	1	1	0	1	0
5	Male	Med 1	16	1	1	0	1	0
6	Male	Med 1	11	1	1	0	1	0
7	Male	Med 2	16	1	0	1	0	1
8	Male	Med 2	15	1	0	1	0	1
9	Male	Med 2	17	1	0	1	0	1
10	Male	Med 2	22	1	0	1	0	1
11	Male	Med 2	18	1	0	1	0	1
12	Male	Med 3	18	1	-1	-1	-1	-1
13	Male	Med 3	24	1	-1	-1	-1	-1
14	Male	Med 3	21	1	-1	-1	-1	-1
15	Male	Med 3	16	1	-1	-1	-1	-1
16	Male	Med 3	23	1	-1	-1	-1	-1
17	Female	Med 1	17	-1	1	0	-1	0
18	Female	Med 1	16	-1	1	0	-1	0
19	Female	Med 1	13	-1	1	0	-1	0

Sex 벡터에 남성은 1이 할당되고 여성은 -1이 할당됐다. 성별과 같은 2수준 요인의 경우 직교코딩과 효과코딩은 동일하다.

첫 번째 Treatment 벡터는 Med 1에 1, Med 2에 0, Med 3에 -1을 할당한다. 따라서 Treatment Vector[1] 1은 Med 1과 Med 3을 대비한다. Treatment Vector 2는 Med 1에 0, Med 2에 -1, Med 3에 1을 할당하며, Med 2와 Med 3을 대비한다. 따라서 비록 Treatment 변수의 검정을 제공하지만 두 Treatment 벡터는 그림 7.17에서 사용한 직교코딩의 정의와는 다른 대비를 정의한다.

그림 7.22는 그림 7.17과 같은 값을 갖는 결과 변수에 대한 효과코딩 결과를 보여준다.

그림 7.22
효과코딩을 사용하면 주어진 요인의 여러 수준을 나타내는 벡터가 서로 상관관계이다.

M19 =RSQ($C$2:$C$31,F2:F31-TREND(F2:F31,$D2:E31))

	I	J	K	L	M	N	O	P
1			*Sex Vector*	*Treatment Vector 1*	*Treatment Vector 2*	*Sex by Treatment 1*	*Sex by Treatment 2*	
2		Sex Vector	1.0					
3		Treatment Vector 1	0.0	1.0				
4		Treatment Vector 2	0.0	0.5	1.0			
5		Sex by Treatment 1	0.0	0.0	0.0	1.0		
6		Sex by Treatment 2	0.0	0.0	0.0	0.5	1.0	
7								
8				**=LINEST(C2:C31,D2:H31,,TRUE)**				
9		0.10	-0.10	-0.03	-2.83	-0.90	18.43	
10		0.71	0.71	0.71	0.71	0.50	0.50	
11		0.51	2.74	#N/A	#N/A	#N/A	#N/A	
12		4.97	24	#N/A	#N/A	#N/A	#N/A	
13		186.97	180.40	#N/A	#N/A	#N/A	#N/A	
14								
15				Significance of F for full regression	0.005			
16								
17			**Sex Vector**	**Treatment Vector 1**	**Treatment Vector 2**	**Sex by Treatment 1**	**Sex by Treatment 2**	**Total R Squared**
18		R squared with Outcome	0.0661	0.4422	0.1145	0.0001	0.0001	0.62
19	Adjusted R squared with Outcome		0.0661	0.4422	0.0000	0.0001	0.0004	0.51

K2:O6 범위의 상관행렬에 있는 대각선이 아닌 항목 중에 0.0 이 아닌 것이 있다. Treatment Vector 1은 Treatment Vector 2와 0.50의 상관관계를 가지며, Sex와 Treatment 상호작용을 나타내는 두 벡터도 0.50의 상관관계를 가진다. 이것은 효과코딩에서 일반적인 경우이며, 주 효과에 적어도 세 개의 수준이 있을 때의 상관행렬에서 분명하게 나타난다(이 예에서 Treatment가 그렇듯이).

1 여기서는 벡터(Vector)의 표기를 한글과 영문으로 혼용해서 썼다. 벡터는 일반적인 벡터의 의미로, Vector는 그림에 표시된 'Treatment Vector 1을 표시하기 위함이다. – 옮긴이

결과는 벡터가 모두 상호 직교하지 않기 때문에 그림 7.18에서 7.20까지와 같이 전체회귀 방정식에 대한 R^2을 구하기 위해 단순히 각 변수의 R^2을 더할 수는 없다. 게다가 벡터의 R^2은 분산의 고유한 비율을 나타내지 않기 때문에 단순히 이 R^2을 각 벡터의 통계적 유의성을 검정하는 데 사용할 수 없다.

대신, R^2값을 제곱된 준부부상관을 이용하여 조절하여 직교가 되도록 하고 결과 변수의 분산의 고유한 비율을 나타내게 할 필요가 있다.

그림 7.22의 범위 J9:O13의 LINEST() 분석은 회귀계수, 상수, 표준오차를 제외하고는 그림 7.18의 직교코딩을 사용하는 LINEST() 분석과 동일한 값을 반환한다. 다시 말하면, 직교코딩과 효과코딩의 차이는 회귀 방성식의 R^2, 추정의 표준오차, F-비, 잔차자유도 또는 회귀와 잔차제곱의 합에는 아무런 차이를 주지 않는다. 이것은 효과코딩과 직교코딩에 국한되지 않는다. 예를 들어 더미코딩과 같이 적용한 방법에 관계없이 일반적으로 방정식과 관련된 통계량에는 차이가 없다. 코딩 방법의 차이는 벡터의 회귀계수나 결과 변수와의 단순 R^2과 같은 변수와 변수 사이의 수량을 살펴보기 시작할 때 나타난다.

그림 7.22의 18행과 19행의 R^2값의 테이블을 주목하라. 18행의 R^2값은 미조정된 비율의 분산이다. 그것들은 결과 변수와 공유되는 고유한 비율을 나타내지 않는다. 그 증거로, 18행과 19행의 R^2값의 합계가 셀 P18과 P19에 표시됐다. 18행의 조정되지 않은 R^2값의 합인 셀 P18의 값은 셀 J11의 LINEST()가 반환한 전체 회귀에 R^2의 값을 훨씬 웃도는 0.62이다.

대조적으로, 행 19의 R^2값의 대부분은 실제로 제곱된 준부분상관관계다. L19와 M19의 값을 보아라. Treatment 변수에 대한 두 벡터가 상관관계가 있기 때문에, 18행의 조정되지 않은 R^2값을 통한 분산의 비율은 결과 변수와 공유하는 분산의 일부를 두 배로 계산했다. 그것이 R^2값을 합당한 값인 0.51에서 0.62로 부풀리는 이중 계산이다.

우리가 원하는 것은 두 번째 Treatment 벡터 자체에서 두 번째 Treatment 벡터에 남은 효과를 제거하는 것이다. 셀 K19의 R^2에서 어떻게 수행됐는지 쉽게 볼 수 있다. 그 작업은 셀 L19에서 M19까지 계속된다.

셀 K19의 수식은 다음과 같다.

=RSQ($C$2:$C$31,D2:D31)

D열의 벡터는 LINEST()의 X값 인자에서 가장 왼쪽에 있는 변수다(공간 제한으로 그림 7.22에서 D열을 표시하지 못하지만 그림 7.21에서 볼 수 있으며 7장의 워크북을 다운로드해 볼 수 있다). 열 D에서 벡터 앞에 오는 변수가 없으므로 Sex 벡터에서 제거할 것은 아무것도 없다. 단지 R^2을 그대로 사용하면 된다.

셀 L19의 수식은 다음과 같다.

=RSQ($C$2:$C$31,E2:E31-TREND(E2:E31,$D2:D31))

TREND(E2:E31,$D2:D31) 부분은 Sex 벡터(D2:D31)로부터 E2:E31(첫 번째 Treatment 벡터)의 값을 예측한다. 그림 7.22의 상단에 있는 상관관계 행렬에서 Sex 벡터와 첫 번째 Treatment 벡터의 상관관계가 0.0인 것을 볼 수 있다. 이 경우, Sex에 대한 Treatment 1의 회귀는 Treatment 1 벡터의 평균을 예측한다. 그 벡터는 같은 수의 1과 0과 -1을 가지고 있으므로 평균은 0.0이다. 요약하면, R^2 수식은 E2:E3의 코드에서 0.0을 뺀다. L19는 L18과 같은 결과를 얻는다.

셀 M19의 수식은 다음과 같다.

=RSQ($C$2:$C$31,F2:F31-TREND(F2:F31,$D2:E31))

준부분상관의 제곱이 시작되는 부분이 여기 있다.

TREND(F2:F31,$D2:E31)

이 부분은 두 번째 Treatment 벡터 F2:F31의 값을 열 D와 열 E의 벡터의 관계를 기반으로 TREND() 함수를 사용해 예측한다. 예측된 값이 다음 부분을 통해 열 F의 실제 코드에서 차감된다.

F2:F31-TREND(F2:F31,$D2:E31)

잔차가 남아 있다. F2:F31의 두 번째 Treatment 벡터의 값은 Sex와 첫 번째 Treatment 벡터와의 관계가 제거됐다. 이러한 효과가 사라지면서 F2:F31의 코드에 남은 것은 고유하고 Sex나 Treatment Vector 1과 공유하지 않는 것이다. Sex와 Treatment Vector 1의 효과가 제거된 결과로 Treatment Vector 2와 결과 변수 간의 원래 관계는 상관관계와 R^2이 0.0이 된다. 공유하는 분산 중 여러 번 계산되는 부분이 제거된다. 조정 공식이 O19까지 확장되면 K19:O19의 분산 비율의 합은 셀 J11의 전체 방정식에 대한 R^2과 같게 된다.

준부분상관의 제곱을 계산하는 수식의 구조는 조금 주의를 기울일 필요가 있다. 그것이 시간과 골치를 줄여줄 것이다. 셀 L19에서 사용한 수식을 다시 보자.

```
=RSQ($C$2:$C$31,E2:E31-TREND(E2:E31,$D2:D31))
```

$C$2:$C$31에는 결과 변수가 들어 있다. 이것은 고정된 참조이다($C2:$C31과 같은 혼합된 참조를 사용해도 잘 동작할 것이다. 19행 이외의 행에는 붙여 넣지 않을 것이기 때문이다). L열의 오른쪽에 복사해 붙여 넣을 때, RSQ 함수가 계속 C2:C31을 가리키게 하기를 원하며 C열을 참조를 고정해 가능하게 된다.

RSQ() 수식에서 주의해야 할 다른 점은 혼합된 참조 $D2:D31이다. 다음은 L19에서 M19로 수식을 복사해 붙여 넣거나 드래그할 때 수식이 변경되는 방식이다.

```
=RSQ($C$2:$C$31,F2:F31-TREND(F2:F31,$D2:E31))
```

수식을 바로 오른쪽 열로 복사하면, 먼저 L19의 E2:E31에 대한 참조가 F2:F31로 변경된다. C열의 결과 변수와 F열의 두 번째 Treatment 벡터 간의 준부분상관의 제곱을 계산하게 된다.

그러나 TREND() 부분은 열 D와 E의 코드에 대한 대해 F2:F31의 코드를 조정한다는 것을 보여준다. 이 수식을 열의 오른쪽으로 드래그하면,

- $C$2:$C$31 은 변경되지 않는다. 이는 결과 변수의 위치다.
- E2:E31는 F2:F31로 변경된다. 이것은 두 번째 Treatment 벡터의 주소다.

- $D2:D31는 $D2:E31로 변경된다. 이것은 이전 예측변수의 주소다. 우리는 두 번째 Treatment 벡터에서 이전 예측변수(Sex와 첫 번째 Treatment 벡터)들이 공유하고 있는 분산을 제거하길 원한다.

수식이 O19에 도달할 때까지 다음과 같다.

- $C$2:$C$31은 변경되지 않는다.
- E2:E31은 H2:H31로 변경된다.
- $D2:D31은 $D2:G31로 변경된다.

이 절에서 개략적으로 설명한 기술은 8장, '공분산분석ANCOVA'에서 더욱 중요하게 된다. ANCOVA에서는 간격 또는 비율척도로 측정된 변수를 명목척도로 측정된 요인인 것처럼 사용한다. 아이디어는 이번 절에서 논의된 바와 같이 연속적인 R^2값을 고유하게 만드는 것이 아니라, 서로 다른 그룹의 피험자가 공통된 기반 위에 실험에 참여한 것처럼, 사실상 무작위 할당을 보조하는 것이다.

통계적 검증력, 제1종 오류, 제2종 오류

6장에서는 수시로 통계적 검증력statistical power이라는 용어를 언급했다. 이것이 7장에서 논의된 요인분석을 수행하고 8장에서 논의될 공분산분석을 수행하는 주된 이유이기 때문에 통계적 검증력이 무엇이고 어떻게 그 양이 측정되는지 좀 더 철저히 이해하는 것이 중요하다.

순전히 개념적 차원에서, 통계적 검증력이란 통계적 검정이 두 개 이상의 그룹 평균의 차이를 실제로 그 차이가 모집단 수준에서 진정한다고 할 때, 진정한 것으로 식별하는 능력을 말한다. 통계적 검증력을 그룹간 차이에 대한 검정의 민감도sensitivity라고 생각해도 좋다.

온라인 쇼핑 소비자의 관심을 끌기 위해 웹사이트 모음을 가져오는 책임이 있다고 가정해 보자. 목표는 웹사이트 사용자의 조회수를 늘리는 것이라고 하자. 결과적으로 발생하는 수익과 이익은 판매할 제품과 비용을 청구하는 사람들이 결정한다.

회사가 통제하는 사이트 중 무작위로 선택된 16개 사이트에 대해, 웹 검색에서 인기 있는 사이트에 링크를 표시하기로 사이트 소유자와 협의했다. 다른 무작위로 선정된 16개 사이트는 한 달 동안 특별한 홍보를 받지 않는다.

의도는 인기 있는 웹사이트에 링크되는 프로모션을 받는 사이트의 평균 시간당 조회수와 나머지 사이트의 시간당 평균 조회수를 비교하는 것이다. 0.05 알파 수준으로 방향성 가설을 세우기로 결정했다. 특별 프로모션 사이트의 평균 방문수가 더 높고 사이트의 두 그룹 간의 차이가 실험을 20번 반복했을 때 단 한 번만 우연히 발생할 정도로 클 때에만, 추가적인 프로모션이 시간당 평균 조회수에는 아무런 영향을 주지 못한다는 가설을 기각할 것이다.

한 달 후에 제공된 데이터에서 대조 그룹(특별 프로모션을 받지 않은 사이트)은 시간당 평균 45건의 조회가 발생했고, 특별 홍보된 사이트의 평균 시간당 조회수는 55건이었다. 평균의 표준오차는 5다. 그림 7.23은 이 상황을 그래프로 표시한다.

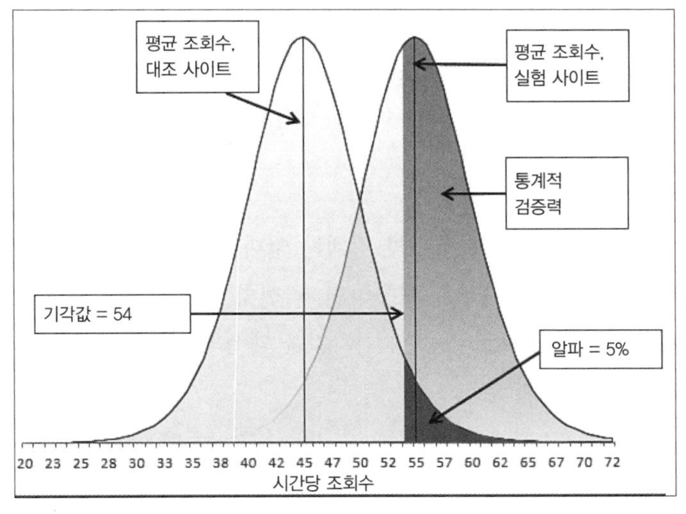

그림 7.23
검증력과 알파 모두 확률로 생각될 수 있으며 곡선의 아래 영역으로 묘사된다.

두 개의 모집단이 존재한다고 가정하자. 첫 번째는 특별 프로모션을 받지 않은 웹사이트들로 구성된다. 두 번째는 다른 조건들은 첫 번째 모집단과 같지만, 다른 인기 있는 사이트의 링크를 통해 홍보되는 웹사이트들로 구성돼 있다. 한 달에 걸친 연구를 수백 번 혹은 수천 번 반복하면 그림 7.23의 두 곡선처럼 보이는 두 개의 분포를 얻을 수 있을 것이다.

왼쪽 곡선은 특별 프로모션이 없는 웹사이트의 모집단을 나타낸다. 한 달 동안, 해당 사이트들 중 (아주 적은) 일부는 시간당 25회의 조회를 기록하며, 그와 동일한 작은 수의 웹사이트가 시간당 62회의 조회를 기록한다. 해당 사이트의 대다수는 시간당 평균 45건의 조회수를 기록한다. 이 값은 왼쪽 곡선의 중앙값, 최빈값, 평균이다.

오른쪽 곡선은 특별히 홍보된 웹사이트를 나타낸다. 그들은 왼쪽에 있는 곡선보다 시간당 10회 더 조회를 얻는 경향이 있다. 전체 평균은 시간당 55회의 조회이다.

자, 이 정보의 대부분은 당신에게 숨겨져 있다. 전체 모집단에 대한 정보에 접근할 수 없으며 단지 두 표본의 결과만 볼 수 있다. 하지만 그걸로 충분하다.

한 달이 끝날 때 두 모집단이 동일한 평균을 가졌다고 가정하면, 추가 프로모션이 시간당 평균 조회수에 아무런 영향을 미치지 않은 경우일 것이다.

이 경우, 16개의 실험 사이트에서 반환된 평균 방문 빈도의 차이는 단지 표집 오류에 의한 것일 것이다. 시간당 평균 55번의 조회는 왼쪽의 곡선의 오른쪽 꼬리에 있는 평균값 중 하나다. 해당 평균은 그림 7.23의 차트에서 왼쪽 곡선의 나머지 부분보다 어둡게 음영 처리된 알파로 지정된 곡선의 부분에 있다.

통계적 검증력 계산하기

알파와 왼쪽 곡선의 나머지 사이의 경계는 알파에 의해 설정된 기각값이다. 알파 수준을 5%로 채택하고 방향성 가설을 사용하면, 곡선의 오른쪽 꼬리의 5% 부분 수용하는 것이다. 기각값은 이 5%를 자르며, 해당 기각값을 엑셀의 T.INV() 함수를 다음과 같이 사용해 찾을 수 있다.

```
=T.INV(0.95,30)
```

즉, 30의 자유도를 갖는 t-분포에서 분포의 아래 부분의 95%와 상위 5%를 분리하는 값은 무엇인가? 그 값은 1.7이다. 분포의 평균에서부터 1.7 표준오차만큼 위로 올라가면 분포의 하위 95%를 차지한다. 이 경우 표준오차는 5이며(시간당 평균 조회수의 데이터를 얻었을 때 구했다), 1.7의 5배는 8.5이다. 왼쪽 곡선의 평균에 이 값을 더해 53.5의 기각값을 얻을 수 있다.

요약하면 알파는 전적으로 분석가의 통제하에 있다. 그것은 당신의 결정 규칙이다. 방향 가설을 세우고 알파를 0.05로 설정했다. 그러므로 실험 그룹의 표본 평균이 대조 그룹의 평균보다 최소 1.7 표준오차 크다는 것이 판명돼야만 모집단에서 그룹간 차이가 없다는 귀무가설을 기각하기로 결정한 것이다.

때로는 표집오차로 인해 실험 그룹의 평균은 왼쪽 곡선 분포의 오른쪽 꼬리에서 나올 수 있다. 실험 그룹의 평균은 이 경우 대조 그룹의 평균보다 1.7 표준오차 이상 크기 때문에 두 집단이 같은 평균을 가지고 있음에도 불구하고 귀무가설을 기각하게 된다. 이것이 제1종 오류이며, 참인 귀무가설을 부정확하게 기각할 확률이다.

실제로 그림 7.23과 같이 모집단이 분포한다고 가정해보자. 표본 실험 그룹이 대조 그룹의 평균보다 1.7 표준오차 큰 값인 54의 기각값보다 큰 평균을 가졌다면, 모집단에 차이가 없다는 귀무가설을 올바르게 기각하게 될 것이다.

그림 7.23의 오른쪽 곡선을 보자. 이 곡선의 기각값의 오른쪽 영역은 t-검정의 통계적 검증력이다. 두 그룹이 모집단에서 보여지는 것처럼 분포돼 있다고 할 때, 실험 그룹의 평균이 오른쪽의 곡선에서 나올 확률이다. 이 확률을 정량화하는 것은 쉽다. 기각값과 실험 그룹 평균 간의 차이를 구하고 이를 표준오차 5로 나누면, -0.2의 값을 얻는다.

```
=(54-55)/5
```

이 값이 t-값이다. T.DIST() 함수를 사용해 이 값을 평가한다.

```
=T.DIST(-0.2,15,TRUE)
```

15의 자유도를 사용하는데, 16개 사이트로 이뤄진 실험 그룹을 가지고 작업하기 때문이다. 이 결과는 0.422이다. 즉, 실험 그룹을 나타내는 곡선 아래 영역의 42.2%가 기각값인 54 아래 놓이게 된다. 따라서 곡선 아래 영역의 57.8%가 기각값 오른쪽에 놓이며 t-검정의 통계적 검증력인 57.8%이다. 그림 7.24를 보라.

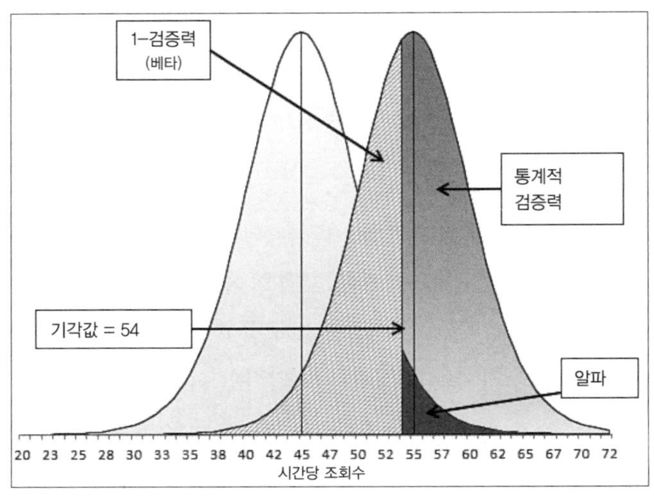

그림 7.24
제1종 오류와 알파는, 제2종오류와 베타로 대응된다.

그림 7.24에서는 오른쪽 곡선의 기각값 오른쪽에 해당하는 통계적 검증력을 볼 수 있다. 그 곡선의 아래의 나머지 영역은 일반적으로 베타[beta]라고 부른다. 그것은 알파에 대응한다.

만약 참인 귀무가설을 잘못 기각하면(예를 들어 두 모집단이 평균이 같지만 다르다고 결정한 경우), 그것은 제1종 오류이며 알파만큼의 확률로 발생한다. 알파값을 결정하는데, 그 결정은 전형적으로 제1종 오류를 만드는 비용에 기반한다. 다시 말해 잘못된 귀무가설의 기각을 올바르게 하는 데 드는 비용의 관점에 기반한다.

만약 참인 대립가설을 잘못 기각하면(예를 들어 두 모집단의 평균이 다른 데 동일하다고 결정한 경우), 그것은 제2종 오류이며 베타만큼의 확률로 발생한다. 베타의 값은 직접적으로 분석가의 통제하에 있지는 않다. 그러나 검정의 통계적 검증력과 함께 그 값에 영향을 줄 수 있다. 다음 절에서 자세히 살펴보자.

통계적 검증력 높이기

검증력 분석을 수행할 좋은 시기는 파일럿 분석을 마친 직후다. 이 시점에서 계획된 전체 연구의 검증력을 계산할 수 있는 기본 숫자들을 가지고 있는 경우가 많으며, 여전히 검증력 연구에 따라 실험 설계를 바꿀 수 있는 위치에 있다. 비용과 이점을 비교해 항상 통계적 검증력을 높이는 것을 요구하는 것이 아니라, 무의미한 리소스 낭비에 대해서도 경고할 수 있다.

예를 들어 50% 이상의 추정 통계적 검증력을 얻을 수 없다면, 신뢰할 수 있는 실험 결과를 얻을 가능성이 너무 낮기 때문에 연구가 가능하지 않다고 판단할 수도 있다. 또는 표본 크기를 50% 늘리면 통계적 검증력이 단지 5%만 증가하므로 비용 대비 효과가 충분하지 않을 수도 있다.

통계적 검증력을 높이는 몇 가지 방법을 사용할 수 있다. 일부는 순수하게 이론적인 것이며, 현실 세계에서는 도움이 될 가능성은 거의 없다. 다른 것들은 도움이 될 만한 것들이 있다.

한 가지 방법은 검정 통계량의 분포의 크기를 줄이는 것이다. 분모는 전형적으로 개별 측정값들의 변동성의 척도이다. 예를 들어 t-검정에서는 평균의 표준오차 또는 두 평균 차이의 표준오차가 t-비의 분모가 된다. F-검정은 잔차평균제곱(문맥에 따라 그룹내평균제곱이나 평균제곱오차라고 한다)을 F-비의 분모로 사용한다.

비율의 분모가 작아지면, 비율 그 자체는 증가한다. 다른 것들이 같다면, 더 큰 t-비는 더 작은 t-비보다 통계적 의미가 클 가능성이 높다. 표준오차 또는 잔차평균제곱을 줄이는 한 가지 방법은 표본 크기를 증가시키는 것이다. 평균의 표준오차는 표준편차를 표본 크기의 제곱근으로 나눈 결과고 잔차평균제곱은 잔차제곱의 합을 잔차자유도로 나눈 결과다. 두 경우 모두 표본 크기를 늘리면 t-비 또는 F-비의 분모 크기가 줄어들어, t-비 또는 F-비가 증가해 통계적 검증력이 향상된다.

분모의 크기를 줄이는 또 다른 방법은 7장에서 논의된 요인분석과 8장에서 논의할 공분산분석과 직접적으로 관련된다. 두 기법 모두 하나 이상의 예측변수를 분석에 추가한다. 예측변수는 결과 변수에 상당한 영향을 줄 수 있다. 이 경우, 개별 값들의 변동성의 일부는 추가된 요인이나 공변량이 원인일 수 있으며 이런 방법으로 비율의 분모에 들어가지 않게 할 수 있다.

따라서 요인 또는 공변량을 분석에 추가하면, t-검정 또는 F-검정의 분모에서 변동성의 일부가 나와 회귀제곱의 합(또는 그룹간제곱의 합)으로 이동할 수 있다. 그렇게 되면 비율의 크기가 증가해 통계적 검증력이 커질 수 있다. 게다가 아마도 더 중요한 것은 요인이나 공변량을 추가하는 것이 연구 결과를 더 잘 나타낼 수 있다. 특히 두 가지 이상의 요인이 중요한 상호작용에 관여하는 것으로 밝혀진 경우가 그렇다.

통계적 검증력을 높이기 위한 세 가지 다른 방법(7장이나 8장에서 논의될 주제와 직접적으로 관련이 없지만)을 기억해야 한다. 하나는 t-비나 F-비의 분모가 아닌 분자인 처치 효과를 높이는 것이다. 만약 개별 변동성을 증가시키지 않고 처치의 크기를 증가시킬 수 있다면, 통계적 검정은 더욱 검증력이 높아질 것이다.

무지향성 가설("two-tailed tests") 대신 방향성 가설("one-tailed tests")을 세우는 것을 고려하라. 단측검정은 모든 알바를 분포의 한쪽 꼬리에 넣는다. 이는 기각값을 분포의 평균값 쪽으로 이동시킨다. 기각값이 평균에 가까울수록, 기각값을 초과하는 실험 결과를 얻을 확률이 높아지므로 통계적 검증력이 커진다.

관련 기술은 알파를 완화하는 것이다. 그림 7.24에서 알파를 0.05에서 0.10으로 증가시키면(즉, 완화), 분포에서 다음과 같은 결과가 발생한다. 기각값이 왼쪽 곡선의 평균 방향으로 이동함에 따라 통계적 검증력을 나타내는 영역이 증가한다. 제1종 오류를 만들 가능성을 높이면, 제2종 오류가 발생할 가능성이 줄어든다.

불균등한 셀 크기 다루기

6장에서는 불균등한 그룹 크기와 불균등한 분산이 결합된 효과가 주어진 자유도의 주어진 t-비의 명목확률에 미치는 영향을 살펴봤다. 큰 그룹이나 작은 그룹이 큰 분산을 갖는지 여부에 따라 예상되는 확률이 달라질 수 있음을 보았다. 웰치의 교정이 어떻게 불균등한 셀 크기를 보완하는 데 도움이 되는지도 보았다.

(t-검정에서처럼) 두 그룹보다 많은 그룹이 있는 경우, 특히 두 개 이상의 요인이 있는 요인설계인 경우 문제는 복잡해진다. 그룹의 크기와 분산을 비교할 그룹이 단 두 개가 아니라 여러 그룹이다.

최소한 두 가지 요인, 따라서 적어도 네 개의 셀이 있는 설계에서는 5장에서 잠시 설명된 모델 비교 접근법에 주로 기반해 몇 개의 옵션이 존재한다. 불행히도 이러한 접근법에는 일반적으로 허용되는 이름이 없다. 이번 절에서 설명하는 두 가지 중, 하나는 때로는 회귀regression 접근법으로 부르고 때로는 실험적 설계experimental design라고 부른다. 다른 하나는 때로는 순차적sequential 접근법으로 불리고 때로는 우선 순서a priori ordering 접근법이라고 부른다. 사용되는 다른 용어들도 있다. 필자는 실험적 설계와 순차적을 사용할 것이다.

셀 크기가 동일하지 않은 경우 요인 설계에 의해 부과되는 추가 어려움은 그룹 구성원을 정의하는 벡터(즉 더미, 효과, 직교코딩에 사용되는 1, 0, -1) 간의 상관관계에 대한 것이다. 6장에서 동일한 셀 크기를 사용하면 벡터 간의 상관관계는 대부분 0.0이다. 이 특징은 결과 변수의 제곱의 합(그리고 마찬가지로 분산도)이 하나의 벡터 또는 다른 벡터에 분명하게 할당될 수 있음을 의미한다.

그러나 벡터가 상관될 때, 주어진 벡터에 대한 변동성의 분명한 할당은 모호해진다. 물론 벡터는 결과 변수와 분산을 공유한다. 그렇지 않다면 분석에 그들이 유지될 이유가 없다. 그러나 불균등한 셀 빈도의 경우, 벡터는 결과 변수뿐만 아니라 다른 벡터와도 분산을 공유한다. 이 경우, 예를 들어 결과 분산의 2%가 A 요인, B 요인에 속하는지 또는 1.5% 및 0.5%와 같이 일종의 공유되는 할당에 속하는지 여부를 알 수 없다.

다중회귀분석에 사용되는 벡터의 관점에서 이 문제를 제기했지만, 일반적인 ANOVA 접근법 역시 이 문제의 대상이 된다.

그러나 일반적인 프레임워크에서 이 문제에 대해 일반적으로 적용할 수 있는 단일한 방법은 없다. 보통 셀 빈도의 비례량이나 비가중 평균 분석에 의존한다. 대부분의 최신 통계 패키지는 여기에서 논의된 접근법 중 하나를 사용하거나 그것과 관련된 방법 중 하나를 사용한다(SAS나 R과 같은 응용프로그램을 대표하진 않지만, 엑셀의 분석 도구 추가 기능은 2-Factor ANOVA 도구에서 불균등한 셀 크기를 가진 설계를 지원하지 않는다).

회귀 접근법 사용

이 접근법은 각 벡터를 회귀방정식에 마지막으로 입력한 것으로 간주하기 때문에 고유한unique 접근법이라고도 한다. 예를 들어 Treatment라는 요인이 방정식에 마지막으로 입력되면, 회귀 분산의 다른 모든 원천은 이미 방정식에 포함돼 있으며 Treatment와 다른 벡터와 공유되는 모든 분산도 이미 그 안에 할당돼 있다. 그러므로 남아 있는 모든 분산은 Treatment가 원인이며 Treatment에 단독으로 속한다. 그것은 Treatment 벡터에 고유하다.

그림 7.25는 이것이 어떻게 작동하는지 예를 보여준다.

그림 7.25
이 실험 설계는 관찰값의 개수가 다른 4개의 셀을 갖고 있다.

H22 =SUM(H17:H20)

	A	B	C	D	E	F	G	H	I	J	K	L
1	Attitude	Sex	Affiliation	Sex by Affiliation		=LINEST(A2:A29,B2:B29,,TRUE)			=LINEST(A2:A29,B2:C29,,TRUE)			
2	2	-1	-1	1		0.1778	2.6222		-0.6753	0.2078	2.7273	
3	2	-1	-1	1		0.2120	0.2120		0.1602	0.1654	0.1671	
4	3	-1	-1	1		0.0263	1.0750		0.4310	0.8381	#N/A	
5	3	-1	-1	1		0.7033	26		9.4675	25	#N/A	
6	3	-1	-1	1		0.8127	30.0444		13.2987	17.5584	#N/A	
7	3	-1	-1	1								
8	3	-1	-1	1								
9	3	-1	-1	1		=LINEST(A2:A29,C2:C29,,TRUE)			=LINEST(A2:A29,B2:D29,,TRUE)			
10	1	-1	1	-1		-0.6667	2.6667		-0.5708	-0.8458	0.3042	2.7792
11	1	-1	1	-1		0.1618	0.1618		0.1256	0.1256	0.1256	0.1256
12	2	-1	1	-1		0.3951	0.8473		0.6943	0.6269	#N/A	#N/A
13	2	-1	1	-1		16.9796	26		18.1686	24	#N/A	#N/A
14	2	-1	1	-1		12.1905	18.6667		21.4238	9.4333	#N/A	#N/A
15	2	-1	1	-1								
16	3	-1	1	-1		Source	Formula	% of Var	DF	MS	F	p
17	3	-1	1	-1		Sex	=I4-F12	0.0359	1	0.03591	2.81951	0.1061
18	3	-1	1	-1		Affiliation	=I4-F4	0.4046	1	0.40464	31.76651	0.0000
19	3	-1	1	-1		Interaction	=I12-I4	0.2633	1	0.26331	20.67165	0.0001
20	4	1	-1	-1		Residual	=1-I12	0.3057	24	0.01274		
21	4	1	-1	-1								
22	5	1	-1	-1			Total	1.0096				
23	5	1	-1	-1								

아이디어는 모델 비교 접근법을 사용해 각 변수별로 고유하게 설명되는 분산을 분리하는 것이다. 일반적으로 요인의 상호작용을 평가하기 전에 요인 하나씩을 평가한다. 따라서 이 설계의 프로세스는 모든 주 효과에 의해 설명된 분산에서 각 주요 효과로 설명되는 분산을 뺀다.

예를 들어 그림 7.25에서 범위 F10: G14는 두 요인 중 하나인 Affiliation과 결과 변수인 Attitude에 대해 LINEST() 결과를 반환한다. Affiliation이 입력된 유일한 벡터인 경우, Attitude 분산의 39.51%가 설명된다(셀 F12를 보라).

마찬가지로 범위 I2:K6은 Sex와 Affiliation에 대한 Attitude의 회귀 결과를 LINEST()가 반환한다. 셀 I4는 Sex와 Affiliation이 함께 Attitude 분산의 43.1%를 차지하는 것을 보여준다.

그러므로 이 데이터셋을 사용해 결과측정 변동성의 43.10%-39.51% 즉 3.59%가 구체적이고 유일하게 Sex 요인에 기인한다고 결론 내릴 수 있다. 두 가지 주 효과의 원인의 비율은 Affiliation이 원인인 비율보다 작다. 3.59%의 결과는 F2:G6의 LINEST() 분석에서 얻은 결과인 다르다. 셀 F4는 Sex가 결과측정 분산의 2.63%를 차지한다고 알려준다. 3.59%와 2.63%의 차이는 불균등한 셀 빈도가 벡터 사이의 상관관계에 작동하여, 분산이 벡터들에 어떻게 할당되는지 모호하게 했기 때문이다.

> **노트** 셀 빈도가 동일하면, 모델 비교 접근법으로 요인을 분리했는지 LINEST()에 하나의 요인만 포함시켰는지에 상관없이 각 요인에 기인하는 분산의 비율은 동일하다. 그림 7.25의 예에서, 네 개의 설계 셀 각각이 같은 수의 관측값을 가지면, 셀 F4와 H17은 동일한 비율의 분산을 가진다. 코딩된 벡터는 서로 직교할 것이며 회귀방정식을 입력하는 요소가 첫 번째인지 마지막인지 여부는 아무런 차이가 없다. 항상 같은 비율의 분산을 차지할 것이다.

Affiliation으로 인한 분산의 비율도 같은 방식으로 계산된다. Sex 회귀한 결과 척도에 대해 LINEST()가 F4 셀에 반환한 비율을 (다시 한 번) 셀 I4의 두 주요 효과에 대한 비율에서 뺀다. 그 뺄셈의 결과는 40.46%로, 셀 F12의 단일 요인 LINEST()가 반환한 39.51%보다 약간 더 크다.

두 주 효과 Sex와 Affiliation이 이 둘 다에 의해 차지된 비율에서 그들의 분산의 비율을 차감하여 개별적으로 평가된 후, 분석은 주 효과의 상호작용으로 이동한다. 이 값은 셀 I12의 LINEST()에 의해 반환된 주 효과와 상호작용에 의해 설명된 전체 비율에서 셀 I4의 LINEST()에 의해 반환된 주 효과에 대한 분산 비율을 빼서 얻게 된다.

제곱의 합을 전체 분산의 비율로 대체하여 ANOVA 테이블에서 각 주 효과와 상호작용의 통계적 유의성을 검정할 수 있다. 그것은 F17:L20 범위에서 수행된다. 각 분산의 소스와 관련된 분산의 비율을 해당 자유도로 나누어 평균제곱을 대신할 값을 구한다. 각 주 효과와 상호작용에 대한 평균제곱을 잔차평균제곱으로 나누어 각 요인과 상호작용의 F-비를 얻는다. F-비는 엑셀의 F.DIST.RT() 함수를 사용해 평소와 같이 검정한다.

이 분석은 분산의 비율 대신 제곱의 합으로 복제될 수 있다. 단순히 각 비율을 전체 평균으로부터 결과 변수의 편차제곱의 합을 곱하면 된다.

그런데 셀 H22에서 분산의 비율은 그 총합이 100.00%에 매우 가깝지만 정확하게 100.00%가 되지 않는다. 균등하지 않은 셀 빈도의 경우, 고유한 분산 접근법으로 처리할 때조차도 분산 비율의 합계가 정확히 100%가 되지 않는다. 분산의 비율이 아닌 제곱의 합으로 작업하면, 요인의 제곱의 합을 더하면 정확하게 전체제곱의 합이 되지 않는다. 다시 말하지만 이것은 다른 벡터와의 상관관계에 대한 각 요인 및 상호작용 벡터의 조정 때문이다.

다음 절에서 논의될 불균등 셀 빈도와 상관 벡터를 다루는 순차적 접근법은 보통 다소 다른 결과를 가져온다.

순차적 분산 할당

이번 절에서 논의된 기법은 요인 설계에서 불균등한 셀 빈도를 다루는 여러 방법 중 하나일 뿐이다. 바로 앞에서 설명한 고유 할당 기법은 그러한 다른 방법 중 하나이다. 이 방법이 순차적 방법과 다른 점은 각 요인의 회귀제곱의 합에 대한 기여도를 다른 요인이나 요인들의 기여도에 맞춰 조정한다는 점이다. 순차적 방법에서는 이전에 입력된 요인이 나중에 입력된 요인에 맞게 조정되지 않는다.

그림 7.26은 순차 방법이 어떻게 작동하는지 보여준다.

그림 7.26
하나의 요인이 다른 요인과 인과 관계가 있을 수 있을 때 순차적 접근법을 사용하는 것을 고려하라.

H22 =SUM(H17:H20)

	A	B	C	D	E	F	G	H	I	J	K	L
1	Attitude	Sex	Affiliation	Sex by Affiliation		=LINEST(A2:A29,B2:B29,,TRUE)			=LINEST(A2:A29,B2:C29,,TRUE)			
2	2	-1	-1	1		0.1778	2.6222		-0.6753	0.2078	2.7273	
3	2	-1	-1	1		0.2120	0.2120		0.1602	0.1654	0.1671	
4	3	-1	-1	1		0.0263	1.0750		0.4310	0.8381	#N/A	
5	3	-1	-1	1		0.7033	26		9.4675	25	#N/A	
6	3	-1	-1	1		0.8127	30.0444		13.2987	17.5584	#N/A	
7	3	-1	-1	1								
8	3	-1	-1	1								
9	3	-1	-1	1		=LINEST(A2:A29,C2:C29,,TRUE)			=LINEST(A2:A29,B2:D29,,TRUE)			
10	1	-1	1	-1		-0.6667	2.6667		-0.5708	-0.8458	0.3042	2.7792
11	1	-1	1	-1		0.1618	0.1618		0.1256	0.1256	0.1256	0.1256
12	2	-1	1	-1		0.3951	0.8473		0.6943	0.6269	#N/A	#N/A
13	2	-1	1	-1		16.9796	26		18.1686	24	#N/A	#N/A
14	2	-1	1	-1		12.1905	18.6667		21.4238	9.4333	#N/A	#N/A
15	2	-1	1	-1								
16	3	-1	1	-1		Source	Formula	% of Var	DF	MS	F	p
17	3	-1	1	-1		Sex	=F4	0.0263	1	0.02634	2.06764	0.1634
18	3	-1	1	-1		Affiliation	=I4-F4	0.4046	1	0.40464	31.76651	0.0000
19	3	-1	1	-1		Interaction	=I12-I4	0.2633	1	0.26331	20.67165	0.0001
20	4	1	-1	-1		Residual	=1-I12	0.3057	24	0.01274		
21	4	1	-1	-1								
22	5	1	-1	-1			Total	1.0000				

그림 7.26은 그림 7.25에서 단지 두 가지가 변경됐지만, 그것들은 중요한 것으로 판명될 수 있다. 그림 7.26에 나타난 순차적 분석에서는 Sex 변수와 관련된 변동성은 Affiliation 변수와의 상관관계에 대해 조정되지 않았다. 반면 그림 7.25에서는 해당 조정이 발생했다. 두 그림의 셀 H17을 비교하라.

차이점에 대한 근거는 다음과 같다. 이 데이터셋에서 피험자는 그들의 성별과 소속 정당에 따라 분류된다. 전국적으로 여성들이 공화당보다 민주당에 등록하는 것에 대해 온건한 선호도를 보인다는 것이 알려져 있으며, 남성들에게는 그 반대라는 사실이 알려져 있다. 그러므로 모든 등록된 유권자의 무작위 표본은 균등하지 않은 셀 빈도를 가질 것이다(연구자가 동일한 그룹 크기를 확보하기 위해 조치를 취하지 않는 한, 변수가 실험적 통제하에 직접적으로 존재하지 않을 때 최선의 모호한 실행). 그리고 그러한 불균등한 셀 빈도에서 우리가 다루려고 하는 코드화된 벡터들 사이의 상관관계가 생긴다.

그러나 이와 유사한 경우에는, Sex와 Affiliation이 공유하는 모든 분산을 Sex 변수에 할당하는 것이 좋다. 그 이유는 사람의 성별이 그나 그녀의 정치적인 선호도에 영향을 미칠 수 있기 때문이다(의심할 여지 없이 간접적으로 사회 문화적 변수들은 사람의 성별에 민감하다). 그 반대의 생각인 사람의 성별이 그나 그녀의 정치적 정당 선택으로부터 영향을 받는다는 것은 어리석은 생각이다.

그러므로 Sex와 Affiliation이 공유하는 분산이 Affiliation 때문이 아니라 Sex 때문이라는 것은 충분히 주장할 만하다. 결국, 그 주장은 Sex 변수가 단일 요인분석에서 계산된 모든 분산을 가지고, Affiliation 상관관계에 따른 Sex에 기인한 분산을 조정하지 않는 것을 허용한다.

이 경우 단일요인분석에서 Sex에 기인하는 전체 분산의 비율을 전체 분석에서의 비율로 사용할 수 있다. 이것이 그림 7.26의 셀 H17의 다음 수식에서 수행된 것이다. 그림 7.25의 셀 H17의 다음 수식

=I4-F12

대신,

=F4

가 사용됐다. 그 그림에서 Sex 요인에 기인한 분산은 두 주요 효과에 기인한 분산(셀 I4)에서 Affiliation 요인에 기인한 분산(셀 F12)을 차감해 조정됐다. 그러나 그림 7.26에서, 셀 F4의 단일요인분석에서의 Sex에 기인한 분산이 셀 H17에 사용됐다. Affiliation와 공유하는 분산이 조정되지 않았다. 다시 말하지만 이는 연구자의 판단에 따르면 두 요인에 공유되는 모든 분산은 Sex 변수에 속하며 어느 정도는 Affiliation 요인에 변동성을 유발하기 때문이다.

이 경우 조정이나 부족으로 인한 실제적인 차이는 없다. Sex에 기인한 분산은 너무 작아서 조정 여부와 상관없이 통계적으로 유의하지 않다. 그러나 다른 데이터에서는 고유한 분산 접근법으로 한 변수를 다른 변수에 맞춰 조정하거나 순차적 접근법으로 첫 번째 요인이 전체 분산을 가지고 있도록 결정하면, 쉽게 의미 있는 차이가 만들어질 수 있다.

참고로 그림 7.26에서 코드화된 벡터는 사실상 서로 직교해 있다. 범위 H17:H20의 분산 비율 합계는 이제 셀 H22에 표시된 것처럼 1.000이 된다. 이는 Sex의 분산을 Affilication과 상관관계에 대해 조정하지 않기로 결정해 변동성의 중복이 제거됐다는 것을 입증한다.

모든 경우에서 순차적 접근법을 따르지 않는 이유는 무엇일까? 한 요인을 다른 요인들과 관련해 인과 관계로 취급할 만한 타당한 이유가 필요하기 때문이다. 이 경우 인과관계의 사실은 전체 모집단에서의 패턴에 의해 강조되며, 상황의 논리는 원인의 방향성의 증거를 댄다. 다른 방향보다는 Sex는 Affiliation을 야기한다.

그럼에도 불구하고 이 경우는 피험자들이 스스로 한 성별을 선택하고 어떤 정당에 속할 것인지를 스스로 결정하는 경우다. 만약 연구원이 동등한 그룹 크기를 얻기 위해 인과성에 관계없이 피험자를 선택적으로 버리는 경우, 변수에 인위적으로 직교성을 부여하는 것이다. 그러면 상황이 바뀌게 된다. 따라서 인과관계가 존재하고 그 방향이 어떤 방향인지 보여줄 필요가 있다.

이러한 고려 사항은 연구자가 피험자를 처리와 조건에 따라 무작위로 할당할 수 있는 진실험설계true experimental designs에서는 발생하지 않는 경향이 있다. 브로콜리 식물은 유기농 비료 또는 무기농 비료를 선호하는지, 또는 햇볕이나 그늘에서 번성하는지 여부를 결정할 수 있는 위치에 있지 않다.

이제 8장으로 넘어가 공변량을 설계에 추가하는 효과를 자세히 살펴보자.

공분산분석

8

7장에서 명목척도로 측정된 요인과 간격척도로 측정된 공변량이 모두 동일한 회귀방정식의 예측변수로 사용할 수 있음을 언급했다. 예를 들어 체중 감량을 원하는 20명 그룹의 구성원을 두 그룹 중 하나에 할당한다고 가정해보자. 10명으로 구성된 한 그룹은 운동과 특별한 식단이 할당되고, 다른 10명의 그룹은 운동만 할당된다. 실험의 목표는 운동과 식단을 병행한 그룹이 운동만 한 그룹보다 더 많은 체중 감량을 하는지, 그 경우 그 차이는 얼마인지 결정하는 것이다.

이 실험은 아주 작은 표본이다. 심지어 그룹에 무작위 배정을 하더라도 연구 초기에 그룹의 평균 체중 사이에 의미 있는 차이를 발견하더라도 놀랍지 않다. 실험을 시작하기 전에 각 피험자의 체중을 구하고, 예비 테스트를 통해 체중 감량을 종속변수로 지정할 수 있다. 하지만 평균으로 회귀할 가능성이 있다(3장, '단순회귀분석' 참조). 체중 감량을 원하는 20명은 성인의 평균 체중보다 아마도 무거울 것이고, 연구가 끝날 때 체중 감량의 얼마만큼이 평균으로의 회귀에 인한 것이고, 얼마 만큼이 처치의 효과인지 알 수가 없을 것이다(이는 피험자가 어떤 변수의 평균으로부터의 편차에 의해 선택될 때, 항상 발생하는 전형적인 문제다).

이 경우는 공분산분석 즉 ANCOVA가 적합한 상황 중 하나다. ANCOVA를 사용하면 처치-이전의 체중과 처치 요인 모두를 회귀방정식의 예측변수로 사용할 수 있다. 그렇게 함으로, 처치-이전의 체중 효과와 처치 효과의 분석을 분리할 수 있다. 8장에서 보게 되겠지만, ANCOVA는 처치-이전의 체중을 조정해 각 처치 그룹이 동일한 기반에서 시작할 수 있게 한다. 처치-이후의 체중은 그에 따라 조정된다. 조정된 처치-이후의 체중의 분석은 처치 그룹이 동일한 평균 체중으로 시작한 것처럼 작용한다.

ANCOVA의 이러한 특징을 편향 축소bias reduction라고 한다. ANCOVA는 그룹이 동등한 기준으로 시작하지 않을 때, 그룹 평균의 비교를 통해 편향을 줄인다. 그 근거는 변수인 공변량을 사용해 측정되며, 결과 변수와 양적으로 관련 있다.

ANCOVA의 다른 주요 기능은 통계적 검증력을 향상시키는 것이다. F-검정이 회귀방정식의 신뢰성을 평가하는 한 가지 방법이라는 7장의 내용을 상기하라. F-검정은 다음 공식을 사용해 F-비를 계산한다.

$$F = MS_{Regression} / MS_{Residual}$$

여기서 MS는 평균제곱의 약자이다. $MS_{Residual}$는 다음 공식으로 계산된다.

$$MS_{Residual} = SS_{Residual} / df_{Residual}$$

회귀방정식에 공변량을 추가하면 전제제곱의 합의 일부는 $SS_{Residual}$ 대신 $SS_{Regression}$에 포함된다. 이는 $SS_{Residual}$을 줄이며, $MS_{Residual}$을 작게 한다. $MS_{Residual}$가 작아지면 F-비는 증가하고 그룹 평균 간에 차이가 없다는 귀무가설을 기각할 가능성이 높아진다. 결과적으로, 처치 결과의 변동성을 재분류한다. 공변량이 포함되지 않는 ANOVA에서 변동성은 오차항error term으로 보내진다. ANCOVA에서는 오차항에 있었던 일부 변동성이 대신 공변량에 할당돼 $SS_{Regression}$의 일부가 된다.

편향 축소와 통계적 검증력 향상이라는 두 가지 기능 모두 유용할 수 있지만, 편향을 줄이는 조정보다는 검증력을 높이는 것이 더 분석을 의미 있게 개선한다. 8장에서는 두 경우 모두 살펴볼 것이다.

첫 번째 예제로 넘어가기 전에, 공분산분석analysis of covariance이라는 용어의 의미를 명확히 하고 싶다. 공분산분석은 분산분석analysis of variance과 비슷하기 때문에, 분산을 공분산으로 대체한다는 결론을 내리기 쉽다. ANOVA는 분산을 나누어 평균 간의 차이를 검정하기 때문에, ANCOVA는 공분산으로 동일한 것을 수행한다고 가정하는 것은 그럴 듯하다.

그것은 사실이 아니다. ANOVA와 ANCOVA 모두 전체 분산의 두 추정값의 비율에 기반한 F-검정을 목표로 한다. ANCOVA는 실제로 공분산을 분석하지만 두 공분산의 비율을 만들어내진 않는다. ANCOVA는 공변량(처치-이전의 체중)과 결과 변수(처치-이후의 체중)의 관계를 수량화해 공분산을 분석한다. 이 공분산을 수량화하면 결과 변수의 분산의 일부를 잔차분산에서 공변량의 효과로 재할당할 수 있으므로, F-검정의 통계적 검증력을 향상시킨다. 그러나 F-검정은 여전히 두 분산의 비율이다.

결과 대조

먼저 ANOVA를 사용해 분석된 데이터를 보고, 그 이후 ANCOVA를 통해 분석된 데이터를 살펴보겠다. 그림 8.1을 보라.

그림 8.1

ANOVA의 경우 회귀방정식의 결과가 신뢰할 수 없다는 결과를 반환한다.

	A	B	C	D	E	F	G	H	I	J	K	L
1	Treatment	Cognitive Outcome	Treatment Vector		=LINEST(B2:B21,C2:C21,,TRUE)				Strength	Puzzles		
2	Strength	52	1		2.9	75.3			52	61		
3	Strength	61	1		3.12	3.12			61	54		
4	Strength	83	1		0.05	13.95			83	63		
5	Strength	69	1		0.86	18			69	66		
6	Strength	79	1		168.20	3504.00			79	74		
7	Strength	77	1						77	63		
8	Strength	80	1		0.93	t-ratio			80	79		
9	Strength	85	1		0.36	Prob of t			85	80		
10	Strength	101	1						101	91		
11	Strength	95	1						95	93		
12	Puzzles	61	-1			Anova: Single Factor						
13	Puzzles	54	-1			SUMMARY						
14	Puzzles	63	-1			*Groups*	*Count*	*Sum*	*Average*	*Variance*		
15	Puzzles	66	-1			Strength	10	782	78.2	215.956		
16	Puzzles	74	-1			Puzzles	10	724	72.4	173.378		
17	Puzzles	63	-1									
18	Puzzles	79	-1			ANOVA						
19	Puzzles	80	-1			*Source of Variation*	*SS*	*df*	*MS*	*F*	*P-value*	*F crit*
20	Puzzles	91	-1			Between Groups	168.2	1	168.20	0.86	0.36	4.41
21	Puzzles	93	-1			Within Groups	3504	18	194.67			
22						Total	3672	19				

치매에 걸릴 위험이 있다고 생각되는 20명의 소규모 파일럿 연구 결과를 평가한다고 가정해보자. 이 연구는 십자말풀이와 같은 인지 운동의 효과와 근육의 힘을 높이기 위해 고안된 신체 운동의 상대적인 효과를 비교한다. 처치 시작 시 동등하게 하기 위해 피험자는 두 그룹에 무작위로 배정됐다. 3개월 후, 인지 기능의 척도가 측정됐으며 그 결과는 그림 8.1의 B2:B21 범위에 표시된 Cognitive Outcome에 있다.

데이터는 LINEST()로 분석되기 위해 효과코딩을 사용해 A2:C21에 배치됐다. LINEST() 함수의 결과는 E2:F6에 있으며, 처치 벡터와 관련된 회귀계수는 셀 E2에 있다. 셀 E8에는 회귀계수와 표준오차에 대한 t-비가 있으며, 셀 E9에서는 해당 t-비의 신뢰도를 검정한다.. 셀 E9는 모집단의 두 그룹 평균이 같을 때, 이 정도 크기의 그룹 평균 간의 차이는 전체의 36%에서 기대할 수 있다고 알려준다. 이를 "통계적으로 유의미한" 발견이라고 간주하는 사람은 거의 없다.

쉽게 비교할 수 있도록, 그림 8.1에 기존 ANOVA로 분석할 데이터도 배치했다. 분석 도구 추가 기능의 Single Factor ANOVA 도구의 요구 사항에 맞추기 위해 I2:J11 범위에 결과 측정값을 반복 배치했다. 도구의 분석 결과는 F12:L22 범위에 있다.

셀 E8의 t-비를 사용해 그룹 평균의 차이를 검정했지만, 셀 E9의 해당 t-비의 확률은 ANOVA의 셀 K20의 F-비의 확률과 동일하다. 또한 셀 E5의 LINEST()가 반환한 F-비는 ANOVA 도구가 반환한 셀 J20의 F-비와 동일하다.

그리고 셀 E8의 t-비는 셀 E5와 J20의 F-비의 제곱근이다. 정확히 두 개의 그룹 평균이 분석에 포함될 때 이것이 항상 사실이라는 4장의 내용을 상기하라.

그림 8.2는 공변량을 분석에 추가하면 어떤 일이 발생하는지 보여준다. 각 피험자의 연령을 데이터에 추가했다.

그림 8.2

ANCOVA는 그림 8.1과 다른 결과를 반환한다.

F4 | {=LINEST(B2:B21,C2:D21,,TRUE)}

	A	B	C	D	E	F	G	H	I
1	Treatment	Cognitive Outcome	Age	Treatment Vector		=LINEST(B2:B21,C2:D21,,TRUE)			
2	Strength	52	48	1		6.94	1.68	-36.17	
3	Strength	61	58	1		1.55	0.21	13.96	
4	Strength	83	61	1		0.80	6.56	#N/A	
5	Strength	69	62	1		34.21	17	#N/A	
6	Strength	79	62	1		2941.41	730.79	#N/A	
7	Strength	77	65	1					
8	Strength	80	68	1		4.48	t-ratio		
9	Strength	85	73	1		0.0003	Prob of t		
10	Strength	101	70	1					
11	Strength	95	72	1		0.75	Correlation, Age with Outcome		
12	Puzzles	61	59	-1					
13	Puzzles	54	62	-1					
14	Puzzles	63	67	-1	=LINEST(B2:B21,D2:D21,,TRUE)				
15	Puzzles	66	67	-1		2.90	75.30		
16	Puzzles	74	68	-1		3.12	3.12		
17	Puzzles	63	59	-1		0.05	13.95		
18	Puzzles	79	75	-1		0.86	18		
19	Puzzles	80	75	-1		168.20	3504.00		
20	Puzzles	91	77	-1					
21	Puzzles	93	78	-1					

중요하진 않지만, 그림 8.2의 B2:D21 범위의 데이터 배열에 주목하라. LINEST() 함수의 문법에 맞추기 위해 예측변수들-여기서는 Age와 Treatment 벡터-은 인접해야 한다. 어떤 이유로 C열 대신 M열에 Age 변수를 배치한 경우, 엑셀에서 사용할 수 없는 다음과 같은 수식을 사용해야 한다.

=LINEST(B2:B21,D2:D21,M2:M21,,TRUE)

아래 수식은 올바른 경우다.

=LINEST(B2:B21,C2:D21,,TRUE)

LINEST() 함수는 세 번째 인자로 TRUE 또는 FALSE 또는 아무것도 입력하지 않을 수 있지만, 워크시트 내의 주소를 넣으면 에러가 발생한다.

> **노트** 엑셀의 이름 정의(Defined Names)에 전문가인 사람들은 인접하지 않은 범위를 참조하는 이름을 정의하고, 실제 범위 주소 대신 인자에 사용하는 경우 어떤 일이 일어날지 의심스러울 것이다. 좋은 시도지만 LINEST()는 #REF 응답 오류를 반환한다.

중요한 부분으로 다시 돌아가자. F2:H6의 LINEST() 결과는 그림 8.1에 표시된 것보다 훨씬 더 강한 결과를 나타낸다. Cognitive Outcome과 Treatment 벡터에 대한 값은 동일하며 유일한 변화는 Age의 공변량의 추가지만, 결과의 차이는 상당하다.

공변량을 사용하는 회귀방정식의 R^2은 0.80이다. 이 값은 셀 F4에 있다. 공변량 없이 ANOVA를 반복한 범위 F15:G19의 R^2은 단지 0.05이다. 이 값은 셀 F17에 있다. 따라서 공변량을 사용한 회귀방정식이 Treatment 벡터만 단독으로 사용한 것보다 Cognitive Outcome 변수를 훨씬 더 정확하게 예측한다.

좀 더 추론적인 관점에서, ANCOVA에 대한 셀 F5의 F-비는 모집단의 R^2이 0.0일 때, 2와 17의 자유도에서 전체의 0.01% 미만으로 우연히 발생할 수 있다. 대조적으로 ANOVA에 대한 F18 셀의 F-비는 모집단의 R^2이 0.0일 때, 1과 18의 자유도에서 전체의 36.49%에서 우연히 발생할 수 있다.

이러한 확률을 얻기 위해 F.DIST.RT() 워크시트 함수를 사용해 0.01% 미만과 36.49% 같은 확률을 얻을 수 있다. F2:H6의 ANCOVA 분석에 대해서는 다음과 같은 인자를 사용한다.

```
=F.DIST.RT(F5,2,G5)
```

F15:G19의 ANOVA의 경우에는 다음 인자를 사용한다.

```
=F.DIST.RT(F18,1,G18)
```

> **노트** ANCOVA에 대한 F-비의 분자는 두 개의 자유도를 갖는다. 하나는 Treatment 벡터에 대한 것이고 다른 하나는 공변량에 대한 것이다. ANOVA에 대한 F-비의 분자는 단지 Treatment 벡터에 대한 하나의 자유도만 가지고 있다.

그러나 ANCOVA에서의 더 강력한 회귀방정식의 원인을 Age 공변량에 의한 것인지, ANCOVA의 편향 축소에 의한 그룹 평균의 조정 때문인지, 아니면 둘 다인지 아직 알지 못한다. 이를 수행하는 방법은 그림 8.3에서 볼 수 있는 모델 비교 방법을 사용하는 것이다.

그림 8.3은 그림 8.1과 8.2와 같은 데이터를 사용한다. 또한 그림 8.2에서와 같이 F2:H6 범위에 LINEST()에서 얻은 ANCOVA 분석 결과를 보여준다. F10:G14에 또 다른 LINEST() 분석 결과가 있다. 그것은 Age 공변량과 Cognitive Outcome 변수 간의 관계를 평가한다. 처치에 기인한 모든 효과는 F10:G14의 분석에서 제외된다.

따라서 우리는 결과 변수에 대해 두 가지 분석을 가지고 있다.

- F2:H6의 덜 제한적인 모델, Age와 Treatment의 조합과 결과 변수와의 관계를 분석
- F10:G14의 좀 더 제한적인 모델, Age와 결과 변수와의 관계를 분석

그림 8.3
모델 비교 방법은 일반적으로 덜 제한된 모델에서 더 제한된 모델을 뺀다.

F10 {=LINEST(B2:B21,C2:C21,,TRUE)}

	A	B	C	D	E	F	G	H	I	J	K
1	Treatment	Cognitive Outcome	Age	Treatment Vector		=LINEST(B2:B21,C2:D21,,TRUE)					
2	Strength	52	48	1		6.94	1.68	-36.17			
3	Strength	61	58	1		1.55	0.21	13.96			
4	Strength	83	61	1		0.80	6.56	#N/A			
5	Strength	69	62	1		34.21	17	#N/A			
6	Strength	79	62	1		2941.41	730.79	#N/A			
7	Strength	77	65	1							
8	Strength	80	68	1							
9	Strength	85	73	1	=LINEST(B2:B21,C2:C21,,TRUE)						
10	Strength	101	70	1		1.38	-16.04				
11	Strength	95	72	1		0.28	18.95				
12	Puzzles	61	59	-1		0.57	9.40				
13	Puzzles	54	62	-1		23.53	18				
14	Puzzles	63	67	-1		2080.55	1591.65				
15	Puzzles	66	67	-1							
16	Puzzles	74	68	-1							
17	Puzzles	63	59	-1			Delta R^2	df	MS	F	Prob of F
18	Puzzles	79	75	-1		Regression	0.23	1	0.234	20.03	0.0003
19	Puzzles	80	75	-1		Residual	0.20	17	0.012		
20	Puzzles	91	77	-1							
21	Puzzles	93	78	-1			0.20	=G6/(F6+G6)			
22							0.20	=1-F4			

두 회귀방정식의 전체 R^2값의 차이를 포함하는 셀 G18에서 두 모델의 비교를 시작하자.

=F4-F12

이 수식은 셀 G18에 0.23을 반환한다. Age와 Treatment를 예측변수로 포함하는 모델은 Age 변수만 예측변수로 포함하는 모델보다 결과 변수에 대해 23% 더 많은 변동성을 설명한다. 두 모델의 유일한 차이점은 덜 제한적인 회귀방정식에 Treatment가 예측변수로 존

재한다는 것이므로, 측정된 결과 변수에 대한 23%의 기여를 처치 방법 간의 차이라고 간주할 수 있다. 그것은 꽤 큰 것으로 보이지만 단지 20명의 피험자의 표본이 주어졌을 때, 의존할 만큼 충분히 크지 않을 수도 있다. 범위 G18:K19에 있는 나머지 셀들은 이 문제에 대해 보여준다.

이 셀들은 제한 없는 모델과 제한된 모델 간의 차이의 분산분석을 구성한다. 우선은 분산의 비율로 작업할 것이다(다시 말해, 이 분석을 좀 더 관례적인 접근법인 제곱의 합을 이용해 재구성할 예정이다). 두 모델의 회귀제곱합의 비율 간의 차이를 셀 G18에 구했다.

분산의 잔차비율은 셀 G19에 있으며, 그 값은 전체 제한 없는 모델에서 설명된 분산의 비율로부터 얻을 수 있다. 설명된 분산의 비율은 0.80으로 셀 F4에서 볼 수 있다. 설명되지 않는 분산의 비율을 얻으려면, 단지 1에서 설명된 비율을 차감하면 된다. 1-0.80 즉, 0.20이 된다. 다시 말하지만 이 값은 전체 모델의 잔차분산의 비율이며, 그 값은 셀 G19에 있다.

> **노트** 설명되지 않은 분산의 비율을 1.0에서 R^2을 뺀 값으로 얻는 것이 쉽고 빠르다. 조금 더 명백한 다른 접근법은 잔차제곱의 합을 전체제곱의 합으로 나누는 것이다. 그림 8.3에서 다음 수식을 사용해 얻을 수 있다. =G6/(F6+G6). 두 공식은 G21:G22에 표시돼 있으므로 비교해볼 수 있다.

이제 자유도를 살펴보자. 회귀에 의해 설명되는 분산의 비율에 대해, 전체 모델에 대한 회귀자유도는 제한된 모델에 대한 회귀자유도보다 작다. 이 계산은 두 R^2값의 델타의 계산과 아주 유사하다. 이 예에서, 전체 모델에 대한 회귀제곱의 합은 2의 자유도를 갖는다. 하나는 공변량에 대한 것이고 다른 하나는 Treatment 벡터에 대한 것이다. 제한된 모델에 대한 회귀제곱합은 공변량에 대한 1의 자유도를 갖는다. 둘 간의 차이는 2-1 즉 1이다. 따라서 설명된 분산의 비율 차이는 1의 자유도를 가진다.

설명된 분산의 잔차비율인 0.20은, 해당 값에 기반이 되는 제곱의 합만큼의 자유도를 갖는다. 비록 그 비율을 1.0에서 전체 모델의 R^2을 차감 계산하지만 이 방법은 지름길이다. 잔체제곱의 합을 전체 모델에 대한 전체제곱의 합으로 나누면 설명되지 않는 분산의 비율인 0.20을 반환한다. 관련된 자유도는 17이며(셀 G5의 전체 모델로부터의 잔차자유도), G18:K19의 분석에서 잔차에 대한 자유도로 사용한 값이다.

셀 I18:I19에 "MS"라고 표시된 값은 G18:G19의 분산 비율을 H18:H19의 자유도로 나눈 값이다. 그 결과는 진정한 평균제곱이 아니라, 분산의 비율을 자유도로 나눈 값이다. 그러나 이 계산에 대한 용어가 없고 실제 평균제곱과 개념적으로 관계가 가깝기 때문에 셀 I17에 이 용어를 사용했다.

이제 제한 없는 모델과 제한된 모델 간의 차이에 대한 신뢰성에 대한 답이 되는 F-비를 계산할 수 있다. 그것은 평소와 같이 회귀에 대한 "평균제곱"을 잔차에 대한 "평균제곱"으로 나누어 계산된다. 그 결과는 20.03으로 셀 J18에서 볼 수 있다. 또한 다음 수식은

=F.DIST.RT(J18,H18,H19)

0.0003을 반환한다. 이는 만약 제한 없는 모델과 제한된 모델 사이에 차이가 없으면 10,000에 약 3회 20.03의 F-비를 얻을 수 있음을 나타낸다. 다시 말해, 공변량이 설명된accounted for 이후에 모집단의 처치 방법 간의 차이가 없다면 해당 크기의 F-비가 발생할 확률은 0.0003이라는 것을 말한다.

조만간 '공변량이 설명된 이후'의 절에 대해 자세히 설명할 것이다(간단히 말하면, 처치 그룹 평균의 조정과 관련이 있다). 우선 그림 8.3에 표시된 모델 비교를 분산 비율대신 제곱의 합을 사용하는 것을 살펴보는 것이 필요하다. 그림 8.4를 보라.

그림 8.4

제곱의 합을 사용하면 해야 할 일이 많지만, 같은 결론을 얻는다.

G2 {=D2:D21-TREND(D2:D21,C2:C21)}

	A	B	C	D	E	F	G	H	I	J	K	L	M	N
1	Treatment	Cognitive Outcome	Age	Treatment Vector		Cognitive Outcome	Adjusted Treatment Vector		=LINEST(B2:B21,C2:D21,,TRUE)					
2	Strength	52	48	1		52	0.20		6.94	1.68	-36.17			
3	Strength	61	58	1		61	0.64		1.55	0.21	13.96			
4	Strength	83	61	1		83	0.77		0.80	6.56	#N/A			
5	Strength	69	62	1		69	0.81		34.21	17	#N/A			
6	Strength	79	62	1		79	0.81		2941.41	730.789	#N/A			
7	Strength	77	65	1		77	0.94							
8	Strength	80	68	1		80	1.07							
9	Strength	85	73	1		85	1.29		=LINEST(F2:F21,G2:G21,,TRUE)					
10	Strength	101	70	1		101	1.16			6.94	75.30			
11	Strength	95	72	1		95	1.25			2.95	2.79			
12	Puzzles	61	59	-1		61	-1.32			0.23	12.50			
13	Puzzles	54	62	-1		54	-1.19			5.51	18			
14	Puzzles	63	67	-1		63	-0.97			860.86	2811.34			
15	Puzzles	66	67	-1		66	-0.97							
16	Puzzles	74	68	-1		74	-0.93							
17	Puzzles	63	59	-1		63	-1.32			Delta SS	df	MS	F	Prob of F
18	Puzzles	79	75	-1		79	-0.62		Regression	860.857	1	860.857	20.03	0.0003
19	Puzzles	80	75	-1		80	-0.62		Residual	730.789	17	42.988		
20	Puzzles	91	77	-1		91	-0.53							
21	Puzzles	93	78	-1		93	-0.49							

그림 8.4는 Treatment 벡터에서 Age 공변량의 효과를 제거한다. 그림 8.3에서 이뤄진 제한 없는 모델의 전체 R^2에서 공변량에 의한 R^2을 차감하는 방법과는 다른 방법으로 수행된다.

그림 8.4는 Treatment와 Cognitive Outcome 간의 관계에 준부분상관을 취한다. 3장에서 준부분상관의 개념에 대해 논의했다. 만약 X와 Y가 상관 있는 변수라면, Z로부터 예측될 수 있는 부분을 X에서 제거해 X와 Y 간의 단순 준부분상관을 얻을 수 있다.

다루고 있는 예에서는 Treatment 벡터에서 Age 공변량에 의해 예측될 수 있는 값의 일부가 제거된다. 범위 G2:G21에 이 접근 방식의 핵심이 포함돼 있다. 해당 범위에는 다음과 같은 배열 수식이 있다.

=D2:D21-TREND(D2:D21,C2:C21)

위 수식의 다음 부분을 먼저 보자.

TREND(D2:D21,C2:C21)

TREND() 함수도 3장에서 자세히 설명했다. 여기서는 D2:D21의 실제 Treatment 벡터 값과 C2:C21의 Age 공변량 값의 관계로부터 Treatment 벡터의 값을 예측하는 데 사용된다. 그 결과는 Age 공변량으로부터 예측될 수 있는 Treatment 벡터의 부분을 나타내는 값의 셋이다.

그런 다음, G2:G21에 있는 다음 수식을 사용해 실제 Treatment 벡터 값에서 이 값들을 뺀다.

=D2:D21-TREND(D2:D21,C2:C21)

그 결과는 실제 Treatment 벡터에서 예측된 Treatment 값을 빼고 남은 잔차값이다.

배열 수식에 의해 수행된 '예측과 차감'은 그림 8.3의 조정을 표현하는 또 다른 방법일 뿐이다. 이 과정에서 Age와 Treatment 벡터에 대한 Cognitive Outcome의 R^2에서 Age에 대한 Cognitive Outcome의 R^2을 뺀다. 그 결과는 0.23으로 그림 8.3의 셀 G18에서 볼 수 있다. 이 값은 Treatment 벡터와 Cognitive Outcome이 공유하고 있는 분산의 비율이다.

Age 공변량에 의해 예측될 수 있는 Treatment 벡터 값의 일부를 제거하면 Age, Treatment 벡터, Cognitive Outcome이 공동으로 공유할 수 있는 R^2의 부분을 제거하는 것이다. 제거는 Treatment 벡터에서만 이루어지며, Treatment 벡터와 Cognitive Outcome 모두에서 제거되지 않는다. 분석은 Treatment 벡터와 Cognitive Outcome 모두에서 Age를 제거하는 부분상관이 아닌, 준부분상관의 로직을 따른다. 결과 변수에서 공통의 분산을 제거하면 분산의 분포적 특성이 변한다. 8장 이후 절에서 결과 변수에 대한 그룹 평균이 ANCOVA에 의해 어떻게 바뀌는지 검토할 것이다.

Treatment 벡터에서 Age와 공유되는 변동성을 제거하여, Treatment 벡터의 잔차에 관한 Cognitive Outcome을 분석하는 것은 흥미롭다.

이것은 LINEST() 배열 수식의 결과가 포함된, 그림 8.4의 범위 J10:K14에서 수행된다.

```
=LINEST(F2:F21,G2:G21,,TRUE)
```

위의 수식은 G2:G21의 Treatment의 잔차로부터 F2:F21에 반복해서 기입된 Cognitive Outcome을 예측하는 회귀방정식을 계산하고 분석한다. Age와 공유되는 분산은 G2:G21의 Treatment 벡터의 잔차값을 계산하여 방정식에서 제거됐음을 기억하라.

이제 우리는 분산의 비율 대신 제곱의 합을 사용해 그림 8.3의 G18:K19에 표시된 종류의 또 다른 기존의 ANOVA를 구축할 수 있다. 그림 8.4의 J18:N19 범위에 생성된 ANOVA 테이블은 다음과 같다.

- 셀 J18의 860.857의 값은 Age로부터 예측될 수 있는 벡터의 부분을 제거한 이후인, Treatment 벡터의 잔차에 대한 Cognitive Outcome의 회귀에 대한 제곱의 합이다. 그 값은 그림 8.3의 셀 G18의 회귀에 대한 전체 변동성의 비율인 0.23과 개념적으로 그리고 계산적으로 동등하다. 그림 8.3의 단위는 전체 분산의 비율이고, 그림 8.4의 단위는 제곱의 합이다.
- 셀 J19의 730.789의 값은 제약없는모델의 잔차 또는 오차 분산이다. 제약 없는 LINEST() 분석은 그림 8.4의 I2:K6 범위에서 반복됐고, 셀 J19에 사용된 값은 해당 분석의 셀 J6에서 선택했다. 그 값은 그림 8.3의 셀 G19의 제약없는모델의 잔차에 대

한 전체 변동성의 비율인 0.20과 개념적으로 그리고 계산적으로 동등하다. 그림 8.3의 셀 G21과 G22에 있는 수식은 이 등가성을 보여주며, 1.0에서 R^2을 차감하여 같은 값을 얻는 방법과 전체제곱의 합의 비율으로서 잔차제곱의 합을 표현하는 방법을 보여준다.

- 그림 8.4의 회귀 및 잔차자유도 모두는 그림 8.3에서처럼 얻어진다. 전체 회귀는 2의 자유도를 갖는다. 공변량에 대한 것과 Treatment 벡터에 대한 것이다. Age에 대한 Cognitive Outcome의 회귀는 1의 자유도를 가진다. 따라서 두 회귀제곱의 합 간의 차이는 2-1=1의 자유도를 가진다. 셀 K18에서 볼 수 있다. I2:K6의 제약 없는 회귀의 잔차제곱의 합은 17의 자유도를 가지므로, 이 값을 잔차제곱의 합과 마찬가지로 ANOVA 테이블의 셀 K19에 넣는다.
- L18과 L19의 평균제곱은 평소와 같이 제곱의 합을 원천 데이터의 자유도로 나누어 계산한다.
- 마지막으로 F-비는 회귀에 대한 평균제곱을 잔차에 대한 평균제곱으로 나누어 계산한다. 주어진 자유도에 대한 F-비에 대한 확률은 그림 8.3에서와 마찬가지로 F.DIST.RT(M18,K18,K19)를 통해 계산된다.

그림 8.3과 8.4의 두 가지 접근법이 동일한 결과를 가져오는 것을 확인하는 것은 중요하다. 동일한 결과라는 것은 F-비에 의해서 가정 명확하게 증명된다. 두 경우 모두 20.03이다. 두 접근 방식은 제곱의 합을 얻는 방식에서 다르다.

그림 8.3에서 셀 G18과 G19의 제곱의 합은 전체제곱의 합의 비율이 아닌 그냥 제곱의 합이다. 회귀에 대한 제곱의 합의 비율은 공변량과 처치 벡터 모두와 결과 변수에 대한 회귀의 R^2에서 공변량과 결과 변수에 대한 회귀의 R^2을 빼서 구했다.

공변량과 처치에 대한 R^2에서 공변량 하나에 대한 R^2를 빼서 유일하게 처치와만 관련 있는 R^2만 남겨두었다. Treatment 벡터와 결과 변수에 대한 회귀방정식에 Treatment와 공변량이 공유하고 있는 변동성만 남겨뒀다는 것을 기억하라. Treatment 벡터가 공변량과 0이 아닌 상관관계가 있을 때, ANOVA의 일반적인 상태는 다음과 같다. Treatment 벡터와 공변량은 반드시 분산을 공유하며, Treatment와 고유하게 관련 있는 분산을 정량화하는 하나의 방법은 Treatment와 공변량을 모두 사용한 모델의 R^2에서 공변량만 사용한 모델의 R^2을 빼는 것이다. 이렇게 하면 결과 변수와 공변량이 공유하는 모든 분산뿐만 아니라, Treatment 벡터와 공변량이 공유하는 분산이 제거된다.

요약하면, 우리는 지금까지 다음의 과정을 거쳤다.

그림 8.1은 공변량이 전혀 고려되지 않았을 때의 결과 변수에 대한 처치 그룹의 평균 간 차이를 보여준다. 이 차이는 대부분의 사람들이 통계적으로 유의하다고 간주하지 않을 결과이다.

그림 8.2는 공변량을 방정식에 더하면 대부분의 사람들이 통계적으로 유의하다고 여길 만한 전체 방정식에 대한 F-비를 얻는 것을 보여준다. 그러나 이 분석은 결과 변수에 대한 처치의 영향과 공변량의 영향으로 분해하지 않았으므로, 결과 변수로 측정된 처치 방법 간의 차이를 평가할 수 있는 위치에 있지 않았다.

그림 8.3과 8.4는 모델 비교를 통해 그 분해를 수행하고, 공변량의 영향을 전체 모델로부터 뺄셈을 통해 제거한다. 그림 8.3은 하나의 분산의 비율에서 다른 하나의 분산을 차감하여 수행한다. 그림 8.4는 처치 벡터를 공변량에 회귀시키고 실제 값에서 예측된 처치의 값을 빼는 방법으로 수행한다. 그 결과는 결과 변수가 회귀된 잔차 처치 값들의 셋이다.

모델 비교를 위해 두 방법 중 하나를 사용할 수 있다. 필자는 그림 8.3에서 분산의 비율로 수행된 일반적인 접근법을 선호한다. 분산의 비율로 생각하는 게 편하고, 뒤에서 어떤 일이 일어나고 있는지 알 수 있으며, 빠르기 때문이다. 그림 8.4의 접근법은 공변량과 처치 벡터에 의해 공유되는 분산이 모델에서 제거될 때 일어나는 일을 좀 더 명확하게 보여준다. 분명히 두 접근법 모두 동일한 결과로 귀결되기 때문에, 더 편하다고 생각되는 둘 가운데 하나를 사용하면 된다.

ANCOVA 도표화

그룹 평균이 어떻게 조정되는지(즉, ANCOVA가 어떻게 편향 축소 기능을 수행하는지)에 대한 문제를 다루기 전에 그 기능이 어떻게 이루어지는지 차트를 보는 것은 도움이 될 것이다. 문맥을 알아두면 상세한 내용을 이해하는 것이 더 쉽다.

그림 8.5는 처음에는 복잡해 보이겠지만 이번 절의 설명을 따르면 잘 이해할 수 있을 것이다.

그림 8.5
이 그림은 만약 두 그룹이 공변량에 대해 동일한 평균으로 시작됐을 때, 두 그룹 평균이 결과 변수에 대해 어디에 나타나는지 표시한다.

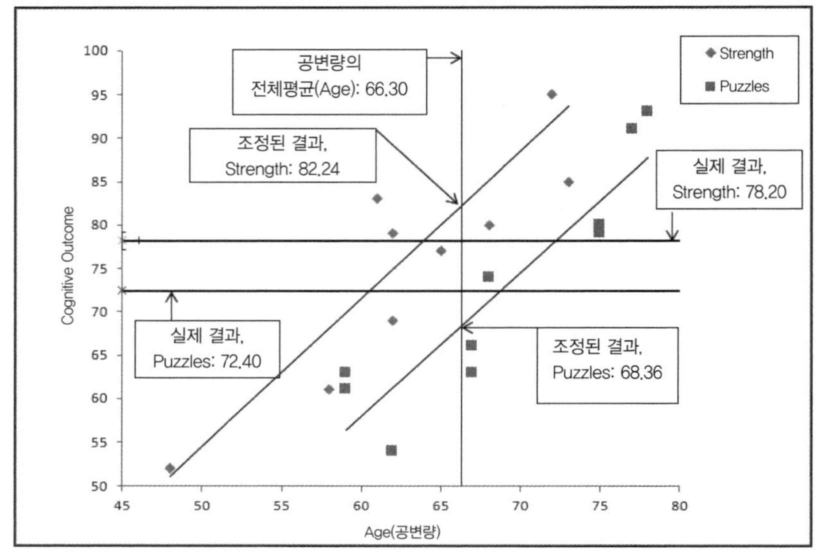

ANCOVA에서 편향 축소의 바탕이 되는 아이디어는 다음과 같다. 만약 처치 그룹이 다른 공변량으로 시작된다면, 처치 결과로 무엇이 사용되든 간에 결과에 차이가 있을 가능성이 있다는 것이다. 그리고 만약 공변량이 결괏값과 상관관계가 있다면, 공변량에 대한 그룹 평균의 지식을 처지 결과를 예측하는 데 사용할 수 있다는 것이다.

다음은 기본 방정식이다.

$$\overline{Y}'_j = \overline{Y}_j - b(\overline{X}_j - \overline{X})$$

말로 풀어서 쓰면, 그룹 j에 대해 결과측정값의 조정된 평균($\overline{Y}'_j$)은 결과측정값의 실제 관찰된 평균($\overline{Y}_j$)에서 공변량의 회귀계수(b)에 공변량에 대한 그룹 j의 평균($\overline{X}_j$)과 공변량에 대한 전체 평균($\overline{X}$) 간의 차이를 곱한 값을 뺀 값과 같다.

이 방정식을 염두에 두고 다음 가능성들을 생각해보라.

- 각 그룹은 공변량($\overline{X}_j$)에 대해 동일한 평균을 가진다. 그렇다면 공변량에 대한 각 그룹의 평균과 공변량에 대한 전체 평균의 차이는 0.0이다. 이 경우, 결과측정값($\overline{Y}'_j$)에 대한 그룹 평균의 조정은 이뤄지지 않는다.

- 공변량이 결과측정값과 상관관계가 없다. 그러면 공변량에 대한 회귀계수 b는 0.0과 같고 결과측정값의 조정은 이뤄지지 않는다.

- 공변량에 대한 회귀계수 b가 양의 값이라고 가정해보자. 더 나아가 j번째 그룹에 대한 공변량에 대한 평균이 공변량의 전체 평균보다 낮다고 가정해보자. 그러면 $b(\overline{X}_j - \overline{X})$은 음수다. 그 음수값은 결과 변수($\overline{Y}_j$)에 대한 그룹 j의 관찰된 평균으로부터 차감된다. 그 결과 그룹 j의 평균은 상향 조정된다. 결과 변수의 전체 평균 이하로 시작했다는 사실에 대해 그룹을 보상한다.

- 만약 ($\overline{X}_j$)가 공변량의 전체 평균보다 크면 그 효과의 반대가 발생한다(그리고 b는 양수다). 이 경우, $b(\overline{X}_j - \overline{X})$은 양수가 되며 결과에 대한 그룹 j의 평균은 하향 조정된다.

물론 공변량에 대한 회귀계수 b가 음수면, 앞의 두 가지 효과는 반전된다.

그럼 그룹을 조정하기 위한 이 방정식은 그림 8.5에서 진행되는 작업과 어떻게 관련이 있을까? Strength 그룹의 결과 변수에 대한 실제 평균으로 시작해보자. 그림 8.1에서 8.4의 피험자는 근육 강화를 위한 신체 운동으로 구성된 처치를 받았다. 결과 변수에 대한 그들의 평균은 78.2다(그림 8.1의 셀 I15를 보라). 그림 8.5의 상단 수평선은 결과에 대한 Strength 그룹의 실제 평균값을 나타낸다. 78.2에서 Y축과 교차한다.

그림 8.5의 위 대각선은 공변량으로 회귀된 결과 변수에 대한 회귀선이다(이것은 실제로 합동 회귀선으로, 그 차이에 대해 8장에서 곧 다룰 것이다). 이 선의 기울기 b 즉, 공변량에 대한 회귀계수는 1.681이다. '거리 분에 오름'에 친숙할 것이다. X축의 공변량이 한 단위 증가할 때마다 Y축의 1.681의 증가가 수반된다.

그룹 평균을 조정하기 위한 공식의 관점에서 이것이 결과 변수에 미치는 영향은 무엇일까? Strength 그룹의 경우,

- 결과 변수에서 관찰된 평균은 78.2이다.
- 회귀계수는 1.61이다.
- 공변량에 대한 관측 된 평균은 63.9이다. 그것이 Strength 그룹의 추세선이 그 그룹의 평균 결과를 나타내는 수평선을 가로지르는 X축 위의 지점이다.
- 공변량의 전체 평균은 66.3이다.

따라서 결과 변수에 대한 Strength 그룹의 조정된 평균은 다음과 같다.

78.2-1.681(63.9-66.3)= 82.24

그림 8.5로 돌아가서, Strength 그룹에 대한 회귀선(위쪽 대각선)을 따라 눈을 움직여보자. 그 회귀선은 82.24에서 공변량의 전체 평균에 대한 수직선과 교차한다.

신체 운동 대신 정신적인 퍼즐풀이가 할당된 피험자의 표본인 Puzzles 그룹의 경우에도 마찬가지다. Puzzles 그룹의 경우,

- 결과 변수에서 관찰된 평균은 72.4이다.
- 회귀계수는 1.681이다.
- 공변량에 대한 관측된 평균은 68.7이다. 그것이 Puzzles 그룹의 추세선이 그 그룹의 평균 결과를 나타내는 수평선을 가로지르는 X축 위의 지점이다.
- 공변량의 전체 평균은 66.3이다.

따라서 결과 변수에 대한 Puzzles 그룹의 조정 평균은 다음과 같다.

72.4-1.681(68.7-66.3)=68.36

Puzzles 그룹의 회귀선(아래쪽 대각선)은 공변량의 전체 평균에 대한 수직선을 68.36에서 교차한다.

이 분석은 두 그룹의 평균을 결과 변수에서 두 그룹이 같은 평균 연령에서 시작했다면 얻게 됐을 결과로 조정했다. 전체 표집된 20명에 대해 나이는 인지 결과 성과와 0.75의 상관관계가 있다. 이는 상당히 큰 상관관계다. 평균 연령에 4.8년의 차이가 있다면 결과측정값에서의 그룹 평균에 대한 실질적 조정을 발견하는 것이 놀랄 일은 아니다(그림 8.5에 해당하는 상관관계와 평균 연령은 8장을 위한 워크북에서 확인할 수 있다).

Strength 그룹의 공변량의 평균은 전체 공변량의 평균보다 낮다. 그러므로 양의 b를 통해 결과측정값을 크게 조정할 것을 기대한다. Puzzles 그룹에서는 반대의 경우가 성립한다. 그들의 평균 연령은 공변량의 전체 평균보다 높다. 따라서 결과의 평균값을 낮게 조정할 것으로 기대한다.

그러므로 Strength 그룹이 결과측정값에서 더 높은 관찰 평균값을 가지고 있기 때문에 ANCOVA의 효과는 결과측정값에서 조정된 평균값을 훨씬 더 멀리 밀어내는 것이다. 앞서 봤듯이(그림 8.2) 공변량을 분석에 더하는 것은 대부분의 잔차제곱의 합을 회귀제곱의 합으로 이동시킨다. 그것은 ANOVA의 통계적 검증력을 드라마틱하게 향상시킨다. 결과측정값에서 조정된 평균 사이의 차이의 증가는 ANCOVA의 검증력을 훨씬 더 향상시킨다.

모든 ANCOVA에서 이러한 강력한 효과를 기대해서는 안 된다. 필자는 여기에서 논의된 결과를 가져오기 위하여 그림 8.5의 차트에서 효과를 극적이고 쉽게 시각화할 수 있도록 데이터를 일부러 구조화했다. 여전히 눈에 띄는 실제 데이터와 지금까지 8장에서 사용된 데이터 사이의 차이는 종류가 아니라 정도의 차이다.

그룹에 무작위 배정의 맥락에서는 ANCOVA를 사용하는 것이 최선이다. 이 접근 방식을 사용한다면 최소한의 합리적인 표본 크기로도 무작위화가 서로 매우 가까운 공변량에서의 그룹 평균들을 가져올 것을 기대할 수 있다. 공변량과 결과측정값 사이의 강한 상관관계에 대해, 조정된 그룹 평균으로 인한 편향 축소보다는 잔차분산의 축소로부터 더 많은 이득을 얻을 수 있다.

일반적인 ANCOVA 구조화

이번 절에서는 기존 ANCOVA를 준비하는 일반적인 방법을 소개한다. 여기에는 두 가지 목적이 있다. 그중 덜 중요한 하나는, LINEST()에 크게 의존하는 회귀접근법과 기존 접근법의 결과를 비교하는 방법을 제공하는 것이다. 다른 더 중요한 목적은 회귀분석을 사용하는 것이 얼마나 더 쉬우며, 기존의 구태의연한paint-by-numbers 접근법 대신 회귀분석을 사용하면 분석에서 진행되고 있는 작업을 얼마나 쉽게 파악할 수 있는지 보여주는 것이다.

공변량 없이 분석

그림 8.6의 분석부터 살펴보자.

그림 8.6은 기존 ANOVA 분석을 포함하고 있다. 그림 8.1의 F12:L22 범위에 보이는 것과 비슷하지만 두 가지 주요 차이점이 있다.

- 그림 8.6의 요인은 두 개(그림 8.1)가 아닌 세 개의 수준을 가지고 있다.
- 그림 8.6의 F-비는 그룹 평균 간의 차이가 없다는 귀무가설 아래에서 매우 발생하기 어려운 값이다. 반면 그림 8.1의 F-비는 귀무가설이 참일 때, 실험을 반복하면 36% 확률로 발생할 수 있다.

비교를 위해, 그림 8.7에는 동일한 데이터를 분석 도구 추가 기능의 ANOVA 도구 대신에 LINEST()를 사용한 분석이 있다.

그림 8.7은 그룹의 멤버십을 표현하기 위해 효과코딩을 사용했다. Group 1은 첫 번째 벡터에 1을 두 번째 벡터에 0의 값을 갖는다. Group 2는 첫 번째 벡터에 0을 두 번째 벡터에 1을 갖는다. Group 3은 두 벡터에 -1의 값을 갖는다. 더미코딩이나 직교코딩과 같은 방법 대신에 효과코딩을 선택하면, 회귀계수, 절편, 해당 표준오차의 값에는 차이가 있지만 전체 방정식에 대한 통계량인 R^2, 추정의 표준오차, F-비와 같은 값들에는 차이가 없다.

그림 8.6
공변량의 사용하지 않은 이 예에서는 그룹 평균은 유의하게 다르다.

	A	B	C	D	E	F	G	H	I	J	K
1	Group 1	Group 2	Group 3		Anova: Single Factor						
2	77	80	83								
3	80	79	85		SUMMARY						
4	80	82	82		Groups	Count	Sum	Average	Variance		
5	81	81	84		Group 1	6	473	78.83	2.97		
6	77	83	83		Group 2	6	488	81.33	2.67		
7	78	83	82		Group 3	6	499	83.17	1.37		
8											
9											
10					ANOVA						
11					Source of Variation	SS	df	MS	F	P-value	F crit
12					Between Groups	56.78	2	28.39	12.17	0.00	3.68
13					Within Groups	35	15	2.33			
14											
15					Total	91.78	17				

그림 8.7
세 개의 수준을 가진 요인의 그룹 멤버십을 정확하게 코드화하기 위해서는 두 개의 벡터가 필요하다.

I9 =F.DIST.RT(F9,G9,H9)

	A	B	C	D	E	F	G	H	I	J
1	Group	Y	Group Vector 1	Group Vector 2		=LINEST(B2:B19,C2:D19,,TRUE)				
2	Group 1	77	1	0		0.22	-2.28	81.11		
3	Group 1	80	1	0		0.51	0.51	0.36		
4	Group 1	80	1	0		0.62	1.53	#N/A		
5	Group 1	81	1	0		12.17	15	#N/A		
6	Group 1	77	1	0		56.78	35.00	#N/A		
7	Group 1	78	1	0						
8	Group 2	80	0	1		F	DF1	DF2	Prob of F	
9	Group 2	79	0	1		12.17	2	15	0.00072	
10	Group 2	82	0	1						
11	Group 2	81	0	1			Grand Mean:	81.11	=AVERAGE(B2:B19)	
12	Group 2	83	0	1			Group 1 Mean:	78.83	=H11+G2	
13	Group 2	83	0	1			Group 2 Mean:	81.33	=H11+F2	
14	Group 3	83	-1	-1			Group 3 Mean:	83.17	=H11-(F2+G2)	
15	Group 3	85	-1	-1						
16	Group 3	82	-1	-1						
17	Group 3	84	-1	-1						
18	Group 3	83	-1	-1						
19	Group 3	82	-1	-1						

다시 말하지만 효과코딩을 사용하면 때때로 결과를 손쉽게 얻을 수 있다. 회귀계수는 관련 그룹의 평균과 전체 평균의 차이를 나타낸다. 따라서 그림 8.7에서 Group 1에 속하는 효과는 그 그룹의 평균을 전체 평균보다 2.28단위 낮춘다(셀 G2 참조). Group 2에 속하는 효과는 그 그룹의 평균을 전체 평균보다 0.22단위 높이며(셀 F2 참조), Group 3에 속하는 그 그룹의 평균을 전체 평균보다 2.06단위 높인다. 이 값은 −(G2+F2)로 계산된다.

그림 8.6의 셀 I12에 있는 F-비와 그림 8.7의 셀 F5와 F9에 있는 F-비를 비교해보라. 그 값은 12.17로 동일하다. 분석에서 통계량을 계산하는 방법에 관계없이, 그룹 평균에는 매우 유의한 차이가 있다는 결과는 동일하다.

공변량을 포함한 분석

이제 공변량이 포함돼 상당히 장황하고 복잡해진 그림 8.8의 분석을 살펴보자. 이 분석을 여기에 포함시킨 주된 이유는 제곱의 합과 편차의곱을 사용하는 일반적인 방법을 사용하는 것보다 회귀 방법을 사용해 ANCOVA를 준비하는 것이 얼마나 더 직관적인지를 느끼게 해주기 위함이다. 그림 8.8에서 사용된 계산 방법을 사용하는 것을 제안하지는 않는다. 그러나 각 방법에 대한 이해는 다른 방법을 명확히 이해하는 데 도움이 된다.

그림 8.8
이 조작의 대부분은 합동, 즉, "공통" 회귀계수를 얻기 위함이다.

I13 =F13/G8

	A	B	C	D	E	F	G	H	I	J
1	Group	Outcome	Covariate							
2	Group 1	77	18		Total R^2, covariate	0.8123	=RSQ(B2:B19,C2:C19)			
3	Group 1	80	23							
4	Group 1	80	18			SS Y	SS X	R^2XY	SS'	
5	Group 1	81	22		Gp 1	14.83	22.83	0.31	10.31	
6	Group 1	77	19		Gp 2	13.33	26.83	0.78	2.98	
7	Group 1	78	21		Gp 3	6.83	18.83	0.80	1.35	
8	Group 2	80	23		Gp 1 + Gp 2 + Gp 3	35.00	68.50	0.57	14.63	
9	Group 2	79	20							
10	Group 2	82	24		Sum xy, Gp 1	10.17				
11	Group 2	81	21		Sum xy, Gp 2	16.67				
12	Group 2	83	25		Sum xy, Gp 3	10.17				
13	Group 2	83	26		Sum xy	37.00		Pooled beta:	0.5401	
14	Group 3	83	26							
15	Group 3	85	28		Source	Adjusted SS	df	Adjusted MS	F	Prob of F
16	Group 3	82	24		Between	2.21	2	1.11	1.03	0.3817
17	Group 3	84	27		Within	15.01	14	1.07		
18	Group 3	83	27		Total	17.23	16			
19	Group 3	82	23							
20					Source	Adjusted SS		Adjusted means		
21	Mean, Gp 1	78.83	20.17		Between	=F18-F17			80.39	
22	Mean, Gp 2	81.33	23.17		Within	=F8*(1-H8)			81.27	
23	Mean, Gp 3	83.17	25.83		Total	=DEVSQ(B2:B19)*(1-F2)			81.67	
24	Grand mean	81.11	23.06							

그림 8.8의 분석은 회귀분석에 대한 접근이 개인용 컴퓨터에서 광범위하고 저렴한 비용으로 이용 가능해지기 전의 초급에서 중간 정도의 통계 분석에 대한 대부분의 고전에서 제시된 접근 방식을 따른다는 점을 명심하라. 고전적 접근법은 편차제곱의 합과 결과 변수의 평균과 공변량으로부터의 편차의 곱에 의존한다.

분석의 목표는 회귀분석에서 공변량의 효과를 정량화하고 제거한 다음 처치treatment의 효과를 평가하는 것이다. 이렇게 하려면 일반적으로 공변량과 결과측정값 사이의 합동베타pooled beta나 공통회귀계수common regression coefficient라고 하는 통계량을 계산해야 한다.

기존의 접근 방식은 요인의 각 수준의 수준 내within 베타를 계산하는 데 필요한 수치를 준비하는 것으로 시작한다. 그런 다음 결과를 합하고, 그 합을 사용해 합동베타를 계산한다. 베타를 계산하기 위한 단순선형회귀분석에 사용된 수식 중 하나는 다음과 같다.

$$b = \Sigma xy / \Sigma x^2$$

여기서

- b는 베타 즉 회귀계수이다.
- Σxy는 각 X(예측변수 또는 공변량)의 해당 값들의 평균에서의 편차와 각 Y(예측되는 변수 또는 결과측정값)의 해당 값들의 평균에서의 편차를 곱한 것의 합이다. 대문자 X와 Y 대신 소문자 x와 y를 사용하면 관례적으로 평균에서의 편차를 가리킨다.
- Σx^2은 공변량(또는 예측변수)값과 해당 값들의 평균에서의 편차의 제곱의 합을 나타낸다.

그러나 ANCOVA에서 상황은 훨씬 더 복잡하다. 위 방법으로는 b를 정확하게 계산할 수 없다. 예를 들어 요인의 한 수준으로부터의 공변량의 값은 공변량에 대한 수준의 평균에서보다 공변량의 전체 평균에서 더 벗어날 수 있기 때문이다. 만약, 그 수준이 다른 공변량 평균을 가지면 거의 확실하게 합동베타가 왜곡된다. 동일한 논증은 결과측정값과 공변량 모두에게 적용된다.

그래서 대신 세 개의 요인 수준이라면 다음 수식을 수용해야 한다.

$$b = (\Sigma xy_1 + \Sigma xy_2 + \Sigma xy_3)/(\Sigma x_1^2 + \Sigma x_2^2 + \Sigma x_3^2)$$

말로 쓰면 요인 수준 1, 요인 수준 2, 요인 수준 3에 대한 공변량과 결과 변수의 그들의 평균에서의 편차를 곱하고 합한다. 공변량의 편차제곱의 합에 대해서도 동일한 작업을 한다. 전자를 후자로 나눈다.

그 결과는 합동베타 즉, 공변량에 대한 공통회귀계수이다. 이 데이터셋의 경우 합동베타는 0.5401(셀 I13 참조)이다. 만약 Outcome과 Covariate에 대해 LINEST()를 사용한다면 다음과 같이 할 수 있다.

=LINEST(B2:B19,C2:C19,,TRUE)

공변량에 대한 회귀계수의 값으로 0.67228을 얻게 될 것이다. 회귀계수를 이런 식으로 구하게 되면, 데이터 안에 있는 그룹간의 차이를 무시하고 합동회귀계수의 값을 부풀린다.

그림 8.8의 F5:I8과 F10:F13의 범위의 계산은 합동베타를 계산하기 위함이다. 이어지는 절에서 이 계산에 대해 설명한다.

결과 제곱의 합, F5:F8

이 범위는 그림 8.8에 SS Y로 표시됐는데, ANCOVA에서 관례적으로 결과 변수를 Y로 표시하기 때문이다(공변량은 X로 표시한다). F5:F7의 수식은 세 개의 그룹의 각 편차제곱의 합이다. 따라서 F5의 수식은 다음과 같다.

=DEVSQ(B2:B7)

셀 F6과 F7에서 Group 2와 Group 3에 대해 동일한 작업이 이뤄진다. 셀 F8에서는 F5:F7의 각 그룹별 결과측정값에 대한 제곱의 합을 합산한다.

공변량 제곱의 합, G5:G8

SS X라고 표시된 이 범위에서는 결과측정값 대신 공변량을 사용하는 것 말고는 F5:F8과 완전히 동일한 작업이 이뤄진다.

공변량과 결과에 대한 R^2, H5:H8

H5:H7 범위에서는 엑셀의 RSQ() 함수를 사용해 공변량과 세 그룹 즉 요인 수준의 각 그룹내 결과측정값에 대한 R^2값을 반환한다. 예를 들어 셀 H5의 수식은 다음과 같다.

=RSQ(B2:B7,C2:C7)

셀 H8에서는 R^2을 계산하기 위해 합동베타에서 사용했던 방법과 유사한 절차가 이뤄진다. 시그마 표기를 사용한 수식은 다음과 같다.

$$R^2 = (\Sigma xy_1 + \Sigma xy_2 + \Sigma xy_3)/((\Sigma x_1^2 + \Sigma x_2^2 + \Sigma x_3^2)(\Sigma y_1^2 + \Sigma y_2^2 + \Sigma y_3^2))^2$$

공변량의 편차와 결과측정값의 편차의 곱의 합을 결과측정값에 대한 제곱의 합의 합계와 공변량의 제곱의 합의 합계를 곱한 값의 제곱으로 나눈다. 그 결과는 결과측정값과 공변량 간의 R^2에 대한 하나의 척도다. 이 값은 이후에 ANCOVA에서 분석에서 공변량의 효과를 제거하여 처치 간 차이에 초점을 맞추기 위해 사용된다.

조정된 회귀제곱의 합 또는 SS', I5:I8

I5:I7 범위에서는 결과 변수에 대한 셀-내within-cell제곱의 합에서 공변량의 효과를 제거하기 위해 H5:H7에서 계산된 셀-내 R2값을 사용한다. 예를 들어 셀 I5의 수식은 다음과 같다.

```
=F5*(1-H5)
```

셀 F5에 있는 값은 요인의 첫 번째 수준인 Group 1의 결과 변수의 제곱의 합이다. 셀 H5에 있는 R^2의 값을 1.0에서 차감하여, 결과 변수에서 공변량과 공유하지 않는 분산의 비율을 얻을 수 있다. 따라서 I5의 수식의 결과는 Group 1의 결과 변수의 제곱의 합이다. 이 값은 결과측정값의 변동량에서 고유하며 공변량과의 관계 때문이 아니다.

셀 I6과 I7은 Group 2와 Group 3에 대해 동일하다. 셀 I8에서는 I5:I7의 결과를 모두 합해 공변량에 영향을 받지 않는 세 그룹 모두에 대한 결과측정값의 변동성을 측정한다.

셀-내, F10:F13

셀 F10, F11, F12에서 ANCOVA는 공변량의 편차와 각각의 그룹 평균에서의 결과측정값의 곱의 합을 계산한다. 예를 들어 셀 F10의 수식은 다음과 같다.

```
=SUMPRODUCT(B2:B7-B21,C2:C7-C21)
```

엑셀의 SUMPRODUCT() 함수는 두 배열의 값들의 곱을 합한다. 셀 F10에서 사용된 두 배열은 다음과 같다.

- B2:B7의 값과 그 값들의 평균인 셀 B21의 편차
- C2:C7의 값과 그 값들의 평균인 셀 C21의 편차

따라서 SUMPRODUCT()는 B21 안의 평균과 셀 B2의 편차와 C21 안의 평균과 셀 C2의 편차를 곱한다. 그 편차의 곱은 B3:B7과 C3:C7에서도 동일하게 계산된 값들과 합쳐진다.

셀 F11과 F12에서 Group 2과 Group 3에 대한 동일한 계산이 수행된다. 그런 다음, 셀 F13에서 SUMPRODUCT() 결과가 합해진다.

셀 F13의 결과는 셀 H8의 합동 R^2과 셀 I13의 합동베타를 계산하는 데 사용된다.

방금 설명한 모든 작업이 끝나면, 매우 빠르게 합동베타를 계산할 수 있다. 방금 계산된 셀 F13을 셀 G8에 있는 공변량에 대한 합동 제곱의 합으로 나누면 된다. 그 값은 0.5401로 셀 I13에서 볼 수 있다.

이제 결과 변수로부터 공변량과의 관계의 효과를 제거했다. 동시에 공변량이 제거된 결과 변수에 대한 평균 차이를 ANOVA를 사용해 검정할 준비가 됐다. E16:J18 범위의 ANOVA 테이블은 다음과 같이 구성된다(조정된 제곱의 합을 위한 수식은 F21:F23 범위에 있다).

- 셀 F17의 공변량을 제거한 이후 잔체 조정된 제곱의 합은 다음 수식으로 얻어진다.

  =F8*(1-H8)

  셀 F8에는 결과측정값의 합동 제곱의 합이 있다. 그 값을 공변량과 공유되지 않는 결과 변수의 분산 비율로 곱한다.

- 셀 F18의 공변량을 제거한 이후 전체 조정된 제곱의 합은 다음과 같다.

  =DEVSQ(B2:B19)*(1-F2)

  여기서 DEVSQ(B2:B19)는 결과 변수의 제곱의 합이고, (1-F2)는 공변량과 공유하지 않는 결과의 분산의 전체 비율이다.

- 셀 F16의 회귀로 인한 조정된 제곱의 합은 셀 F18의 전체제곱의 합에서 셀 F17의 잔차제곱의 합을 차감하여 얻어진다. 이러한 방법으로 기각값을 계산하는 것을 선호하지 않을 수도 있다. 그 값을 독립적으로 계산하는 것을 선호할 수도 있는데, 차감을 통계 계산하는 것은 몇 년 동안 상수가 0으로 강제될 때 LINEST()에 의한 회귀제곱의 합의 계산이 잘못됐던 것과 같은 일종의 오류를 이끌 수 있기 때문이다. 그러나 이것은 기존의 ANCOVA에서 사용할 수 있는 유일한 방법이다(다음에 다룰 회귀접근법에서는 다른 방법으로 다룰 수 있다).
- 회귀에 대한 자유도는 2이다. 전체 방정식은 회귀에 각 예측변수에 대해 하나씩 하여 3 자유도를 사용한다. 하나는 공변량에 대한 것이고, 둘은 코드화된 벡터에 대한 것이다. 그러나 분석에서 공변량을 제거할 때, 세 개 중 하나를 잃어버린다. 여기서 잔차제곱의 합은 14 자유도를 가진다. 피험자 수에서 요인 수준의 개수를 빼고 거기서 공변량의 수를 뺀 수이다.
- 조정된 평균제곱은 일반적인 방법으로 계사된다. 조정된 제곱의 합을 자유도로 나눈다. F-비는 회귀에 대한 조정된 평균제곱과 잔차에 대한 조정된 평균제곱의 비율이다.

셀 I16의 F-비는 간신히 1.0보다 크며 이 값은 대부분의 사람들에게 통계적으로 유의하지 않는 값이다. 그러므로 조정된 요인 수준의 평균 간의 차이는 반복 실험에 의지할 수 있는 F-비를 생성할 만큼 충분히 크지 않다.

이 결과는 그림 8.4와 8.5의 결과와 반대다. 그 예제에서는 조정 프로세스로 인해 조정되기 이전보다 조정된 평균 사이가 훨씬 더 멀리 떨어지게 됐다. 지금 다루고 있는 예에서는, 조정되기 이전보다 조정된 평균이 서로 가까워졌다. 명백하게 무작위 할당은 이 경우에 공변량에 대한 그룹을 동등화하는 데 좋은 역학을 하지 았았으며, 그룹은 공변량에 의해 측정된 값에 대해 동일하지 않았다. 상대적으로 작은 표본 크기와 무작위 할당인 경우에 이러한 문제가 발생할 수 있다.

그러나 공분산분석의 편향 제거 특성은 공변량에 대한 그룹을 동일시한다. 그 이후에 요인 수준의 다름이 충분히 강한 F-비를 가져오는 결과측정값을 위한 그룹 평균에 충분히 강한 영향을 주지 않는다는 것이 명백해진다.

그러면, 그 조정 평균값은 무엇일까? 그들은 그림 8.8의 I21:I23 범위에서 볼 수 있다. 셀 I21의 수식은 다음과 같다.

=B21-$I$13*(C21-$C$24)

조정은 Group 1에 대한 결과 변수에서 관찰된 평균으로 시작한다. 그런 다음, 공변량을 기본으로 결과 변수의 값을 예측하기 위해 셀 I13의 합동베타를 사용한다. 공변량의 값은 실제로는 공변량에 대한 그룹의 관찰된 평균과 공변량의 전체 평균 간의 차이이다. 그 차이에 합동베타를 곱한 값은 결과 변수에 대해 관찰된 값을 조정하는 양이다.

세 개의 모든 조정된 평균을 B21:B23의 관찰된 세 개의 모든 평균과 비교하면, 조정된 평균이 관찰된 평균보다 서로 가깝다는 것을 알 수 있다. 따라서 조정된 평균에 대한 F-비는 유의하지 않다. 그림 8.6과 8.7의 매우 유의한 F-비는 Treatment 때문이 아니고 공변량에 이미 존재하던 차이 때문이다.

회귀를 사용한 ANCOVA 구조화

ANCOVA에 대한 지루한 기존의 접근법을 뒤로 하고, LINEST()와 분산의 비율을 사용해 동일한 분석을 수행하는 방법을 살펴보자. 이 방법은 훨씬 더 매끄럽다.

그림 8.9

회귀분석을 사용해 ANCOVA를 계산하면, 해야 할 일이 많이 줄어든다.

K15 =H15-$I$3*(I15-$I$18)

	A	B	C	D	E	F	G	H	I	J	K	L	M	N
1	Group	Out-come	Covari-ate	Group Vector 1	Group Vector 2									
2	Group 1	77	18	1	0		=LINEST(B2:B19,C2:E19,,TRUE)				=LINEST(B2:B19,C2:C19,,TRUE)			
3	Group 1	80	23	1	0		0.16	-0.72	0.5401	68.66		0.67	65.61	
4	Group 1	80	18	1	0		0.35	0.50	0.13	2.90		0.08	1.88	
5	Group 1	81	22	1	0		0.84	1.04	#N/A	#N/A		0.81	1.04	
6	Group 1	77	19	1	0		23.86	14	#N/A	#N/A		69.23	16	
7	Group 1	78	21	1	0		76.76	15.01	#N/A	#N/A		74.55	17.23	
8	Group 2	80	23	0	1									
9	Group 2	79	20	0	1		Source	SS Formula	Unique SS	df	MS	F	Prob of F	
10	Group 2	82	24	0	1		Between	=G7-L7	2.21	2	1.11	1.03	0.3817	
11	Group 2	81	21	0	1		Within	=H7	15.01	14	1.07			
12	Group 2	83	25	0	1		Total	=M7	17.23	16				
13	Group 2	83	26	0	1									
14	Group 3	83	26	-1	-1			Outcome	Covariate	Adjusted Outcome				
15	Group 3	85	28	-1	-1		Mean, Grp 1	78.83	20.17		80.39			
16	Group 3	82	24	-1	-1		Mean, Grp 2	81.33	23.17		81.27			
17	Group 3	84	27	-1	-1		Mean, Grp 3	83.17	25.83		81.67			
18	Group 3	83	27	-1	-1		Grand Mean	81.11	23.06					
19	Group 3	82	23	-1	-1									

그림 8.8과 비교해 그림 8.9의 데이터셋의 유일한 차이점은 그룹 멤버십을 설명하는 열 D와 E의 추가적인 두 개의 벡터이다.

그림 8.8에서 수행된 각 요인 수준 내에서의 편차의 곱과 R^2값의 계산을 포함한 모든 작업을 그림 8.9의 두 번의 LISNEST()로 대체할 수 있다. 첫 번째는 G3:J7 범위에 있다. 공변량과 그룹 멤버십을 정의하는 두 벡터에 대해 결과측정값을 회귀한다. 다음 배열 수식을 사용한다.

=LINEST(B2:B19,C2:E19,,TRUE)

LINEST()의 두 번째 사용은 L3:M7 범위에 있다. 단지 공변량에 대해 결과측정값을 회귀한다. 다음 배열 수식을 사용한다.

=LINEST(B2:B19,C2:C19,,TRUE)

이 두 개의 배열 수식이 수행된 이후에, 공변량과 요인이 모두 사용된 분석에서 공변량만 사용된 분석의 값을 차감하여, 요인에 고유한 변동성만을 남겨 놓는다. 이는 단지 모델 비교 접근법의 또 다른 예일 뿐이다.

다음과 같이, LINEST() 분석에서 ANOVA 테이블로 바로 넘어갈 수 있다(I10:I12에서 제곱의 합을 얻는 공식은 H10:H12에서 찾을 수 있다).

Treatment 벡터에 고유한 제곱의 합은 셀 I10에 나타난다. 그 값은 G3:J7의 전체 모델에 대한 회귀제곱의 합과 L3:M7의 공변량만 사용한 모델에 대한 회귀제곱의 합 간의 차이이다. 이 제곱의 합을 그림 8.8의 셀 F16의 값과 비교하라.

셀 I11의 잔차(또는 "within") 제곱의 합은 셀 H7의 전체 모델에 대한 잔차제곱의 합과 같다. 이 잔차제곱의 합을 그림 8.8의 셀 F17의 값과 비교하라.

셀 I12의 전체제곱의 합은 공변량만 사용한 분석의 잔차제곱의 합과 같다. 공변량만 사용한 분석에서 잔차제곱의 합은 공변량에 대한 회귀로 인한 제곱의 합이 계산된 후에 남은 것이다. ANOVA는 공변량과의 관계가 제거된 값에 대해 작업하는 것으로 의도됐기 때문에 공변량만 사용한 분석의 잔차는 ANOVA에서의 올바른 전체제곱의 합이다.

I12의 전체제곱의 합은 회귀제곱의 합과 잔차제곱합의 합과 같다(셀 포맷에 의한 반올림 오차 안에서). 세 개의 값 중 어느 것도 다른 두 개의 값을 사용해 계산되지 않는다. 각 값들은 독립적으로 계산되며, 셀 I12의 합계는 그림 8.8의 셀 F18의 값과 같다.

마지막으로 세 요소 수준에 대한 결과 변수의 조정된 평균은 K15:K17에 나타나며, 그림 8.8의 조정된 평균과 동일하다. 조정된 평균값을 얻기 위해 결과 변수에 대한 관찰 평균(H15:H17), 공변량 평균과 그들의 전체 평균(I15:I18), 합동베타가 필요하다. 합동베타는 셀 I3에서 찾을 수 있다. 그 값을 전체 모델에서 공변량에 대한 회귀계수에서 자동으로 얻을 수 있다.

공통회귀선 확인

공분산의 분석에서 t의 교차를 위해 하나 이상의 추가 테스트가 필요하다. 공변량의 그룹내within-group 회귀선과 결과측청값이 통계 용어적으로 "동질적homogeneous"인 상태인지 확인해봐야 한다.

회귀선이 서로 완벽하게 평행이 아니더라도 셀-내within-cell 회귀계수가 서로 같다면 걱정할 필요는 없다. 일반적으로 같은 모집단 안에서 계수가 같을 때에도, 작은 표집 오류가 셀-내 회귀계수를 서로 다르게 만들 수 있다.

회귀계수가 심하게 어긋난다면, 하나 이상의 실제 셀-내 회귀계수와 비슷한 점이 전혀 없는 합동베타를 이용해 평균을 조정할 것이다. 이러한 경우 관찰된 평균 결과에 적용된 조정은 무작위적이며, 전체 ANCOVA가 잘못 해석될 수도 있다.

그러나 그룹들이 공변량과 결과 변수에 대한 공통회귀선을 공유한다는 사실을 고려해볼 때, 적당히 큰 표본 크기와 결합된 그룹들에 주어진 무작위 배정은 대개 동질적인 회귀계수를 도출한다. 그럼에도 불구하고 ANCOVA의 가능한 하나의 부정확성의 원인을 제외하기 위해 테스트를 하는 것은 좋은 생각이다.

만약 회귀계수가 사실상 요인의 수준에 걸쳐 다르다면, 요인과 공변량 사이에 상호작용이 존재한다. 이러한 경우 차이는 회귀선의 기울기 안에 각각의 수준에서 따로따로 차트에 표시돼 나타나는 경향이 있다. 그림 8.10을 보라.

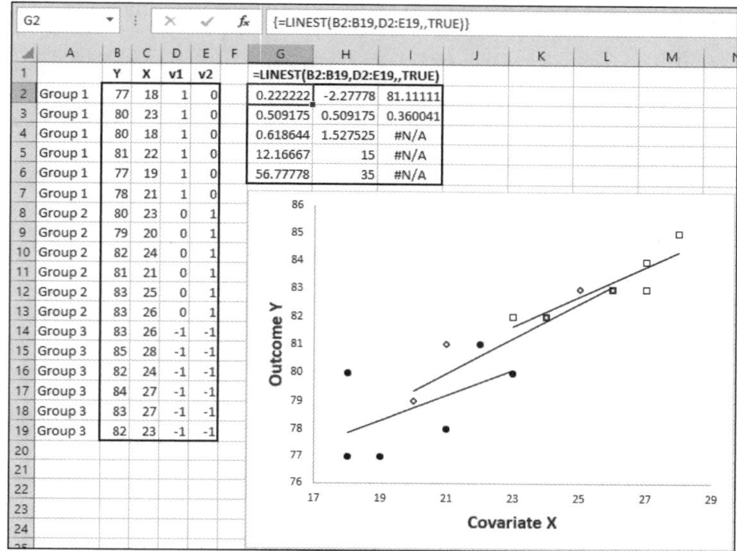

G2 {=LINEST(B2:B19,D2:E19,,TRUE)}

	A	B	C	D	E
1		Y	X	v1	v2
2	Group 1	77	18	1	0
3	Group 1	80	23	1	0
4	Group 1	80	18	1	0
5	Group 1	81	22	1	0
6	Group 1	77	19	1	0
7	Group 1	78	21	1	0
8	Group 2	80	23	0	1
9	Group 2	79	20	0	1
10	Group 2	82	24	0	1
11	Group 2	81	21	0	1
12	Group 2	83	25	0	1
13	Group 2	83	26	0	1
14	Group 3	83	26	-1	-1
15	Group 3	85	28	-1	-1
16	Group 3	82	24	-1	-1
17	Group 3	84	27	-1	-1
18	Group 3	83	27	-1	-1
19	Group 3	82	23	-1	-1

	G	H	I
1	=LINEST(B2:B19,D2:E19,,TRUE)		
2	0.222222	-2.27778	81.11111
3	0.509175	0.509175	0.360041
4	0.618644	1.527525	#N/A
5	12.16667	15	#N/A
6	56.77778	35	#N/A

그림 8.10

공변량에 의한 결과의 분산 차트는 종종 다른 요인 수준의 관계를 시각화하는 데 도움을 준다.

그림 8.10의 차트는 두 가지 점을 분명히 한다.

- 각 요인의 수준당 하나씩인 세 회귀선은 거의 평행에 가깝다. 그러므로 회귀계수는 서로 매우 가깝다. 모든 차이는 표집 오류의 탓으로 돌릴 수 있으며 공통회귀계수의 사용은 적절하다. 이 주관적인 분석에 대해서는 더 객관적인 분석으로 보완하겠지만, 각각의 회귀를 차트화하는 것은 데이터셋에서 어떤 일이 일어나고 있는지에 대해 더 잘 알 수 있도록 돕는다.
- 그룹들은 분명 공변량에 대해 상당히 어긋나는 평균을 가진다. 그리고 여기에서처럼 공변량과 결과 사이의 상관관계가 클 때, 결괏값에서 상당한 조정을 기대할 수 있다.

노트 요인의 수준 각각에 대해 회귀선을 따로따로 차트화하기 위해서는, 요인의 첫 번째 수준에서 데이터의 공변량에 의한 결과를 차트화하는 것부터 시작한다. 차트가 활성화되면 디자인 탭을 클릭하고 데이터 그룹의 데이터 선택(Select Data)을 클릭한다. 추가(Add) 버튼을 클릭하고 결괏값의 범위 주소와 요인의 두 번째 수준의 공변량을 추가한다. 가지고 있는 요인 수준만큼 반복하라. 가지고 있는 수준만큼의 연속된 데이터를 얻게 될 것이다, 그리고 각각의 연속은 다른 모양과 색의 데이터 마커로 대표될 것이다.

말했듯이, 회귀계수를 분리해서 차트화하는 것은 데이터셋에 대한 약간의 통찰력을 제공할 수 있다. 그러나 그것은 객관적 테스트가 아니다. 회귀계수의 동질성에 대해 더욱 객관적인 테스트를 하기 위해 다시 한 번 모델 비교 접근법을 사용한다. 그림 8.11을 보라.

그림 8.11

처치 그룹에 무작위 배정된 실험의 회귀계수의 동질성 테스트에서 유의하지 않은 F-비를 얻는 것은 흔한 일이다.

J21 =J16*(H13+I13)

	A	B	C	D	E	F	G	H	I	J	K	L	M	N
1								=LINEST(A3:A20,B3:F20,,TRUE)						
2	Out-come	Covari-ate	Group Vector 1	Group Vector 2	Covariate by Group Vector 1	Covariate by Group Vector 2		0.09	-0.09	-1.73	1.18	0.54	68.67	
3	77	18	1	0	18	0		0.18	0.19	4.26	4.16	0.13	3.16	
4	80	23	1	0	23	0		0.841	1.10	#N/A	#N/A	#N/A	#N/A	
5	80	18	1	0	18	0		12.65	12	#N/A	#N/A	#N/A	#N/A	
6	81	22	1	0	22	0		77.14	14.63	#N/A	#N/A	#N/A	#N/A	
7	77	19	1	0	19	0								
8	78	21	1	0	21	0		=LINEST(A3:A20,B3:D20,,TRUE)						
9	80	23	0	1	0	23		0.16	-0.72	0.54	68.66			
10	79	20	0	1	0	20		0.35	0.50	0.13	2.90			
11	82	24	0	1	0	24		0.836	1.04	#N/A	#N/A			
12	81	21	0	1	0	21		23.86	14	#N/A	#N/A			
13	83	25	0	1	0	25		76.76	15.01	#N/A	#N/A			
14	83	26	0	1	0	26								
15	83	26	-1	-1	-26	-26		Source	R^2 Delta	R^2 Delta	df	MS Delta	F	Prob of F
16	85	28	-1	-1	-28	-28		Gp by X	=H4-H11	0.004	2	0.0021	0.156	0.698
17	82	24	-1	-1	-24	-24		Within	=1-H4	0.159	12	0.0133		
18	84	27	-1	-1	-27	-27		Total	=J16+J17	0.164				
19	83	27	-1	-1	-27	-27								
20	82	23	-1	-1	-23	-23			Source	SS Delta	df	MS Delta	F	Prob of F
21									Gp by X	0.38	2	0.19	0.156	0.698
22									Within	14.63	12	1.22		
23									Total	15.01				

회귀계수의 동질성에 대한 테스트를 통해, 요인과 공변량 사이의 상호작용에 대한 지식이 회귀방정식의 R^2에 실질적으로 더해지는지 측정하고자 한다. 그 측정을 하기 위해 (이 예제에서) 두 개의 추가적인 디자인 벡터를 만든다. 기술적으로 7장, '회귀분석을 이용한 그룹 평균 간 차이 검정'에서 했던 것처럼 추가 벡터를 만든다(그림 7.17을 보라). 각 상호작용 벡터는 요인 수준을 대표하는 벡터와 (지금 다루는 예에서) 공변량 또는 다른 요인의 수준을 대표하는 벡터(7장에서)의 곱을 포함한다.

현재의 예제에서, 요인은 세 개의 수준을 갖고 있기 때문에 두 개의 효과코딩된 벡터가 필요하다. 그림 8.11의 C와 D열을 보라. 하나의 공변량이 있으므로 두 개의 추가적인 벡터가 필요하다. 첫 번째 요인과 공변량 간의 상호작용을 나타내는 벡터 하나와 두 번째 요인과 공변량 간의 상호작용을 나타내는 벡터 하나가 필요하다. E열에 있는 첫 번째 상호작용 벡터는 B열의 값과 그에 대응하는 C열의 값을 곱한 결과로 이뤄져 있다. F열에 있는 두 번째 상호작용 벡터는 B열의 값과 그에 대응하는 D열의 값을 곱한 결과로 이뤄져 있다.

E와 F열에 설정된 두 개의 추가 벡터를 가지고 모델 비교를 계속할 차례다. 먼저 전체 모델의 LINEST() 분석을 다음 배열 수식을 사용해 수행한다(그림 8.11, H2:M6의 범위가 전체 모델의 결과를 포함한다).

=LINEST(A3:A20,B3:F20,,TRUE)

그리고 다른 두 상호작용 벡터가 없는, 제한된 모델의 LINEST() 분석을 수행한다. 다음 배열 수식을 사용한다.

=LINEST(A3:A20,B3:D20,,TRUE)

그림 8.11에서, 제한된 모델은 H9:K13의 범위에 있다.

두 결과 셋 사이의 차이는 오로지 전체 모델에서 E와 F열의 두 상호작용 벡터의 존재로 인한 것이다. 두 개의 R^2값이 두 개의 다른 모델에 있다. 전체 모델에서 R^2은 0.8406(H4셀 참고)이고 제한된 모델에서는 0.8364(H11셀 참고)이다. 그러므로 공변량과 요인 간의 상호작용을 대표하는 벡터를 포함하는 것은, 예측변수와 결과 변수가 공유하는 변동성의 추가적인 0.8406-0.8364=0.0042 즉 4.2%를 차지한다.

그 차이, 0.0042는 그림 8.11의 셀 J16에 나타나 있다. 그 값은 회귀제곱의 합(회귀제곱의 합은 전체제곱의 합의 비율로 표현된다)에서 증가했으며, 상호작용 벡터를 포함해서 증가한 것이다(그 결과를 반환하는 수식은 셀 I16에 텍스트로 표기돼 있다).

J16:M18의 나머지 부분은 그 증가의 통계적 의미를 검정하는 ANOVA를 완성한다. 전체제곱의 합의 백분율로 표현되는 잔차제곱의 합은 전체 모델에서 회귀를 통해 예측되지 않는 양이다. 그 값은 1-H4로 셀 J17에서 볼 수 있다(셀 I17에서 수식을 텍스트로 볼 수 있다). 이 양을 표현하는 약간 더 복잡한 방법인 전체 모델에서의 전체제곱의 합에 대한 회귀의 비율인 I6/(H6+I6)로 나타내면 명확하다.

셀 K16의 회귀의 자유도는 전체 모델의 예측변수에서 제한된 모델의 예측변수의 숫자를 빼는 것으로 계산된다. 5-3=2. 잔차에 대한 자유도는 전체 모델의 잔차자유도, 즉 12와 같다(셀 I15 참고).

평균의 제곱은 제곱의 합의 비율을 관련 자유도로 나누는 것으로 계산된다. F-비는 단순히 회귀MS를 잔차MS로 나눈 값이다. 이 경우 결과는 0.156으로, 1.0보다 훨씬 작기 때문에 유의하지 않다.

제곱의 합을 사용하는 것을 선호한다면, 단순히 J16:J18의 R^2 Delta로 표시된 값과 전체제곱의 합을 곱하면 된다. 이 접근법은 그림 8.11의 J21:N23의 범위에서 사용됐다. 예를 들어 셀 J21의 값 0.38은 다음 수식에 의해 반환된 것이다.

=J16*(H13+I13)

아래와 같이 전체 모델의 회귀제곱의 합에서 제한된 모델의 회귀제곱의 합을 빼는 것으로 훨씬 더 직접적으로 결과를 구할 수 있다.

=H16-H13

그러나 분석을 완료하기로 결정했다면, 이 데이터셋에서 요인과 공변량의 상호작용은 통계적으로 유의미하지 않다. 그리고 이어지는 분석의 설계에서 요인벡터로 공변량을 제거할 수 있다(그 다음의 분석들에 대해서도).

만일 회귀선의 다름이 단지 표집오차에 의한 것이라고 결론지을 수 없다면? 기본적인 아이디어는 상호작용이 존재하는 것을 받아들이고 상호작용을 수량화하고, 수용하는 모델을 채택하는 것이다. 이러한 몇몇의 접근법이 존재하지만 모두 이 책의 범위를 넘어서는 것이다. 그들은 유의미한 범위의 설정을 포함하는 존슨-네이만 기법Johnson-Neyman technique과, 그리고 (더 최근에는) 관측값들이 중첩되는 새로운 요소를 만들기 위해 공변량을 층화stratifying하는 것을 포함한 다중수준multilevel 회귀분석도 포함한다. 보통은, 공변량에 의해 전달되는 정보를 버리는 것은 간격척도로 측정된 변수를 요인으로 변환하려고 할 때 발생하는 실수다. 그러나 그것이 공분산분석보다 뛰어나고, 앞으로 나아가는 최선의 방법이라는 조건하에서 그렇게 할 수 있다.

분석 요약

그림 8.12는 그림 8.9의 정보 중 일부를 반복한다. 그러나 R^2값의 비교를 통해 평균 간의 차이를 검정한다.

그림 8.12

공변량을 사용한 평균의 조정은 명백히 유의미한 차이를 개연성 있는 표집 오류로 바꾼다.

K20 | =H20-$I$2*(I20-$I$23)

	A	B	C	D	E	F	G	H	I	J	K	L	M	N
1		Out-	Covari-	Group	Group		=LINEST(B3:B20,C3:E20,,TRUE)				=LINEST(B3:B20,C3:C20,,TRUE)			
2		come	ate	Vector 1	Vector 2		0.1622	-0.7174	0.5401	68.6577		0.6723	65.6113	
3	Group 1	77	18	1	0		0.3455	0.4998	0.1251	2.8952		0.0808	1.8789	
4	Group 1	80	23	1	0		0.8364	1.0356	#N/A	#N/A		0.8123	1.0377	
5	Group 1	80	18	1	0		23.8587	14	#N/A	#N/A		69.2291	16	
6	Group 1	81	22	1	0		76.7632	15.0146	#N/A	#N/A		74.5484	17.2294	
7	Group 1	77	19	1	0									
8	Group 1	78	21	1	0		Source	R^2 Delta	df	MS Delta	F	Prob of F		
9	Group 2	80	23	0	1		Treatments	0.0241	2	0.0121	1.0326	0.382		
10	Group 2	79	20	0	1		Residual	0.1636	14	0.0117				
11	Group 2	82	24	0	1									
12	Group 2	81	21	0	1		=LINEST(B3:B20,D3:E20,,TRUE)							
13	Group 2	83	25	0	1		0.2222	-2.2778	81.1111					
14	Group 2	83	26	0	1		0.5092	0.5092	0.3600					
15	Group 3	83	26	-1	-1		0.6186	1.5275	#N/A					
16	Group 3	85	28	-1	-1		12.1667	15	#N/A					
17	Group 3	82	24	-1	-1		56.7778	35.0000	#N/A					
18	Group 3	84	27	-1	-1									
19	Group 3	83	27	-1	-1			Outcome	Covariate		Adjusted Outcome			
20	Group 3	82	23	-1	-1		Mean, Grp 1	78.83	20.17		80.39			
21							Mean, Grp 2	81.33	23.17		81.27			
22							Mean, Grp 3	83.17	25.83		81.67			
23							Grand Mean	81.11	23.06					

공변량과 요인 사이의 상호작용은 유의미하지 않은 것으로 판단됐으므로 상호작용 벡터는 삭제됐다. 요인과 공변량의 주요 효과만을 포함하는 전체 모델에 대한 LINEST()의 결과는 G2:J6의 범위 안에 있다. 그리고 공변량만을 차용한 모델은 L2:M6의 범위에 나타나 있다. 결과는 그림 8.9에 나타난 것과 동일하다(명백한 차이는 셀 서식으로 인한 것이다).

그러나 그림 8.12에서 모델 비교는 그림 8.9의 I9:I10 범위에서 한 것과 같이 회귀제곱의 합들 간의 차이를 사용하는 것이 아니라 H9:H10의 R^2값의 차이를 사용해 수행되며, H9:H10의 범위에 나타난다. 그림 8.12에 보이는 모델 비교에 R^2을 사용한 것은, 조금은 공유하는 분산의 백분율 면에서 비교를 만드는 것이 가능하다는 사실을 상기시키기 위함이고, 주된 목적은 R^2 측정값이 제곱의 합보다 얼마나 더 중요한가를 강조하기 위해서다. 그림 8.9에서, 제곱의 합들 "간의" 증가인 회귀제곱의 합의 증가량이 2.21이라는 것과 그 증가량이 통계적으로 유의미하지 않다는 것을 알았다.

그림 8.12에서는 대조적으로, R^2의 증가가 공유된 분산의 겨우 2.41%라는 것을 볼 수 있다. 이 그림 자체가 제곱의 합보다 더 서술적일뿐만 아니라 공변량에 기인한 공유된 분산의 81.23%와 관련해 더 직접적으로 해석할 수 있다(그림 8.12의 셀 L4 참고).

마지막으로 그림 8.12의 G13:I17 범위의 공변량을 무시한 LINEST()의 결과에 주목하라. 결과는 그룹 평균 사이 어딘가에 유의미한 차이를 나타낸다. 반면 공변량의 효과를 평가하는 ANCOVA는 유의미한 차이를 나타내지 않는다. 이러한 경우, 그룹 평균의 조정은 처음 봤을 때 유의미한 차이처럼 보였던 것을 사라지게 만든다. 이 결과는 그룹에 무작위 배정을 포함하는 설계에서는 일반적이지 않다. 무작위 배정은 그룹들을 공변량과 같게 하는 경향이 있기 때문이다. 그리고 그룹의 공변량 평균이 가까울수록 조정이 더 적게 발생한다.

일반적으로 이 시점에서 조정된 그룹 평균 사이에는 유의미한 차이가 존재하지 않는다고 정리하고 결론지을 것이다. 그러나 모델 비교가 유의미한 결과를 도출할 경우에는 어떻게 진행하면 되는지 설명하기 위해, 다음 절에서는 유의미한 F-비를 보이는 모델 비교를 수행하겠다.

조정된 평균 검정: ANCOVA에서 계획된 직교코딩

다시 말하지만 ANCOVA의 결과가 조정된 평균 간의 차이가 유의하지 않다고 하면, 다중비교 절차를 진행할 필요가 없다. 총괄적인 F-검정에서 아무것도 존재하지 않는다고 말할 때, 유의한 차이의 근원을 찾는 것은 보통 의미가 없다. 두 그룹만 있는 경우에도 다중비교 절차를 진행할 필요가 없다. 이 경우, 유의한 총괄적인 F-비에 원인이 되는 특정 평균은 실험의 두 개의 평균이며, 다중비교 절차에 의해 새로 알 수 있는 것은 거의 없다.

그러나 이전 절에서 논의된 예제에는 세 가지 요소 수준이 관여돼 있다. 각각은 원시 평균과 조정된 평균을 가진다. 만약 ANCOVA가 조정된 평균 간의 유의한 차이가 존재한다는 F-비를 반환하면, 모델 비교를 통해 유의한 차이가 어떤 요소 수준에서 있는지 식별하고 싶을 수 있다. 어쨌든, Group 1이 Group 2나 Group 3와 다르지 않지만, 조정된 Group 2와 3의 평균과는 유의하게 다를 수도 있다.

게다가 직교코딩을 사용했다면, 일반적으로 전체적인 총괄 F-비에 관심 있는 것이 아닐 것이다. 코딩된 벡터에 대해 선택한 코드를 통해 관심 있는 특정 비교를 이미 지정했을 것이다. 따라서 처음에 선택해 정의한 대비에 대한 개별 백터의 유의성에만 관심을 가질 것이다.

ANCOVA 에서의 직교비교를 살펴보고, 그 결과를 계획된 비직교 방법과 사후 쉐페Scheffe 방법과 비교해볼 것이다.

그림 8.13은 직교코딩을 사용해 특정 평균 차이를 검정하는 방법을 보여준다. 다중비교의 일반적인 주제와 실제로 분석을 수행하기 전에 관심 있는 대비를 지정해야하는 계획된 직교코딩의 자세한 설명은 7장을 참조하라.

그림 8.13

요인벡터에 계획된 직교코딩을 사용하면 LINEST()의 t-비는 바로 해석될 수 있다.

E10 | Gp 1 + Gp 2 + Gp 3 + Gp 4

	A	B	C	D	E	F	G	H	I	J	K	L
1		Out-	Covari-									
2	Group	come	ate									
3	Group 1	21	84		Total R^2, covariate/outcome	0.9445	=RSQ(B3:B34,C3:C34)					
4	Group 1	42	114									
5	Group 1	21	66			SS Y	SS X	R^2XY	SS Y '			
6	Group 1	21	94		Gp 1	759.50	2118.00	0.77	174.62			
7	Group 1	7	64		Gp 2	294.00	403.50	0.69	89.86			
8	Group 1	14	70		Gp 3	287.88	699.50	0.64	103.88			
9	Group 1	14	66		Gp 4	588.00	1598.00	0.96	20.85			
10	Group 1	14	78		Gp 1 + Gp 2 + Gp 3 + Gp 4	1929.38	4819.00	0.79	389.22			
11	Group 2	28	94									
12	Group 2	35	98		Sum xy, Gp 1	1113.00						
13	Group 2	28	84		Sum xy, Gp 2	287.00						
14	Group 2	21	82		Sum xy, Gp 3	358.75						
15	Group 2	14	76		Sum xy, Gp 4	952.00						
16	Group 2	21	86		Sum xy	2710.75		Pooled beta:	0.5625			
17	Group 2	28	96									
18	Group 2	21	90		Source	Adjusted SS	df	Adjusted MS	F	Prob of F		
19	Group 3	49	122		Between	247.57	3	82.52	5.51	0.0044		
20	Group 3	56	130		Within	404.54	27	14.98				
21	Group 3	49	128		Total	652.11	30					
22	Group 3	42	112									
23	Group 3	35	104			Outcome	Covariate	Adjusted means		Comparison	t-ratio	Prob of t
24	Group 3	49	116		Mean, Gp 1	19.25	79.50	36.41		Gp 1 vs Gp 2	-0.164	0.871
25	Group 3	42	106		Mean, Gp 2	24.50	88.25	36.73		(Gp 1 + Gp 2)/2 vs Gp 3	-2.689	0.012
26	Group 3	49	108		Mean, Gp 3	46.38	115.75	43.14		(Gp 1 + Gp 2 + Gp 3)/3		
27	Group 4	49	130		Mean, Gp 4	63.00	156.50	36.84		vs Gp 4	0.504	0.618
28	Group 4	56	148		Grand mean	38.28	110.00					

평균 차이를 평가하기 시작할 때까지 그림 8.13에서 취한 접근법은 그림 8.8에서 사용한 접근법과 동일하다. 그림 8.8과 8.13은 모두 회귀와 코딩이 아닌 일반적인 ANCOVA 기법을 보여주며, 요인의 각 수준 내에서 다양한 통계량을 계산한다.

일반적인 ANCOVA와 계획된 직교대비를 통해서도 여전히 다중비교 접근법을 사용할 수 있다. 그러나 그렇게 하는 사람들을 이해할 수가 없다. 일반적인 접근법은 지루하며 오류가 발생하기 쉽다(같은 데이터를 소스로 사용한 일반적인 ANCOVA의 결과와 회귀접근법의 결과를 비교할 수 있도록 필자가 안내할 것이다). 회귀접근법을 사용하면, 원시 데이터에 코딩 벡터를 추가하고 LINEST()를 호출하는 것이 해야 하는 전부다. 최소한의 덧셈과 곱셈으로 마무리하면 작업이 완료된다.

일반적인 ANCOVA 접근 방식은 분석 절차의 의미에 대한 통찰력을 거의 제공하지 않는다. 따로 언급할 것이 별로 없으므로 어떤 일이 발생하는지 간단히 설명하는 방법으로 단계별로 진행할 것이다. 첫 번째 단계는 ANCOVA 테이블을 완성하는 것이다. 그것은 이후의 다중비교의 의도와 상관없이 동일하다. 이 단계들은 그림 8.13에 맞춰져 있다. 필자는 다른 그룹들이 다른 회귀선을 가질 가능성을 이미 검정했으며 그것들이 동질homogeneous하다는 결론이 내려졌다고 가정할 것이다(그 과정은 8장 앞부분 '공통회귀선 확인'에서 설명했다).

1. 다음 공식을 사용해 셀 F3의 공변량과 결과 변수 사이의 전체 R^2을 계산한다.

   =RSQ(B3:B34,C3:C34)

2. 각 그룹(이 예에서는 4 개의 그룹)에 대해 DEVSQ() 함수를 사용해 결과측정값과 공변량의 제곱의 합을 계산한다. 예를 들어 셀 F6에는 다음 수식이 포함된다.

   =DEVSQ(B3:B10)

   이 수식은 첫 번째 그룹의 결과측정값의 제곱의 합을 반환한다. 셀 G6은 이 공식을 사용한다.

   =DEVSQ(C3:C10)

   이 수식은 첫 번째 그룹의 공변량의 제곱의 합을 반환한다.

3. 셀 H6에서 다음 수식을 사용해 첫 번째 그룹의 공변량과 결과측정값 사이의 R^2을 구한다.

   =RSQ(B3:B10,C3:C10)

4. 나머지 그룹에 대해 2단계와 3단계를 반복한다. 그 결과는 F7:H9 범위에 계산된다.

5. 결과 변수의 제곱의 합에서 공변량의 효과를 제거하고 I6:I9 범위의 조정된 제곱의 합을 구해야 한다. 이를 수행하는 방법은 범위 F6:F9의 각 그룹의 결과 변수에 대한 본래의 제곱의 합에 1에서 각 그룹에 대한 공변량과 결과 변수의 R^2을 뺀 값을 곱하는 것이다. Group 1에 해당하는 R^2은 셀 H6에 있다. 그러므로 셀 I6의 수식은 다음과 같다.

   =F6*(1-H6)

   셀 F6의 첫 번째 그룹에 대해 관찰된 제곱의 합을, 공변량으로부터 예측할 수 없는 첫 번째 그룹의 결과 변수의 비율로 곱한다.

6. 셀 I6의 수식을 I7:I9에 복사한다.

7. 셀 F10에 다음 수식을 입력한다.

   =F6+F7+F8+F9

   또는 SUM() 함수를 사용한다. 셀 F10의 수식을 G10과 I10으로 복사하라. 셀 H10은 건너뛰어라.

8. 다음 수식을 셀 H10에 입력한다.

   =(F16/SQRT(F10*G10))^2

   이 시점에서 셀 F16이 여전히 비어 있다고 가정하면, 셀 H10의 수식은 0.0을 반환한다. 그러나 편차 곱이 계산되면, H10에 합동 R^2이 표시될 것이다.

여기서 잠깐 멈추고 2단계에서 7단계까지의 과정을 요약해보자. 아이디어는 결과측정값(Y), 공변량(X), 조정된 Y의 제곱의 합을 누적하는 것이다. 그러나 X와 Y 변수의 제곱의 합의 경우, 각 편차는 각 관찰값이 속한 그룹의 평균에 집중된다. 이 방법으로 각 그룹의 그룹내within 변동성이 계산될 수 있으므로 그룹 평균 간의 차이에 독립적으로 유지된다. 적절한 계산은 F6:G9 범위에서 수행된다.

셀 F3와 H10에서 전체적인 통계량과 합동 버전의 차이를 볼 수 있다. 셀 F3은 결과측정값과 공변량 사이의 전체 R^2인 0.9445를 포함하며, 그룹 멤버십에 상관없이 32개 관찰값 모두에서 계산된다. 편차를 얻기 위해 각 관찰값에서 전체 평균grand mean을 뺀다. 그러나 셀 H10의 합동 R^2인 0.79는 해당 그룹의 각 관찰값에서 그룹 평균group mean을 빼서 얻은 편차를 기반으로 한다. 이러한 편차는 제곱되어 셀 F10 과 G10에 누적되고, 결과적으로 합동 R^2은 결과측정값과 각 그룹내within each group의 공변량에 의해 공유되는 분산의 척도다.

Y에 대한 제곱의 합의 계산의 기반은 Y와 X에 대한 R^2의 계산과 동일하므로 (즉, 그룹내) Y의 제곱의 합을 얻기 위해 결과측정값에 대해 공변량의 효과가 제거돼 조정된 이러한 수식을 사용할 수 있다.

=F6*(1-H6)

범위 F6:F9와 G6:G9의 제곱의 합이 가산적이지만, H6:H9의 R^2값은 그렇지 않다. 셀 H10에 합동 R^2을 얻으려면 다음 양들quantities을 사용해 계산해야 한다.

8A. F16의 Y와 X 편차의 곱의 합

8B. 8A 단계의 결과를 셀 F10과 G10의 제곱의 합의 곱의 제곱근으로 나눈 값

8C. 8B 단계의 결과를 제곱

또는 간결하게 다음과 같이 표현할 수 있다.

=(F16/SQRT(F10*G10))^2

이것은 모두 8장의 시작 부분에서 논의된, 관찰된 결과 평균에서 편향을 제거하고 최종 F-검정의 검증력을 증가시키는 두 과정의 일부다. 예를 들어 셀 G10에 있는 공변량에 대한 그룹내제곱의 합의 합계가 I16의 합동베타 계산에 사용되며, 그런 다음 이 값은 H24:H27 범위의 그룹 평균을 조정하는 데 사용된다. 셀 H10의 합동 R^2과 셀 F10의 Y에 대한 그룹내 조정된 제곱의 합의 합계는 둘 다 셀 F20에서 조정된 그룹내제곱의 합을 계산하는 데 사용된다.

팁 리본의 수식 탭의 수식분석(Formula Auditing) 그룹 안의 '참조받는 셀 추적(Trace Precedents)'과 '참조하는 셀 추척(Trace Dependents)' 도구는 이러한 흐름을 트래킹하는 데 유용하다.

기존 ANCOVA를 완료하는 데 필요한 작업 목록을 계속하기 위해, 그룹내 편차의 곱의 합계가 필요하다. 9단계부터 계속해보자.

9. 엑셀에서 두 개의 값 집합(이 경우, 평균에서의 편차의 값들)의 곱의 합을 구하는 가장 직접적인 방법은 SUMPRODUCT() 함수를 사용하는 것이다. 그림 8.13의 셀 F12에서 다음과 같이 사용한다.

   =SUMPRODUCT(B3:B10-F24,C3:C10-G24)

   B3:B10-F24는 Group 1에 대한 결과측정값의 평균으로부터 편차를 반환한다. 마찬가지로, C3:C10-G24 는 Group 1에 대한 공변량의 평균으로부터 편차를 반환한다. SUMPRODUCT() 함수는 두 배열의 개별 값들의 곱을 합산한다. 그 결과는 Group 1의 편차의 곱의 합이다.

10. 사용되는 데이터의 주소를 제외하고 셀 F12에서 사용된 것과 동일한 수식이 F13:F15에 입력된다. 그룹내 편차 곱의 합은 셀 F16에 나타난다.

11. 셀 F16의 그룹내 편차 곱의 합은 셀 G10의 공변량의 그룹내제곱의 합으로 나누어진다. 셀 I16의 그 결과는 그룹내에 기반해 계산된 합동베타다.셀 F3의 X에서 Y를 예측하는 전체적인 베타와 셀 I16의 합동 그룹내 베타 간의 차이를 보라. 그 차이는 셀 I16의 개별 그룹 평균이 아닌 셀 F3의 전체 평균에서 벗어나는 관찰값들 때문이다.

12. 공변량과 결과측정값 간의 관계에 대한 조정을 기반으로한 분산분석을 얻으려면, 먼저 그룹내제곱의 합을 구해야 한다. 전체 분석은 그림 8.13의 범위 E18:J21에서 볼 수 있으며, 조정된 그룹내제곱의 합은 셀 F20에서 다음 공식을 사용해 계산된다.

    =F10*(1-H10)

    즉, 셀 F10의 결과측정값에 대한 조정되지 않은 전체제곱의 합에 결과측정과 공변량 사이의 관계에 의해 예측되지 않은 변동량의 비율을 곱한다. 이 두 요인 모두는 전체 평균이 아니라, 그룹 평균으로부터 개별 관찰값의 편차를 사용해 계산된다. 이는 우리가 조정된 그룹내제곱의 합을 계산하고 있고 계산에서 벗어난 조정된 그룹 평균 간의 차이로 인한 분산을 유지하기를 원하기 때문이다.

13. 조정된 그룹내제곱의 합과 달리, 그림 8.13의 셀 F21의 결과측정값에 대한 조정된 전체제곱의 합의 기반은 전체 평균에서의 편차다. 그 이유는 셀 F21의 조정된 전체제곱의 합이 그룹 평균 간의 차이에 의한 변동량과 그룹내 개별 차이에 의한 변동량 모두를 포함하기 때문이다. 이 두 출처의 합은 반드시 조정된 전체 제곱의 합이 되므로, 전체 평균으로부터 모든 관찰값의 편차의 제곱의 합으로 되돌아온다. 결과 변수에서 공변량의 효과를 제거하기 위해, 그 값에 1.0에서 공변량과 결과 변수가 공유하는 변동량의 비율을 뺀 값을 곱한다. 셀 F21 의 조정된 전체제곱의 합에 대한 수식은 다음과 같다.

=DEVSQ(B3:B34)*(1-F3)

이 수식은 B3:B34 범위의 값의 원래 제곱의 합을 계산하고, 그 값을 셀 F3에 정량화된 공유되는 분산에 기반해 조정한다.

14. 조정된 그룹간제곱의 합은 뺄셈을 통해 구해진다. 그 값은 전체제곱의 합과 그룹내제곱의 합 사이의 차이를 계산하는 셀 F19의 다음 수식을 통해 얻어진다.

=F21-F20

노트 조정된 그룹간 제곱의 합을 뺄셈을 통해 간접적으로 구하는 대신 직접 유도하는 것이 가능하다. 그러나 이번 절에서 대략적으로 설명한 기존 계산법을 사용하면, F-비의 분자와 분모 사이에 의존 관계가 생긴다. F-비의 분포에 대한 수학적 근거는 그것들이 독립적이라는 것을 필요로 한다. 이 문제는 회귀 접근법을 사용해 직교대비를 하면 발생하지 않는다. 이는 다음 절에서 설명할 것이다.

15. 셀 G19와 G20의 자유도는 평소와 같이 계산한다. 조정된 그룹간제곱의 합에 대한 자유도는 그룹의 개수 k에서 1을 뺀, k-1=4-1=3이다. 그룹내 자유도는 N-k-1=32-4-1=27이다.

16. 조정된 평균제곱은 조정된 제곱의 합을 해당 자유도로 나눈 값이다. F-비는 그룹간평균제곱을 그룹내평균제곱으로 나눈 값이다.

17. 모든 그룹의 평균이나 조합의 평균이 전체 모집단에서 동일하다고 가정할 때, 3과 27의 자유도에서 5.51의 F-비를 얻을 확률은 셀 J19의 다음 수식을 통해 계산할 수 있다.

=F.DIST.RT(I19,G19,G20)

이 수식은 0.0044를 반환한다. 만약 이것이 "충분히 드문" 기준에 부합한다면, 즉 처음에 지정한 알파 수준보다 작으면, 계획된 대비를 평가하기 위해 직교대비를 계속해서 진행할 수 있다. 이는 다음 몇 단계에서 이뤄진다. 그러나 계획된 직교대비에서 이 F-비는 불필요하므로 F.DIST.RT() 함수가 반환한 값에 관계없이 다음 단계로 바로 진행할 수 있다.

18. 각 그룹과 전체 그룹에 대한 결과측정값과 공변량에 대한 관찰된 평균은 F24:G28 범위에서 볼 수 있다. 예를 들어 Group 1의 결과측정값의 평균은 셀 F24에 있고 다음 수식으로 얻어진다.

=AVERAGE(B3:B10)

19. 조정된 평균은 H24:H27 범위에 있다. 조정된 평균에 대한 수식은 Group 1의 평균을 조정하는 다음과 같은 패턴을 따른다.

=F24-$I$16*(G24-$G$28)

이 수식은 남아 있는 세 그룹의 결과측정값의 조정된 평균을 구하기 위해 H25:H27에 붙여 넣을 수 있다. 이 수식은 관찰된 평균(F24)에서 합동베타($I$16)와 공변량에 대한 Group 1의 평균(G24)에서 공변량의 전체 평균($G$28)을 뺀 값의 곱을 뺀다. 즉, 이 수식은 Group 1의 공변량 평균과 전체 공변량 평균 간의 차이와 합동베타를 함께 사용해 예측될 수 있는 결과측정값의 차이를 추정한다.

20. 다음 단계와 마지막 단계는 t-비로 표현되는 직교대비를 계산하고 평가하는 것이다. 셀 K24의 이 예제의 세 개의 대비 중 첫 번째는 다음 수식을 사용한다.

=(H24-H25)/SQRT($H$20*(2/8+(G24-G25)^2/$G$10))

이 수식은 셀 H24 및 H25의 Group 1과 Group 2의 조정된 평균 간의 차이를 구한다. 그 차이를 다음의 제곱근으로 나눈다.

- 조정된 그룹내평균제곱($H$20)
- 곱하기 대비에 포함된 그룹의 수(2)
- 나누기 그룹당 피험자의 수(8)와 대비에 포함된 그룹의 수 빼기 1(1)의 곱
- 더하기 공변량에 대한 두 그룹간의 차이(G24-G25)의 제곱
- 나누기 전체 (합동) 공변량의 제곱의 합($G$10)

나머지 2개의 t-비는 유사하게 계산되지만, 조정된 그룹 평균의 주소는 각 계획된 대비에 맞게 적절히 변경돼야 한다. 그룹의 수와 피험자의 수는 는 t-비의 분모를 변경할 수 있음을 주의하라(예를 들어 첫 번째 비교에서의 2/8는 두 번째 비교에서는 3/16이 되고 세 번째 비교에서는 4/24가 된다).

21. 최종 단계는 비교에서 평균이 동일하다고 가정할 때, 각 t-비의 확률을 평가하는 것이다. 셀 L24의 수식은 다음과 같다.

    =T.DIST.2T(ABS(K24), $G$20)

    이 수식은 L25와 L27에 복사하여 붙여 넣을 수 있다. 이 예제에서는 방향성 가설을 지정하지 않았으므로 T.DIST.2T() 함수를 사용한다. 이 함수는 양의 t-비가 필요하므로, 수식에는 ABS() 함수를 사용해 비율의 절대값을 반환했다. 함수의 두 번째 인자인 $G$20은 공변량의 조정된 값의 ANOVA에서 "within" 분산의 출처에 대한 자유도를 반환한다.

회귀접근법을 사용한 ANCOVA와 다중비교

세 가지 이유에서 이전 절에서 모든 단계를 보여줬다. 첫 번째는 아무리 난해한 것이라도 많이 읽을수록 복잡성에 더 쉽게 적응할 수 있게 된다고 믿기 때문이다. 두 번째는 일반적

인 접근법을 순차적으로 해보는 것이 전체 평균이 아닌 그룹 평균으로부터 개별 값을 분리하는 과정을 강조하는 데 도움이 되기 때문이다. 세 번째는 일반적인 접근 방식이 얼마나 번거로운지 보여주고 회귀접근방식의 속도와 편리성에 대해 진가를 알아보게 하기 위해서다.

그림 8.14는 전체 회귀 과정을 보여준다.

그림 8.14
LINEST()과 회귀접근법을 사용하면, 대부분의 작업이 회귀계수와 표준오차를 이용해 완료된다.

I19 =J3/J4

	B	C	D	E	F	G	H	I	J	K	L
1	Out-	Covari-	Group	Group	Group		=LINEST(B3:B34,C3:F34,,TRUE)				
2	come	ate	Vector 1	Vector 2	Vector 3		Vector 3	Vector 2	Vector 1	Cov	Const
3	21	84	1	0.5	1		0.479	-4.380	-0.164	0.5625	-23.595
4	42	114	1	0.5	1		0.950	1.629	0.998	0.0558	6.172
5	21	66	1	0.5	1		0.966	3.871	#N/A	#N/A	#N/A
6	21	94	1	0.5	1		189.446	27	#N/A	#N/A	#N/A
7	7	64	1	0.5	1		11353.926	404.543	#N/A	#N/A	#N/A
8	14	70	1	0.5	1						
9	14	66	1	0.5	1						
10	14	78	1	0.5	1					Adjusted	
11	28	94	-1	0.5	1			Outcome	Covariate	means	
12	35	98	-1	0.5	1		Mean, Gp 1	19.25	79.5	36.41	
13	28	84	-1	0.5	1		Mean, Gp 2	24.50	88.25	36.73	
14	21	82	-1	0.5	1		Mean, Gp 3	46.375	115.75	43.14	
15	14	76	-1	0.5	1		Mean, Gp 4	63.00	156.50	36.84	
16	21	86	-1	0.5	1		Grand mean	38.28	110.00		
17	28	96	-1	0.5	1						
18	21	90	-1	0.5	1		Comparison	t-ratio	Prob of t		
19	49	122	0	-1	1		Gp 1 vs Gp 2	-0.164	0.871		
20	56	130	0	-1	1		(Gp 1 + Gp 2)/2 vs Gp 3	-2.689	0.012		
21	49	128	0	-1	1		(Gp 1 + Gp 2 + Gp 3)/3				
22	42	112	0	-1	1		vs Gp 4	0.504	0.618		

다시 말하지만 이 예는 회귀계수의 동질성에 대해 이미 검정했으며 결괏값의 회귀 전반에 공변량을 방정식에 유지할 만한 가치가 있음을 발견했고, 서로 다른 그룹이 다른 회귀선을 갖는다는 설득력 있는 증거는 없다고 가정한다.

이전 절의 21단계 대신, 다음과 같은 5단계면 된다.

1. LINEST() 함수를 H3:L7의 범위에 배열 입력한다.
2. I12:J16의 범위에서, 앞선 절에서처럼 공변량과 결과측정값의 관찰 평균을 계산한다. 예를 들어 셀I12의 Group 1의 결과측정값의 평균을 구하는 수식은 다음과 같다.

   =AVERAGE(B3:B10)

3. K12:K15 범위에 결과측정값에 대한 조정된 그룹 평균을 계산한다. 셀 K12에 다음 수식이 사용됐다.

   =I12-$K$3*(J12-$J$16)

   이 수식은 하나만 빼고 이전 절에서 보여진 것과 정확하게 일치한다. 그 차이는 J12의 공변량에 대한 Group 1의 평균과 그것의 전체 평균 $J$16 사이의 차이를 조정하는 데 사용되는, $K$3의 합동베타가 LINEST()에 의해 바로 반환됐다는 것이다. 합동베타를 얻기 위해 그림 8.13에서 했던 것처럼 11개의 단계가 필요하지 않다.

   K12의 함수를 복사해 K13:K15에 붙여 넣으면 된다.

4. I19:I21 범위의 t-비는 K12:K15 의 조정된 평균 만큼 계산하기 쉽다. 그 값들은 그들의 표준오차에 대한 그룹 벡터의 회귀계수의 비율로 LINEST()에 의해 바로 반환된다. 직교대비는 각 벡터에 대한 값을 지정한다는 사실을 기억하라. 따라서 그림 8.13에서 했던 것처럼 t-비의 분자를 구분하기 위한 특별한 범위를 선택하거나, 분모에 그들 그룹이나 관찰값을 셀 필요가 없다. I19의 수식은 다음과 같다.

   =J3/J4

   그리고 I20과 I22의 수식도 동일하게 간결하다.

5. I19,I20, I22에서 t-비를 관찰할 확률을 검정한다. J19 의 수식은 다음과 같다.

   =T.DIST.2T(ABS(I19),$I$6)

   그림 8.13의 T.DIST.2T()의 예에서 유일한 의미 있는 차이는 LINEST() 결과 안의 셀 $I$6에서 자유도를 직접 가져올 수 있다는 것이다.

   비교 결과가 동일하다는 것을 명심하라. 모집단에 차이가 없다는 것을 가정하는 t-비와 각 t-비의 확률은 그림 8.13의 J24:L27과 그림 8.14의 H19:J22에서 동일하다.

계획된 비직교대비를 통한 다중비교

계획된 직교대비는 일반적으로 다중비교 기법들 가운데 가장 통계적 검증력이 강하지만 트레이드오프가 있다. 만약 계획된 직교대비를 선택하는 경우, 반드시 미리 계획을 세워야 한다. 관심 있는 대비에 대한 결정을 데이터를 분석하기 전에 세워야 한다. 게다가 가능한 대비의 부분집합만이 상호직교한다. 일반적으로 그 값은 요인의 수순의 수에서 1을 뺀 값, 즉 요인의 자유도와 같다.

대비에 대한 계획을 미리 세우는 것과 대비의 수가 요인의 자유도만큼으로 제한된다는 것에 대한 보답으로, 검증력이 높은 검정을 얻을 수 있다. 검정은 설정해놓은 알파 수준을 충족할 가능성이 높아진다. 알파값은 그룹 평균의 차이가 단지 표집오차에 의한 것이 아닐 가능성이 너무 낮다고 판단하는 기준으로 선택한 확률값이다.

웹사이트에서 새로운 비즈니스를 창출하는 데 가장 효과적인 화면 레이아웃 조합을 결정하기 위한 테스트 계획 단계에 있다고 가정해보자. 일부 예비 추정은 옵션 A와 B 사이, 옵션 C와 D 사이에 가장 흥미로운 대비가 있음을 나타냈다. 그러나 아주 흥미로운 새로운 옵션을 발견했으며, 그 결과를 기존 옵션의 각각의 결과와 대비하고 싶다고 해보자(사용할 수 있는 대비가 직교인지 평가할 수 있게 하는 매트릭스를 설정하는 방법은 7장을 참조하라).

이 옵션 E와의 추가적인 비교를 원래 의도했던 두 가지 비교와 함께 수용하려고 할 때, 적어도 두 가지 일반적인 방법으로 그렇게 할 수 있다. 한 가지 방법은 모든 데이터를 본 이후에 비교할 것을 결정하는 것이다. 이러한 접근 방식을 따르는 가장 잘 알려진 방법은 쉐페 방법이며, 다음 절에서 ANCOVA의 문맥에서 다루도록 하겠다. 계획된 대비를 고수하면서 직교성의 조건을 버리는 방법이 있다. 이렇게 하면, 사전에 비교를 계획할 수 있지만 직교비교를 사용했을 때 주어지는 추가적인 통계적인 검증력을 포기해야 한다. 계획된 비직교대비는 계획된 직교대비보다 통계적 검증력이 떨어지지만, 사후 방법인 쉐페 방법보다는 강력하다. 이번 절에서는 계획된 비직교대비에 대해 다루도록 하겠다.

그림 8.15는 계획된 비직교대비를 구성하는 한 가지 방법을 보여준다. 계획된 직교대비와(그리고 쉐페 방법과) 비교를 간단하게 하기 위해 그림 8.14에서 사용된 것과 동일한 결과변수와 공변량의 값을 사용했다.

그림 8.15

이 데이터셋은 코딩벡터로 직교코딩 대신 효과코딩을 사용한다.

I25 =ABS(K18-K19)/SQRT(($I$7/$I$6)*(2/8)*(1+($H$14/(3*$I$14))))

	A	B	C	D	E	F	G	H	I	J	K	L
1		Out-	Covari-	Group	Group	Group		=LINEST(B3:B34,C3:F34,,TRUE)				
2	Group	come	ate	Vector 1	Vector 2	Vector 3		Vector 3	Vector 2	Vector 1	Cov	Const
3	Group 1	21	84	1	0	0		-1.438	4.859	-1.875	0.5625	-23.595
4	Group 1	42	114	1	0	0		2.851	1.228	2.073	0.0558	6.172
5	Group 1	21	66	1	0	0		0.966	3.871	#N/A	#N/A	#N/A
6	Group 1	21	94	1	0	0		189.446	27	#N/A	#N/A	#N/A
7	Group 1	7	64	1	0	0		11353.926	404.543	#N/A	#N/A	#N/A
8	Group 1	14	70	1	0	0						
9	Group 1	14	66	1	0	0		=LINEST(C3:C34,D3:F34,,TRUE)				
10	Group 1	14	78	1	0	0		46.500	5.750	-30.500	110.000	
11	Group 2	28	94	-1	-1	-1		4.017	4.017	4.017	2.319	
12	Group 2	35	98	-1	-1	-1		0.857	13.119	#N/A	#N/A	
13	Group 2	28	84	-1	-1	-1		55.758	28	#N/A	#N/A	
14	Group 2	21	82	-1	-1	-1		28789	4819	#N/A	#N/A	
15	Group 2	14	76	-1	-1	-1						
16	Group 2	21	86	-1	-1	-1					Adjusted	
17	Group 2	28	96	-1	-1	-1			Outcome	Covariate	means	
18	Group 2	21	90	-1	-1	-1		Mean, Gp 1	19.25	79.5	36.41	
19	Group 3	49	122	0	1	0		Mean, Gp 2	24.50	88.25	36.73	
20	Group 3	56	130	0	1	0		Mean, Gp 3	46.375	115.75	43.14	
21	Group 3	49	128	0	1	0		Mean, Gp 4	63.00	156.50	36.84	
22	Group 3	42	112	0	1	0		Grand mean	38.28	110.00		
23	Group 3	35	104	0	1	0						
24	Group 3	49	116	0	1	0		Comparison	t-ratio	Prob of t		
25	Group 3	42	106	0	1	0		Gp 1 vs Gp 2	0.098	0.923		
26	Group 3	49	108	0	1	0		(Gp 1 + Gp 2)/2 vs Gp 3	2.266	0.031		
27	Group 4	49	130	0	0	1		(Gp 1 + Gp 2 + Gp 3)/3				
28	Group 4	56	148	0	0	1		vs Gp 4	0.702	0.489		

그림 8.15에서는 효과코딩으로 변경했다. 그림 8.15의 LINEST() 결과와 그림 8.14의 결과를 비교해보라. 코드화된 벡터에 대한 회귀계수와 그들의 표준오차는 다르지만 공변량에 대한 회귀계수, 추정의 표준오차, F-비와 같은 LINEST() 결과의 세 번째 줄에서 다섯 번째 줄 사이의 모든 통계량의 값은 변하지 않았다. 공변량에 대한 회귀계수, 회귀 및 잔차에 대한 제곱의 합, 잔차자유도를 다중비교에 사용하지만 회귀계수와 그들의 표준오차는 사용하지 않는다. 계획됐지만 비직교인 다중비교이기 때문에, 그룹간을 정확하게 구별하기만 하면 어떤 코딩 방법을 사용해도 된다.

그림 8.15는 H10:K14 범위에 두 번째 LINEST() 분석도 포함하고 있다. 이 분석의 목적은 셀 I25, I26, I28의 t-비를 계산할 때 사용하기 위해, 코드화된 벡터에 회귀된 공변량의 제곱의 합을 얻기 위함이다.

그림 8.15의 H25:J28 범위를 그림 8.14의 H19:J22 범위와 비교해보라. 비교를 위해 선택된 평균은 동일하다. Group 1과 Group 2, 앞 두 그룹의 평균과 세 번째 그룹의 평균, 앞 세 그룹의 평균과 네 번째 그룹의 평균이다. 그러나 결과는 다르다. 두 그림의 상응하는 t-비의 값은 다르며, 결과적으로 각 t-비에 대한 확률도 다르다(모집단에서 평균 사이에 차이가 없다는 가정하에).

다음은 기호로 표시된 t-비에 대한 수식이다.

$$t = \frac{\overline{Y}_{1,adj} - \overline{Y}_{2,adj}}{\sqrt{MSR(1/n_1 + 1/n_2)}\sqrt{1 + \left(\frac{SS_{reg(x)}}{kSS_{resid(x)}}\right)}}$$

분자 부분은 다른 그룹의 조정된 평균에서 한 그룹의 공변량-조정된 평균을 뺀다. 분모에서는,

- MSR은 공변량과 코드화된 벡터에 대한 측정결괏값의 회귀의 잔차평균제곱이다.
- n1과 n2는 각 그룹의 관찰값 수(피험자의 수)다. 만약, "그룹"이 두 개(또는 그 이상)의 실제 그룹의 평균인 경우, n은 두 그룹 조합의 관찰값 수다.
- SSreg(x)와 SSresid(x)는 코드화된 벡터에 대한 공변량의 회귀의 회귀제곱의 합과 잔차제곱의 합이다.
- k는 코드화된 벡터의 수다 .

위 수식은 그림 8.15의 셀 I25에서 다음과 같이 엑셀 구문으로 옮겨졌다.

```
=ABS(K18-K19)/SQRT(($I$7/$I$6)*(2/8)*(1+($H$14/(3*$I$14))))
```

- 셀 K18 및 K19에 대한 참조는 Group 1과 Group 2의 평균 간의 차이를 설정한다.
- 잔차평균제곱은 셀 I7의 잔차제곱의 합과 셀 I6의 잔차자유도의 비율에서 비롯된다.
- 2/8의 비율은 두 그룹 크기의 역수인 1/8과 1/8의 합이다.
- 셀 H14과 I14에 대한 참조는 코드화된 벡터에 대한 공변량 회귀에 대한 회귀제곱의 합과 잔차제곱의 합을 나타낸다.
- 3은 코드화된 벡터의 수인 k를 나타낸다.

그림 8.15의 H25:J26의 검정은 그림 8.14의 직교검정보다 검증력이 약하다.

사후 비직교대비를 통한 다중비교

ANCOVA를 따르는 다중비교에 대한 세 번째 접근법인 일반적으로 쉐페 방법으로 알려져 있다. 이 방법은 다양한 다중비교 방법 가운데 가장 강력하지 않은 방법이다. 통계적으로 유의미한 것으로 간주되는 다른 적절할 비교 방법에 비해 종종 쉐페 방법은 유의미하다고 여겨지지 않는다.

쉐페 방법을 사용하면 데이터가 입력된 이후 대비를 결정하고 평가할 수 있기 때문에 미리 대비를 계획할 필요가 없다. 직교대비에 제한되지 않으므로 두 개 이상의 그룹의 평균이 포함되는 좀 더 복잡한 대비를 포함해 원하는 만큼의 비교를 할 수 있다.

이 모든 유연성에 지불하는 대가는 쉐페 검정의 상대적으로 낮은 통계적 검증력이다. 그러나 데이터에 대한 기대하는 좋은 정보가 아직 없는 파일럿 연구의 경우, 쉐페는 좋은 임시 선택이 될 수 있다. 후속 연구에 대해 더 강력한 기법을 사용하기로 결정할 수도 있다. 이 기법은 초기 파일럿 연구보다 더 신중하게 타깃팅되며 파일럿 조사에서 정보를 가져올 수 있다.

그림 8.16은 그림 8.14와 8.15의 데이터에 쉐페 방법을 사용하는 것을 보여준다.

그림 8.16
다시 말하지만 코딩 방법의 선택은 R^2과 제곱의 합 같은 요약 통계량에는 영향을 주지 않는다.

J25 =SQRT(3*F.INV.RT(0.05,3,I6))*SQRT((I7/I6)*(2/8))*SQRT(1+(H14/(3*I14)))

	C	D	E	F	G	H	I	J	K	L	M
6	94	1	0	0		189.446	27	#N/A	#N/A	#N/A	
7	64	1	0	0		11353.926	404.543	#N/A	#N/A	#N/A	
8	70	1	0	0							
9	66	1	0	0		=LINEST(C3:C34,D3:F34,,TRUE)					
10	78	1	0	0		5.750	-21.750	-30.500	110.000		
11	94	0	1	0		4.017	4.017	4.017	2.319		
12	98	0	1	0		0.857	13.119	#N/A	#N/A		
13	84	0	1	0		55.758	28	#N/A	#N/A		
14	82	0	1	0		28789	4819	#N/A	#N/A		
15	76	0	1	0							
16	86	0	1	0					Adjusted		
17	96	0	1	0			Outcome	Covariate	means		
18	90	0	1	0		Mean, Gp 1	19.25	79.5	36.41		
19	122	0	0	1		Mean, Gp 2	24.50	88.25	36.73		
20	130	0	0	1		Mean, Gp 3	46.375	115.75	43.14		
21	128	0	0	1		Mean, Gp 4	63.00	156.50	36.84		
22	112	0	0	1		Grand mean	38.28	110.00			
23	104	0	0	1							
24	116	0	0	1		Comparison	|D|	S	Result		
25	106	0	0	1		Gp 1 vs Gp 2	0.328	9.98	N/S at .05		
26	108	0	0	1		(Gp 1 + Gp 2)/2 vs Gp 3	6.570	8.64	N/S at .05		
27	130	-1	-1	-1		(Gp 1 + Gp 2 + Gp 3)/3			N/S at .05		
28	148	-1	-1	-1		vs Gp 4	1.917	8.12	N/S at .05		
29	160	-1	-1	-1		Gp 1 vs Gp 3	6.734	9.98	N/S at .05		

요인 수준에 대한 코딩 방법이 LINEST()의 요약 통계량에 아무런 영향을 미치지 않는다는 것을 입증하기 위해, 그림 8.14의 직교코딩을 그림 8.15와 8.16에서 효과코딩으로 변경했다. 코딩 방법이 정확하게 다른 관찰값을 올바른 그룹에 배정하기만 하면, 코딩 방법(예를 들어 효과, 더미, 직교코딩)은 ANCOVA의 그룹 평균 조정에 아무런 차이를 주지 않는다. 또한 다중비교 과정에서 중요한 회귀와 잔차제곱의 합과 같은 다른 통계량에도 차이를 주지 않는다.

그림 8.16의 H10: K14 범위에는 LINEST()를 사용해 그룹 벡터에 대한 공변량을 회귀한 결과가 있다. 이 분석은 비직교대비를 계산하기 위해 필요하다.

그림 8.14의 계획된 직교대비 및 그림 8.15의 계획된 비직교대비와 그림 8.16의 유일한 다른 의미 있는 차이점은 그림 8.16의 H24:J29 범위에 있으며, 이전 그림의 해당 범위와는 다른 방법으로 대비를 평가한다.

쉐페 방법의 결과를 표시하는 일반적인 방법은 각 대비에 대해 D와 S의 값을 설정하는 것이다. D는 대비의 함축적인implied 차이이다. 만약 대비가 Group 1과 Group 2를 비교한다면, D는 두 그룹의 공변량-조절된 평균 간의 차이이다. 다중비교는 t-비 대신 F-비를 사용하기 때문에 일반적으로 |D|라고 표시하는 D의 절대값을 사용한다.

> **노트** F-비가 올바르게 계산됐다면 그 값은 항상 양수이다. 그렇기 때문에 음수값의 D는 이 경우 아무런 의미가 없다. 반면 t-분포에서 비교할 때, 음수값은 완벽하게 의미가 있다.

따라서 그림 8.17의 셀 I25의 수식은 Group 1과 Group 2의 조정된 평균을 비교한다.

```
=ABS(K18-K19)
```

이 수식은 Group 1의 조정된 평균과 Group 2의 조정된 평균 간의 차이의 절대값을 반환한다.

각 대비의 두 번째 값을 S라고 하자. 주어진 비교에서 D의 절대값이 S값을 초과하면, 미리 설정한 알파 수준에서 대비가 "통계적으로 유의미하다"고 간주한다. 그림 8.16에서 사용되는 알파 수준은 0.05다(곧 어떻게 발생했는지 알 수 있을 것이다). 따라서 그림 8.16에서 어떠한 비교도 유의미하다고 간주되지 않는다.

그림 8.14에서 더 강력한 계획된 직교대비 방법을 사용해, Group 1과 Group 2의 평균의 평균과 Group 3의 평균의 비교가 0.05 수준에서 유의미하다고 0.01 수준에서는 거의 비슷하다는 점을 상기하라(그림 8.14의 셀 J20을 보라). 쉐페 방법을 사용한 그림 8.16에서는 0.05 수준에서 대비가 유의미하다고 간주되지 않는다(그림 8.16의 H26:K26을 보라).

불행히도 S에 대한 수식은 비교적 복잡하다. 다음은 그것을 기호로 표현한 형태이다.

$$S = \sqrt{kF_\alpha}\sqrt{MS_{resid}\sum C_j^2/n_j}\sqrt{1 + \left(\frac{SS_{reg(x)}}{kSS_{resid(x)}}\right)}$$

이 수식에는 많은 기호들이 있다. 다음은 심볼이 나타내는 내용이다. 그 다음 엑셀 구문을 살펴볼 것이다.

- S는 |D|와 비교될 값이다.
- k는 요인 수준을 나타내는 코드화된 벡터의 수이다.
- F_α는 선택한 알파 수준에서의 k와 (N-k-2)의 자유도의 F-분포의 값이다. N은 회귀에서의 전체 피험자의 수이다.
- $MS_{residual}$은 ANCOVA에서의 잔차평균제곱으로, LINEST() 결과에서 얻을 수 있다.
- C^2_j는 *j*번째 대비의 계수의 제곱이다. 만약 대비가 Group 1의 평균에서 Group 2의 평균을 뺀다면, Group 1의 대비계수는 1이고 Group 2의 대비계수는 -1이다.
- n_j는 *j* 그룹의 피험자의 수다.
- SS_{reg}(x)는 그룹 벡터에 대해 공변량이 회귀됐을 때 회귀제곱의 합이다.
- SS_{resid}(x)는 그룹 벡터에 대해 공변량이 회귀됐을 때 잔차제곱의 합이다.

F값의 크기를 제외하고는 이 공식을 자세히 살펴봄으로 얻을 수 있는 통찰은 별로 없다. F값이 커질수록, 중심F-분포에서 발생할 가능성이 적어진다. 그러므로 예를 들어 확률을 0.05에서 0.01로 이동하면, (자유도에 따라) F값을 3.1에서 4.5로 이동할 수 있다. S에 대한 수식에서 이것을 수행하면 전체 수식이 반환하는 값이 더 커지고, 따라서 |D|를 초과하기가 더 어려워진다.

다음은 그림 8.16의 셀 J25에서 위 수식이 엑셀 구문으로 어떻게 작동하는지 보여준다.

```
=SQRT(3*F.INV.RT(0.05,3,I6))*SQRT((I7/I6)*(2/8))*SQRT(1+(H14/(3*I14)))
```

이 수식에는 세 개의 제곱근이 들어 있다. 편의를 위해 하나씩 살펴보자. 첫 번째 부분은 다음과 같다.

```
SQRT(3*F.INV.RT(0.05,3,I6))
```

위 수식은 F.INV.RT() 워크시트 함수를 사용해 F-분포의 나머지 부분에서 가장 오른쪽(RT 태그) 5%(첫 번째 인자)를 구분하는 F-분포의 값을 반환한다. F-분포는 3(두 번째 인자)과 셀 I6(세 번째 인자)의 자유도를 가진다. 이 경우, 셀 I6의 값은 공변량과 코드화된 그룹 벡터에 대한 결과측정값을 회귀한 LINEST() 결과의 잔차자유도이다.

F값에 요인의 수준의 개수에서 1을 뺀 3을 곱한다. 이 값은 물론 요인에 대한 자유도이며, 따라서 요인에 대해 코드화된 벡터의 수다.

두 번째 부분은 다음과 같다.

```
SQRT((I7/I6)*(2/8))
```

H3:L7의 전체 LINEST() 결과에서 전체 평균 제곱을 가져온다. 이는 셀 I7의 잔차제곱의 합을 셀 I6의 잔차자유도로 나눔으로 얻을 수 있다.

또한 비교에 대한 대비계수의 제곱을 평가한다. 이 예에서는 Group 1과 Group 2의 비교를 위한 대비계수의 제곱을 평가한다. 각 계수는 1과 -1이므로, 제곱의 합은 2이다. 두 그룹 모두 8개의 관찰값을 갖고 있으므로 2/8이 된다.

세 번째 부분은 다음과 같다.

```
SQRT(1+(H14/(3*I14)))
```

이 수식은 코드화된 그룹 벡터에 대한 공변량의 회귀로부터의 회귀제곱의 합(셀 H14)과 잔차제곱의 합(셀 I14)을 사용한다. Group 요인에 대한 자유도(이 경우, 3)도 수식에서 나타난다. 이는 이 절의 앞부분에 있는 기호로 표시된 수식에서 k로 표시된 값이다.

S와 비교해 |D|는 계산하기 쉽지만, 그룹당 관찰값의 수가 대비마다 변하는 경우, 일부 대비가 두 그룹 비교와 같이 단순하고 다른 비교가 둘 이상의 그룹의 평균을 포함하고 있는 경우 두 값 모두 주의를 기울여야 한다. 방금 주어진 예제와 같이 각 대비가 단지 두 개의 그룹만을 포함하고 각 그룹의 관찰값의 수가 동일하면, S의 값은 모든 대비에서 동일할 것이다.

그림 8.16의 경우에는 그렇지 않다. S의 값은 셀 J25, J26, J28에서 다른데, 이는 비교가 점점 복잡해지면서 대비계수가 1, .5, .33으로 변하기 때문이다. 그러나 셀 J29의 S 값은 셀 J25의 값과 동일하다. 두 비교는 단순한 두 그룹 비교를 포함하고 있기 때문에 모든 그룹의 관찰값 수가 동일하기 때문이다.

다시 말하지만 이번 절에서 설명한 접근법은 계획된 직교대비나 계획된 비직교대비보다 통계적으로 덜 강력하다. 그러나 결과를 보기 전에 대비할 그룹 또는 그룹의 조합을 지정하는 것보다 대비를 구체화할 조치를 취할 여유를 준다.

우리는 지난 몇 백 페이지에서 분산과 공분산을 측정하는 것부터 시작해 상관관계, 단순 및 다중 회귀분석의 추정, 특정 코딩 방법을 채택해 분산과 공분산분석을 수행할 수 있게 해주는 다양한 코딩 방법, 여러 상황에서의 다중비교까지 상당 부분을 다뤘다. 그 과정에서 가정의 위반에 대한 이러한 분석의 강건성과 수행하고 있는 테스트의 통계적 검증력에 대한 선택의 효과와 같은 좀 더 이론적인 주제에 대해서도 간략히 다뤘다.

이제 독자는 본질적으로 또는 전문적으로 관심 있는 문제에 회귀분석을 적용하기 위한 토대를 마련했다. 그 외에도 로지스틱회귀, 요인분석, 한 번에 하나 이상의 결과 변수를 연구하는 기타 기술과 같은 고급 주제에 대해 작업할 수 있는 위치에 서게 됐다. 만약 독자가 그 방향으로 나아간다면, 준부분상관semipartial correlation, 공유분산shared variance, 모델 비교models comparison와 같이 이 책에서 살펴본 개념을 통해서 훨씬 더 수월하게 나아갈 수 있을 것이다.

찾아보기

에이콘출판의 기틀을 마련하신 故 정완재 선생님 (1935-2004)

엑셀로 하는 회귀분석

풍부한 예제를 활용한 회귀분석의 이해

발 행 | 2018년 8월 27일

지은이 | 콘래드 칼버그
옮긴이 | 김 찬 주

펴낸이 | 권 성 준
편집장 | 황 영 주
편 집 | 조 유 나
디자인 | 박 주 란

에이콘출판주식회사
서울특별시 양천구 국회대로 287 (목동)
전화 02-2653-7600, 팩스 02-2653-0433
www.acornpub.co.kr / editor@acornpub.co.kr

ISBN 979-11-6175-197-9
ISBN 978-89-6077-446-9 (세트)
http://www.acornpub.co.kr/book/regression-analysis-excel

이 도서의 국립중앙도서관 출판시도서목록(CIP)은 서지정보유통지원시스템 홈페이지(http://seoji.nl.go.kr)와
국가자료공동목록시스템(http://www.nl.go.kr/kolisnet)에서 이용하실 수 있습니다.(CIP제어번호: CIP2018025922)

책값은 뒤표지에 있습니다.